《"一带一路"涉外法治研究》编委会

编委会主任：黄惠康

编委会首席顾问：黄　进

编委会顾问：丁　伟

编委会副主任：李　安

编委会执行主任兼主编：陈利强

编委会执行副主任兼副主编：茅友生

中国改革开放法治建构主义论丛
On Rule of Law Constructivism of China's Reform and Opening Up

2024

"一带一路"
涉外法治研究

Studies on Rule of Law concerning Foreign Affairs under
the Belt and Road Initiative

陈利强　主编

人民出版社

责任编辑：张新平

版式设计：王春峥

图书在版编目（CIP）数据

"一带一路"涉外法治研究 2024 ／ 陈利强 主编 . -- 北京 ：人民出版社，2024. 12. -- ISBN 978 - 7 - 01 - 026975 - 7

Ⅰ . D922.134

中国国家版本馆 CIP 数据核字第 2024RB8637 号

"一带一路"涉外法治研究 2024

YIDAIYILU SHEWAI FAZHI YANJIU 2024

陈利强　主编

人 民 出 版 社 出版发行

（100706　北京市东城区隆福寺街 99 号）

北京新华印刷有限公司印刷　新华书店经销

2024 年 12 月第 1 版　2024 年 12 月北京第 1 次印刷

开本：710 毫米 × 1000 毫米 1/16　印张：23

字数：390 千字　印数：0,001–5,000 册

ISBN 978 - 7 - 01 - 026975 - 7　定价：188.00 元

邮购地址 100706　北京市东城区隆福寺街 99 号

人民东方图书销售中心　电话（010）65250042　65289539

序

　　2013 年中国国家主席习近平提出共建"一带一路"宏伟倡议,现已成为当今世界最受欢迎的国际公共产品和最大规模的国际合作平台,也是中国推动构建人类命运共同体的重要实践平台。当前,世界发展已进入一个新旧交替的变革调整期,国际环境中不确定、不稳定、不可控、不可预测因素明显增多。传统安全与非传统安全风险增多。推动共建"一带一路"高质量发展,为推动落实"三大倡议",构建人类命运共同体,提供了重要平台和有效抓手,但面临前所未有的风险和挑战。

　　法治发挥着固根本、稳预期、利长远的重要作用,对共建"一带一路"高质量发展至关重要。十多年来,国内与国际两个层面共建"一带一路"法治建设稳步推进,成效显著。共建和平之路、繁荣之路、开放之路、创新之路、文明之路、绿色之路、廉洁之路和数字"一带一路"的高质量发展,需要统筹推进国内法治和涉外法治,协调推进国内治理与国际治理,综合运用国内法、国际法和外国法,为共建"一带一路"互联互通的加强、务实合作的深化、一流营商环境的打造、风险防控体系的健全、全球基建投资竞争的应对提供充分的法治保障。这是当前"一带一路"涉外法治亟待系统研究、有效解决的重要问题。

　　浙江外国语学院致力于将"一带一路"与涉外法治进行多学科交叉融合研究,具有重大理论和实践意义,这是国内学界为推动共建"一带一路"高质量发展作出的积极努力。目前,已组织出版三卷《"一带一路"涉外法治研究》,第四卷即将付梓出版,谨表祝贺!本卷书涵盖"一带一路"涉外(国际)法治理论、"一带一路"下自贸区(港)法治、"一带一路"数字涉外法治、"一带一路"

贸易摩擦应对法治、"一带一路"区域与国别法治、"一带一路"涉外法治实施体系建设、"一带一路"安全保障法治、"一带一路"涉外（国际）法治教育与文化等模块，较好地抓住了"一带一路"与涉外法治战略统合的切入点，体现了法学与应用经济学、区域国别学、国家安全学、新闻传播学等学科的交叉融合。希望不断夯实区域国别法学、涉外经贸法学根基，加快推动构建"一带一路"自主知识体系、学科体系和话语体系，早日建成具有中国特色的"一带一路"学。

作为国际法理论与实务工作者，服务国家总体外交大局是我们义不容辞的责任。新的征途上，我们必须以习近平新时代中国特色社会主义思想为指引，秉承以和平合作、开放包容、互学互鉴、互利共赢为核心的丝路精神，坚持共商共建共享原则，坚持开放、绿色、廉洁理念，努力实现高标准、惠民生、可持续目标，推动高质量共建"一带一路"行稳致远，为加快推进中国式现代化、推动构建人类命运共同体而不懈奋斗。

是为序。

易小准

商务部原副部长、世界贸易组织原副总干事

2024 年 11 月

奏响"一带一路"涉外法治研究的时代进行曲

涉外法治是国家核心竞争力的重要内容,是最好的营商环境,也是推动共建"一带一路"行稳致远的重要保障。在激烈复杂的外交博弈中,法律既是规则更是武器。中国走向世界,以负责任大国身份参与国际事务,推动共建"一带一路"行稳致远,需保持战略定力,既要发扬斗争精神,不信邪、不怕鬼、不怕压,敢于向破坏者、搅局者说不,坚决回击美国等一些西方国家的霸凌行径,又要善于斗争,强化法治思维,运用法治方式,占领法治制高点,综合利用立法、执法、司法等手段开展斗争,有效应对挑战、防范风险,坚决维护国家主权、尊严和核心利益。进入新阶段,加强涉外法治体系和能力建设,为共建"一带一路"高质量发展保驾护航,具有重要的现实意义。

围绕中心,服务国家战略需求,浙江外国语学院致力于将"一带一路"与涉外法治统筹融合并进行跨学科交叉研究,并出版《"一带一路"涉外法治研究》年度卷,这是一项具有重要理论和实践意义的学术活动。自2021年出版以来,已连续出版发行了3卷,共汇集专家学者的前沿研究成果73篇,涵盖与"一带一路"相关联的涉外法治理论、对外关系法治、自贸区(港)法治建构创新、涉外法治地方探索、区域与国别法治、安全保障法治及涉外法治教育与文化研究等方方面面,研究工作步步深入,研究水平不断提高,为推动共建"一带一路"行稳致远作出积极贡献。如今,《"一带一路"涉外法治研究2024》卷即将付梓,谨致祝贺!

作为长周期、跨国界、系统性的世界工程、世纪工程,共建"一带一路"的第一个十年只是序章。从新的历史起点再出发，共建"一带一路"行稳致远将会为中国和世界打开新的机遇之窗。

党的二十届三中全会审议通过的《中共中央关于进一步全面深化改革、推进中国式现代化的决定》（以下简称《决定》）对新形势下扩大高水平开放、完善共建"一带一路"机制、加强涉外法治建设作出战略部署，为"一带一路"涉外法治研究指明了方向，提供了根本遵循。

《决定》要求完善高水平对外开放体制机制，稳步扩大制度型开放。主动对接国际高标准经贸规则，在产权保护、产业补贴、环境标准、劳动保护、政府采购、电子商务、金融领域等实现规则、规制、管理、标准相通相容，打造透明稳定可预期的制度环境。扩大自主开放，有序扩大中国商品市场、服务市场、资本市场、劳务市场等对外开放，扩大对最不发达国家单边开放。深化援外体制机制改革，实现全链条管理。维护以世界贸易组织为核心的多边贸易体制，积极参与全球经济治理体系改革，提供更多全球公共产品。扩大面向全球的高标准自由贸易区网络，建立同国际通行规则衔接的合规机制，优化开放合作环境。

要深化外贸体制改革。强化贸易政策和财税、金融、产业政策协同，打造贸易强国制度支撑和政策支持体系，加快内外贸一体化改革，积极应对贸易数字化、绿色化趋势。推进通关、税务、外汇等监管创新，营造有利于新业态新模式发展的制度环境。创新发展数字贸易，推进跨境电商综合试验区建设。建设大宗商品交易中心，建设全球集散分拨中心，支持各类主体有序布局海外流通设施，支持有条件的地区建设国际物流枢纽中心和大宗商品资源配置枢纽。健全贸易风险防控机制，完善出口管制体系和贸易救济制度。创新提升服务贸易，全面实施跨境服务贸易负面清单，推进服务业扩大开放综合试点示范，鼓励专业服务机构提升国际化服务能力。加快推进离岸贸易发展，发展新型离岸国际贸易业务。建立健全跨境金融服务体系，丰富金融产品和服务供给。

要完善推进高质量共建"一带一路"机制。继续实施"一带一路"科技创新行动计划，加强绿色发展、数字经济、人工智能、能源、税收、金融、减灾等领域的多边合作平台建设。完善陆海天网一体化布局，构建"一带一路"立体互联互通网络。统筹推进重大标志性工程和"小而美"民生项目。

要加强涉外法治建设。建立一体推进涉外立法、执法、司法、守法和法律服务、法治人才培养的工作机制；完善涉外法律法规体系和法治实施体系，深化执法司法国际合作；完善涉外民事法律关系中当事人依法约定管辖、选择适用域外法等司法审判制度；健全国际商事仲裁和调解制度，培育国际一流仲裁机构、律师事务所；积极参与国际规则制定；健全追逃防逃追赃机制，出台反跨境腐败法。

习近平总书记强调，涉外法治工作是一项涉及面广、联动性强的系统工程，必须统筹国内和国际，统筹发展和安全，坚持前瞻性思考、全局性谋划、战略性布局、整体性推进，加强顶层设计，一体推进涉外立法、执法、司法、守法和法律服务，形成涉外法治工作大协同格局。

在国内层面，要坚持立法先行、立改废释并举，形成系统完备的涉外法律法规体系；要建设协同高效的涉外法治实施体系，提升涉外执法司法效能，推进涉外司法审判体制机制改革，提高涉外司法公信力；要积极发展涉外法律服务，培育一批国际一流的仲裁机构、律师事务所。要深化执法司法国际合作，加强领事保护与协助，筑牢保护我国海外利益的法治安全链。要强化合规意识，引导我国公民、企业在"走出去"过程中自觉遵守当地法律法规和风俗习惯，运用法治和规则维护自身合法权益。

在国际层面，要坚定维护以国际法为基础的国际秩序，主动参与国际规则制定，推进国际关系法治化。要积极参与全球治理体系改革和建设，推动全球治理朝着更加公正合理的方向发展，以国际良法促进全球善治，助力构建人类命运共同体。

面向未来，中方将与共建"一带一路"合作各方携手同心、行而不辍，深化国际规则和标准的"软联通"，主动对照国际高标准经贸规则，稳步扩大规则、规制、管理、标准等制度型开放，同更多国家商签自由贸易协定、投资保护协定，全面取消制造业领域外资准入限制措施，深入推进跨境服务贸易和投资高水平开放，扩大数字产品等市场准入，深化国有企业、数字经济、知识产权、政府采购等领域改革；并将会同合作伙伴，建设廉洁之路，推出"一带一路"廉洁建设高级原则，建立"一带一路"企业廉洁合规评价体系，同国际组织合作开展"一带一路"廉洁研究和培训，鼓励缔结引渡条约、刑事司法协助条约和反腐败合作协议，在追逃追赃、反腐败、反洗钱等领域开展全面、高效的国际合作；加强多边合作平台建设，完善国际合作机制，尤其是建立健全与共商共建共享性质相匹配的国际合作投资风险防范和争议解决机制，为共建"一带一路"提供完备的法治保障，将是新阶段"一带一路"高质量发展的重要支撑。2023 年 10 月第三届"一带一路"国际合作高峰论坛已迈出坚实的一步。

加强涉外法治建设既是以中国式现代化全面推进强国建设、民族复兴伟业的长远所需，也是推进高水平对外开放、应对外部风险挑战的当务之急。涉外法治作为中国特色社会主义法治体系的重要组成部分，事关全面依法治国，事关中国对外开放和外交工作大局。推进涉外法治工作，根本目的是用法治方式更好维护国家和人民利益，促进国际法治进步，推动构建人类命运共同体。我们要牢牢把握住"长远所需"和"当务之急"这八个字，从更好统筹国内国际两个大局、更好统筹发展和安全两件大事的高度，深刻认识做好"一带一路"涉外法治研究工作的重要性和紧迫性，锲而不舍、持之以恒地深入研究下去，不断取得阶段性成果，努力奏响"一带一路"涉外法治研究的时代进行曲。

黄惠康

2024 年 10 月于北京

主 编 语

2023 年 11 月 27 日，习近平总书记在中共中央政治局第十次集体学习时强调，法治同开放相伴而行，对外开放向前推进一步，涉外法治建设就要跟进一步。要坚持在法治基础上推进高水平对外开放，在扩大开放中推进涉外法治建设，不断夯实高水平开放的法治根基。习近平总书记关于对外开放与涉外法治的辩证关系论述为加快践行高水平对外开放法治建构主义，统筹推进高水平对外开放与加强涉外法治建设提供了根本遵循。2024 年 7 月 18 日，党的二十届三中全会通过的《中共中央关于进一步全面深化改革、推进中国式现代化的决定》对"完善高水平对外开放体制机制"作出了战略部署，提出完善推进高质量共建"一带一路"机制。"高质量共建'一带一路'机制建构论"为下一阶段"一带一路"法治化道路指明了前进方向，因为加快统筹推进共建"一带一路"高质量发展与加强涉外法治建设是进一步全面深化改革、推进中国式现代化的本质要求。2024 年 11 月 15 日，习近平主席在亚太经合组织工商领导人峰会上的书面演讲中提出，中方致力于推进高质量共建"一带一路"，同各参与方共同打造陆海联动和协同发展的互联互通网络。这为加强涉外法治建设、护航"一带一路"高质量发展明确了法治化路径。

"一带一路"涉外（国际）法治研究是一个开创性命题，因此统筹协调、合力推进"一带一路"与涉外（国际）法治是一项开创性事业。尤其要深入统筹推进"一带一路"与涉外法治、国际法治研究，加强高质量共建"一带一路"涉外（国际）法治建设研究，坚定不移走"一带一路"学科化、法治化建设道路，这是学界与实务界的共同使命和责任担当。

《"一带一路"涉外法治研究》专刊将始终践行"跨学科理论建构主义"，

战略统筹"一带一路"与涉外（国际）法治研究，致力于探索创立中国自主涉外（国际）法学思想，促进国际法治进步，推动构建人类命运共同体。

2024 年卷是办刊三年、转型发展的关键一卷，继续以约稿、征稿和团队创作三种形式，汇集了从事"一带一路"涉外法治相关研究领域的前沿成果。本卷刊开设八个栏目，涵盖"一带一路"涉外（国际）法治理论、"一带一路"下自贸区（港）法治、"一带一路"数字涉外法治、"一带一路"贸易摩擦应对法治、"一带一路"区域与国别法治、"一带一路"涉外法治实施体系建设、"一带一路"安全保障法治与"一带一路"涉外（国际）法治教育与文化。本卷刊继续秉持深入推进"一带一路"涉外（国际）法治建构主义，加快构建人类命运共同体的学术理念，在统筹推进"一带一路"、涉外法治、国际法治研究领域迈出了坚实一步。

本卷刊创刊及顺利出版得到了人民出版社及本书副主编、法学研究员茅友生编辑的大力支持和提携，同时得到相关单位和学界同仁的全力支持，在此表示诚挚的谢意！感谢商务部原副部长、世界贸易组织原副总干事易小准先生的特别提携，在百忙中为本卷刊作序！感谢书刊编委会全体成员及主任、外交部国际法咨询委员会主任委员、中国原驻外大使黄惠康教授的悉心指导和鼎力支持！感谢浙江外国语学院领导一如既往地重视和支持。

最后需要说明的是，本卷刊中论文观点不代表本刊编辑部立场。书刊秉持"自由开放，兼容并包"的学术精神，欢迎学界同仁不吝赐稿，共同为加强涉外法治建设，促进国际法治进步，推动共建"一带一路"高质量发展，推动构建人类命运共同体贡献智慧和力量！

囿于水平，本卷刊中存在不足之处，敬请批评指正。

陈利强

2024 年 11 月

目 录

"一带一路"涉外（国际）法治理论

"一带一路"下自贸区（港）法治

"一带一路"涉外法治实施体系建设

"一带一路"安全保障法治

"一带一路"涉外（国际）法治教育与文化

"一带一路"涉外（国际）
法治理论

涉外法治建设 2023 年回顾及前景展望

左海聪*

摘　要：当今世界，国际格局深刻调整，大国关系加快重塑，世界之变、时代之变、历史之变正以前所未有的方式加速演进，世界进入新的动荡变革期，迫切需要先进思想理念的感召引领和负责任大国的身体力行、持续推动。2023 年是统筹推进国内法治和涉外法治战略部署提出的第三年，是全面贯彻落实党的二十大精神的开局之年，我国涉外法治工作取得里程碑式的发展。我国积极参与全球治理，在涉外立法、执法、司法和法律服务方面均取得显著进展。

关键词：全球治理；涉外法治；制度构建

一、涉外法治建设取得里程碑式的发展

2023 年是习近平主席提出"人类命运共同体"理念和共建"一带一路"倡议十周年，党中央国务院启动自由贸易试验区建设十周年，也是"统筹推进国内法治和涉外法治"战略部署作出三周年。积十年之功，并三年发力，我国

---

*　左海聪，对外经济贸易大学二级教授、涉外法治研究院首席专家，法学博士。

涉外法治建设取得了里程碑式的重要进展。

（一）全球治理变革

在全球治理变革领域，中国积极展现负责任大国的担当，为全球治理体系改革和建设贡献中国智慧，引领作用更加显著，在联合国和其他重要国际组织中的制度性话语权进一步提升。主要大事和亮点有：

首先，以构建人类命运共同体理念为指引，中国在联合国改革、乌克兰危机等重大国际问题以及斡旋沙特和伊朗复交的外交实践中发挥引领作用。中国作为联合国的共同发起国、安理会常任理事国和联合国宪章宗旨和原则的坚定维护者，在联合国改革中具有重要影响力。中国在重大国际问题上，始终坚持独立自主地做出是非判断，始终站在和平和正义的一边，站在人类文明进步一边，站在绝大多数国家共同利益一边，展示了中国特色大国外交的崭新风格。2022 年 2 月 24 日爆发的乌克兰危机在 2023 年延宕加剧，2023 年 10 月 7 日新一轮中东冲突硝烟再起，以色列在加沙地区展开"特别军事行动"，导致严重的人道主义灾难。中国对和平解决国际争端的坚持和倡导对于稳定国际局势非常重要。2023 年 3 月 10 日，沙特阿拉伯和伊朗在北京发表三方联合声明，宣布两国同意恢复外交关系，并计划在两个月内重开双方的使馆和代表机构。[①]中国的斡旋起到了重要作用，彰显了我国在阿拉伯世界的影响力。

其次，中国在世贸组织改革、国际货币基金组织份额扩大、共建"一带一路"机制构建等方面发挥了引领作用。在 WTO，中国牵头并与各成员共同完成了《促进发展的投资便利化协定》的谈判，是该协议能够通过的关键力量，彰显了中国在 WTO 部分议题上的领导力。2023 年 12 月 15 日，IMF 理事会完成了第十六次份额总检查，批准将 IMF 成员国的份额增加 50%，将使 IMF 的总份额达到 7157 亿特别提款权（9600 亿美元）。[②]中国积极参与推动 IMF 增

---

① 《中华人民共和国、沙特阿拉伯王国、伊朗伊斯兰共和国三方联合声明》，人民网，http://world.people.com.cn/n1/2023/0310/c1002-32641634.html。

② 国际货币基金组织：《IMF 理事会在第十六次份额总检查中批准增加份额》，https://www.imf.org/zh/News/Articles/2023/12/18/pr23459-imf-board-governors-approves-quota-increase-under-16th-general-review-quotas。

资，有利于增强 IMF 组织整体的资金实力和抗风险能力，也有利于提升我国在 IMF 运作与改革中的代表性、话语权和谈判实力。10 月 18 日，第三届"一带一路"国际合作高峰论坛开幕式在北京举行。习近平主席在论坛开幕式上发表主旨演讲，回顾十年成就，总结成功经验，宣布中国支持高质量共建"一带一路"八项行动，为"一带一路"行稳致远明确了新方向，开辟了新愿景，注入了新动力。论坛期间举办了三场高级别论坛，围绕互联互通、绿色发展、数字经济主题进行深入交流，并结合贸易畅通、民心相通、智库交流、廉洁丝路、地方合作、海洋合作等议题平行举办 6 场专题论坛。①

再次，中国政府、企业和专家协同努力，在国际商事立法中发挥重要作用，推动国际民商事实体和程序公约的制定和生效、国际民商事惯例的编纂和采用。我国发起并推动制定了《联合国船舶司法出售国际效力公约》（简称《北京船舶司法出售公约》）。2023 年 9 月 5 日，《北京船舶司法出售公约》签约仪式在北京举行。这是海商领域首个以中国城市命名的联合国公约，体现各方对中国积极参与国际海事法治建设事业，为世界航运经济发展所作贡献的肯定。《北京船舶司法出售公约》旨在解决船舶司法出售跨境承认问题，确保船舶司法出售中买受人的所有权在其他缔约国得到承认，增强了相关权利的稳定性，促进了国际航运业的健康发展和国际贸易法的协调统一。2023 年 5 月 10 日，国际统一私法协会理事会通过了《保理示范法》，旨在为尚未实施现代、全面的担保交易登记处的国家提供一套法律规则，并将成为各国促进贸易融资、获得信贷和经济发展的重要工具。2023 年 5 月，由数字资产与私法工作组编写的《数字资产与私法通则》在国际统一私法协会理事会通过，并于 2023 年 10 月 4 日正式发布。《数字资产与私法通则》旨在提供立法指导，并制定与数字资产的法律性质、转让和使用有关的原则。《数字资产与私法通则》在技术、业务模式和司法管辖方面保持中立，所确定的原则体现了最佳做法和国际标准，使各法域能够对数字资产转让和使用过程中产生的法律问题采取共同的方法。

最后，中国于 2023 年 3 月 8 日宣布加入《取消外国公文书认证要求的公约》（以下简称《公约》），11 月 7 日该公约正式对中国生效。《公约》旨在用附加

---

① 《"一带一路"高峰论坛 | 特稿：长风万里启新程——全球瞩目高质量共建"一带一路"开启新阶段》，中国一带一路网，https://www.yidaiyilu.gov.cn/p/0E9RAGOL.html。

证明书替代传统领事认证，进而达到简化公文书跨国流转程序之目的。《公约》的生效将优化我国涉外民商事诉讼中域外送达和域外取证的流程，进一步便利跨国诉讼和外国判决的承认与执行。①

需要指出的是，近十年来，我国在全球治理领域取得卓越成就，是在人类命运共同体理念指导下取得的。十年来，构建人类命运共同体的理念内涵日臻完善。习近平主席在多个国际场合就这一重大理念进行系统阐述，逐步形成了以建设持久和平的世界、普遍安全的世界、共同繁荣的世界、开放包容的世界和清洁美丽的世界（"五个世界"）为总目标，以全人类共同价值为价值追求，以构建新型国际关系为根本路径，以共建"一带一路"为实践平台，以全球发展倡议、全球安全倡议、全球文明倡议为重要依托的科学理论体系。②

（二）对外关系法治

《对外关系法》《外国国家豁免法》颁布实施。《对外关系法》于 2023 年 6 月 28 日通过，自 2023 年 7 月 1 日起施行。《对外关系法》是新中国成立以来第一部集中阐述我国对外工作大政方针、原则立场和制度体系，对我国发展对外关系作出总体规定的基础性法律。制定《对外关系法》是坚持统筹推进国内法治与涉外法治，加快形成系统完备的涉外法律体系，提高对外工作法治化水平的重要成果，也是加快涉外法治工作整体布局，增强涉外立法系统性、协同性的重大举措，还是我国阐述国际秩序观念与国际法律政策的重大行动。《对外关系法》的颁布实施是我国全面依法治国尤其是加强涉外法治体系建设的重要里程碑，也为其他国家对外关系立法提供了重要借鉴。③《外国国家豁免法》于 2023 年 9 月 1 日通过，自 2024 年 1 月 1 日起施行。《外国

① 《〈取消外国公文书认证要求的公约〉将于 2023 年 11 月 7 日在中国生效实施》，https://www.mfa.gov.cn/wjbxw_new/202310/t20231023_11165858.shtml。
② 《国务院新闻办就〈携手构建人类命运共同体：中国的倡议与行动〉白皮书举行发布会》，中国政府网，https://www.gov.cn/zhengce/202309/content_6906621.htm。
③ 王毅：《贯彻对外关系法 为新时代中国特色大国外交提供坚强法治保障》，《人民日报》2023 年 6 月 29 日第 6 版。

国家豁免法》确立了我国的外国国家豁免制度，授权我国法院在特定情形下管辖以外国国家为被告的民事案件。这是我国统筹推进国内法治和涉外法治的又一里程碑。[①]《中华人民共和国领事保护与协助条例》（以下简称《条例》）于 2023 年 6 月 29 日通过，自 2023 年 9 月 1 日起施行。这是当代中国第一部关于领事保护与协助工作的专门立法，回应了新形势对领事保护与协助工作提出的新要求，具有重要的时代意义。《条例》总结了中国领事保护与协助工作多年摸索的宝贵经验。《条例》明确了领事保护与协助各参与方的职责分工及在国外中国公民、法人、非法人组织寻求领事保护与协助时的权利与义务，对预防性领事保护及为领事保护与协助工作提供保障等也作出了相应的规定。[②]

2023 年，中国外交部依据《反外国制裁法》共宣布采取 4 轮反制措施，对相关个人和实体采取禁止交易、冻结资产、禁止个人入境等制裁措施。此外，国台办、中共中央台办在 2023 年 4 月针对"台独"顽固分子实施了惩戒措施。

（三）涉外经贸法治

《出口管制法》开始得到较为频繁的适用。中国商务部等部门先后将特定镓、锗相关物项、部分无人机专用发动机和民用反无人机系统等无人机相关物项、人造石墨材料及其制品以及天然鳞片石墨及其制品等石墨相关物项纳入"两用物项"出口管制清单。对满足特定指标的消费级无人机实施为期 2 年的临时出口管制，并禁止其他未列入管制的所有民用无人机出口用于大规模杀伤性武器扩散、恐怖主义活动或者军事目的。[③]取消对炉用碳电极等 5 种主要用于钢铁、冶金、化工等国民经济基础工业的低敏感石墨物项的临时管制。中国

---

① 马新民：《我国出台外国国家豁免法——涉外法治建设的里程碑》，人民网，http://world.people.com.cn/n1/2023/0904/c1002-40069726.html。

② 司法部：《〈中华人民共和国领事保护与协助条例〉的意义和亮点》，2023 年 7 月 14 日，https://www.moj.gov.cn/pub/sfbgw/zcjd/202307/t20230714_482645.html。

③ 《商务部海关总署公告 2023 年第 39 号关于优化调整石墨物项临时出口管制措施的公告》，http://m.mofcom.gov.cn/article/zwgk/gkzcfb/202310/20231003447368.shtml。

商务部和海关总署发布 2024 年度《两用物项和技术进出口许可证管理目录》（以下简称《两用目录》）。

2023 年 1 月至 12 月至少新增了 32 起出口管制相关行政处罚案件，其中 21 起涉及两用物项和技术的出口，11 起涉及军品出口。其中有 16 起案件援引了《出口管制法》作为处罚依据。

2023 年 2 月 16 日，为维护国家主权、安全和发展利益，商务部安全与管制局发布公告，决定将参与对台军售的洛克希德·马丁公司、雷神导弹与防务公司列入不可靠实体清单。这是我国首次启用"不可靠实体清单"工作机制。

在反垄断、数据产业监管、营商环境营造方面，中国相关部门也出台了不少部门规章，提高了这些领域工作的法治化水平。

（四）涉外民商法治

《民事诉讼法》的修订，优化了我国涉外民事诉讼的管辖、送达和取证规则。中国最高人民法院通过了关于外国法查明、国际条约和国际惯例适用方面的司法解释，发布了一批国际商事典型判例。中国国际经济贸易仲裁委员会和上海国际仲裁中心推出了新版仲裁规则，自 2024 年 1 月 1 日起施行。

值得一提的是，2023 年度，中国公司法得到修订，民法典合同法编司法解释出台。由于中国外商投资企业设立公司适用公司法、大量的涉外民商事合同则会适用我国合同法，从这个角度来看，上述法律修订和司法解释的出台，也将为中国外商投资企业的设立和管理以及涉外民商事合同的订立和履行提供更好的法律保障和可预见性。

二、2023 年加强涉外法治建设的特点

加强涉外法治工作主要围绕推动高水平对外开放、维护国家安全、主权和发展利益、参与全球治理推动构建人类命运共同体这三大战略目标开展。2023 年，涉外法治工作在推进三大战略目标和其他目标方面颇具特色。

（一）中国在全球治理中的制度引领作用进一步显现

自 2008 年以来，中国经济实力持续增长，在国际事务上的影响和在全球治理中的制度性话语权不断提升。我国坚持独立自主的外交政策，努力推动构建新型大国关系。在多边外交中，我国作为主要行为方，发挥建设性作用。在周边外交中，中国重视睦邻友好，政治经济合作走深走实。第三届"一带一路"国际合作高峰论坛取得丰硕成果，国际合作机制日渐丰富，显示了中国提供国际公共产品的意愿和能力。在联合国体系中发挥中流砥柱作用，推动世贸组织达成《投资便利化协定》，中国在国际议程设置和规则制定中的作用提升显著。在乌克兰危机、巴以冲突中秉持独立公正的立场、寻求和平的态度，伊朗沙特恢复外交关系中的斡旋作用，彰显了负责任大国的历史担当，体现了我国外交的一贯价值追求。

（二）反干涉、反制裁、反"长臂管辖"制度实施力度有所加大

美国在出口管制上愈演愈烈，在单边制裁和"长臂管辖"上也有所扩张。中国对此保持较强的主动性，积极应对，在联合国、世贸组织、国际货币基金组织、G20、气候谈判等多边外交领域，与美国既有斗争也有合作，并取得合作成果。

习近平主席提出的"相互尊重、和平共处、合作共赢"原则为处理中美关系指明了方向，中国的长远目标是实现中美之间的合作共赢。

（三）国家制度性开放继续取得实质性进展

"一带一路"倡议推进十年，中国与共建国家的政策沟通、设施联通、贸易畅通、资金融通、人心相通建设取得突出成就，海外投资制度和机制得到加强，国际民商事争议解决机制不断健全，中国企业的经营模式和行业标准得以推广并形成新的国际惯例，中国式现代化对发展中国家的示范和参考作用日益显现。中国不仅为世界创造了最大的国际经济合作平台，提供了一项伟大的国际公共产品，也实现了自身海外投资的扩展以及海外投资相关制度的完善。

自由贸易试验区十年制度创新，在制度型开放上不断进步。2023 年 6 月 29 日，国务院印发《关于在有条件的自由贸易试验区和自由贸易港试点对接国际高

标准推进制度型开放的若干措施》，① 率先在上海、广东、天津、福建、北京等具备条件的 5 个自由贸易试验区和海南自由贸易港，试点对接相关国际高标准经贸规则。②2023 年 12 月 7 日，国务院发布《全面对接国际高标准经贸规则推进中国（上海）自由贸易试验区高水平制度型开放总体方案》。③ 相关对接国际高标准经贸规则的措施借鉴了《全面与进步跨太平洋伙伴关系协定》（CPTPP）和《区域全面经济伙伴关系协定》（RCEP）等高水平经贸协定中的条款，结合相关自贸试验区的实际情况，提出了一系列开放和改革举措，为推进我国高水平制度型开放助力。投资自由化便利化、金融开放领域的制度演进，表明我国的制度性开放在向精细化方向发展，在向开放的顶部拓展。需要强调的是，中国在加强制度型开放的同时，十分注意经济开放安全问题。对长期外债的加强管理就是一个例证。

（四）涉外法治研究与涉外法治实践同步共振

中国学者在理论上继续研究涉外法治的内涵、目标、原则等问题。④ 中国政法大学、对外经济贸易大学等分别推出《中国涉外法治蓝皮书》《中国涉外法治发展报告》等，系统记载中国涉外法治的发展状况，分析特点和趋势并作出展望。中国学者也参与重要涉外立法的论证和研讨，并发表了系列论文。⑤ 一些期刊也发表了"一带一路"倡议十周年、自由贸易试验区十

---

① 《国务院印发关于在有条件的自由贸易试验区和自由贸易港试点对接国际高标准推进制度型开放若干措施的通知》，2023 年 6 月 29 日发布，https://www.gov.cn/zhengce/content/202306/content_6889026.htm。

② 《对接国际高标准经贸规则迈出新步伐》，中国政府网，https://www.gov.cn/zhengce/202307/content_6889650.htm。

③ 《国务院关于印发〈全面对接国际高标准经贸规则推进中国（上海）自由贸易试验区高水平制度型开放总体方案〉的通知》，中国政府网，https://www.gov.cn/zhengce/zhengceku/202312/content_6918914.htm。

④ 何志鹏：《涉外法治的目标设定与实践原则》，《世界社会科学》2023 年第 2 期；韩秀丽：《涉外法治：属性解读与完善进路》，《厦门大学学报（哲学社会科学版）》2023 年第 3 期。

⑤ 黄进康：《新中国对外关系立法的里程碑——论中国首部〈对外关系法〉应运而生的时代背景、重大意义、系统集成和守正创新》，《武大国际法评论》2023 年第 4 期；黄进：《论〈对外关系法〉在我国涉外法治体系中的地位》，《国际法研究》2023 年第 4 期；左海聪：《一部具有中国特色的外国国家豁免法》，《法治日报》2023 年 9 月 19 日。

周年专论。[①]

三、展望和建议

经过三年的统筹推进，中国涉外法治取得了突出的成就。2024 年，中国涉外法治建设站在了新的起点上，涉外法治工作重点在以下几个方面有待进一步发展完善。

（一）参与全球治理的制度构建

以人类命运共同体理念为指引，以构建新型国际关系为根本路径，以共建"一带一路"为实践平台，以全球发展倡议、全球安全倡议、全球文明倡议为重要依托，发挥元首外交的引领作用，中国参与全球治理的道路会越走越宽。2024 年度，在联合国、世贸组织、气候变化谈判、二十国集团、金砖国家合作、上海合作组织、亚投行、区域全面经济伙伴关系协定等多边和区域平台上，中国均可以发挥主要行为体的作用，在制度构建方面有所作为，为中国发展确立良好的国际环境，为广大发展中国家和世界人民谋发展，在国际关系中实现公平正义。

（二）形成涉外法治工作大协同格局

涉外法治工作是一项涉及面广、联动性强的系统工程，必须统筹国内和国际，统筹发展和安全，坚持前瞻性思考、全局性谋划、战略性布局、整体性推进，加强顶层设计，一体推进涉外立法、执法、司法、守法和法律服务，形成

[①] 肖永平：《高质量共建"一带一路"的法治保障：从软法治理到软法与硬法共治》，《中国法治》2023 年第 10 期；左海聪：《自由贸易试验区制度创新：改革与法治相互促进的一个试验》，《民主与法制》2023 年第 44 期。

涉外法治工作大协同格局。

为此，必须加强党对涉外法治工作的全面领导，由中央全面依法治国委员会及其办公室发挥统筹协调、调查研究和跟进督办的作用。在大协同的格局下，可以考虑由全国人大常委会、国务院、国家监察委员会、最高人民法院、最高人民检察院采取联席会议方式推进各项涉外法治工作。

（三）涉外立法尚需进一步完善

涉外立法调整的对象包括一国对外交往中产生的各种涉外法律关系，调整不同领域涉外法律关系的各项立法共同构建了国家的涉外法律体系。党的二十大报告指出，加强重点领域、新兴领域、涉外领域立法，统筹推进国内法治和涉外法治，以良法促进发展、保障善治。习近平总书记指出，要坚持立法先行、立改废释并举，形成系统完备的涉外法律法规体系。要主动对接、积极吸纳国际高标准经贸规则，稳步扩大制度型开放，提升贸易和投资自由化便利化水平，建设更高水平开放型经济新体制。要对标国际先进水平，把自由贸易试验区等高水平对外开放的有效举措和成熟经验及时上升为法律，要全面提升依法维护开放安全能力。完善外国人在华生活便利服务措施和相关法律法规。

截至 2023 年 12 月底，现行有效 300 件法律中，专门涉外法律 54 部，含涉外条款的法律 152 部。《海商法》《仲裁法》《对外贸易法》修订进入快轨道。中国涉外领域仍然存在制度缺漏和不足，需要通过立法和修法加以填补或完善。

首先，要进一步完善国家安全建设的法律法规。（1）建议修订《国家安全法》相关条款，并根据该法律确定的基本原则分别制定经济安全、金融安全、科技安全、意识形态安全等重点领域的国家安全部门法。（2）在风险监测预警体系和国家应急管理体系建设方面，应通过修订《突发事件应对法》进一步完善国家安全风险监测预警体系和国家应急管理体系，增加该法的涉外适用条款；应对《刑法》《刑事诉讼法》涉及国家安全犯罪的相关规定进行修订，健全国家安全方面刑事管辖权制度，加大对境内外危害中国国家安全行为的刑事惩罚力度。[①]

---

① 刘敬东：《加强涉外领域立法的理论思考与建议》，《国际法研究》2023 年第 2 期。

其次，完善关于新时代对外开放的法律法规。习近平总书记指出，要对标国际先进水平，把自由贸易试验区等高水平对外开放的有效举措和成熟经验及时上升为法律。笔者认为，为了适应扩大制度型开放的需要，需要制定或修订以下法律法规：（1）制定外汇管理法或修改外汇管理条例。中国外汇管理法一直缺漏，人民币国际化进程中的资本项目改革开放成果无法固定，紧急情况下的外汇进出境限制制度缺乏法律依据，行政处罚依据也不明确、力度偏低，制定外汇管理法可以填补上述重要的制度缺失。作为制定法律的先行步骤，也可以考虑修订外汇管理条例，部分解决上述问题。（2）制定境外投资法。中国已经成为世界主要的资本输出国，但海外投资一直缺乏法律或法规。制定境外投资法，就中国境外投资的管理机构、管理制度、境外投资保护、境外投资限制等问题作出规定，既可以规范和保护中国境外投资，也可以促进"一带一路"倡议行稳致远。（3）制定自由贸易试验区法。自由贸易试验区实施十年，但自由贸易试验区的法律依据、法律原则、管理体制一直缺乏法律规定，可以将现有的法规和规范性文件上升为法律，为自由贸易试验区的改革开放试验提供法律基础。（4）修订对外贸易法。目前的对外贸易法未能对服务贸易新发展、贸易便利化和贸易制裁问题作出规定，需要通过修订就这些问题作出规定。

再次，制定修改反干涉、反制裁和反"长臂管辖"的法律法规。（1）制定《反干涉法》和修改《反国家分裂法》。为应对霸权主义国家对我国主权和领土完整的干涉和挑衅，我国需要制定反干涉法，对外国干涉行为进行界定并规定反制措施；对《反国家分裂法》进行修订，对外国干涉中国国家统一和分裂国家的行为予以反制，拓宽惩戒幅度。（2）制定《反外国制裁法实施条例》或司法解释，使反制裁法更好地发挥功效。（3）修订《刑事诉讼法》的相关规定，适当扩大我国的刑事管辖权。

最后，修订系列法律，构建我国法域外适用体系。（1）修改《刑法》的相关规定。在刑事管辖权方面，中国刑法对于行为人在中国境外针对中国的犯罪仅规定应当予以追究刑事责任，没有规定巨额罚款、没收财产等行政责任，这就导致此类犯罪行为极有可能得不到中国法律的惩治。（2）修订《刑事诉讼法》的相关规定，适当扩大中国的刑事管辖权。（3）修改《行政处罚法》，将外国人、无国籍人、外国组织在中国领域外实施的、违法后果发生在中国领域内的违反中国法律的行为纳入调整范围，并拓宽惩戒幅度。

（四）涉外执法效能亟待提升

中国涉外法治建设，要建设协同高效的涉外法治实施体系，提升涉外执法司法效能。

大多数涉外法律法规都有赖行政机关的实施和执行以实现其宗旨，行政机关的涉外执法是涉外法治落到实处的关键。行政机关为了有效执行法律法规，也经常将自身的管理机制和措施进行编纂，进而产生各种行政规章。这些规章既是行政机关的执法依据和工作指南，也是行政相对人需要遵循的规范。

长期以来，美国等发达国家的行政首脑和部级行政机构制定了大量的涉外规章，并不断修订。中国涉外行政执法的时间较短，经验不够丰富，提高涉外行政效能，是一项十分艰巨的任务。例如，中国在出口管制、反制裁、海警执法等领域，行政经验较为薄弱，部门规章也不健全。只有不断总结经验教训，探索工作规律和原理，全面制定和不断完善部门规章，才能不断提高中国涉外执法的效能。同样，在国家安全、贸易救济、关税管制等其他领域，也需要通过制定和修改部门规章来进一步提高执法效能。

（五）涉外司法公信力有待提高

推进涉外司法审判体制机制改革，提高涉外司法公信力可以从以下三个方面展开工作。

一是提升涉外司法质效。中国法院需要在管辖、外国法查明、司法协助进一步探索，完善机制和方法。中国应尽快加入 2023 年已经生效的《海牙法院判决公约》，与欧盟一道共同引领涉外民商事判决承认与执行的法律实践。中国应尽快加入《新加坡调解公约》，促进国际商事调解的运用。

二是推动涉外司法审判体制机制改革。需要探索提高最高人民法院国际商事法庭的受案率、完善运行机制；完善地方法院国际商事法庭运行机制；改进"一站式"法律服务机制。

三是提高涉外司法公信力。需要进一步准确适用国际条约和惯例以及外国法；加强判决书的说理性；建立涉外审判参照外国判例制度。

（六）进一步强化境外守法用法意识

要强化合规意识，引导我国公民、企业在"走出去"过程中自觉遵守当地法律法规和风俗习惯，运用法治和规则维护自身合法权益。中国企业在"走出去"过程中，面临政治、安全、经济、法律、外交等多重风险。防患于未然，是保障共建"一带一路"行稳致远，更好维护我国家和公民海外利益的重要举措。要在严格尊法、善于用法上下功夫。海外企业负责人要带头尊法、学法、守法、用法，切实提升涉外法治思维和依法维护企业合法权益的能力。要坚持一切合作都在阳光下运作，防止掉入美国"长臂管辖"的法律陷阱。要进一步加强和完善海外企业法律顾问制度。加强企业经营全流程的合规审查。原则上，"走出去"的企业应设置专职的法律顾问或合规专员，全力防范在经营活动中可能出现的法律风险。

（七）国际执法司法合作可进一步深化

要深化执法司法国际合作，加强领事保护与协助，建强保护中国海外利益的法治安全链。要按照《对外关系法》的相关规定，加强多边双边法治对话，推进对外法治交流合作，深化拓展对外执法合作工作机制。积极对外商签引渡条约、司法协助条约和反腐败合作协议，完善司法协助体制机制。在执法、司法领域，尤其是反恐、禁毒、反腐败、反洗钱、追逃追赃、打击跨国有组织犯罪等重点领域，开展全面、高效的国际执法司法合作。

要加强领事保护与协助。按照《领事保护与协助条例》的规定，进一步明确中央各有关部门及地方人民政府的责任，细化相关措施，积极构建海外中国平安体系，加大做好游客、留学生、海外企业员工等重点人群的预防性领保工作，提高领事保护与协助工作的法治化、制度化和规范化水平。

要加强反腐败国际合作。继续以"零容忍"态度惩治腐败，加大国际追逃追赃力度，实施重大专项行动，切断腐败分子外逃的后路，绝不能让外国成为一些腐败分子的"避罪天堂"。

"一带一路"倡议与新秩序

蔡从燕 杨 钰*

摘 要: "一带一路"倡议是中国推动全球治理体系变革、推动构建人类命运共同体的重要行动。"一带一路"建设对沿线国家和地区产生广泛而深远的地缘影响。一些西方国家基于偏见批判"一带一路",并且试图提出替代性的方案。"一带一路"倡议具有特殊且务实的法律框架,并且不同要素相互支撑,共同发挥作用。"一带一路"倡议对国际法律秩序的影响已经初步显现,尤其有助于发展权的实现。

关键词: "一带一路";人类命运共同体;法律框架;国际法律秩序;涉外法治

引 言

"一带一路"倡议由"丝绸之路经济带"和"21世纪海上丝绸之路"组

---

* 蔡从燕,复旦大学法学院教授、博士生导师,法学博士;杨钰,复旦大学法学院国际法博士生。本文英文稿为蔡从燕撰写的 "The Belt and Road Initiative and the International Legal Order: Why It Happened, What It Does and How, and What It Brings About"(载 The Cambridge Handbook of China and International Law, Cambridge University Press),由杨钰翻译并做适当修改。

成。2013 年 9 月 7 日，习近平主席在哈萨克斯坦纳扎尔巴耶夫大学发表演讲，首次提出共建"丝绸之路经济带"倡议。① 一个月后，习近平主席在印度尼西亚国会发表演讲，呼吁共建 21 世纪海上丝绸之路。② 自公元前 130 年至公元 1453 年，丝绸之路连接东西，推动不同文明交流互鉴；如今，"一带一路"倡议让丝绸之路再度焕发活力，逐渐得到了更多国家的认同。③ 2015 年 3 月 28 日，国家发展改革委、外交部、商务部经国务院授权，联合发布《关于共建丝绸之路经济带和 21 世纪海上丝绸之路的愿景与行动》（以下简称《愿景与行动》），从时代背景、共建原则、框架思路、合作机制等方面，详细阐释了"一带一路"倡议，推动其由构想走向实践。④ 在这一背景下，"一带一路"倡议成为海外学界的研究热点。

共建"一带一路"是构建"人类命运共同体"的重大实践。2015 年 9 月 28 日，习近平主席出席第 70 届联合国大会一般性辩论，系统阐释了"人类命运共同体"的构建途径。⑤ 不可否认，不同国家对"一带一路"倡议看法各异，或乐见其成，或猜忌指责，或中立观望；但是经过十多年的发展，共建"一带一路"已经成为全球规模最大的国际合作平台，涉及一百多个国家，在经济、政治和法治等领域迅速产生了显著的影响，西方大国因此推出若干替代方案与之抗衡。尽管如此，"一带一路"倡议仍处于起步阶段，需要更多的时间观察其对国际秩序的长期影响。

本文旨在论证，目前国际法律秩序正经历深刻变革，而我国作为负责任的大国，通过"一带一路"倡议，在国际社会积极推行良法善治：首先从背景和内容等方面出发，简要介绍"一带一路"倡议；其次考察一些西方国家如何看

---

① 《习近平发表重要演讲呼吁共建"丝绸之路经济带"》，外交部网站，https://www.mfa.gov.cn/web/zyxw/201309/t20130907_324338.shtml。

② 《习近平在印度尼西亚国会的演讲（全文）》，外交部网站，https://www.mfa.gov.cn/web/zyxw/201310/t20131003_324861.shtml。

③ 《古代丝绸之路的历史价值及对共建"一带一路"的启示》，求是网，http://www.qstheory.cn/dukan/qs/2019-01/01/c_1123922550.htm。

④ 《经国务院授权三部委联合发布推动共建"一带一路"的愿景与行动》，中国政府网，https://www.gov.cn/xinwen/2015-03/28/content_2839723.htm。

⑤ 习近平：《携手构建合作共赢新伙伴 同心打造人类命运共同体》，新华网，http://www.xin-huanet.com//politics/2015-09/29/c_1116703645.htm?eqid=b9d28c25000073b700000002642fa9a4。

待"一带一路"倡议以及如何试图提出替代性的方案，并且说明"一带一路"倡议客观上产生的政治和经济影响；再次分析"一带一路"倡议的法律框架，论述中国实施该倡议的机理；继而探讨"一带一路"倡议对国际法律秩序与我国法治体系的可能影响；最后得出结论。

一、"一带一路"倡议简介

根据《愿景与行动》，共建"一带一路"致力于亚欧非大陆及附近海洋的互联互通，推动沿线各国发展战略的对接与耦合，发掘区域内市场的潜力，促进投资和消费，创造需求和就业；① 以政策沟通、设施联通、贸易畅通、资金融通、民心相通为主要内容，② 在能力建设、科学研究、公共卫生等新兴领域开展合作。设施联通是共建"一带一路"的优先方向，我国将与沿线国家共建六大国际经济合作走廊，③ 逐步形成连接亚洲各次区域以及亚欧非之间的基础设施网络。④

"一带一路"倡议提出前后，受 2008 年国际金融危机影响，世界经济复苏乏力，贸易保护主义盛行。⑤ 为稳定增长，降低过高的外贸依存度，我国推出一系列积极财政政策，大量投资基础设施，率先走出国际金融危机。但是随着

---

① 《经国务院授权三部委联合发布推动共建"一带一路"的愿景与行动》，中国政府网，https://www.gov.cn/xinwen/2015-03/28/content_2839723.htm。

② 《经国务院授权三部委联合发布推动共建"一带一路"的愿景与行动》，中国政府网，http://www.gov.cn/xinxen/2015-03/28/content_2839723.htm。

③ 这六条经济走廊分别是：(1) 新亚欧大陆桥经济走廊; (2) 中蒙俄国际经济走廊; (3) 中国——中亚——西亚经济走廊; (4) 中国——中南半岛经济走廊; (5) 孟中印缅经济走廊; (6) 中巴经济走廊。

④ 《经国务院授权三部委联合发布推动共建"一带一路"的愿景与行动》，中国政府网，http:// www. gov. cn/xinxen/2015-03/28/content_2839723.htm。

⑤ 推进"一带一路"建设工作领导小组办公室：《共建"一带一路"：理念、实践与中国贡献》，外文出版社 2017 年版，第 26 页。

新旧动能转换，推动我国基建"出海"，有序产业转移被提上日程。① 鉴于目前基础设施已经成为许多发展中国家所面临的瓶颈，我国与"一带一路"共建国家不断深化国际产能合作，优先落实基础设施互联互通，向共建国家提供充裕的资本，用于修建或改善公路、铁路、港口、发电厂等，优化营商环境，② 实现不同国家相互受益、共同繁荣、持久发展。

共建"一带一路"坚持五大原则：第一，恪守联合国宪章的宗旨和原则，遵守和平共处五项原则；第二，坚持开放合作，"一带一路"倡议基于但不限于古代丝绸之路所覆盖的亚欧非大陆，各国和国际、地区组织均可参与；第三，坚持和谐包容，倡导文明宽容，尊重各国发展道路和模式的选择，加强不同文明之间的对话；第四，坚持市场运作，充分发挥市场在资源配置中的决定性作用和各类企业的主体作用，同时发挥好政府的作用，"一带一路"倡议不是对外援助计划；第五，坚持互利共赢，兼顾各方利益和关切，寻求利益契合点和合作最大公约数。③

此外，"一带一路"倡议构想出"共商、共建、共享"的全球治理观："共商"即要求各国在"一带一路"框架下，共同协商处理纠纷；"共建"即要求各国加强互利合作、共同面对挑战；"共享"即要求各国享有平等的发展机会，共同分享世界经济发展成果。④

截至 2023 年 8 月，我国已与 152 个国家和 32 个国际组织签署了 200 多份共建"一带一路"合作文件。⑤ 从亚欧非到美洲、大洋洲，"一带一路"倡议得到国际社会的广泛支持，共建国家的数量在十年内翻了一番。⑥ 随着"一带

---

① 推进"一带一路"建设工作领导小组办公室：《共建"一带一路"：理念、实践与中国的贡献》，外文出版社 2017 年版，第 37 页。

② 推进"一带一路"建设工作领导小组办公室：《共建"一带一路"：理念、实践与中国的贡献》，外文出版社 2017 年版，第 26 页。

③ 《经国务院授权三部委联合发布推动共建"一带一路"的愿景与行动》，中国政府网，https://www.gov.cn/xinwen/2015-03/28/content_2839723.htm。

④ 《经国务院授权三部委联合发布推动共建"一带一路"的愿景与行动》，中国政府网，https://www.gov.cn/xinwen/2015-03/28/content_2839723.htm。

⑤ 《我国已与 152 个国家、32 个国际组织签署共建"一带一路"合作文件》，中国政府网，https://www.gov.cn/lianbo/bumen/202308/content_6899977.htm。

⑥ 《国别_共建"一带一路"国家查询》，中国一带一路网，https://www.yidaiyilu.gov.cn/country。

一路"合作的深化，宽领域多层次的发展与合作机制建设逐渐成形。①"一带一路"倡议还得到了联合国的肯定：2016 年 11 月，在第 71 届联合国大会上，193 个会员国一致赞同将"一带一路"倡议写入联大决议；②2017 年 3 月，联合国安理会通过第 2344 号决议，呼吁通过"一带一路"建设等加强区域经济合作。③

不可否认，经济合作，尤其是基础设施建设，是"一带一路"的重要组成部分，但是"一带一路"倡议的合作范围还涉及诸多领域。例如《共建"一带一路"倡议：进展、贡献与展望》（以下简称《共建倡议》）指出，我国与"一带一路"共建国家在知识产权、税收、法治等领域开展合作，④《"一带一路"建设海上合作设想》的合作重点则在于海洋环境保护、航行安全、气候变化、海洋生态系统健康、生物多样性、海上执法等。⑤

资金融通是共建"一带一路"的重要支撑，我国政府、金融机构主动为"一带一路"市场提供优质金融服务，凸显了负责任大国的风范。2014 年 11 月，我国宣布出资 400 亿美元成立丝路基金。三年后，向丝路基金增资 1000 亿元人民币。⑥截至 2023 年 9 月末，中国国家开发银行已经为 1300 多个"一带一路"项目提供融资⑦，许多项目现已投入运营⑧。

十年来，通过"一带一路"倡议，各国在贸易、投资、金融、交通、产

---

① 《深化推动"一带一路"高质量发展的四大机制建设》，中国政府网，https://www.gov.cn/zhengce/2019-04/25/content_5386058.htm。
② 联合国安理会，S/RES/2274（2016），2016 年 3 月 15 日。
③ 联合国安理会，S/RES/2344（2017），2017 年 3 月 17 日。
④ 《共建"一带一路"倡议：进展、贡献与展望》，新华网，http://www.xinhuanet.com/world/2019-04/22/c_1124400071.htm。
⑤ 《两部门关于印发"一带一路"建设海上合作设想的通知》，中国政府网，https://www.gov.cn/xinwen/2017-11/17/5240325/files/13f35a0e00a845a2b8c5655eb0e95df5.pdf。
⑥ 《共建"一带一路"倡议：进展、贡献与展望》，新华网，http://www.xinhuanet.com/world/2019-04/22/c_1124400071.htm。
⑦ 《深化资金融通合作之路 推动"一带一路"共同繁荣》，中国政府网，https://www.gov.cn/yaowen/liebiao/202310/content_6908677.htm。
⑧ 《项目动态》，中国一带一路网，https://www.yidaiyilu.gov.cn/list/c/xiangmudongtai。

业、监管等领域开展密切合作，得到了实实在在的好处：① 我国通过"一带一路"倡议进一步扩大和深化对外开放，构建全方位开放新格局，深度融入世界经济体系；② 广大发展中国家得以升级基础设施，享受世界经济发展的红利。③

理解"一带一路"倡议，必须联系人类命运共同体。如《愿景与行动》所示，"一带一路"倡议起初主要服务于我国与周边国家的合作，但是自人类命运共同体提出后，"一带一路"倡议被赋予更重要的意义。2017 年 1 月，习近平主席在联合国日内瓦总部发表演讲时，首次指出"一带一路"倡议是构建人类命运共同体的重要途径。④《共建"一带一路"：理念、实践与中国的贡献》指出，"一带一路"倡议与构建人类命运共同体息息相关，共建"一带一路"倡议是促进全球和平合作和共同发展的中国方案。⑤2019 年 4 月发表的《共建倡议》再次强调了"一带一路"倡议之于构建人类命运共同体的重要性，说明"一带一路"倡议作为全球治理体系变革的中国方案，超越社会制度和文化差异，尊重文明多样性，体现开放包容、共同发展的鲜明导向，已经发展为完善全球治理的重要公共产品。⑥

二、西方国家对"一带一路"倡议的应对

西方国家面对"一带一路"倡议，主要有三种策略。

---

① 《共建"一带一路"倡议：进展、贡献与展望》，新华网，http://www.xinhuanet.com/world/2019-04/22/c_1124400071.htm。

② 《经国务院授权三部委联合发布推动共建"一带一路"的愿景与行动》，中国政府网，https://www.gov.cn/xinwen/2015-03/28/content_2839723.htm。

③ 《共建"一带一路"倡议：进展、贡献与展望》，新华网，http://www.xinhuanet.com/world/2019-04/22/c_1124400071.htm。

④ 《习近平主席在联合国日内瓦总部的演讲（全文）》，央广网，https://china.cnr.cn/gdgg/20170119/t20170119_523503205.shtml。

⑤ 推进"一带一路"建设工作领导小组办公室：《共建"一带一路"：理念、实践与中国的贡献》，外文出版社 2017 年版，第 46 页。

⑥ 《共建"一带一路"倡议：进展、贡献与展望》，新华网，http://www.xinhuanet.com/world/2019-04/22/c_1124400071.htm。

第一种策略是拒绝加入。尽管我国一再强调"一带一路"倡议对所有国家和国际机构开放,但是几乎所有西方大国起初都拒绝加入。意大利作为唯一的七国集团(G7)成员,在 2019 年 3 月 23 日与我国签署了谅解备忘录,加入了"一带一路"倡议。随着意大利加入"一带一路"倡议,越来越多中国企业前往欧盟投资关键基础设施项目,部分成员国也同我国签署了谅解备忘录。[1]

第二种策略是诋毁"一带一路"倡议:质疑和诋毁中国发起"一带一路"倡议的真实意图。[2] 但是这些伎俩收效甚微,无法阻拦越来越多的国家加入"一带一路"倡议。

因此,西方国家开始采取第三种战略:推出"一带一路"倡议的替代方案。其中以"欧亚互联互通"(Euro-Asian Connectivity)、"蓝点网络"(Blue Dot Network)、"重建更美好世界"(Build Back Better World,简称"B3W")为代表。出于与"一带一路"倡议竞争的目的,西方国家不断提出各种替代方案。如在基础设施投融资领域制定高标准,吸引发展中国家,使之倾向西方。然而这些基础设施建设计划效果存疑,因为它们难以为发展中国家提供建设或升级基础设施所需要的巨额资金,难以达到预期目的。

虽然西方的替代方案难以迅速为发展中国家的基础设施建设融通大量资金,但是我国因此化竞争为动力,坚持法治、善治,遵守国际最佳实践,推进共建"一带一路"高质量发展。如财政部借鉴国际货币基金组织和世界银行制定的相关框架,于 2019 年 4 月发布了《"一带一路"债务可持续性分析框架》,确保"一带一路"融资实现可持续发展,降低"一带一路"共建的金融风险。[3]2022年 2 月,国家发展改革委、外交部、生态环境部、商务部联合发布《关于推进共建"一带一路"绿色发展的意见》,提出绿色发展的构想。[4] 此外,我国还鼓

---

[1] 中欧商会:The Road Less Travelled: European Involvement in China's Belt and Road Initiative, pp. 43—44.(2021 年)。

[2] 例如,美国对中国在吉布提建立海外保障基地表示强烈不满。

[3] 《财政部发布〈"一带一路"债务可持续性分析框架〉》,财政部网站,www.mof.gov.cn/zheng-wuxinxi/caizhengxinwen/201904/t20190425_3234663.htm。

[4] 国家发展改革委等:《国家发展改革委等部门关于推进共建"一带一路"绿色发展的意见》,发改开放〔2022〕408 号,https://www.gov.cn/zhengce/zhengceku/2022-03/29/content_5682210.htm。

励发展中国家改善与基础设施相关的监管框架和实践。我国认为,这些替代方案实际上证明了"一带一路"倡议的价值和美好前景;希望西方国家在不干涉他国内政的同时,共同为发展中国家提供更多基础设施。[1] 卡罗琳·克里斯托指出,虽然"重建更美好世界"难与"一带一路"倡议抗衡,但客观上促使后者在基础设施建设过程中更加重视债务可持续性、环境友好性。[2]

三、"一带一路"倡议的法律框架

"一带一路"倡议具有独特的法律框架。有的学者认为,这一法律框架让"一带一路"倡议变得更加灵活包容,从而吸引更多国家加入。然而另一些学者批评,中国通过这一框架不当影响共建国家,削弱了"一带一路"倡议的透明度与问责制度。本节首先介绍"一带一路"倡议的法律框架,并指出其主要特点;然后分析它的发展动力;随后探讨这一框架的优缺点;最后讨论这一框架未来的发展方向。

(一)"一带一路"倡议法律框架简介

迄今为止,无论是在国际法层面,还是在国内法层面,都没有任何规范"一带一路"倡议的综合性法律:无论是我国还是共建国家,都尚未就"一带一路"倡议签署国际条约,也没有通过关于"一带一路"倡议的国内法。因此,沃尔夫(Wolff)认为,并不存在所谓的"一带一路"法。[3] 尽管如此,"一带

---

[1] 《外交部副部长乐玉成:美国的 B3W 计划进一步证明"一带一路"是正确之路、未来之路》,外交部网站,https://www.mfa.gov.cn/wjdt_674879/wjbxw_674885/202107/t20210710_9177027.shtml。

[2] Caroline Crystal, Council on Foreign Relations (cfr.org), "The G7's B3W Infrastructure Plan Can't Compete with China. That's Not the Point", August 10, 2021, https://www.cfr.org/blog/g7s-b3w-infrastructure-plan-cant-compete-china-thats-not-point.

[3] Lutz-Christian Wolff, "Legal Responses to China's 'Belt and Road' Initiative: Necessary, Possible or Pointless Exercise?", 29 Transnational Law and Contemporary Problems, 2020, p. 265.

一路"倡议仍具备法律框架：在国际法层面和国内法层面，分别存在专门框架、相关框架。因此，这一框架由专门国际法框架、专门国内法框架、相关国际法框架、相关国内法框架构成。

专门国际法框架包括一级协议和二级协议。[①] 一级协议由我国政府与共建国家和相关国际组织签署。如上所述，中国已与 150 多个国家和 30 多个国际组织签署了 200 多项协议，这些协议大多为谅解备忘录。其中一些谅解备忘录仅是笼统提及"一带一路"倡议，而另一些专注于应对具体问题。[②] 虽然谅解备忘录可能属于《维也纳条约法公约》中的"条约"类别[③]，但许多"一带一路"谅解备忘录都明确指出："本谅解备忘录不具有法律约束力。"[④] 二级协议通常由中国投资者与"一带一路"共建国政府或商业伙伴签订，涉及融资、特许经营、投资等具体执行环节。谅解备忘录是"软法"的一种，与之相对，许多二级协议属于国际合同，是"硬法"的一种，规定了双方的法律权利和义务。[⑤]

专门国内法框架包括各类为"一带一路"设计的制度与机制。如前所述，我国和共建国家都没有颁布有关"一带一路"倡议的专门法。[⑥] 但是我国的中央政府和地方政府，已经专门就"一带一路"制定了大量行政规范性文件，形式上以"意见""指导意见"或"通知"为主。虽然这些文件不属于《立法法》所规定的"法律"[⑦]，在不与上位法冲突的前提下，仍然构成行政机关作出具体行政行为的依据。[⑧]

---

① Heng Wang, "The Belt and Road Initiative Agreements: Characteristics, Rationale, and Challenges", 20 World Trade Review, 2021, pp. 283-288.

② Heng Wang, "The Belt and Road Initiative Agreements: Characteristics, Rationale, and Challenges", 20 World Trade Review, 2021, p. 284.

③ 《维也纳条约法公约》第 1 条。

④ 《中华人民共和国政府与波兰共和国政府关于共同推进"一带一路"建设的谅解备忘录》，https://www.yidaiyilu.gov.cn/wcm.files/upload/CMSydylgw/201901/201901031052033.pdf。

⑤ Heng Wang, "The Belt and Road Initiative Agreements: Characteristics, Rationale, and Challenges", 20 World Trade Review, 2021, pp. 286-287.

⑥ Lutz-Christian Wolff, "Legal Responses to China's 'Belt and Road' Initiative: Necessary, Possible or Pointless Exercise?", 29 Transnational Law and Contemporary Problems, 2020, p. 266.

⑦ 详见《中华人民共和国立法法 (2015 年修正)》第二章至第四章。

⑧ 《关于加强行政规范性文件制定和监督管理工作的通知》(国办发〔2018〕37 号) 2018 年 5 月 16 日，https://www.gov.cn/gongbao/content/2018/content_5296541.htm。

相关国际法框架既包括中国与共建国家之间的既存国际条约，如双边投资条约（BIT）和世界贸易组织（WTO）协定；也包括一些不具约束力的国际法律文书，例如联合国工业发展组织（UNIDO）1996 年通过的《通过建设—运营—移交（BOT）项目发展基础设施的指导方针》（Guidelines for Infrastructure Development through Build-Operate-Transfer Projects）。

相关国内法框架包括中国和共建国家的争议解决法律与制度，如仲裁法、仲裁机构、调解中心等。它们并非为"一带一路"倡议而专门设计，但仍然可以解决许多相关的问题。而且，"一带一路"国家可以改革这些法律、制度，以更好保障"一带一路"倡议实施。

当前的"一带一路"倡议法律框架具有三个特点。

第一，灵活性强。几乎所有学者都意识到，这一框架具有明显的灵活性，[1] 在此基础上签订的谅解备忘录鲜少具有法律约束力。而且我国几乎所有的"一带一路"倡议文书都不构成《立法法》所规定的"法律"。但是二级协议是个例外，如融资协议就是对各方具有法律约束力的国际合同。

第二，该框架主要依托既有制度，而非专门设计一套全新的制度。[2]《愿景与行动》指出，"一带一路"倡议将"积极利用现有双多边合作机制"[3]，如上海合作组织（SCO）、中国——东盟（10+1）领导人会议和中国——阿拉伯国家合作论坛（CASCF）等。许多谅解备忘录都包含类似的措辞，如《中华人民共和国政府与波兰共和国政府关于共同推进"一带一路"建设的谅解备忘录》规定："双方将充分依托和发挥双方政府各部门现有双边机制以及中国——中东欧国家合作机制的作用，共同推进'一带一路'建设，探讨挖掘双方合作的新机遇，并指导和协调解决双方合作的重大问题。"[4]

第三，框架至今仍不断发展。十年来，我国与共建国家根据形势变化，不

---

① Heng Wang, "China's Approach to the Belt and Road Initiative: Scope, Character and Sustainability", 22 Journal of International Economic Law, 2019, pp. 43-46.

② Heng Wang, "China's Approach to the Belt and Road Initiative: Scope, Character and Sustainability", 22 Journal of International Economic Law, 2019, p. 38.

③ 《经国务院授权 三部委联合发布推动共建"一带一路"的愿景与行动》，中国政府网，https://www.gov.cn/xinwen/2015-03/28/content_2839723.htm。

④ 《中华人民共和国政府与波兰共和国政府关于共同推进"一带一路"建设的谅解备忘录》，中国一带一路网，https://www.yidaiyilu.gov.cn/p/76377.html。

断调整推进"一带一路"建设。如前所述,由于一些"一带一路"项目的债务可持续性受到质疑,我国着手降低本国和共建国家的金融风险,于 2019 年发布了《"一带一路"债务可持续性分析框架》。最高人民法院同样为服务"一带一路"倡议作出不懈努力。2015 年 6 月,《愿景与行动》发布后,最高人民法院随即提出《关于人民法院为"一带一路"建设提供司法服务和保障的若干意见》,要求各级法院有效服务和保障"一带一路"建设的顺利实施。[①] 四年后,最高人民法院提出《关于人民法院进一步为"一带一路"建设提供司法服务和保障的意见》,努力为高质量共建"一带一路"营造更加稳定、公平、透明、可预期的国际化、法治化、便利化营商环境。[②]

(二)"一带一路"倡议法律框架偏好软法的原因

通过对"一带一路"倡议谅解备忘录的研究,有学者合理地解释了该法律框架偏好软法的原因:[③] 首先,由于无法完全预测双边关系的发展,软法提供了更大的自由裁量权,能让中国更灵活地调整所作承诺,维护国家利益;其次,软法可以吸引更多国家参与"一带一路"倡议;最后,软法允许中国在实践中不断积累经验,降低中国推行"一带一路"倡议的试错成本。这一解释与斯奈德(Snyder)观点相契,他认为与硬法相比,软法规范可以降低缔约成本和主权成本,更好地适应不确定性、作出变通。[④]

除上述因素外,还有两个因素可以解释这一偏好。第一,签署具有法律约束力的条约对双方而言都耗时长久,而不具法律约束力的谅解备忘录可以较快推进包括基础设施在内的"一带一路"项目,并带来可观的早期收获。截至

---

① 最高人民法院:《关于人民法院为"一带一路"建设提供司法服务和保障的若干意见》,法发〔2015〕9 号,2015 年 6 月 16 日,https://www.chinacourt.org/article/detail/2021/10/id/6328665.shtml。

② 最高人民法院:《关于人民法院进一步为"一带一路"建设提供司法服务和保障的意见》,法发〔2019〕29 号,2019 年 12 月 9 日,http://gongbao.court.gov.cn/Details/e42b145854505083e-6ba738fb78b71.html。

③ Heng Wang, "The Belt and Road Initiative Agreements: Characteristics, Rationale, and Challenges", 20 World Trade Review, 2021, pp. 297-298.

④ Francis Snyder, "Economic Globalization and the Law in the Twenty-First Century" in Austin Sarat (ed.), The Blackwell Companion to Law and Society, Oxford: Blackwell, 2004, p. 630.

2018年底，也就是《愿景与行动》发布四年后，中国开发银行已经为约600个"一带一路"项目提供融资，总金额达1900亿美元。[①] 第二，"一带一路"倡议自推出伊始，就被质疑带有地缘政治经济目的，采用不具法律约束力的软法，可以降低他国对"一带一路"倡议的敌意。

(三)"一带一路"倡议法律框架的运行机制

目前"一带一路"倡议的法律框架运作良好，这为研究"一带一路"倡议的综合性文书——谅解备忘录，奠定了坚实的基础。虽然它们没有法律约束力，但是通常聚焦具体项目，明确合作的优先领域，[②] 为我国与共建国家的合作提供平台。在此基础上，我国投资者与共建国家的合作伙伴就项目融资和投资合同进行深入谈判；而已经与我国签署谅解备忘录的东道国往往通过接受中国贷款、提供项目担保或授予项目特许权等方式参与相关项目。换言之，我国政府通过没有法律约束力的谅解备忘录，为企业创造商机。此外，我国与共建国家签署谅解备忘录后，双方仍然定期举行会议，审查共识与计划的落实情况，因此即使项目已经投入运营，也可以继续受益于谅解备忘录。

但是这一框架仍面临一些似是而非的质疑。

第一，认为中国在"一带一路"谅解备忘录中对共建国家作出了不同的承诺，致使"一带一路"法律框架碎片化，需要尽快出台协议范本。[③] 尽管联合国国际法委员会（ILC）警告，国际法正经历碎片化，[④] 但它没有完全否定碎片

---

① 《金融为一带一路快车"加油"》，中国政府网，https://www.gov.cn/xinwen/2019-04/23/content_5385238.htm。

② Heng Wang, "The Belt and Road Initiative Agreements: Characteristics, Rationale, and Challenges", 20 World Trade Review, 2021, p. 292.

③ Heng Wang, "China's Approach to the Belt and Road Initiative: Scope, Character and Sustainability", 22 Journal of International Economic Law, 2019, pp. 52-53; Guiguo Wang, "Towards a Rule-Based Belt and Road Initiative - Necessity and Directions", 6 Journal of International and Comparative Law, 2019, p. 40.

④ International Law Commission of United Nations, "Fragmentation of International Law: Difficulties Arising from the Diversification and Expansion of International Law", UN Doc. A/CN.4/L.682, 2006年4月13日。

化，也不认为一个国家只要对不同的合作伙伴做出不同的承诺，就一定导致国际法体系的碎片化。此外，由于"一带一路"倡议谅解备忘录仅是不具有法律约束力的框架性协议，因此中国作出不同的承诺，不必然导致国际法体系的碎片化。

第二，认为没有法律约束力的"一带一路"谅解备忘录无法为中国投资者提供有效的法律保护。有学者认为，"一带一路"倡议没有做到以规则为基础，[①] 这导致只要东道国的政策稍有变化，中国投资的基础设施项目就容易被取消或暂停。但是"一带一路"谅解备忘录旨在为我国和共建国家之间建立合作框架，为我国企业提供有效保护并非主要目的。我国企业可以依靠其他法律文书维护自身合法权益，如与东道国签署的合同，以及我国与东道国之间的国际条约。

价值 200 亿美元的马来西亚东海岸铁路（以下简称"东铁线"）项目，就是我国企业诉诸法律，维护自身合法权益的典范。因此，我们说，"一带一路"倡议法律框架是一个整体，不同部分之间相互影响。评估它的运行机制，不能仅仅只审视其中一份法律文书。虽然谅解备忘录并不产生法律权利和义务，但它们促进了中国公司与东道国之间的投资谈判，而这些投资又受到我国与东道国之间既存双边投资协定的保护。

第三，认为不具法律约束力的谅解备忘录，将让中国有机会对实力较弱的共建国家施加不当影响。[②] 这种担忧源于对软法国际法劣势的主流认知：在谈判不具有约束力的法律文书时，小国无法依靠《维也纳条约法公约》与其条约适用法来抵御大国的不当影响。但是这一认知未必适用于"一带一路"谅解备忘录：它们仅限于表达双方的"共同意愿"，不产生事实上的义务，不涉及未来项目投融资合同的谈判和签署。即使克里斯·德文希尔－埃利斯认为谅解备

---

① Guiguo Wang, "Towards a Rule-Based Belt and Road Initiative - Necessity and Directions", 6 Journal of International and Comparative Law, 2019, p. 40.

② Heng Wang, "The Belt and Road Initiative Agreements: Characteristics, Rationale, and Challenges", 20 World Trade Review, 2021, p.302. Chris Devonshire-Ellis, Silk Road Briefing, "Vassal States? Understanding China's Belt and Road MoU", February 13, 2018 （以下简称"'Vassal States? Understanding China's Belt and Road MoU'"），www.silkroadbriefing.com/news/2018/02/08/vassal-states-understanding-chinas-belt-road-mou/。

忘录更加有利于中国，他也承认，"不清楚中国如何利用这些谅解备忘录影响外交谈判"①。没有证据表明，中国利用谅解备忘录强迫共建国家就任何"一带一路"项目进行谈判。

四、"一带一路"倡议的法律影响

除了政治和经济的影响之外，"一带一路"倡议将产生深远的法律影响。目前"一带一路"对国际法律秩序的影响，已经有了充分的讨论。相比之下，它对我国法治体系的影响尚未得到应有的重视。

（一）对国际法律秩序的影响

首先，"一带一路"倡议影响了国际人权法。提及"一带一路"倡议对国际人权法的影响，目前讨论多集中于发展权。根据联合国大会 1986 年通过的《发展权利宣言》（以下简称《宣言》）②，发展权是"一项不可剥夺的人权，由于这种权利，每个人和所有各国人民均有权参与、促进并享受经济、社会、文化和政治发展"③。尽管《宣言》认为，发展权的各个方面都不可或缺，但没有突出重点。因此，有观点更倾向于个人发展权，特别是政治发展；其他观点优先考虑集体发展权，认为政府应执行适当的国家发展政策，改善全体人民的福祉，并应相互合作，消除发展障碍，同时个人负有实现发展权的社会责任。④

我国始终认为，贫困是促进实现的最大障碍，发展是消除贫困的手段，不解决贫困问题，其他人权就难以甚至不可能实现；政府应当积极实现发展

---

① Chris Devonshire-Ellis, Silk Road Briefing, "Vassal States? Understanding China's Belt and Road MoU".

② 联合国大会《发展权利宣言》（以下简称《发展权利宣言》），A/RES/41/128，1986 年 12 月 4 日。

③ 《发展权利宣言》第 1 条。

④ 《发展权利宣言》第 2—4 条。

权，制定国家发展战略；各国应当开展国际合作，推动实现共同发展。① 而且我国对发展权的理解仍在不断加深，例如可持续发展已经成为发展权的重要组成部分。②

"一带一路"倡议为推动共同发展，作出了重大贡献。③ 萨拉马廷指出，通过"一带一路"倡议，中国尝试对"发展权"概念作出中国化阐释，现在已经取得进展，联合国人权理事会通过由中国提交的《在人权领域促进合作共赢》决议就是例证。④ 该决议认可"一带一路"倡议，呼吁深化人权领域的对话与合作，加强技术援助和能力建设，共同促进和保护人权。⑤ 萨拉马廷分析，决议的肯定进一步论证了"一带一路"倡议的合理性和重要性，增强了发展权与人权之间的联系，使中国有可能在未来将技术援助纳入联合国人权理事会决议。⑥2020 年，尽管所有西方成员国均表示反对，联合国人权理事会仍再次通过中国提交的《在人权领域促进合作共赢》决议。⑦

除国际人权法外，"一带一路"倡议还将对国际法的其他领域产生广泛的影响。如上所述，我国目前倾向于充分利用现有机制，因此"一带一路"倡议在短期内更有可能推动既有国际制度改革；但是长远来看，它可能孕育新的国际制度。近期一些代表性的制度创新有：2015 年国务院发布《加快实施自由贸易区战略的若干意见》，构想将在中长期建立涵盖"一带一路"沿线国家的全

---

① 《发展权：中国的理念、实践与贡献白皮书》，中国政府网，https://www.gov.cn/zhengce/2016-12/01/content_5141177.htm。

② 《发展权：中国的理念、实践与贡献白皮书》，中国政府网，https://www.gov.cn/zhengce/2016-12/01/content_5141177.htm。

③ 《发展权：中国的理念、实践与贡献白皮书》，中国政府网，https://www.gov.cn/zhengce/2016-12/01/content_5141177.htm。另见 Erping Li, "The Contribution of the Belt and Road Initiative to the World's Right to Development", 15 Journal of Human Rights, 2016, p. 454.

④ 联合国人权理事会：《在人权领域促进合作共赢》A/HRC/37/23，2018 年 3 月 23 日。

⑤ 《综述：中国对全球人权治理作出的最新贡献》，新华网，http://www.xinhuanet.com/world/2018-03/24/c_1122585598.htm。

⑥ Mikkaela Salamatin, "China's Belt and Road Initiative Is Reshaping Human Rights Norms", 53 Vanderbilt Journal of Transnational Law, 2020, pp. 1452-1454.

⑦ 《在人权领域促进合作共赢》，2020 年 7 月 2 日。

球自由贸易区网络；[①] 中国还发起设立了亚洲基础设施投资银行（AIIB），与既有国际开发性金融机构互补，推动国际货币体系改革；在争端解决方面，则继续扩大与共建国家的国际合作。[②]

（二）对中国法治体系的影响

近年来，"一带一路"倡议已经成为中国多项法治改革的重要催化剂。中国最高人民法院于 2018 年 6 月 27 日设立的中国国际商事法庭（CICC）是其中的代表。[③] 中国国际商事法庭的成立，除了服务和保障"一带一路"倡议之外，还意在营造稳定、公平、透明、便捷的法治化国际营商环境。[④] 这些改革不仅为"一带一路"倡议奠定了坚实的法治基础，更体现了中国推进法律体系现代化的不懈努力。

五、结语

在过去十年中，国际秩序经历了深刻的转变。一方面，中国国际影响力日

---

① 《国务院关于加快实施自由贸易区战略的若干意见》，中国政府网，https://www.gov.cn/zhengce/content/2015-12/17/content_10424.htm。

② 参见 Daniel C. K. Chow, "Why China Established the Asia Infrastructure Investment Bank", 49 Vanderbilt Journal of Transnational Law, 2016, p. 1255；Xiaohui Wu, "Friendly Competition for Co-progressive Development: The Asian Infrastructure Investment Bank vs. the Bretton Woods Institutions", 16 Chinese Journal of International Law, 2017, p. 41；Li Tao & Jiang Zuoli, "Implication of the Asian Infrastructure Investment Bank for Global Financial Governance: Accommodation or Confrontation?", 9 Tsinghua China Law Review, 2016, p. 139；David M. Ong, "The Asian Infrastructure Investment Bank: Bring 'Asian Values' to Global Economic Governance", 20 Journal of International Economic Law, 2017, p. 535。

③ 最高人民法院：《关于设立国际商事法庭若干问题的规定》（2018 年 6 月 25 日），https://cicc.court.gov.cn/html/1/218/62/84/1572.html。

④ 最高人民法院：《关于设立国际商事法庭若干问题的规定》（2018 年 6 月 25 日），https://cicc.court.gov.cn/html/1/218/62/84/1572.html。

益提升，西方大国无法容忍其数百年来掌握的国际领导权受到潜在挑战；另一方面，保护主义兴起，以自由主义为基础的全球化正遭遇逆流。为应对国际形势变化、推动经济发展、提高参与全球治理的能力，我国不断探索，"一带一路"倡议就是其中的一项标志性成果。最初，我国寻求继续深化与发展中国家之间以基础设施为核心的经济合作；现在，"一带一路"共建的覆盖范围已经更加广泛。

"一带一路"倡议得到了国际社会的广泛支持，150多个国家加入了这一倡议，对政治、经济乃至法律产生了深刻的影响。作为回应，西方大国首先采取了拒绝加入、诋毁"一带一路"倡议两种策略，但是"一带一路"倡议的影响力仍在不断扩大；现在西方大国采取了第三种战略，即推出"重建更美好世界"等替代方案，不过这些方案客观上也推动了"一带一路"倡议深化高质量共建，不断提升制度供给能力。

"一带一路"倡议的独特之处在于对软法的广泛应用。我国尚未就"一带一路"倡议制定任何"硬法"，而是将不具法律约束力的谅解备忘录作为总体框架。传统观点认为，这些谅解备忘录实际效果有限，但是它们已经取得了良好的效果：国际条约作为硬法，在谈判和批准环节耗时长久，相较之下，谅解备忘录更容易被其他国家接受，从而迅速扩大了"一带一路"倡议的国际影响力；这些谅解备忘录还为我国政府提供了丰富的政策工具，保障我国企业高效融资。

但是，软法的广泛应用仅是"一带一路"倡议取得巨大成功的原因之一。关键在于，"一带一路"倡议准确把握了众多发展中国家的真实需求，也有足够的意愿和能力将政策内容付诸实践，这让"一带一路"倡议获得了超过西方替代方案的吸引力。

"一带一路"下自贸区(港)法治

深入实施自由贸易试验区提升战略法治保障创新研究

陈利强*

摘　要：2024 年 8 月，中央全面深化改革委员会第六次会议审议通过了《关于实施自由贸易试验区提升战略的意见》，为深入实施自由贸易试验区提升战略提供了实操指引。以 CPTPP、DEPA 等"边境后"规则为核心的国际高标准经贸规则体系对我国管理制度的内外一致性构成了很大挑战，同时对"边境后"高水平制度型开放形成了较大的法治制度改革压力。深度研究自贸区赋权改革法治保障的基本理论问题，深刻剖析自贸区提升战略法治保障创新亟待解决的重大问题，为深入实施自贸区提升战略法治保障创新构建"思想体系和方法论"。

关键词：自由贸易试验区；提升战略；法治保障创新；高水平制度型开放

2023 年 11 月，习近平总书记在中共中央政治局第十次集体学习时强调，加强涉外法治建设既是以中国式现代化全面推进强国建设、民族复兴伟业的长远所需，也是推进高水平对外开放、应对外部风险挑战的当务之急。要从更好统筹国内国际两个大局、更好统筹发展和安全的高度，深刻认识做好涉外法治

＊　陈利强，浙江外国语学院"一带一路"学院、华侨学院、国际学院执行院长、国际法讲席教授、浙江省法学会国际经济法学研究会会长、浙江省法学会自由贸易园（港）区法治研究中心主任、浙江省贸易摩擦应对研究中心主任。本文为 2020 年国家社科基金一般项目："海南自由贸易港建设法治保障创新研究"（20BFX201）的阶段性研究成果。

工作的重要性和紧迫性，建设同高质量发展、高水平开放要求相适应的涉外法治体系和能力，为中国式现代化行稳致远营造有利法治条件和外部环境。① 当前世界百年未有之大变局加速演进，世界之争已经从经济之争转向法律之争、规则之争、制度之争，② 特别是从以 WTO 为基础的"边境"规则竞争正在转向以 CPTPP、DEPA 等为重点的"边境后"规则③ 竞争，美西方与中国在意识形态领域、社会价值维度、国家安全层面的"边境后"战略博弈愈加激烈并趋向"规则化"，已渐成定势，这对我国管理制度的内外一致性构成了很大挑战。④ 党的二十届三中全会通过的《中共中央关于进一步全面深化改革、推进中国式现代化的决定》（以下简称《决定》）提出，"主动对接国际高标准经贸规则，在产权保护、产业补贴、环境标准、劳动保护、政府采购、电子商务、金融领域⑤ 等实现规则、规制、管理、标准相通相容，打造透明稳定可预期的制度环境"。由此可见，以 CPTPP、DEPA 等"边境后"规则为核心的国际高标准经贸规则体系对我国"边境后""高水平制度型开放"⑥ 形成了较大的法治制度改革压力。

党的二十大报告提出，推进高水平对外开放，稳步扩大规则、规制、管理、标准等制度型开放，加快建设海南自由贸易港，实施自由贸易试验区⑦ 提

---

① 《加强涉外法制建设　营造有利法治条件和外部环境》，《人民日报》2023 年 11 月 29 日第 1 版。

② 全毅、王春丽：《以制度型开放推进实施自贸试验区提升战略》，《开放导报》2023 年第 4 期。

③ "边境"规则与"边境后"规则主要存在以下三个方面的不同：一是规制对象不同；二是价值取向不同；三是规则对接不同。

④ 例如，2024 年 2 月，美国贸易代表办公室发布《中国履行 WTO 承诺报告》，否定中国履行加入世贸组织承诺方面的成绩，指责中国经贸体制和政策对全球贸易带来巨大挑战。又如，2024 年 4 月，欧盟委员会再次发布《欧盟委员会关于中国市场扭曲的国家报告》，指责所谓用于贸易救济调查的中国经济存在"严重扭曲"。

⑤ "产权保护、产业补贴、环境标准、劳动保护、政府采购、电子商务、金融领域"等均属于"边境后"规则竞争（即高水平制度型开放）的重点方面或领域。

⑥ 党中央提出的高水平对外开放中的"高水平"是指更高标准的"边境"措施／规则与高标准的"边境后"措施／规则，由此形成两种开放类型或模式：一是以 WTO 规则为基础的"边境"商品和要素流动型开放；二是以 CPTPP、DEPA 等为重点的"边境后"制度型开放。

⑦ 为论述简洁、便利和一致，本文将自由贸易试验区简称为"自贸区"，将中国特色自由贸易港／海南自由贸易港简称为"自贸港"／"海南自贸港"，将自贸区和自贸港合称为"自贸区（港）"。

升战略。党的二十届三中全会《决定》提出，"实施自由贸易试验区提升战略，鼓励首创性、集成式探索。加快建设海南自由贸易港"。2024 年 8 月，习近平总书记主持召开中央全面深化改革委员会第六次会议，审议通过了《关于实施自由贸易试验区提升战略的意见》。可见，实施自贸区提升战略既是党的二十大部署的我国全面深化改革开放重点任务之一，亦是我国主动对接国际高标准经贸规则、深入推进高水平制度型开放的重大战略举措，因为"开放也是改革"[1] 实施自贸区提升战略与推进"边境后"高水平制度型开放的应然逻辑是"双轨并行、相互促进"。

实施自贸区提升战略作为全面深化改革扩大高水平对外开放、构建更高水平开放型经济新体制的重要抓手和突破口[2]，其法治保障创新的逻辑起点在于实质性推进"赋权改革"，即"高质量赋予自贸区更大改革自主权"。同时，加强涉外法治建设[3] 是深入推进自贸区赋权改革的题中之义。在习近平新时代中国特色社会主义思想的世界观和方法论指引下，统筹推进自贸区赋权改革与加强涉外法治建设理应"双轨协同"。但实践证明，"法治引领全面深化改革开放"逻辑下中国自主涉外法治建构进展缓慢，导致"涉外法治短板比较明显"[4]，自贸区涉外法治建设无法取得实质性进展，难以有效应对国内外风险挑战。因此，坚持统筹推进国内法治和涉外法治，深入践行"新时代中国改革开放法治建构主义"[5]，积极践行"事权法治制度环境一体化"的方略和路径，努力实现"事权分配（赋权）、法治保障（调法）、制度创新（建制）、营商环境（营商）四位一体高度统一"[6]，加快重塑自贸区提升战略中的"改革开放与法治 / 法治与改革开放关系"，这对于进入"边境后"规则竞争新时代背景下，积极破解自贸区提升战略法治保障创新这一重大战略课题，具有十分重要的理论价值和

① 屠新泉：《以开放促改革：中国与多边贸易体制 40 年》，《学术前沿》2018 年第 12 期。
② 符正平、欧阳舟：《实施自贸试验区提升战略　建设更高水平开放型经济新体制》，《中国外汇》2023 年第 15 期。
③ 有学者将涉外法治解读为"中国涉外关系的法律治理"。参见韩立余：《涉外关系治理的法律化与中国涉外法律实施》，《吉林大学社会科学学报》2022 年第 2 期。
④ 2021 年 12 月，习近平总书记在十九届中共中央政治局第三十五次集体学习时指出，我国法治体系还存在一些短板和不足，必须抓紧研究解决。其中一项就是"涉外法治短板比较明显"。
⑤ 陈利强：《中国特色自贸区（港）法治建构论》，人民出版社 2019 年版，第 3 页。
⑥ 陈利强：《中国特色自贸区（港）法治建构论》，人民出版社 2019 年版，第 12 页。

现实意义。

一、自贸区赋权改革法治保障的基本理论问题

实施自贸区提升战略法治保障创新的逻辑起点是实质性推进"赋权改革"。因此，深入研究和系统阐释自贸区赋权改革法治保障的基本理论问题，将为破解进入"边境后"规则竞争新时代、实施自贸区提升战略法治保障创新这一重大战略课题提供坚实的学理支撑，这对于深入厘定自贸区提升战略法治保障创新亟待解决的重大问题，进而研提自贸区提升战略法治保障创新的思想、路径和方法，具有特别重要的学术价值和实践意义。

本文为系统论证自贸区赋权改革法治保障构建了"战略课题——体制性障碍——法治难题三位一体"的分析框架，秉持马克思辩证唯物主义学术立场，通过积极统合"三维法治"（国内法治、涉外法治、国际法治）建构论，坚持统筹推进国内法治和涉外法治，"加快推进自贸区（港）建设中的高水平涉外经贸法治建构主义应用研究"①，为实施自贸区提升战略法治保障创新提供理论路径和方法论指引。

（一）战略课题

以习近平法治思想为指导，坚持"政治逻辑与学术逻辑相统一"的立场和"原创性建构与继承性建构并举"的方法，坚持统筹推进国内法治和涉外法治，以《中华人民共和国对外关系法》为基本法，深入践行"新时代中国改革开放法治建构主义"，这对于加快战略性、系统性地重塑"法治与改革开放关系 /

---

① 截至目前，从以法学为主的交叉学科研究角度看，学术界主要分别从"国内法"与"国际法"两个维度对"自贸区（港）"主题开展研究。本文从统合"三维法治"建构论，尤其侧重从"中国涉外经贸法治建构主义"角度出发，战略性地、系统性地对"中国实施自贸区提升战略法治保障创新"进行深入研究，力争在"双轨协同"推进自贸区赋权改革与加强涉外法治建设伟大实践中深入践行中国涉外经贸法治建构主义，这是本文研究的价值追求和创新空间。

改革开放与法治关系"具有重大理论价值和战略意义。

加快推进自贸区赋权改革法治保障创新，必须在全面厘定"改革开放与法治/法治与改革开放关系"的基础上，坚持事权和立法权相匹配的原则，从事权与立法权关系视角探寻自贸区法治建构路径，坚持"事权法治制度环境一体化"的方略和路径，统筹协调推进自贸区建设中事权与立法权关系，努力使其在"双轮驱动、相互促进"的互动轨道上有序运行。而当前，自贸区法治与改革开放/改革开放与法治可以"双轮驱动"，[1] 但却很难"相互促进"，在实践中产生"四化"（行政化、地方化、空洞化、碎片化）共性法治难题与"四不"共性突出难题，[2] 其中，"四化"共性法治难题是体制性内因/障碍，而"四不"共性突出难题是体制性表征。因此，如何真正实现法治与改革开放/改革开放与法治"双轮驱动、相互促进"，业已成为自贸区赋权改革法治保障的重大战略课题。

（二）体制性完善

从 2001 年加入 WTO 至今，中国发展所处的时代背景和内外部条件已经发生重大变化，推动"以高水平开放促进深层次改革"面临更大压力，坚定不移全面深化改革扩大高水平对外开放面临更多挑战。从国际层面看，当前我国发展面临复杂严峻的国际形势。逆全球化潮流涌现，美国等加快对中国形成全面遏制。从国内层面看，建设更高水平开放型经济新体制，亟须战略性、系统性地重塑"法治与改革开放/改革开放与法治关系"。传统的特殊经济功能区开放平台和载体的体制性竞争优势日渐下降，监管体制和财税政策等体制性制度障碍日益凸显，全面深化改革开放、提升对内对外开放层次和水平的压力和难度在不断加大。因此，必须紧紧围绕服务构建新发展格局，牢牢抓住"边境后"高水平制度型开放这一战略重心，高度聚焦投资、贸易、金融、创新等对外交流合作的重点领域深化体制机制改革，积极主动把我国对外开放提高到新水平，但亟待解决防范"三链"脱钩（去风险）、主动对接国际高标准经贸规则、

---

[1]　陈利强：《中国特色自贸区（港）法治建构论》，人民出版社 2019 年版，第 101 页。

[2]　许昌等：《关于推进浙江自贸试验区深度发展的法治建议》，《法治浙江》2018 年第 17 期。

推进高水平制度型开放、开展高质量开放压力测试、实现高水平国家安全保障等一系列体制性重大难题。[①] 坚持统筹推进国内法治和涉外法治，积极促进"涉外法治引领、规范、保障全面深化改革开放、推动局部地区先行先试"，任务紧迫而繁重。

综上，必须在推动实施自贸区提升战略中更好统筹协调"法治与改革开放/改革开放与法治关系"，并以此为突破口或切入点，走出一条既符合国情、又接轨国际的法治引领、规范、保障全面深化改革开放的新路子，这不仅关涉新时代法治中国与改革开放的未来图景，而且关涉中国式现代化建设征程。但是，自贸区赋权改革法治保障创新遭遇体制性障碍。本文积极倡导"新时代中国改革开放法治建构主义"和"中国特色高级应用法学思想"的学术思想，[②] 积极探索"中国自主涉外（国际）法学思想"，在进一步总结、提炼自贸区"中国模式"（即"对标国际、自主改革模式"）的实践经验基础上，研究提出自贸区赋权改革法治保障创新的体制性障碍在于如何超越"系统不集成、协同不高效"。

（三）法治难题

纵观中外自贸区（港）建设及其法治保障理论与实践经验，自贸区赋权改革法治保障的体制性障碍的本质成因以及破题关键主要在于以下两方面的法治难题：

一是地方政府承载国家战略（即改革开放先行先试）的（涉外）法治创新难题。从自贸区（港）改革创新实践看，因受制于体制因素，改革自主权受限，改革事项难以落地，产生纵横两个维度的法治创新难题：第一个是纵向法治创

[①] 2023 年 6 月 1 日，《国务院印发关于在有条件的自由贸易试验区和自由贸易港试点对接国际高标准推进制度型开放若干措施的通知》（国发〔2023〕9 号）提出，推进高水平对外开放，实施自贸区提升战略，加快建设海南自贸港，稳步扩大规则、规制、管理、标准等制度型开放，是贯彻落实习近平新时代中国特色社会主义思想的重大举措，是党的二十大部署的重要任务。为更好服务加快构建新发展格局，着力推动高质量发展，在有条件的自贸区和自贸港聚焦若干重点领域试点对接国际高标准经贸规则，统筹开放和安全，构建与高水平制度型开放相衔接的制度体系和监管模式。

[②] 陈利强：《中国特色自贸区（港）法治建构论》，人民出版社 2019 年版，第 11 页。

新难题，即产生"无效赋权"或遭遇"法治笼子"。自贸区（港）改革开放涉及国家事权及中央专属立法权、法律保留等事项，制度创新在很大程度上受制于国家部委事权。第二个是横向法治创新难题，即在互不隶属的部门之间存在信息共享难、协同行动难等。例如，海南自贸港建设高位推进，获得国家部委支持，国家制定特别授权法，[①] 但因央地关系中的立法权与事权关系复杂，特别是地方立法权与国家事权及中央专属立法权不协调、不匹配，导致事权、法治、制度三者时常错位，在自贸港建设中，牵涉国家事权及中央专属立法权的制度性、政策性问题以及复杂的"四跨"（跨地区、跨部门、跨行业、跨领域）事项，造成"政策落地难"始终无法有效解决。法治协调性、统合性不足，呈现出一定程度的碎片化现象，包括国家立法授权不多、调法调规进展缓慢、法律保留未作调整、自贸港法规变通力度不够等。

二是"中央规划——地方探索"的对外开放模式优化难题。第一，1946年前的"中央规划——地方探索"对外开放模式，即国家事权及中央专属立法权保留下的地方先行先试正在承受体制性压力，即事权与立法权关系视角下的事权分配（赋权）、法治保障（调法）、制度创新（建制）、营商环境（营商）亟须统筹和协调。第二，1946年后的"中央规划——地方探索"对外开放模式，即中央授权及法治保障顶层设计下的地方先行先试亟须在重要领域和关键环节改革上加快推进，推动事权与立法权关系视角下的赋权、调法、建制、营商实现四位一体高度统一。以中外自贸区（港）思维逻辑差异中的法治保障模式差异为例，国外一般采用的法治保障模式是"特别授权法模式"（"中央授权及法治保障模式 II"）或"国家层面统一立法的基本法模式"（"中央授权及法治保障模式 III"），而目前中国自贸区采取的法治保障模式是"三层次联动推进模式"（"中央授权及法治保障模式 I"）。[②] 由于体制性因素的客观存在，自贸区（港）建设中行政思维下的事权（改革自主权/管理权限）与法治思维下的立法权仍处于双轨制运行状态，"政策法律化"机制尚未有效建立。究其深层次原因，主要是"中央规划——地方探索"对外开放模式下赋权、调法、建制、营商四者时常错位/不协调，"中央规划——地方探索"对外开放模式亟须调整和创新。

---

① 即《中华人民共和国海南自由贸易港法》，以下简称《海南自贸港法》。

② 陈利强：《中国特色自贸区（港）法治建构论》，人民出版社 2019 年版，第 191 页。

二、自贸区提升战略法治保障创新亟待解决的重大问题

进入"边境后"规则竞争新时代，新一轮国际经贸规则加速重构，[①] 深入实施自贸区提升战略，不仅面临"赋权改革"这一基础性且根本性的法治保障问题，更会遭遇主动对接国际高标准经贸规则、深入推进"边境后"高水平制度型开放涉外法治保障难题。因此，在系统阐释自贸区赋权改革法治保障的基本理论问题基础上，深入探索自贸区提升战略法治保障创新亟待解决的重大问题，这对于针对性地研提自贸区提升战略法治保障创新的思想、路径和方法具有重要的理论价值和实践意义。

（一）主动对接国际高标准经贸规则不够

当前自贸区提升战略法治保障创新主动对接国际高标准经贸规则不够，其主要表现及本质成因主要是对"对接"的研究不够深入和理解不够到位。主动对接国际高标准经贸规则，需要国内相关法律法规、体制机制的衔接配套。[②] 当前自贸区（港）主动对接国际高标准经贸规则仍处于低水平"形式对接"，即主要看现行国内相关领域法律制度与 CPTPP、DEPA 等高标准国际经贸协议中的"边境"和"边境后"条款在形式上是否相符以及在尚未获得法治授权前提下预判这些高标准"边境"和"边境后"规则能否在中国国内法体系中实施。没有深入区分"边境"规则对接与"边境后"规则对接的路径和方法。没有区分低水平"形式对接"（"形式合规"）与高水平"实质对接"（"实质合规"）。因此，进入"边境后"规则竞争新时代，实施自贸区提升战略，亟须迈向涉外法治保障下的高水平"实质对接"，即主动对照以 CPTPP、DEPA 等为重点的"边境后"规则体系，积极开展"立改废释纂"等调法调规活动，加快推进涉外经贸

---

① 黄育华等：《我国实施自由贸易试验区提升战略研究》，《银行家》2023 年第 10 期。

② 刘晓宁：《对接高标准国际经贸规则的重点领域、现实差距与路径选择》，《经济体制改革》2023 年第 6 期。

法律制度建设，结合具体领域需求，开展稳步扩大规则、规制、管理、标准等制度型开放的"实质对接"。同时，截至2024年底，国内对以CPTPP、DEPA等为重点的"边境后"规则体系与自贸区（港）高水平制度型开放的关联性研究不够深入，自贸区（港）对接"边境后"规则体系有待于深入研究，对如何对接"边境后"规则以及对接哪些具体规则亟待进一步明确。例如，海南自贸港与CPTPP在制度主导模式、规则标准特征与核心内容上存在明显差异，如何推进二者"实质对接"，必须进行深入且全面的理论、制度与实践研究。又如，高质量实施自贸协定RCEP，亟需涉外法治保障研究。

（二）赋予更大改革自主权不足

要确保改革开放先行先试的顺利进行，必须赋予改革试验主体必要的改革自主权。这种改革自主权既要求有适度的立法权，也要求有必要的行政管理权。[①] 从自贸区改革创新及法治建设十多年的实践经验看，地方政府承载国家战略（改革开放先行先试）面临事权、法治、制度、环境等体制性问题。因受制于"系统不集成、协同不高效"的体制性因素，自贸区（港）改革自主权受限，纵横两个维度的法治创新问题难以突破，导致许多改革事项难以真正落地见效。从纵向法治创新维度看，产生"无效赋权"或遭遇"法治笼子"。自贸区（港）主动对接国际高标准经贸规则涉及国家事权及中央专属立法权、法律保留等事项，制度创新在很大程度上受制于国家部委事权。例如，在跨境服务贸易、新型贸易方式、金融服务等领域均受部门规章制约，遭遇很大的突破阻力。[②] 从横向法治创新维度看，在互不隶属的部门之间存在信息共享难、协同行动难等。因此，在改革创新实践中没有区分红头文件反复授权的"无效授权"与调法调规配套支持的"有效授权"。例如，DEPA第4.3条要求缔约方应在合适的公共政策环境下允许跨境传输包括个人信息在内的数据信息，而我国《个人信息保护法》第38条规定个人信息跨境传输需要国家网信部门的直接或间接授权，导致自贸区（港）改革开放先行先试面临一定的体制性障碍。

---

① 陈建平：《自由贸易试验区授权立法方式的优化》，《法学》2023年第4期。
② 彭磊：《我国自贸试验区建设成就、经验与提升战略》，《国际贸易》2023年第9期。

（三）涉外法治工作体系不健全

自贸区建设十多年的基本经验之一是坚持对外开放与国内改革联动，以开放促改革。① 当前涉外法治建设水平与开放型经济高质量发展要求不匹配，无法满足日益增长的涉外法治保障需求。总体而言，涉外法治工作碎片化、不成体系，即"系统不集成、协同不高效"。具体而言：一是涉外法治工作主体间不够协同。当前，涉外立法、执法、司法、守法和法律服务、法治人才培养等工作均由各部门从自身业务需求和职能目标出发，独自开展相应工作，各部门间缺乏广泛交流与深度合作，往往导致涉法专业部门（如人大、司法行政、法院、律协等）与行业主管部门（如发改、商务、海关、贸促等）之间产生协同难题，②"系统集成、协同高效的一体推进工作机制"尚未形成。③ 二是涉外法治工作职能分工不够明确。由于各职能部门涉外法治工作缺乏统一的领导机构或牵头机构，④ 法定的工作机制和权责清单尚未形成，导致各部门事权分配不均、工作不成体系。⑤ 三是涉外法治工作运行机制不够顺畅。涉外法治工作的顺畅运行不仅需要涉法专业部门与行业主管部门之间有效的跨界协同以及构建内部协同机制，更离不开"统合机制"（统筹、整合、衔

---

① 裴长洪：《我国设立自由贸易试验区十周年：基本经验和提升战略》，《财贸经济》2023 年第 7 期。

② 主要表现：第一，涉法专业部门与行业主管部门之间跨界协同较难。行业主管部门在重大项目实施过程中，法治思维和法治手段运用较少。涉法专业部门则缺乏对重大项目的全流程参与。第二，涉法专业部门内部之间协同较难。法院在涉外审判过程中积累了较多涉外法治工作经验和成果，但由于涉法专业部门内部协同机制不完善，涉外法治工作经验和成果难以做到系统集成，并在涉法专业部门内部之间有效流转。

③ 党的二十届三中全会《决定》提出，加强涉外法治建设，建立一体推进涉外立法、执法、司法、守法和法律服务、法治人才培养的工作机制。

④ 据悉，在全国范围内，目前广东省与浙江省率先成立了涉外法治工作领导机构，如浙江省建立了省委全面依法治省委员会涉外法治协调小组会议机制。

⑤ 具体问题如下：第一，涉法专业部门与行业主管部门之间职能分工不够清晰。以浙江省为例，当前，涉外法治工作主要由涉法专业部门承担，行业主管部门缺乏明确的法治职能。第二，涉法专业部门内部职能分工不够明确。以浙江省为例，当前，涉外审判工作呈现案件数量大幅攀升、新类型案件不断涌现、案件审理难度加大、案件影响力日益提升等新特点，法院为此投入了大量精力，而且全国基层法院承担涉外审判职能。但是，司法行政部门职能不够清晰，参与力度不够大。

接机制）的保障。但建立各职能部门涉外法治工作"统合机制"存在两大问题。① 四是涉外法治工作实践成效不够显著。由于参与主体不够协同、职能分工不够明确、运行机制不够顺畅，涉外法治工作体系服务保障自贸区提升战略以及完善推进高质量共建"一带一路"法治化、制度化② 实践成效不够显著。

（四）国家安全保障体系不完备

要全面提升依法维护开放安全能力，亟需完备的国家安全保障体系作支撑。自贸区（港）主动对接国际高标准经贸规则、深入推进"边境后"高水平制度型开放事关国家主权、安全与发展利益，对统筹国内国际两个大局，统筹发展和安全③ 提出了更高要求，面临风险防控、④ 企业海外利益保护以及涉外国家安全保障等多维挑战。因此，需要主动对接国际高标准经贸规则，加快推进集成式制度创新，既创造"三化"一流营商环境，构建货物、服务、资本和人才的最佳汇聚地，同时有效防控开放风险，切实维护国家主权、安全和发展利益。自贸区（港）如何主动对接国际高标准经贸规则，探索构建更高水平开放型经济新体制，形成吸引人流、物流、信息流、资本流的国际竞争力，同时有效防控潜在风险，成为事关自贸区提升战略实施成败的关键变量和自贸港加快建设的核心内容。总之，如何更好统筹开放和安全、实现高水平安全和高质量发展良性互动、以新安全格局保障新发展格局，这对于深入推进自贸区（港）

---

① 第一，涉法专业部门与行业主管部门之间资源不统合。以浙江省为例，当前，行业主管部门项目建设资源与涉法专业部门法治保障资源之间，尚未形成有效的统筹、整合、衔接机制，涉法专业部门难以为具体涉外项目提供全流程法治保障。第二，涉法专业部门内部资源不统合。以浙江省为例，省司法厅的涉外律师人才库建设与各级法院的涉外审判实践缺乏深度交流与有效协作，人才资源与法治需求尚未有效统合。

② 党的二十届三中全会《决定》提出，完善推进高质量共建"一带一路"机制。

③ 致公党中央调研组：《致公党中央关于"实施自由贸易试验区提升战略推进高水平对外开放"的调研报告》，《中国发展》2024 年第 3 期。

④ 风险防控机制是自贸区高质量制度创新的"兜底机制"，只谈制度创新而不提风险防控是"冒险主义"。参见李江涛、仲伟东：《深入实施自贸试验区提升战略面临的挑战和路径选择》，《中国党政干部论坛》2024 年第 3 期。

建设而言，尤为重要和迫切。

三、实施自贸区提升战略法治保障创新的思想、路径和方法

国家实施自由贸易试验区提升战略，目的是在更广领域、更深层次开展探索，实现自由贸易试验区制度型开放水平、系统性改革成效、开放型经济质量全面提升。因此，深入实施自贸区提升战略及其法治保障创新，核心要义是深入研究首创性理论创新和集成式发展路径，加快产出高质量制度创新成果。综合研判自贸区赋权改革法治保障的基本理论问题以及实施自贸区提升战略法治保障创新亟待解决的四个重大问题，本文研提实施自贸区提升战略法治保障创新的思想、路径和方法。

（一）积极探索"中国自主涉外（国际）法学思想"

一是积极探索新时期"涉外（国际）法治理论"和"中国自主涉外（国际）法学思想"。进入"边境后"规则竞争新时代，自贸区提升战略法治保障创新牵涉"三维法治"。因此，应当在"三维法治"框架下对法治资源进行有效统合，按照"国内法治优先、涉外法治突出、国际法治兼顾"的体系逻辑，对照党的二十届三中全会《决定》提出的"稳步扩大制度型开放，主动对接国际高标准经贸规则，打造透明稳定可预期的制度环境"的高水平制度型开放要求，积极探索习近平法治思想中的"涉外（国际）法治理论"，以《中华人民共和国对外关系法》为基本法，深入挖掘"中国自主涉外（国际）法学思想"的丰富内涵和时代价值，为统筹推进自贸区赋权改革与加强涉外法治建设的理论构建和实践探索筑稳思想根基。

二是深入践行"新时代中国改革开放法治建构主义"，为深入实施自贸区提升战略构建高水平涉外（国际）法治。关于统筹推进国内法治和涉外法治的重要思想闪耀着马克思主义辩证法的哲学光芒，是指导我们加强涉外法治建设

的根本遵循。我们要深刻领会并严格按照党中央关于"加快涉外法治工作战略布局"与"加强涉外法治体系建设"的战略部署，紧紧围绕"加快涉外（国际）法治建构"这一重大战略命题，对"中国自主涉外（国际）法学思想"开展深入的理论研究和实证探索，努力为实施自贸区提升战略提供高水平涉外法治保障。

（二）积极推进中央授权立法调法

以积极统筹推进自贸区赋权改革与加强涉外法治建设为核心，加快落实"更大改革自主权"，积极建构以中央赋权为根基的自贸区国内法治和涉外法治。应当坚持"事权法治制度环境一体化"的方略和路径，有力统合事权与立法权关系，加快推动国家事权及中央专属立法权下放法治化路径创新，加快形成实施自贸区提升战略的"赋权、调法、建制、营商四位一体高度统一"的"中国模式"，全力推进法治与改革开放/改革开放与法治"双轮驱动、相互促进"，着力化解自贸区赋权改革法治保障的体制性障碍或难题。具体而言，建议采取以下创新举措：

一是加大中央授权立法力度，加快改进"事权法治化"路径，加快实现自贸区系统性改革成效全面提升。建议加快完善自贸区改革创新的"五张清单"（"对标国际清单""压力测试清单""赋权诉求清单""调法调规清单"与"制度需求清单"），统合授权立法、调法调规、法律保留、地方立法等四种法治方式，推动自贸区国内法治建设以及涉外立法所需事权"应赋尽赋"，为争取中央授权立法提供"事权法治化"的地方经验借鉴，从而为深入实施自贸区提升战略开展首创性、集成式探索。

二是加大中央授权调法力度，积极创新赋权改革法治化路径，加快实现自贸区制度型开放水平和开放型经济质量全面提升。第一，按照自贸区改革创新的"五张清单"要求，加快形成高效的调法调规工作机制，为高水平制度型开放提供（涉外）法治保障。第二，加快提出22个自贸区分别主动对接CPTPP、DEPA等国际高标准经贸规则的"五张清单"，以加大中央赋权调法力度促进法治改革，以加快法治创新保障开放型经济高质量发展。

（三）加快推进涉外经贸法律制度创新

2024 年 8 月通过的《关于实施自由贸易试验区提升战略的意见》提出，要坚持以高水平开放为引领，以制度创新为核心，鼓励先行先试，开展首创性、集成式探索。2023 年 11 月，习近平总书记在中共中央政治局第十次集体学习时强调，涉外法律制度是国家法制的重要组成部分，是涉外法治的基础，发挥着固根本、稳预期、利长远的重要作用。因此，有必要结合 22 个自贸区针对不同领域的改革事项，加快推进涉外经贸法律制度创新。

一是研究界分"需要赋权""无需赋权"两类标准，将深入实施自贸区提升战略、主动对接国际高标准经贸规则的具体内容清单化。建议借鉴《海南自贸港法》和《全国人民代表大会常务委员会关于授权上海市人民代表大会及其常务委员会制定浦东新区法规的决定》，通过"海南自贸港法规制定权"和"浦东新区法规制定权""变通适用"相关法律、行政法规和部门规章的立法授权经验，对"需要赋权"的规则内容进行系统整理并设计"有效赋权"和"调法改革"的对接路径，对"无需赋权"的规则内容提供对接任务及工作流程，综合探索破解"授权难"问题。

二是加快推进自贸区与"一带一路"高质量发展衔接与全面对接的涉外经贸法律制度创新以及外经贸合规体系建设。外经贸合规体系建设既是统筹推进高水平对外开放与加强涉外法治建设的战略抓手，也是全面提升依法维护开放安全能力、积极打造"三化"一流涉外营商环境的重要环节。因此，亟需加快推进既符合深入实施自贸区提升战略方向和要求，又符合完善高质量共建"一带一路"机制需求的涉外经贸法律制度创新，为深度推进自贸区与"一带一路"高质量发展衔接与全面对接的外经贸合规体系（主要包括外经贸政策和重点行业产业合规指引）建设提供高水平涉外法治保障。

（四）不断强化自贸区"边境后"高水平制度型开放的安全保障

要统筹发展和安全，稳步扩大规则、规制、管理、标准等制度型开放，提升风险防控能力。这就要求亟需加快完善涉外国家安全机制，为深入实施自贸区提升战略构建国家安全风险防控体系，尤其要建立健全自贸（港）国家安全法治保障体系及合规体系。

一是加强对自贸区（港）国家安全风险防控体系构建的顶层设计。加强对自贸区（港）国家安全风险防控体系顶层设计的组织领导。深化对自贸区（港）国家安全风险的系统性认识与整体性把握。建立健全自贸区（港）国家安全风险评估机制。

二是完善自贸区（港）国家安全法治保障体系。在主动对接国际高标准经贸规则、精准地预判自贸区（港）建设面临的国家安全风险基础上，建立健全自贸区（港）国家安全风险防控法律体系。优化自贸区（港）国家安全立法、执法与司法。另外，要加强国际合作，进一步提升自贸区（港）司法效能。

三是强化自贸区（港）国家安全法律合规建设。确保自贸区（港）内经营主体实现国家安全合规，是自贸区（港）国家安全法治保障体系建设的重要环节。因此，要优化自贸区（港）国家安全法律法规实施和监管执法，不断加强自贸区（港）内外经贸企业合规体系建设。

四、结语

深入实施自贸区提升战略法治保障创新的总体目标在于，要站在进入"边境后"规则竞争新时代的历史方位，积极探索新时期"涉外（国际）法治理论"和"中国自主涉外（国际）法学思想"，深入践行新时代中国改革开放法治建构主义，依托十多年来自贸区赋权改革法治保障创新理论与实践经验，为深入实施自贸区提升战略提供法治保障创新思想、路径和方法，稳步破解"边境后"高水平制度型开放面临的法治保障创新问题，加快形成实施自贸区提升战略的"赋权、调法、建制、营商四位一体高度统一"的"中国模式"，旨在为加快统筹推进高水平对外开放与加强涉外法治建设提供思想方法、实践路径和经典示范。

本文囿于篇幅，以及综合考虑实施自贸区提升战略、推动自贸区向自由港转型、① 全球经贸合作与发展② 的不确定性等各方面因素，深入实施自贸区提升战略法治保障创新涉及一系列重大事权法治制度问题，值得进一步深入研究的重要选题主要包括：

一是全面深化改革开放和有序推进制度集成创新。全面深化改革开放和有序推进制度集成创新既是自贸区（港）建设的根本任务，也是深入实施自贸区提升战略的核心动力。因此，亟需深入研究首创性理论创新和集成式发展路径，深入探索自贸区（港）有序推进制度集成创新涉及的"六大体系"，③ 加快为实施自贸区提升战略构建"系统集成、协同高效"的制度集成创新体系。

二是深入推进 PFTZ/FTZ 与 FTA"双自联动"。在深入实施自贸区提升战略背景下，中国如何从事权法治制度层面破解 2008 年世界银行报告提出的"区（zone）不能且不应被视为一国更大贸易与投资改革努力的替代物"的定论，加快构建自贸试验区（PFTZ）/ 自贸区（FTZ）"边境后"规则与自由贸易区（FTA）"边境"规则的"衔接机制"，深入推进 PFTZ/FTZ 与 FTA"双自联动"，这是自贸区主动对接国际高标准经贸规则，实现"边境后"高水平制度型开放的重大战略问题。

三是加快推进自贸区（港）向国际高标准自贸港转型升级。在深入实施自贸区提升战略背景下，主动对接国际高标准自贸港制度体系，研究构建中国特色"治外法权"理论、"临时入境"制度体系、符合国情的"境内关外"的区域性质以及"一线放开、二线管住"的监管模式，加快推进自贸区（港）向国际高标准自贸港转型升级。

---

① 符正平、欧阳舟：《实施自贸试验区提升战略 建设更高水平开放型经济新体制》，《中国外汇》2023 年第 15 期。

② 郭若楠：《自贸试验区推动制度型开放的实现路径研究》，《齐鲁学刊》2022 年第 5 期。

③ 即"特别授权法治体系""制度集成创新事权体系""制度集成创新规范体系""制度集成创新类型化体系""制度集成创新评估体系"和"制度集成创新安全保障体系"。

中国特色自贸区（港）知识产权特殊保护研究

陈　豪*

摘　要：从 2013 年中国成立了首个自由贸易试验区以来，到目前为止，中国已经有了 22 个自由贸易试验区，还有一个由自由贸易试验区升级的自由贸易港，即海南自由贸易港，合计 23 个自贸区（港）。这 23 个自贸区（港）在知识产权方面的制度创新目标存在较大的共性，从而形成了中国自贸区（港）的知识产权特殊保护体系。鉴于中国自贸区（港）在知识产权相关政策上的高度共性，因此在涉及中国自贸试验区（港）知识产权特殊保护制度的研究中，将海南自贸港与其他自贸试验区共同列入考察对象。

关键词：自贸区（港）；知识产权；特殊保护

自贸区（港）体系成立以来，在知识产权方面的制度创新取得了可观的成效，产生了很多值得并且已经被复制推广的优秀制度。但是仍然可以看到这些制度创新呈现出一定的碎片化，缺乏体系性的系统集成，并进而导致其"应然"与"实然"之间存在较大落差。这主要是因为我们对自贸区（港）的知识产权政策定位始终存在认知模糊的状态。尽管自贸区（港）应该采取有别于其他地方的知识产权保护制度和措施，但是对于自贸区（港）知识产权应采取何种特殊保护的"应然"问题仍未得到足以自圆其说的解答，尤其对中国自贸区（港）

---

* 陈豪，浙江工业大学法学院讲师、法学博士。

对于知识产权保护制度定位中天然存在的矛盾目标未能做出恰当的回应。

因此，有必要通过对中国的知识产权立法目的、国家宏观知识产权政策和各自贸区（港）的知识产权建设任务进行系统梳理，以明确中国自贸区（港）"应然"意义上的知识产权特殊保护目标。在此基础上，对我们当前各自贸区（港）的知识产权制度创新实践做出评价，找出落差，并提出进一步系统性优化我国自贸区（港）知识产权特殊保护制度体系的措施。

一、"应然"意义上的自贸区（港）知识产权特殊保护

所有的自贸区（港）在其《总体方案》当中，都对知识产权有过专门的规定，阐述该自贸区（港）想要对知识产权保护所进行的制度创新目标和内容。鉴于所有自贸区（港）的《总体方案》均是由地方起草后呈递中央，最后由中央审批后下发的，可知其内容与目标必然存在超出地方事权的部分，甚至可能与当下的禁止性规定有所冲突。换言之，自贸区（港）所要进行的知识产权相关建设任务，必然是自贸区（港）以外的其他地方所"不为"甚至"不可为"的。当然这也是自贸区（港）挂牌成立的意义所在。如果所涉制度创新在自贸区（港）之外也能做，那各自贸区（港）根本就不需要先申请成立自贸区（港）再开展相关工作了。

中国现有各自贸区（港）所做的，不同于自贸区（港）之外的，且可能对现有知识产权实体或程序法做出突破的知识产权相关制度创新，就形成了中国自贸区（港）对知识产权的特殊保护制度体系。中国自贸区（港）对知识产权的特殊保护存在宏观和微观的目标。从最宏观的角度来说，它们在知识产权方面的建设目标都服务于我国建设创新型国家和知识产权强国战略，旨在增强我国的科技实力、文创能力和品牌溢价能力等无形的竞争力。从微观的角度说，这23个自贸区（港）在知识产权方面的各自建设规划与目标亦存在高度的相似性。即使是已经名列自贸港的海南，其《海南自由贸易港建设总体方案》中关于知识产权部分的建设目标也并未偏离其余22个自贸试验区的建设目标，大体都是分为三大板块：激励智力成果的创新、推动知识产权的应用和加强知识产权的保护。无论自贸区还是自贸港，其知识产权特殊保护都将归结到上述宏观微观的总目标之下，

构成了"应然"意义上的自贸区（港）知识产权特殊保护。对其进行详细分析会发现，依据其具体目标的区别，"应然"意义上的中国自贸区（港）知识产权特殊保护可以分为两个方向，而且二者之间可能还存在一定的矛盾。

（一）拟向全国复制推广的自贸区（港）知识产权特殊保护

中国自贸区（港）始终未变的战略定位之一是"制度创新试验田"。这个角色自然也适用于知识产权的特殊保护。如果现行生效的知识产权实体或程序法不足以实现其立法目的，有必要加以改进和优化完善，那么自贸区（港）作为新制度的试验田，应当对知识产权相关的制度创新进行"先行先试"。

从"应然"的方向来说，自贸区（港）的知识产权特殊保护是给全国的知识产权制度升级做预案、打前站、做试验的。其目的是探索能够复制推广通行全国的，更加优化的知识产权保护新体系，而不限于创制只能适用于自贸区（港）的知识产权特殊保护。从各个自贸区（港）的《总体方案》可见，这种拟复制推广的特殊保护往往意味着更高效和更严格地保护。比如各大自贸区（港）的总体方案当中均提到建立高效的知识产权综合管理体制，而海南自贸港甚至更直白地提出要"加大知识产权侵权惩罚力度"。

（二）拟在区（港）内促进"自由"的自贸区（港）知识产权特殊保护

从另一角度来看，自贸区（港）顾名思义，其存在意义之一就是要实现更高自由度的贸易投资，且其自由度至少应高于自贸区（港）之外。因此，各自贸区（港）的总体方案几乎都存在"一线放开，二线管住，区内自由"或类似的表述。但是如果要提高投资贸易的自由度，就不可避免地需要降低流通的门槛，当然也包括智力成果流通的门槛。而知识产权作为私有权利，其保护力度越大则意味着使用的成本越高。因此，知识产权保护的力度与智力成果传播、应用、推广的便利度是成反比的。这就意味着，自贸区（港）的定位本身又同时决定了其对知识产权的保护力度应当比自贸区（港）之外要弱一些，以便区内的智力成果可以更加自由地流通。这是另一个"应然"意义上的自贸区（港）

知识产权特殊保护。

（三）自贸区（港）在知识产权特殊保护方面的两个发展方向

如前所述，在知识产权特殊保护方面，存在两个"应然"意义上的自贸区（港）特殊保护。而这两个"应然"意义上的自贸区（港），就决定了自贸区（港）在知识产权的特殊保护方面会出现两个不同甚至是截然相反的改革方向。

一方面，自贸区（港）要提供更加完善健全，可能更加严格周密的知识产权保护。根据当今知识产权保护的"棘轮效应"，更完善的知识产权保护几乎必然意味着更严格的知识产权保护。[1]这在具体的改革中，主要体现为知识产权"三合一"审判模式改革的积极推进。还有部分自贸区（港）建立的发明专利申请绿色通道。这些改革成果都取得了比较显著的成果，并且都逐步推广到了自贸区（港）以外的地方。具体情况将在下文"实然"部分详述。

另一方面，自贸区（港）也要强调区内的自由，降低流通的门槛，减少流通的成本。在这种思想指导之下，不可避免的结果就是在一定程度上降低对知识产权的管控和保护。这其中最典型的例子就是海关对涉嫌侵犯知识产权的过境商品的边境执法措施。一般来说，在中华人民共和国境内应适用中华人民共和国的知识产权法。但是根据海关法和海关的知识产权条例，对于过境商品却可能采取更加宽松的态度。换言之，此时自贸区（港）内的知识产权保护力度要弱于自贸区（港）之外。具体情况将在下文"实然"部分详述。

二、"实然"意义上的自贸区（港）知识产权特殊保护

（一）可复制推广的自贸区（港）知识产权特殊保护

可复制推广的自贸区（港）知识产权特殊保护，在"实然"意义上可以分

---

[1] 孙益武：《中国自由贸易试验区知识产权保护制度研究》，知识产权出版社 2018 年版，第 294 页。

三个方面进行阐述。分别是权利的取得、权利的应用和侵权的救济。

1. 权利的取得

很多种类的知识产权，如专利权和商标权，一般都需要通过向政府申请审批或登记，经政府有关部门审批同意之后才能获得相应的权利。对这些知识产权来说，政府审批的效率和当事人获取权利的便利程度呈直接的正相关。我国政府在这方面的审批效率目前还是比较低的。2021 年国家知识产权局发布《关于深化知识产权领域"放管服"改革优化创新环境和营商环境的通知》。文件中提到要"持续压缩商标、专利审查周期"，要求到 2021 年底，商标注册平均审查周期稳定在 4 个月以内，一般情形商标注册周期由 8 个月压缩至 7 个月。发明专利审查周期要由 20 个月压缩至 18.5 个月，其中，高价值专利审查周期压缩至 13.8 个月。要求到 2021 年底，将商标转让审查、异议审查、驳回复审、无效宣告平均审查审理周期分别压缩至 1.5 个月、12 个月、5.5 个月、9 个月。即使实现了国家知识产权局的这个目标，也可以看出我国知识产权审查审批所需的时间是比较长的，动辄数月、半年甚至一年以上。

而在这些权利的取得方面，自贸区（港）进行了有益的制度创新，加快了相关知识产权审查批准的速度，取得了值得向全国复制推广的成果。比较早开展此类改革的是上海自贸试验区。中国（浦东）知识产权保护中心开辟了专利审查"绿色通道"。2017 年时，该中心就表示将针对高端装备制造、生物医药两大产业开启专利快速审查的"绿色通道"，极大地缩短授权周期。通过"绿色通道"，有望将发明专利授权周期从 30 个月缩短至 15 个月左右，甚至更短。[①] 这比国家知识产权局提出的目标要早了 5 年。而且从专利文献检索中可以看出，确实有些相关专利在极短的时间内获取了发明专利证书。如上海某企业申请号为 202010509817.7 的发明专利，从 2020 年 6 月 8 日提出申请后，两个月后的 2020 年 8 月 25 日即授权公告，远远超出一般发明专利的审批速度。

就在上海开展上述改革的同时，国家知识产权局也进行了配套的制度创新

---

① 中国新闻网：《中国（浦东）知识产权保护中心在沪成立 将开专利审查"绿色通道"》，
https://www.sohu.com/a/159812636_123753。

协同。2017 年 8 月 1 日起施行《专利优先审查管理办法》。根据《专利优先审查管理办法》第 10 条，符合条件的发明专利申请在四十五日内发出第一次审查意见通知书，并在一年内结案；实用新型和外观设计专利申请在两个月内结案。国家知识产权局的此项规定，大力支持了上海自贸试验区在相关领域的制度创新。

在上海自贸试验区地方层面的大胆试验与国家知识产权局在中央层面的配合支持下，其他自贸区（港）也开始开展类似的改革。如海南自贸港的中国（三亚）知识产权保护中心，经中心预审合格提交的专利申请能够享受国家知识产权局快速审查，发明专利审查周期由 20 个月缩短至 3 个月，实用新型专利审查周期由 9 个月缩短至 15 天，外观设计专利审查周期由 8 个月缩短至 7 个工作日左右。如舜丰生物科技（海南）有限公司的发明专利 57 天即获得授权，不到两个月。①

以上制度创新的经验，正在向其他地区复制推广。2024 年 8 月，山东青岛西海岸新区开展了"青岛西海岸新区（机电产品）知识产权快速维权中心"建设。根据规划，中心将打破青岛地区没有本地"专利快速审查通道"的历史，开展经国家知识产权局授权的专利权快速预审，包括开展外观设计专利预审服务，授权周期将由 6 个月缩减至 1—2 个工作日，条件成熟后，可争取开展实用新型专利预审服务，授权周期由 10 个月缩减至 10 个工作日。②

2. 权利的应用

促进智力成果的传播和应用，并进而推动社会主义物质文明和精神文明建设，是我国知识产权相关立法的共同目的。《著作权法》第 1 条就规定立法目的包括"鼓励有益于社会主义精神文明、物质文明建设的作品的创作和传播，促进社会主义文化和科学事业的发展与繁荣"。《专利法》第 1 条规定立法目的包括"推动发明创造的应用，提高创新能力，促进科学技术进步和经济社会发展"。有鉴于此，促进优秀智力成果的传播、推广和应用，也自然而然成为各

---

① 《专利审查"绿色通道"促进海南自贸港科技成果快速转化》，新华社，http://www.gov.cn/xinwen/2022-06/16/content_5696061.htm。

② 《青岛将开通专利审查"绿色通道"》，齐鲁网，http://news.iqilu.com/shandong/shandongge-di/20220802/5197121.shtml。

自贸区（港）在知识产权方面进行制度创新的改革目标。

全国现有的 21 个自贸区（港）总体方案中全都将提供知识产权公共服务，促进知识产权的推广应用作为重要的建设任务。其具体表述包括搭建知识产权公共服务平台、构建知识产权公共服务体系、建立知识产权交易中心和发展知识产权相关的服务业等等。

如今，21 个自贸区（港）已经有多个成立了知识产权公共服务中心（如福建等）或知识产权交易中心（如上海、浙江、广东、湖南、四川、广西、北京、海南等）。这些知识产权公共服务中心或交易中心，一般都提供涵盖专利、商标、版权、技术秘密、集成电路布图设计等各类知识产权转让交易的综合性服务，为知识产权确权评估、挂牌上市、转让报价、交易鉴证、结算清算、托管登记、项目融资、项目推介、政策咨询等提供服务。[1] 它们是集技术成果交易、中介服务、咨询服务、项目孵化于一体的公共创新服务平台。[2] 这些平台很大程度上为科研机构科技成果提供了便利的转化途径，助推了科技成果项目落地。但就目前整体发展情况而言，多数技术交易平台的功能尚局限于信息集散和信息沟通咨询层面，无法满足目前日益增长的科技成果转化需求，且由于技术交易平台产生时间较短，市场资源不够丰富，主动匹配科技成果供需双方的功能有待开发和强化，平台使用率整体偏低。[3]

3. 侵权的救济

当知识产权遭遇侵权时，及时提供救济，是知识产权保护的核心环节，也是知识产权保护的最后一道屏障。因而对侵权救济途径的创新也就成为自贸区（港）知识产权制度相关改革创新的重要领域。自贸区（港）在知识产权侵权救济方面最具代表性的可复制推广改革成果，是两个"三合一"。一是知识产权行政管理体制"三合一"。二是知识产权审判的"三合一"（为与前者相区分，

---

① 杭州城西科创大走廊管委会：《浙江知识产权交易中心》，http://cxkc.hangzhou.gov.cn/art/2019/11/11/art_1228965283_40064410.html。

② 《上海经济年鉴》第八编"对外经济贸易"《上海知识产权交易中心成立》。

③ 李永强等：《发挥产权交易市场平台作用 助力科技成果转化落地》，《产权导刊》2022 年第 6 期。

下文称知识产权审判的"三合一"为"三审合一")以及与之相联系的知识产权法院 / 法庭制度。

所谓知识产权行政管理体制"三合一",是指将专利、商标、版权相关的行政管理和执法权合并到同一个部门进行统一领导和统一调度。我国从20 世纪 80 年代至 90 年代初步建立知识产权实体法律体系以来,因为管理体制的历史原因,专利、商标、版权的行政管理与执法一直是分别归口于知识产权局、工商局(市场监管局)和版权局的。这种配置的行政管理成本高,行政执法多头分散交叉,难以形成保护合力,服务事项办理效率低,不利于知识产权与经济、科技、金融有机融合。其具体表现为:一是分散管理对知识产权治理绩效的制约。目前,知识产权管理部门繁多,诸多可以由部门内部协调的事项变为部门之间协调,可以由一个部门与多部门进行协调的事项变为多部门与多部门之间协调。二是政出多门对知识产权集成运用的限制。由于"多头分散"的管理现状,各部门出台的扶持和监管政策存在目标不尽统一、内容不尽衔接、实施不够协调等问题,导致知识产权集成运用效果不佳。三是分散服务对企业知识产权成本的负担。分散的知识产权公共服务与企业对知识产权一体化服务的需求严重脱节。企业不得不将一件事分成多件事来办,往返于多个政府部门,生产经营和管理成本大为增加。四是多头对外对知识产权国际事务的影响。由于管理分散,其他国家和国际组织在与我国进行知识产权交流合作时,不得不面对多个知识产权管理部门,而我国在开展对外交流合作时,也需要多个部门参与,容易造成发声不一的情况。①

针对这种状况,上海自贸试验区在 2014 年首先开展了知识产权行政管理体制"三合一"试点,在自贸试验区管委会单独成立知识产权局,统一行使自贸试验区内的专利、商标、著作权的管理权与执法权,为全国首创。②此前分散在多个部门的事项,实行统一管理后,按照统一标准综合平衡,避

---

① 资料来源:国家发改委网站,https://www.ndrc.gov.cn/fggz/cxhgjsfz/dfjz/201810/t20181029_1159160.html?code=&state=123。

② 《知识产权"三合一"改革试水上海自贸区》,人民网,http://ip.people.com.cn/n/2014/1021/c136655-25875623.html。

免了原先多头管理不可避免的交叉、重复，大大提升了管理效能。[①] 此后，便有呼声向全国推广。[②] 此后，各自贸试验区也纷纷开展类似试点。如 2015 年，福建自贸试验区也设立了"三合一"的知识产权局。[③] 之后设立的四川、陕西等自贸试验区也积极跟进，开展了类似的改革。2019 年，该改革成果被一定程度地复制推广到了中央层面。根据中央机构改革部署，原专利复审委员会并入国家知识产权局专利局，原国家工商行政管理总局商标局、商标评审委员会、商标审查协作中心整合为国家知识产权局商标局，不再保留专利复审委员会、商标评审委员会、商标审查协作中心。[④] 至此，我国在中央层面已经实现了专利、商标两类知识产权的合并管理，仅余版权仍归国家版权局管理。

知识产权"三审合一"审判机制是指由统一审判庭或专门的知识产权法院统一审理知识产权民事、行政和刑事案件。在知识产权"三审合一"改革之前，知识产权审判因案件类型不同由不同审判庭进行审理，由于诉讼程序、证据规则和审理重点的不同，不同的审判庭可能会对同一被控侵权行为做出相互矛盾的事实认定和判决。[⑤]"三审合一"审理模式改变了三审分立模式，为知识产权案件专业化审理提供了便捷、高效的途径。[⑥]

1995 年，上海市浦东人民法院分别受理了侵犯上海吉列公司商标的刑事、民事和行政案件，为解决三类案件的程序与经验问题，采取了三个审判庭相互配合的方式进行了集中审理。这是全国最先开展的"三合一"审判机制试点工作，形成了"浦东模式"。2008 年，国务院在《国家知识产权战略

[①] 《知识产权"三合一"改革成效显著》，新华网，http://www.xinhuanet.com/politics/2017-02/04/c_129465883.htm。

[②] 《"三合一"的探索经验，要尽快"复制、推广"到国家层面》，人民政协网，http://www.rmzxb.com.cn/c/2015-03-08/461393.shtml。

[③] 《福建自贸试验区设"三合一"知识产权局》，中国政府网，http://www.gov.cn/xin-wen/2015-08/20/content_2916017.htm。

[④] 国家知识产权局公告第 295 号。

[⑤] 浙江日报：《浙江首批知识产权审判"三合一"工作顺利推进》，https://baijiahao.baidu.com/s?id=1644927996659087650&wfr=spider&for=pc。

[⑥] 李嵩：《三合一审判改革下商业秘密民刑交叉案件审理模式研究》，山东财经大学 2022 年硕士学位论文，第 37 页。

纲要》中，明确提出了要建立集中受理有关知识产权民事、行政和刑事案件的专门法庭审判体系。2016 年最高人民法院印发《关于在全国法院推进知识产权民事、行政和刑事案件审判"三合一"工作的意见》，正式明确将三审合一制度化构建成为我国知识产权法院发展战略的主要方向。①2020 年，最高人民法院发布的《关于全面加强知识产权司法保护的意见》，再次强调要"深入推行'三合一'审判机制。建立和完善与知识产权民事、行政、刑事诉讼'三合一'审判机制相适应的案件管辖制度和协调机制，提高知识产权司法保护整体效能"。

在这些文件的指导之下，各自贸区（港）作为改革试验田，成为了相关试点的排头兵。上海作为全国最早成立的自贸试验区，早在自贸试验区成立之前就已经开始了知识产权三审合一的改革。自贸试验区成立之后，知识产权"三审合一"审判模式改革进一步推进。在上海自贸试验区成立后不久，上海即成立了专门的知识产权法院，集中受理知识产权案件。很快多地跟进。如 2018 年，浙江开始了知识产权"三审合一"审判模式的试点，2019 年即在全省推广。②2020 年陕西自贸试验区开始在西安片区率先实施知识产权审判"三合一"改革。③ 同年，山东自贸试验区青岛片区开设全省首家知识产权巡回法庭，实现知识产权民事、行政、刑事案件"三审合一"的审判模式。④2021 年福建省高级人民法院下发《福建省高级人民法院关于同意平潭综合实验区人民法院开展知识产权审判"三合一"工作的批复》，开始在福建自贸试验区展开知识产权"三审合一"审判模式改革试点。⑤ 卓有成效的相关制度创新成果已经开始向全国各地复制推广。

---

① 周雨：《知识产权三审合一背景下刑民交叉案件审理模式研究》，重庆工商大学 2021 年硕士学位论文，第 15 页。

② 《全面加强知识产权司法保护》，央广网，https://baijiahao.baidu.com/s?id=1689372104454638428&wfr=spider&for=pc。

③ 《我省实施知识产权审判"三合一"改革 2020 年调撤知识产权案件 2282 件》，三秦网，https://www.sanqin.com/2021-10/08/content_9256740.html。

④ 《山东自贸试验区一周年 | 青岛片区：设立全省首家知识产权巡回法庭、仲裁院》，https://baijia-hao.baidu.com/s?id=1675919343600284273&wfr=spider&for=pc。

⑤ 《福建省平潭实验区知识产权协同保护暨知识产权审判"三合一"工作座谈会召开》，法治网，http://www.legaldaily.com.cn/zt/content/2022-03/15/content_8687993.htm。

（二）在区（港）内促进"自由"的自贸区（港）知识产权特殊保护

在区（港）内促进"自由"的自贸区（港）知识产权特殊保护，主要是指仅适用于自贸区（港）内的，对知识产权采取了或更宽松或更严格的保护。此类特殊保护并未以复制推广为目标，而只是主要适用于自贸区（港）的特殊情况。就当前的中国自贸区（港）而言，主要的实践包括以海关特殊监管为代表的知识产权"弱保护模式"，以及自贸港内涉及非注册驰名商标跨界保护为代表的"强保护模式"。

1. 以自贸区（港）海关特殊监管相关制度为代表的知识产权"弱保护模式"

所谓海关特殊监管的知识产权弱保护模式，是指在以自贸区（港）为代表的海关特殊监管区域，在对于某些区外会被视为侵权的产品，在区内可能会采取相对宽松的管理态度。其中的典型代表就是对过境商品的态度。

所谓过境商品，通常指"两头对外"的商品，即《中华人民共和国海关法》（以下简称《海关法》）第100条所指的"由境外启运、通过中国境内继续运往境外的货物"。根据《海关法》第100条的规定，此类过境商品包括三种，分别是过境货物（通过境内陆路运输的）、转运货物（在境内设立海关的地点换装运输工具，而不通过境内陆路运输的）和通运货物（由船舶、航空器载运进境并由原装运输工具载运出境的）。这三种货物当中的过境货物和转运货物都可能出现在各自贸区（港），并引发自贸区（港）的知识产权边境执法问题，而且在一定程度上说，可以近似视为自贸区（港）所特有的问题。① 按常理来说，既然出现在中华人民共和国境内，那么就应当适用中华人民共和国的知识产权法进行管理。如果侵犯了相关权利人的知识产权，那么就应当依法予以查处。但是因为他最终的目的地不是在中国境内，也就是其侵权的最终损害结果

---

① 我国当前所有的自贸区（港）全都是依托于原有的综合保税区形成的。而本文所涉及的过境商品，尤其是其中的转运货物，是最可能出现在自贸区（港）的综合保税区并且自贸区（港）的综合保税区也会经常碰到的。

并不发生在中国境内，这就导致海关对其特殊监管区域内的上述过境商品采取了一种相对于自贸区（港）外部更宽松的态度。

这种更宽松的态度，就是对过境商品的执法力度要低于非过境商品。根据《海关法》第 44 条规定，海关依照法律、行政法规的规定，对与进出境货物有关的知识产权实施保护。由此可知，海关对知识产权进行保护的对象是"进出境货物"。《海关法》对"进出境货物"没有做确切的定义，但是根据《海关法》第 100 条上下文可以推断，"进出境货物"的概念基本等同于"海关监管货物"的概念，即"进出口货物，过境、转运、通运货物，特定减免税货物，以及暂时进出口货物、保税货物和其他尚未办结海关手续的进出境货物"的统称。同时根据《知识产权海关保护条例》第 2 条，"知识产权海关保护，是指海关对与进出口货物有关并受中华人民共和国法律、行政法规保护的商标专用权、著作权和与著作权有关的权利、专利权（以下统称知识产权）实施的保护"。也就是说，海关知识产权执法措施的适用对象限于"进出口货物"，至于与自贸试验区密切相关的过境与保税货物，《知识产权海关保护条例》并未设置专门的监管制度与具体措施，因而未充分实现《海关法》的框架性规定。除此之外，《海关对保税物流园区的管理办法》《海关保税港区管理暂行办法》《保税区海关监管办法》等相关的部门规章都未对海关应当对转运货物知识产权的边境执法作出明文规定。① 从实践来看，有统计指出，由于缺乏具体规则，中国海关在相当长的一段时间内从来没有在特殊区域实施知识产权海关保护的执法实践。②

根据上文可知，中国海关对于过境商品的执法其实并没有特别的规定，甚至在一定程度上可以说是专门规定将过境商品排除出知识产权监管的范围。虽然对这种制度设计仍存在争议，但这样的现实是符合自贸区（港）促进商品物流更加自由便捷地通行天下的设立目的的。在其他国家地区的自由贸易园区内也有类似的做法，如欧盟、新加坡、加拿大等自贸园区建设发达的法域对临时入境的特殊货物在原则上均不采取知识产权海关措施。③ 尽管中国自贸区（港）的海关知识产权边境执法制度与措施会不断调整和完善，但是鉴于自贸区（港）

---

① 王迁：《上海自贸区转运货物的知识产权边境执法问题研究》，《东方法学》2015 年第 4 期。
② 杨鸿：《自贸试验区知识产权海关执法的特殊问题与制度完善》，《环球法律评论》2019 年第 2 期。
③ 杨鸿：《自贸试验区知识产权海关执法的特殊问题与制度完善》，《环球法律评论》2019 年第 2 期。

促进商品自由便利流通的根本设立目的，中国自贸区（港）对过境商品采取弱于进出口商品的知识产权监管措施，将会是一个大的趋势。而且这种趋势不太会蔓延到自贸区（港）以外的地方。知识产权"弱保护模式"将会是中国自贸区（港）长期有别于其他区域且并不倾向于复制推广的一个特色。

2. 海南自贸港法知识产权相关制度为代表的知识产权"强保护模式"

2021 年 6 月 10 日，全国人大常委会通过了《中华人民共和国海南自由贸易港法》（以下简称《海南自贸港法》）。根据《海南自贸港法》第 10 条，海南省人大及其常委会有权制定"海南自由贸易港法规"，而且"海南自由贸易港法规"有权对全国人大及其常委会制定通过的法律或者国务院颁布的行政法规作出变通规定。在此授权的基础上，海南自由贸易港在知识产权保护方面进行了制度创新的大胆尝试。2021 年 12 月 1 日，海南省人大常委会通过了《海南自由贸易港知识产权保护条例》。这部海南自由贸易港法规对全国性的知识产权实体法作出了大胆的变通规定，从而使得海南自由贸易港对某些知识产权的保护力度在理论上超过了全国其他区域。海南自贸港的这项尝试也因而成为全国自贸区（港）知识产权"强保护模式"的代表。

海南自贸港在知识产权方面采取的"强保护模式"主要包括以下两个方面。

一方面是未注册驰名商标的跨界保护。根据《中华人民共和国商标法》第 13 条第二款和第三款的规定，已经注册的驰名商标，可以获得跨界保护，即禁止他人在不相同也不类似的商品之上注册或使用复制、摹仿或者翻译自己商标的商标；而未在中国注册的驰名商标，则没有跨界保护的待遇，只能禁止他人在相同或者类似商品注册或使用复制、摹仿或者翻译自己商标的商标。[①] 但是《海南自由贸易港知识产权保护条例》第 29 条却规定在海南自贸港境内，即使是未注册的驰名商标，也可以获得跨界保护。[②] 因此在海南自贸港内，未

---

① 《中华人民共和国商标法》第 13 条第一款：为相关公众所熟知的商标，持有人认为其权利受到侵害时，可以依照本法规定请求驰名商标保护。

② 《海南自由贸易港知识产权保护条例》第 29 条：就不相同或者不相类似商品或服务使用的未注册商标是复制、摹仿或者翻译他人未在国内注册的驰名商标，误导公众，致使该驰名商标持有人的利益可能受到损害的，在海南自由贸易港内禁止使用。

注册的驰名商标获得了比港外更严密的保护。

另一方面是知识产权纠纷的临时仲裁制度。所谓临时仲裁，是与机构仲裁对应的概念，即指由争议当事人自行选定的现有仲裁规则或自行设计的仲裁规则管理。[①]《中华人民共和国仲裁法》未明确临时仲裁在我国的效力，而又在第 16 条规定仲裁条款应当包括"选定的仲裁委员会"，这就基本等同于不承认临时仲裁了。[②] 但是《海南自由贸易港知识产权保护条例》第 36 条第一款却明确规定在过境货物涉嫌侵犯知识产权时，双方当事人可以约定临时仲裁。[③] 这就意味着至少在制度设计上，给了权利人更多的选择来维护自己的知识产权。

此外，海南自贸港的上述制度创新并不是以复制推广为目的，而是为了将海南打造成一个知识产权保护高地。《海南自由贸易港知识产权保护条例》第 1 条陈述立法目的时，坦言该海南自由贸易港法规是为了"打造国际一流的知识产权保护高地"，并且"结合海南自由贸易港实际"所制定。可见海南自贸港对知识产权采取的"强保护模式"也是自贸区（港）本身的特色，并未试图用于复制推广。

三、"应然"与"实然"的落差：自贸区（港）知识产权特殊保护的现实困境

中国 23 个自贸区（港）设立以来，在知识产权的特殊保护方面已经取得了很多制度创新成果，但是仍然可以看到随着改革步入深水区，中国当前的自贸区（港）知识产权特殊保护与其所要达到的目标相比，还有一定的差距。中国自贸区（港）知识产权特殊保护的"实然"和"应然"的这种落差，一定程

---

① 赖震平：《我国商事仲裁制度的阙如——以临时仲裁在上海自贸区的试构建为视角》，《河北法学》2015 年第 2 期。

② 《中华人民共和国仲裁法》第 16 条第一款：仲裁协议包括合同中订立的仲裁条款和以其他书面方式在纠纷发生前或者纠纷发生后达成的请求仲裁的协议。

③ 《海南自由贸易港知识产权保护条例》第 36 条第一款：鼓励当事人运用仲裁方式解决知识产权纠纷。对可能进入中国市场的过境货物涉嫌侵犯知识产权的，争议相关当事人可以约定临时仲裁。

度上是中国自贸区（港）建设由地方政府承载国家战略的特殊格局所致。地方政府要进行制度创新，几乎总是不可避免地需要对中央层面的法律规定进行调整。这就必须要中央层面的国家机关予以配合。而下级要求上级配合的特殊困境，给改革的推进带来了很大阻力。同时，由于中央让地方各自贸区（港）各显神通，"大胆试，大胆闯，自主改"，又在一定程度上导致地方各自贸区（港）在制度创新时各行其是，难以建立互相配合的统一知识产权保护机制，从而导致各地的知识产权特殊保护制度建设和制度创新呈现碎片化趋势。

（一）自贸区（港）的知识产权特殊保护缺乏必要的纵向事权

无论是用于复制推广的还是自贸区（港）自己特色的知识产权特殊保护，都不可避免要对现有的知识产权制度，无论是程序的还是实体的，进行一定的突破改造调整。而我国的知识产权基本制度都是由中央层面的法律，行政法规或部门规章所确定的。除了有中央明确授权的情况下之外，地方立法是不能对这些中央层面的立法进行变通或突破的。所以地方层面的自贸区（港），要对知识产权特殊保护进行有价值有力度的制度创新，就必须获得中央层面相应的支持。

如前文所述，上海自贸试验区开始建立的专利申请绿色通道，就是由国家知识产权局颁布了《专利优先审查管理办法》，给予了特定的程序保障，然后上海自贸试验区对应的制度创新才能有效推行下去。如果没有国家知识产权局中央层面的对应的制度保障，上海自贸试验区的专利绿色通道建设将会落入孤掌难鸣的境地。因为专利的审查、通过，专利证书的颁布等事权都在国家知识产权局，审查时间长短和审查流程设置等相关事权也都在国家知识产权局，上海自贸试验区对此无权置喙。如果没有国家知识产权局对上海自贸试验区制度创新的认可与配合，上海自贸试验区的专利绿色通道不可能获得比其他地方更快的专利审查速度。

甚至即使地方已经被中央授权进行改革，自贸区（港）开展知识产权特殊保护有关的制度创新也必须有中央国家机关的联动才能真正生效。如果只有单纯的地方立法，最终也只是空中楼阁。如海南自贸港在海南自贸港法规当中规定了未注册的驰名商标也可以在海南享有跨界保护。若真有此类案件，海南省的法院或许会按照海南自贸港法规进行裁判。但是之后案件因为种种原因需要由最高人民法院进行二审或裁定再审申请时，最高人民法院是否会接受海南自贸港法规的规定作为裁判依据，仍是一个未知数。因为按照《最高人民法院关于裁判文书引用法律、法规等规范性法律文件的规定》，最高人民法院审判时应当适用法律、法律解释、行政法规或者司法解释，但并没有明确地方性法规的地位，而只是笼统规定"对于应当适用的地方性法规……可以直接引用"[①]。至于海南自贸港法规是否属于"应当适用的地方性法规"，最高人民法院对此没有作出任何规定。所以，如果海南自贸港需要将具有自身自贸港特色的知识产权制度创新落到实处，必要的前提就是最高人民法院配合认可海南自贸港的这些知识产权制度创新属于"应当适用的地方性法规"。

（二）自贸区（港）的知识产权特殊保护缺乏必要的横向协作

知识产权的保护是需要全国一盘棋的，因为涉及知识产权保护的实体法和程序法往往都是中央层面的立法，包括法律、行政法规和部门规章等。同时有一些知识产权的获取和确认也是中央事权，比如专利的申请和商标的注册等，都是要国家知识产权局审批的。这同时也就意味着知识产权的垄断性应该是在全国范围内生效的。此时如果各自贸区（港）之间自行开展知识产权的特殊保护，就很可能导致各自贸区（港）自行实施的知识产权特殊保护因得不到其他地区的配合而难以得到充分保障。

1.知识产权确权困境

根据知识产权的地域性和法定性，在中国受到保护的知识产权都是在全国范围内产生垄断性和排他性的。这对专利商标之类需要中央国家机关审批确认的权利来说，其公示途径和确权效果尚可通过中央国家机关的统一公示来解决。但是对于著作权这种公示途径十分有限的知识产权来说，如果各地的确权

[①] 《最高人民法院关于裁判文书引用法律、法规等规范性法律文件的规定》第 4 条：民事裁判文书应当引用法律、法律解释或者司法解释。对于应当适用的行政法规、地方性法规或者自治条例和单行条例，可以直接引用。第 5 条：行政裁判文书应当引用法律、法律解释、行政法规或者司法解释。对于应当适用的地方性法规、自治条例和单行条例、国务院或者国务院授权的部门公布的行政法规解释或者行政规章，可以直接引用。

手段和公示路径不一致，就容易产生权利难以保障的情形，甚至还会被不法分子利用，损害他人的合法权益。

正如前文所提及的，各自贸区（港）普遍开展了知识产权交易／公共服务平台。而这些平台的一大功能就是进行著作权登记。但是中国各地的著作权登记并没有统一的登记系统，当前也没有能在全国范围内进行相关登记查询的路径。于是有些不法分子就将别人的作品以自己的名义去登记著作权。然后拿着著作权登记证书去起诉使用作品的他人，甚至起诉作品真正的著作权人。[1] 此时如果被告没有进行著作权登记，或者著作权登记时间晚于原告，则很难证明自己才是真正的著作权人。这种虚假诉讼能够得手的一大原因就是各地的著作权登记没有统一的公示系统，各地对于虚假登记也没有统一的制裁措施，这就给了这些不法分子非法侵害他人利益的机会。

2. 知识产权维权困境

有的自贸区（港）在自己范围之内给予了知识产权超过其他地方的特殊保护"强保护模式"，希望把自己建设成为知识产权保护的新高地。这些制度创新并未试图将其向其他地方复制推广，但是现实中却往往必须全国统一行动才能真正落地。因为知识产权具备全国统一垄断性的特性，这种单一自贸区（港）采取的特殊措施如果得不到全国范围内的配合就会被很容易地规避，导致其知识产权的特殊保护变得形同虚设。

这方面的典型例子如海南自贸港的《海南自由贸易港知识产权保护条例》。如前所述，《海南自由贸易港知识产权保护条例》全国首创地规定了未注册驰名商标也可以跨界保护，但是这个规定可以被很轻易地规避。因为未注册驰名商标在全国其他地方并不存在跨界保护，在海南自贸港以外的地方，在不相同也不近似的商品上使用与未注册驰名商标相同或近似的商标，并不构成违法。于是，销售者只要在海南自贸港以外的地方生产这些并贴上与未注册驰名商标相同或近似的商标，再运到海南自贸港出售，就不必承担赔偿责任。因为《中华人民共和国商标法》规定销售者能证明商品合法来源并说明提供者的，不承

---

① 典型案例可参见广州互联网法院 (2019) 粤 0192 民初 24307 号民事判决书。

担赔偿责任。① 对于销售者来说，鉴于海南自贸港以外的地方是可以生产这些商品并使用这些商标的，那么就意味着销售者所销售商品存在合法来源，因此可以免除赔偿责任，从而轻易规避掉《海南自由贸易港知识产权保护条例》对未注册驰名商标进行跨界保护的规定。

此外，《海南自由贸易港知识产权保护条例》也规定了针对过境商品的知识产权纠纷可以适用临时仲裁，但是相关当事人如果要申请执行临时仲裁的裁决，就可能遭遇来自其他地区司法部门的阻碍。根据《中华人民共和国民事诉讼法》相关规定，当事人如果要申请执行仲裁裁决，必须向被执行人住所地或者被执行的财产所在地人民法院提出申请。② 而如果被执行人住所地和被执行财产所在地都不在海南自贸港的话，当地法院是否会承认临时仲裁的结果，是一个未知数。因为毕竟中国目前的民事诉讼和仲裁制度尚未明确承认临时仲裁的效力，而《海南自由贸易港知识产权保护条例》对海南自贸港以外的法院没有约束力。

（三）自贸区（港）知识产权特殊保护是系统工程

综上所述，可以发现各自贸区（港）如果想要在知识产权的特殊保护方面有所作为，往往既需要中央层面的认可，也需要全国其他区域众多有关部门的配合，否则由地方政府单独承担知识产权特殊保护相关的国家战略，必然会落入力不从心的境地。自贸区（港）的知识产权特殊保护，是一个需要上下联动，平级配合的系统工程。这就需要破解这些纵向事权与横向协作的难题。

四、破题路径

要破解我国自贸区（港）知识产权特殊保护的"应然"与"实然"之间的

---

① 《中华人民共和国商标法》第 64 条第二款：销售不知道是侵犯注册商标专用权的商品，能证明该商品是自己合法取得并说明提供者的，不承担赔偿责任。

② 《中华人民共和国民事诉讼法》第 231 条第二款：法律规定由人民法院执行的其他法律文书，由被执行人住所地或者被执行的财产所在地人民法院执行。

落差难题，关键在于厘清自贸区（港）知识产权特殊保护的建设思路，明确自贸区（港）知识产权特殊保护"应然"层面两个不同的角色定位，然后加强顶层设计和全盘规划，加强央地沟通，以此满足自贸区（港）知识产权特殊保护的纵向联动、横向协作的需求，实现中国自贸区（港）知识产权特殊保护制度创新的系统集成。

（一）明确自贸区（港）知识产权特殊保护的两个不同角色定位

如前所述，中国自贸区（港）在知识产权制度创新方面有两个不同的角色定位。一是尝试能够复制推广的普适制度。二是建立仅适用于自贸区（港）的特色制度。对于前者来说，基于知识产权保护的棘轮效应，应逐步尝试保护力度更强的知识产权"强保护模式"，以此来进行压力测试，确保将最优化的制度创新成果复制推广到全国。对于后者来说，则应体现自贸区（港）融通天下、贸易自由的政策定位，因而宜采取知识产权的弱保护模式以降低货物的流通门槛。

各自贸区（港）应充分意识到自身的知识产权制度创新同时存在着这两个迥异的发展方向，并依据具体情况为两种方向划定界限，明确哪部分制度创新是要实现哪个方向的目标，再进行有针对性的制度创新试验。尤其要改变各自贸区（港）为争做"改革开放新高地、制度创新试验田"，不顾相关制度在单个自贸区（港）单枪匹马落地的现实可能性，盲目抢先对标国际条约中知识产权相关内容的态度。[①] 各自贸区（港）应在明确自身双重地位的基础上，以更科学务实的态度来对待自贸区（港）知识产权特殊保护的制度创新工作。

（二）加强自贸区（港）知识产权特殊保护的顶层设计和全盘规划

中国自贸区（港）建设秉承中国改革开放以来经济特区建设的基本模式，

---

① 笔者在对海南自贸港和浙江自贸试验区等自贸区（港）的长期合作与调研中发现，每当我国签订或可能签订一个新的涉及知识产权的国际条约如 RCEP、CPTPP 等之时，自贸区（港）就会倾向于尽快对标这些国际条约的要求来制定自身新的知识产权法律规范，以彰显自身对标国际最前沿新规则的地位。

即由地方先行探索新制度，再由中央逐渐跟进。这个模式对于知识产权的特殊保护来说是不太适用的。知识产权的全国垄断性这一基本特征，使得地方探索如果没有中央配合则往往劳而无功。如前所述，上海自贸试验区的专利绿色通道建设能够取得成效，关键在于国家知识产权局及时给予了对应的制度供给。上海的此项成功经验说明了在知识产权特殊保护方面央地配合联动的必要性与巨大作用。因此，对于自贸区（港）知识产权特殊保护的建设，应更多地由中央进行顶层设计和全盘规划，尽量避免各自贸区（港）进行自行其是的碎片化地方立法。

（三）地方的制度创新成果，中央要及时推广

中国自贸区（港）秉承着地方先行探索来服务国家战略的基本发展模式。这种发展模式在自贸区（港）的知识产权特殊保护方面，尤其需要中央及时跟进地方的制度创新成果，否则可能导致地方制度创新成果效果不彰甚或前功尽弃。如在各自贸区（港）已经普遍尝试知识产权行政综合管理的"三合一"模式的情况下，国务院层面的专利、商标、著作权管理机构尚未合一，有可能给国家和地方执法带来不利影响。如中央层面的著作权管理由国家版权局负责，而地方层面的著作权管理却和专利、商标一样由地方知识产权部门负责。地方知识产权部门的上级对口部门是国家知识产权局，而非国家版权局。此时国家版权局与地方知识产权部门之间的关系就会比较尴尬。从业务层面来说，国家版权局应该是地方负责著作权事务的部门的上级对口部门，但是从现实的行政架构来说，地方负责著作权工作的部门的上级对口部门却不是国家版权局。这种错位会妨碍地方"三合一"改革效果的发挥，需要中央及时跟进地方的制度创新成果，实现良性的央地联动，推动自贸区（港）知识产权特殊保护的健康发展。

中国特色自由贸易港法规立法
变通权研究

金 梦*

摘 要: 海南自贸港自建设以来,已取得一系列显著成果,然而,随着
自贸港改革的不断深入,自贸港法治体系建设水平明显不足,
创新性、集成性、系统性均有不足。习近平总书记提出,要实
现自由贸易试验区制度型开放水平、系统性改革成效。开放需
要依托法治,改革更加离不开法治。中国特色自贸港建设的关
键在于法治先行,引领改革,并在改革进程中倒推法治。海南
自贸港在三重立法权竞合的前提下,应当大胆创新、勇于实践,
充分利用《海南自贸港法》赋予的法规立法变通权,配合地方
立法权与经济特区法规变通权,尽快建立起完善的自贸港法规
体系,全面提升对外开放法治保障水平。

关键词: 中国特色自由贸易港;立法变通权;法治与改革;立法法

一、问题的提出

建设中国特色自贸区(港)是党中央推动全面深化改革和高水平对外开放

---

* 金梦,法学博士,浙江外国语学院"一带一路"学院、华侨学院、国际学院讲师。

的重大举措。2014 年 10 月，习近平总书记在中央全面深化改革领导小组第六次会议上指出，在研究改革方案和改革措施时，要同步考虑改革涉及的立法问题，及时提出立法需求和立法建议。实践证明行之有效的，要及时上升为法律。实践条件还不成熟、需要先行先试的，要按照法定程序作出授权。上述内容为自贸区在改革开放领域先行先试提供了理论基础。2020 年 6 月，习近平总书记对海南自由贸易港建设作出重要指示强调，高质量高标准建设自由贸易港。①2021 年 6 月，《中华人民共和国海南自由贸易港法》（以下简称《自贸港法》）正式出台，其第 10 条明确赋予海南自由贸易港（以下简称"海南自贸港"）法规立法权，并且允许对法律或者行政法规的规定作变通规定。海南自贸港肩负着国家对外开放、对内改革的重要使命，《自贸港法》赋予了海南自贸港较大的授权立法权限。

开放需要依托法治，改革更加离不开法治。2023 年 11 月，习近平总书记指出，涉外法律制度是国家法制的重要组成部分，必须坚持立法先行、立改废释并举。②2024 年 2 月，习近平总书记主持召开中央全面深化改革委员会第四次会议强调，"重大改革试点先行"③。同年 8 月，习近平总书记在中央全面深化改革委员会第六次会议上提出，实现自由贸易试验区制度型开放水平、系统性改革成效、开放型经济质量全面提升。自贸港法治体系建设是国家构建涉外法律制度进程中极其关键的一环，但在法治层面如何先行先试，按照立法先行、立改废释并举的逻辑开展法治工作，还需要率先解决一些现实难题。特别是在中央已经赋予海南自贸港立法变通权的前提下，如何运用好这项立法权，使之发挥应有之义，对海南自贸港来说或是一项巨大挑战。

---

① 《习近平对海南自由贸易港建设作出重要指示强调，要把制度集成创新摆在突出位置 高质量高标准建设自由贸易港》，https://www.gov.cn/xinwen/2020-06/01/content_5516550.htm.

② 《习近平在中共中央政治局第十次集体学习时强调，加强涉外法制建设 营造有利法治条件和外部环境》，https://www.12371.cn/2023/11/28/ARTI1701149406055175.shtml.

③ 《习近平主持召开中央全面深化改革委员会第四次会议强调，增强土地要素对优势地区高质量发展保障能力 进一步提升基层应急管理能力》，http://jhsjk.people.cn/article/40179805.

二、立法变通权的概念与现实图景

（一）立法变通权之"变"的理解

《现代汉语词典》中将"变通"解释为"依据不同情况，作非原则性的变动"[①]。这其中的关键信息是，变通的"变"只能是非原则性的变动和突破，而非动摇根本。因此，尽管《自贸港法》第 10 条第一款允许海南自贸港法规对法律或者行政法规的规定作变通规定，但这种"变通"原则上不得触及上位法的权限。然而，该条第三款又规定，涉及依法应当由全国人民代表大会及其常务委员会制定法律或者由国务院制定行政法规事项的，应当分别报全国人民代表大会常务委员会或者国务院批准后生效。[②] 该条表明，海南自贸港法规允许突破原则性规定而改变本属于全国人大及其常委会制定的法律或国务院制定的行政事项。当然，前提是履行报批义务，并在被批准后生效。但这一规定实际上赋予的海南自贸港法规立法权范围较大，必要时甚至可以突破上位法的规定事项。从这一层面看，"变通"立法的程度相对较高。

（二）立法变通权的辨析与分类

关于我国立法变通权的分类，主要包括三种类型：一是民族自治地方的变通立法权。《中华人民共和国立法法》（以下简称《立法法》）第 101 条明确规定了自治条例和单行条例的变通权。[③] 有学者称之为"实施性变通立法权"，特指民族自治地方根据法律规定，对有关国家法律和行政法规内容作出一定改变，使之符合本民族自治地方法治建设的需要。[④] 二是经济特区的立法变通权。《立法法》第 101 条同样规定，经济特区法规根据授权可以对法律、行政法规、

---

① 中国社会科学院语言研究所词典编辑室：《现代汉语词典》，商务印书馆 1983 年版，第 67 页。

② 参见 2021 年《中华人民共和国海南自由贸易港法》第 10 条。

③ 参见 2023 年《中华人民共和国立法法》第 101 条。

④ 李德旺、叶必丰：《地方变通立法的法律界限与冲突解决》，《社会科学》2022 年第 3 期。

地方性法规作变通规定。三是自贸区、自贸港法规立法变通权。2023 年修订的《立法法》第 109 条明确规定了浦东新区法规、海南自由贸易港法规的变通权。[①] 相较于实施性变通立法，经济特区与自贸、自贸港的立法变通权又被称为试验性变通立法，因全国人大及其常委会的授权而享有的对特定区域内法律、行政法规等相关规定的变通立法权，以探索地方新的经验和做法。[②] 两者的区别可以简单概括为，前者是"从无到有"，后者是"从有到优"。但海南既有经济特区立法变通权，又有自贸港法规的立法变通权，兼具法律的"创设权 + 修改调整权"，即"立改废释"中的"立"和"改"。

从《立法法》的条文表述来看，民族自治地方、经济特区与自贸、自贸港的立法变通权在权限来源、变通范围上存在明显的差异。例如，经济特区的立法变通权来自全国人大的授权，上海浦东新区法规的立法变通权来自全国人大常委会的授权，而海南自贸港法规的立法变通权则来自《自贸港法》的规定。全国人大和全国人大常委会在立法法中的立法权限和立法程序均有差别。根据《立法法》第 10 条，全国人大可授权全国人大常委会制定法律，该条表明，全国人大的立法权应当比全国人大常委会更高，因为前者在必要时可以将自己的权力授权给后者。根据法律获得的授权和国家立法机关直接授权也是存在差异的，最显著的区别在于授权机关有权撤销授权，[③] 而法律已经规定的授权不可能随意撤销。又如，自治条例和单行条例可以对法律和行政法规的规定作出变通规定，经济特区法规根据授权可以对法律、行政法规、地方性法规作变通规定，海南自贸港可以对法律或者行政法规的规定作变通规定，而浦东新区法规则可以对法律、行政法规、部门规章作出变通规定[④]。

显然，上述三类立法变通权在具体规定上存在诸多不同之处，尤其是海南自贸港法规与浦东新区法规，学界一般认为海南从自贸区转向自贸港，成为国内独一无二的自贸港，在法治体系建设层面也极具独特之处。

---

① 参见 2023 年《中华人民共和国立法法》第 109 条。

② 罗玥维：《试验性变通立法权的渊源、问题与完善》，《长江论坛》2024 年第 3 期。

③ 2023 年《中华人民共和国立法法》第 108 条规定，授权机关有权撤销被授权机关制定的超越授权范围或者违背授权目的的法规，必要时可以撤销授权。

④ 参见 2021 年 6 月 10 日《全国人民代表大会常务委员会关于授权上海市人民代表大会及其常务委员会制定浦东新区法规的决定》。

《立法法》等法律文件关于"变通"立法的规定

变通立法类型	法律条款内容	变通立法权来源	变通权的行使
民族自治地方的变通立法权	《立法法》第85条第二款：自治条例和单行条例可以依照当地民族的特点，对法律和行政法规的规定作出变通规定，但不得违背法律或者行政法规的基本原则，不得对宪法和民族区域自治法的规定以及其他有关法律、行政法规专门就民族自治地方所作的规定作出变通规定。	《立法法》	
	《立法法》第109条第三款：自治州、自治县的人民代表大会制定的自治条例和单行条例，由省、自治区、直辖市的人民代表大会常务委员会报全国人民代表大会常务委员会和国务院备案；自治条例、单行条例报送备案时，应当说明对法律、行政法规、地方性法规作出变通的情况。		备案+说明变通情况
经济特区的变通立法权	《立法法》第101条第二款：经济特区法规根据授权对法律、行政法规、地方性法规作变通规定的，在本经济特区适用经济特区法规的规定。	全国人民代表大会	
	《立法法》第109条第五款：根据授权制定的法规应当报授权决定规定的机关备案；经济特区法规、浦东新区法规、海南自由贸易港法规报送备案时，应当说明变通的情况。		备案+说明变通情况
自贸区、自贸港的立法变通权	《立法法》第109条第五款：根据授权制定的法规应当报授权决定规定的机关备案；经济特区法规、浦东新区法规、海南自由贸易港法规报送备案时，应当说明变通的情况。		备案+说明变通情况
	《海南自由贸易港法》第10条：海南自由贸易港法规应当报送全国人民代表大会常务委员会和国务院备案；对法律或者行政法规的规定作变通规定的，应当说明变通的情况和理由。海南自由贸易港法规涉及依法应当由全国人民代表大会及其常务委员会制定法律或者由国务院制定行政法规事项的，应当分别报全国人民代表大会常务委员会或者国务院批准后生效。	《海南自由贸易港法》	1.备案+说明变通情况；2.涉及上位法：报批生效
	2021年《全国人民代表大会常务委员会关于授权上海市人民代表大会及其常务委员会制定浦东新区法规的决定》第2条：根据本决定制定的浦东新区法规，应当依照《中华人民共和国立法法》的有关规定分别报全国人民代表大会常务委员会和国务院备案。浦东新区法规报送备案时，应当说明对法律、行政法规、部门规章作出变通规定的情况。	全国人民代表大会常务委员会	备案+说明变通情况

（三）海南自贸港法规立法变通权之属性探究

关于海南自贸港法规本身的属性，学界普遍认可其作为地方性法规的法律地位。

然而，从中国地方性法规历史演进规律的角度分析，有学者总结了一般地方性法规、特别地方性法规、区域协同法规三大类型，从而认为自贸港法规属于特别地方性法规。[①] 其特别之处在于海南自贸港遵循全国唯一的《自贸港法》且兼有一般地方性法规和经济特区法规的多重立法权。如果按照地方与中央的立法事权关系，又可以将地方性法规分为一般地方性法规和变通地方性法规，按此分类，自贸港法规显然属于后者。因为自贸港法规被赋予对法律或者行政法规作变通的巨大权力。

也有学者认为，自贸港法规实质上延续了经济特区法规的传统，一定程度上进行了创新，即是以改革试验为目的的变通性立法，它既不同于无变通性的普通地方立法，也不同于虽有变通性却无试验性的自治条例和单行条例。[②]

此外，也有观点认为，海南自贸港法规属于先行先试地区的变通立法，从原来单一的经济特区法规，转变为"经济特区法规 + 海南自由贸易港法规"的立法结构。[③] 海南同时享有自贸港法规和经济特区法规的制定权，是立法变通权最充分的先行地区。再结合本身就具有的一般地方立法权，海南目前兼具三种立法权，形成了地方立法权的竞合状态。

按照立法先行、立改废释并举的要求，海南自贸港作为先行先试的主要地区，是否已经形成可上升为法律的举措或经验？这种先行先试再上升为法律的逻辑是否是首创性的？今后其他自贸试验区是否能够继续按照这一惯性前进？这些问题还有待进一步研究。

[①] 刘小妹：《地方性法规类型与效力的法理思考》，《广西大学学报（哲学社会科学版）》2024年第4期。

[②] 王建学：《国家纵向治理现代化中的立法变通授权》，《地方立法研究》2023年第2期。

[③] 王江淮：《论先行地区变通立法的逻辑、风险与对策》，《政治与法律》2023年第12期。

三、中国特色自贸港行使立法变通权的路径探索

海南自贸港按照先行先试、后上升为法律的立法逻辑构建法治（法制）体系，与其他功能区的法治建设逻辑有何不同？特别是与经济特区相比，自贸港的立法变通权有何独特之处？

（一）中国特色自贸港立法变通权的法理逻辑

海南的法律地位放眼全国都可算是"独树一帜"。改革开放初期，海南省就被设置为经济特区，享有经济特区立法权，这类立法具有适度超前性、相对突破性、较大试验性三个方面的特点，[①]表现在先于国家或省的相关法律法规以及先于实践。海南经济特区建立后的十年立法中约有六成的法规规章在全国具有超前、突破或试验的特点，填补了国内立法的空白点。[②]相较于一般地方立法的普通、常规、较确定等特点，经济特区立法具有明显的阶段性、创新性、试验性、先行性、不确定性等特点。[③]但经济特区立法的这种特性具有明显的时代属性。在国家推动建设经济特区的背景下，赋予海南经济特区立法权旨在推动海南创制一系列适应改革开放现实需求的法规条例，很大程度上促进了海南这个对外窗口的经济发展。但在今天，海南又拥有自贸港的全新身份，单纯依靠经济特区立法权的力度已无法满足现阶段高水平对外开放、深层次改革的大背景。过去，改革开放是经济特区的核心目标，也是立法的方向、内容和手段。今天，改革开放仍然是主旋律，但针对的重点、对象、目标等已截然不同。这就是为何中央对深圳经济特区的要求是"用足用好经济特区立法权"，仍然围绕经济特区立法权。而对海南的要求是"立足自由贸易港建设实际，制

---

① 海南省法制局：《海南经济特区十年立法实践与探索》，南海出版社 1998 年版，第 54 页。

② 唐小然：《经济特区立法问题研究》，《海南大学学报（人文社会科学版）》2017 年第 6 期。

③ 刘海涛：《地方立法研究》，中国民主法制出版社 2002 年版，第 83 页。

定经济特区法规",① 即在经济特区立法权之上又叠加自贸港法规的立法权。自贸港法治的建设实际上正是遵循"分步骤、分阶段建立自由贸易港政策和制度体系"的标准进行的。

总体上看，自贸港法治体系的立法逻辑可以分为三个步骤。首先，《自贸港法》赋予海南自贸港法规对现有法律或行政法规作变通的权力，这就是对海南自贸港立法或变通立法活动的赋权。其次，海南自贸港应当基于这种赋权大胆闯、大胆试，在重要领域进行先行先试。最后，对于行之有效的政策、法规应当上升至法律，推广至全国其他自贸区。这样的立法逻辑与经济特区法规存在较大的差异，最为显著的不同就是最终立法的目标与导向。

（二）中国特色自贸港立法变通权的试验性与可复制性

自贸港的变通立法权本质上是先行地区的变通立法，这体现了我国法律演进的重要路径。法律演进即法律发展，是法律从无到有、从有到优、从落后到先进的过程。② 先行地区变通立法体现了国家法律制度进步的过程，这种先行先试后再立法的逻辑打破了传统先立法后实施的模式。从实际效果来看，经过实践再发展成法律，更贴近现实，更具备"良法"的成色。

自贸港立法变通权具有显著的试验性与可复制性。从自贸港的战略定位和使命来看，其设立与发展具有较强的试验性，其所对应的变通立法自然也有较强的法治试验之目的。《海南自由贸易港建设总体方案》开篇即直接点出海南自贸港的试验性：海南具有实施全面深化改革和试验最高水平开放政策的独特优势。③

变通立法的试验最终目的是形成固定的、可全国适用的法律，而不仅仅局限于海南自贸港本身。既然是试验那就必然会走向成功或失败两种结果。若试验失败，等于为我国法治发展排除了一种错误选项。若试验成功，则意味着为我国法治发展提供一个新的方案。换言之，从试验到转化成法律的这一过程，

---

① 参见 2019 年《中共中央、国务院关于支持深圳建设中国特色社会主义先行示范区的意见》、2021 年《海南自由贸易港建设总体方案》。

② 张文显：《法理学》，高等教育出版社 2018 年版，第 196 页。

③ 参见 2020 年 6 月 1 日《中共中央、国务院印发海南自由贸易港建设总体方案》。

就是复制推广的过程。① 而在海南自贸港进行一系列法治试验，就是为了将其创新性、有效性的经验复制推广至全国其他自贸区或自贸港。

四、中国特色自贸港立法变通权的实施方案

中央赋予海南自贸港立法变通权的目的在于鼓励和保障海南在法治层面先行先试，而这种先行先试形式上表现为立法或政策领域的初探，其背后更深层次的意图则是探索法治与改革的关系，进而落实全面深化改革的最终目标。开放推进一步，法治就要更进一步，必须在开放中深化法治。因此，探讨自贸港立法变通权的实施必然先得厘清法治与改革、改革与法治的关系。

（一）理解法治与改革关系的时代变化

法治与改革的关系是一个长期被忽视的问题，但在近几年受到了广泛关注。尤其是在中央提出自贸区、自贸港建设以来，法治与改革这对概念就迎来了热烈的讨论。早在 40 多年前，中国自下而上摸着石头过河的改革创立了"政策驱动型改革模式"。改革与法治的关系是改革先行，法治附随，法治主要是改革的具体方式或实施工具。而现在自上而下的改革需要顶层设计，亟须构建"法治引领型改革模式"，当前的改革创新离不开法治保障的顶层设计。法治与改革的关系转变为法治先行，改革附随。这在自贸港、自贸区实施战略中体现得淋漓尽致。海南自贸港法规的变通权就是以先行先试为契机，打造可复制可推广的立法经验，进而推动改革向前发展。党的十八届四中全会发布的《关于全面推进依法治国若干重大问题的决定》提出，"实现立法和改革决策相衔接，做到重大改革于法有据、立法主动适应改革和经济社会发展需要"。随着中国特色社会主义法律体系的形成和各方面制度体系的成熟，我们有条件也有必要从政策推动改革转变为法治引领改革，实现改革决策与立法决策的协调同

---

① 王江淮：《论先行地区变通立法的逻辑、风险与对策》，《政治与法律》2023 年第 12 期。

步。[①] 改革越深入，越要强调法治。[②] 法治既是方式，更是目标。

（二）厘清改革与法治／法治与改革的思维冲突

中国已经进入"变法图强新时代"，法治如何突围？要破解这一重大战略课题，关键在于回答改革与法治／法治与改革关系的本质追问。事实上，改革与法治／法治与改革是一个硬币的两面，两者相伴而生、相辅相成，既具有深刻的内在统一性，又具有明显的形式差异性。在现实层面，改革思维（即行政思维）与法治思维（即立法思维）时常冲突，导致改革与法治／法治与改革之间的关系长期紧张。以自贸港为例，前期已有一些学者关注到海南自贸港在被赋权后并未有效利用的问题，究其原因可能就在于改革思维与法治思维之间存在的难以跨越的鸿沟。具体来说，海南自贸港在享有一般地方立法权、经济特区立法权与自贸港法规立法权三重立法权的背景下，理应大展拳脚，充分利用立法权或立法变通权开展立法、修法等系列工作，但实际上仅仅出台了一些位阶低且零散的法规，这令人十分不解。这到底是因为赋权不充分，还是权力落地困难？是下放的权力不管用，还是立法部门不会用或无法用的问题？结合法治与改革的关系来思考，或许就能得到相对合理的解释。立法思维与行政思维在逻辑上是有上下位阶、先后顺序的，在实际操作中也多有脱节之处。行政思维大多是先有立法依据，后落地实施，而现在提出"先行先试"是在无明确法律依据的背景下实施的，这完全悖论了传统行政工作的逻辑，导致行政部门无法运用手中的权力。

先行先试是国家改革进程中在法治领域的一种创新，在此过程中肯定需要改变、调整现有法律，但不是必然要突破现有法律，而是要有的放矢，有针对性、有创新性、因地制宜地进行法律的立改废释工作。当下的中国应当遵循法治引领改革的思维方式。在法律体系已经形成的背景下，改革应该是修法。[③]通过修法兼容法治与改革。党的十八大以后，党中央对法治与改革的关系进行

① 陈利强：《中国特色自贸区（港）法治建构论》，人民出版社 2019 年版，第 180—181 页。

② 王乐泉：《论改革与法治的关系》，《中国法学》2014 年第 6 期。

③ 陈金钊：《在深化改革中拓展法治——统合意义上的"法治改革论"》，《法律科学》2017 年第 5 期。

重新定位，找到了化解两者冲突的思路，确定了"法治优先、改革附随"的法治改革观，[1] 即法治改革观指导下的法治先行、改革附随，实现改革与法治/法治与改革"双轮驱动"，避免"单轮空转"或"双轮不和谐驱动"。对如何辩证认识和处理当前中国改革与法治的关系作出了深刻论断，提出了新形势下互动推进改革和法治的正确路径，即"在法治下推进改革，在改革中完善法治"[2]。就开放与法治/法治与开放关系而言，就是加快构建中国特色对外开放（涉外）法治体系。

（三）从事权与立法权关系视角降低体制性协调成本

有学者认为，自贸港制度集成创新空间越来越小的原因，很大程度上是由上下联动和左右协同过程中产生的高额体制性协调成本引起的。[3] 虽然中央多次鼓励自贸港在制度创新过程中"大胆试、大胆闯、自主改"，但在具体工作的推进过程中往往需要多个中央部委的授权，而部委之间的协调和部委权限的下放通常周期较长，从而影响改革创新效率。并且，地方部门之间的职能边界也不甚明晰，经常出现办事推诿拖沓的现象，导致部门间协同效率低下。这是传统行政体制机制带来的弊端。

为此，应当采取措施降低体制性协调成本，调动行政部门创新主体的积极性。具体包括三个方面：第一，赋予自贸港更多的改革自主权。除了海南自贸港已有的法规立法权与变通权以外，可以考虑进一步下放中央部委和省级管理部门的权限。同时，必须理顺自贸港的管理架构，明确各办事部门职责权限，组建统一有序的领导部门，进一步健全各机关部门之间的协调机制。第二，建立健全容错纠错机制，完善考核评价机制。行政部门有权不用的根本原因主要是怕担责，自贸港应当尽快建立起有效的容错机制，消弭政府部门的改革创新的后顾之忧，最大程度上降低试错成本，以包容、耐心的态度鼓励各方积极发挥立法变通权，充分激发改革创新的内生动力。第三，建立健全以制度创新为

---

① 陈金钊：《重新界定法治与改革关系的意义》，《江西社会科学》2016年第1期。

② 袁曙宏：《准确把握新形势下改革与法治的关系》，《学习时报》2015年7月30日。

③ 裴长洪、倪江飞：《我国制度型开放与自由贸易试验区（港）实践创新》，《国际贸易问题》2024年第3期。

导向的自贸港评价体系。《中共中央关于制定国民经济和社会发展第十四个五年规划和二〇三五年远景目标的建议》提出，要坚持结果导向，聚焦重点、紧盯实效，开展重要领域改革进展情况评估检查，克服形式主义、官僚主义，一个领域一个领域盯住抓落实。[①] 为了发挥好自贸港法规立法权，应当结合自贸港的建设定位、发展目标、实际需求因素等，设计一个法治创新评估框架，按照具体的评估维度对现有自贸港法治创新案例进行系统性评估，以便对当下法治体系创新的程度、水平与质量形成一个可供比较、相对直观的数据文本。

五、结语

党的十八届三中全会提出，要运用法律思维和法治方式谋划、设计全面深化改革的总体框架和各项任务、举措。其首要任务即是发挥好立法的引领和推动作用。[②] 在自贸港建设领域，积极推动法治改革，协调好法治与改革的关系，发挥法治引领改革的核心作用，更是重中之重。

法治如何引领改革？法治与改革的关系如同鸟之两翼，两者相互促进、相辅相成。中国全面深化改革的道路上离不开法治的导向性作用，必须要在法治的轨道上推进改革，在改革过程中推进法治前进。对自贸港来说，实现法治层面的调法调规是法治体系建设的必由之路。调法调规是全国自贸区十年来形成的重要实践成果，修法试错是自贸港法治创新的根本价值取向，有无调法调规决定了能否破解法治与改革的关系，能否真正让法治引领、规范、保障、促进海南全面深化改革开放。因此，必须从法治建设层面重新审视自贸港，鼓励自贸港充分发挥"立法试验田"的作用，踏出立法促改革、促开放、促发展的道路。

---

① 《中共中央关于制定国民经济和社会发展第十四个五年规划和二〇三五年远景目标的建议》，中国政府网，https://www.gov.cn/xinwen/2020-11/03/content_5556991.htm。

② 丁祖年：《运用法治思维和法治方式推进全面深化改革——兼论增强立法引领和推动作用的路径》，《法治研究》2014 年第 2 期。

"一带一路"数字涉外法治

东盟国家数字经贸规则初探
——以新加坡和印尼为例

马 光 等*

摘 要：东盟是我国最大的贸易伙伴。新加坡和印尼在东盟具有重要的地位，通过比较分析两国所缔结的经贸协定，可观察到新加坡和印尼对国际数字经贸规则的态度有较大差异。与新加坡的积极主动相比，印尼在此方面则显得较为保守。但随着RCEP的缔结，同为其缔约方的两国均受 RCEP 数字贸易规则的约束。这意味着两国的态度未来可能有所变动并呈现更多的趋同性。

关键词：东盟；自由贸易协定；数字经济协定；数字贸易协定

作为一个重要的区域性国际组织，东南亚国家联盟（以下简称"东盟"）分别与澳大利亚和新西兰、中国、印度、韩国签订了自由贸易协定（*Free Trade Agreements*，以下简称"FTA"），而其成员国又分别与其他国家和地区签订了 FTA 或数字经济协定，特别是新加坡缔结了多项数字经济协定，在

---

* 马光，法学博士，浙江大学光华法学院副教授、硕士生导师；田驰宇，浙江大学光华法学院硕士研究生；李晴月，浙江大学光华法学院硕士研究生。本文系 2023 年浙江大学"重要国家和区域研究"专项"亚洲主要国家数字贸易规则比较研究"的阶段性研究成果，浙江省法学会 2024 年度法学研究课题重点项目"跨境数据传输规则发展与浙江数字自贸区应对研究"（2024NB37）的成果。

引领着国际数字经贸规则的发展。而作为东盟第一大经济体的印尼，则在此方面并不积极，其所签订的 FTA 中数字经贸规则并不多见。新加坡和印尼在东盟内部分列第一和第五大贸易国，就与我国的贸易规模来看，印尼和新加坡分列东盟国家中的第三和第五。对这两个在东盟内部极具代表性的国家所缔结的经贸协定中数字经贸规则进行比较分析，有益于进一步了解东盟国家对国际数字经贸规则制定的不同态度。随着《区域全面经济伙伴关系协定》（RCEP）的缔结，新加坡和印尼两国对国际数字经贸规则的态度有所趋同，这也表现在新加坡更加极力推动区域数字经贸规则的制定，而印尼也开始在 FTA 中纳入数字贸易相关条款。本文将对这两个东盟国家缔结的经贸协定中所包含的数字经贸规则进行比较分析。

一、新加坡缔结的经贸协定与数字经贸规则

（一）新加坡缔结经贸协定下数字经贸规则的整体情况

截至 2024 年 7 月，新加坡与新西兰、中国、欧洲自由贸易联盟（EFTA）、欧盟、海湾合作理事会（GCC）、印度、日本、韩国、巴拿马、澳大利亚、秘鲁、约旦、哥斯达黎加、斯里兰卡、土耳其、英国、美国等签订了 FTA，也是《全面与进步跨太平洋伙伴关系协定》（CPTPP）和 RCEP 的缔约方。除此之外，其也是东盟经济共同体的成员，而东盟与澳大利亚与新西兰、中国、印度、日本、韩国等国缔结了 FTA。基于新加坡单独分别与澳大利亚、新西兰、中国、印度、日本和韩国缔结了 FTA，且，东盟与他国或地区缔结的 FTA 均不具有数字经贸条款，本文的研究范围排除东盟与上述国家之间的 FTA。

就此来看，新加坡已缔结了 18 个 FTA，涉及 63 个国家。① 有了 FTA，

---

① Free Trade Agreements, www.mti.gov.sg/Trade/Free-Trade-Agreements，最后访问日期：2024 年 7 月 7 日。

新加坡的出口商和投资者可以享受到关税减让、某些行业的优惠准入、更快地进入市场以及知识产权保护等诸多好处。在新加坡缔结的 18 个 FTA 中，15 个包含数字贸易章节，大约占 83.3%。新加坡——约旦 FTA 只有 2 个数字贸易条款，是带有数字贸易条款的 FTA 中相关条款数量最少的，CPTPP 则是除了数字经济协定外相关条款最多的 FTA，共有 18 个数字贸易条款。

除了以上 18 个 FTA 之外，新加坡还缔结了四个数字经济协定，包括《数字经济伙伴关系协定》（DEPA）、《新加坡——澳大利亚数字经济协定》《英国——新加坡数字经济协定》《韩国——新加坡数字伙伴关系协定》，其中，DEPA 的条款数是最多的，主要理由是因为其并非 FTA 的一部分，而是独立的条约，所以要同时具备多数基础性条款，如，争端解决和条约生效相关条款等。而《新加坡——澳大利亚数字经济协定》《英国——新加坡数字经济协定》《韩国——新加坡数字伙伴关系协定》则因为新加坡已经与这些国家缔结了 FTA，所以这些数字经济协定便成为既有 FTA 的数字经济章节，替换了之前的电子商务章节。新加坡已经与 DEPA 的四个缔约方形成了双边或多边 FTA 的条约关系，也无须再与这些国家缔结 FTA，所以想必 DEPA 被纳入到 FTA 某个章节的可能性极少。剔除这些基础性条款之外，会发现 DEPA 的很多规定与《新加坡——澳大利亚数字经济协定》《英国——新加坡数字经济协定》《韩国——新加坡数字伙伴关系协定》非常相似。新加坡模式创设了诸多"新兴"的议题领域，集中表现为数字贸易规则的"开放性"，聚焦探索数字贸易的"特殊问题"。[①]

（二）新加坡缔结经贸协定下数字经济条款的特点

新加坡缔结的 FTA 中数字经济条款大体维持在 10 个左右，较为平均，而数字经济协定则普遍有 30 多个条款，所包含的内容越来越多。作为世界知名自由港，新加坡积极抢抓数字变革机遇，与澳大利亚、新西兰、智利、英国、

---

① 王一栋：《数字贸易规则的体系困境与中国方案——兼以新加坡模式为启示》，《国际经贸探索》2024 年第 5 期。

韩国等国形成了数字经济协定网络,基本上涵盖所有与数字贸易相关的议题和规则。

国际数字经贸规则呈现美式模板、欧式模板、亚太模板三分天下的局面。美式模板的典型特征是美国主导数字经贸规则并推广扩张;欧式模板的典型特征是保护隐私和保证个人数据安全;亚太模板在注重数字贸易发展的同时十分关注国家对数字贸易的规制权,尽管对国家安全问题的分歧比较明显,但美国、欧盟和亚太国家在核心议题上的立场也通过多种机制不断得到协调。随着CPTPP、RCEP、DEPA 等重要多边协定的出现,再加上新加坡、新西兰、日本、韩国等国持续拓展与美、欧以及中国的 FTA 网络,这些国家和地区的数字经贸政策和立场分歧也在逐渐得到磨合和协调。如欧盟与日本谈判跨境数据传输问题及与新西兰缔结相关条款,我国申请加入 CPTPP 和 DEPA 等都是这些新形势下的最新进展。[①]

作为全球数字经贸规则的第四种力量,新加坡主导的以 DEPA 为代表的"新式"数字经贸规则则注重多元化诉求,由于新加坡、新西兰和智利同为CPTPP 的缔约方,因此 DEPA 深度借鉴了 CPTPP 并且予以细化。"新式"数字经贸规则涉及商业和贸易便利化、数字产品待遇、数据问题、更广泛的信任环境、商业和消费者信任等方面的数字经贸基本内容,并关注数字身份、金融科技、数据创新、沙盒监管等新的内容。

主要经贸协定关于数字经贸的安排

代表协定	美式		欧式	亚太	第四种力量
	CPTPP	USMCA	EPA	RCEP	DEPA
缔约方数量	11	3	2	15	4
文本章数	30	34	23	20	16
谈判重点	跨境数据自由流动,反对服务器和数据本地化;消除数字壁垒,数字贸易开放性及推动其自由化发展		隐私、视听产品例外、知识产权和消费者保护;欧洲数字单一市场	数字主权治理,削减关税壁垒	新兴领域合作

---

① 马光:《我国跨境数据传输规则与国际规则的协调研究》,《中国政法大学学报》2024 年第 3 期。

基本条款承诺程度差异	对无纸化贸易、关税、国内电子交易框架、线上消费者保护、非应邀商业电子信息、网络安全等承诺度高	对线上消费者保护、关税、电子信息、合租等的安全承诺高；对网络安全、国内电子交易框架、无纸化贸易等的承诺程度低	对合作、电子信息、线上消费者保护、网络安全、无纸化贸易等的承诺程度高；对电子交易框架、关税的承诺程度低	对无纸贸易、国内电子交易框架、线上消费者保护、网络安全等的承诺较高；对关税、非应邀商业电子信息的承诺程度较低
规则标准化程度	注重规则体系的构建与知识产权保护，并对重点行业规定了非常全面而且严格的商业秘密保护措施和惩罚条款	体系设定不严格，但知识产权保护条款完备	规则的经济效应明显，但诸多关键议题与美式模板具有较大差距，且不如欧式模板先进	典型贸易条款具有贸易便利化、隐私保护等，目前只有一半的数字贸易规则涵盖度
影响力	具有全球影响力	特定议题具有全球影响力	具有区域影响力	具有区域影响力

此外，我们还可以看到，新加坡缔结的经贸协定中，关税、电子认证和电子签名、线上消费者保护、合作、个人信息保护、无纸化贸易、国内监管框架等传统电子商务所需条款，数字产品非歧视待遇、数据跨境自由流动、禁止数据本地化、非应邀商业电子信息、源代码等数字贸易的新议题频繁出现。随着新加坡缔结的数字经贸协定不断完善，包括人工智能、电子支付、金融科技合作、中小企业和初创企业、数据创新、数字经济竞争、数字身份、电子发票、物流、信息披露和共享、数字经济标准，技术法规和符合性评估程序、开放政府数据等条款也开始出现在数字经贸协定中。数字经贸协定的缔结，使得新加坡缔结经贸协定中的数字经贸条款相比其他国家和地区涵盖面广。

DEPA 并未对源代码转让等二代数字经贸规则[①] 作出约定。在后续签署的其他数字经济协定中，新加坡根据缔约国发展情况差异，对源代码转让、金融服务跨境数据流动、海底电缆登录等均作出要求，增加了关于数字贸易标准的内容，有助于缓解 DEPA 难以协调不同成员国在数字基础设施、数字技术发展

[①] 一代规则侧重于以无纸化贸易、个人信息保护、关税等为代表的电子商务；二代规则侧重于以数据跨境流动、数据本地化、源代码、交互式计算机服务等为代表的数字贸易。

水平差异的问题。^①

二、印尼缔结的经贸协定与数字经贸规则

(一) 印尼缔结经贸协定下数字经贸规则的整体情况

截至 2024 年 7 月 6 日，印尼与日本、韩国、澳大利亚、EFTA、智利、巴基斯坦、莫桑比克签订了双边 FTA，与孟加拉国、埃及、伊朗、马来西亚、巴基斯坦、尼日利亚和土耳其签订了穆斯林发展中八国集团成员国之间的特惠协定 (PTA)，以东盟成员国的身份与澳大利亚、新西兰、中国、印度、韩国和日本签订了 FTA，也是 RCEP 的缔约方。^② 在印尼已经缔结的 15 个 FTA 中，仅有 2 个包含数字经贸章节，分别是印尼——澳大利亚 FTA、RCEP 和东盟——澳大利亚——新西兰 FTA(以下简称"东盟——澳——新 FTA")，仅占比约 13%。这三个协定中的数字经贸条款平均约有 10 个，东盟——澳——新 FTA 主要解决与电子商务相关的问题，如电子认证和电子签名、网上消费者保护、无纸化交易和电子商务合作等，^③ 并未涉及新一代的数字贸易议题，如数据跨境流动、数据本地化等。而 RCEP 和印尼——澳大利亚 FTA 则有所突破，包括了数据跨境流动、数据本地化、非应邀商业电子信息，印尼——澳大利亚 FTA 则进而对源代码作出了约定。虽然 RCEP 和印尼——澳大利亚 FTA 未涉及部分新兴数字贸易规则，如数字产品非歧视待遇等，但其已经涵盖绝大多数的数字贸易议题，印尼签署 RCEP 和印尼——澳大利亚 FTA 项下的数字贸易规则可谓是迈出了重要一步。除了 FTA 之外，印尼还是《东盟电子商务协定》

---

① 赵若锦等：《新加坡数字经贸规则体系构建及对我国的启示》，《国际贸易》2023 年第 12 期。

② ASEAN Briefing, https://www.aseanbriefing.com/news/an-overview-of-indonesias-free-trade-agreements，最后访问日期：2023 年 6 月 5 日。

③ ASEAN-Australia-New Zealand Free Trade Area, https://www.dfat.gov.au/trade/agreements/in-force/aanzfta/official-documents/Pages/chapter-10-electronic-commerce，最后访问日期：2023 年 5 月 23 日。

（AAEC）的缔约国。这是指导东盟电子商务发展的第一份协定，也是全球为数不多的聚焦电子商务的区域性协定。

与东南亚其他国家相比，印尼签订 FTA 的数量较少，实施程度较低。印尼国内电商市场广阔，在 2021 年达到 430 亿美元，在 RCEP 缔约方中位列第三。[①] 但整体而言，其在数字贸易规则的构建方面较为落后且推进速度较慢。印尼应加快参与数字贸易相关规则的讨论和制定的进程，来为其电子商务市场的发展保驾护航。

（二）印尼缔结经贸协定下数字经贸条款的特点

截至 2024 年 7 月，印尼缔结的 FTA 仅有 3 个包含数字贸易章节，东盟——澳——新 FTA 中包含有 10 个数字贸易条款，印尼——澳大利亚 FTA、AAEC 和 RCEP 中条款数量有所增加。印尼目前尚未有加入 CPTPP 和 DEPA 的明确意向举措，但是作为 RCEP 的缔约方，其未来加入仍有可能。密切关注印尼在数字贸易规则领域的最新动态和发展，有助于我国企业在印尼的数字贸易市场中获得更多的商业机会。

印尼缔结的 FTA 中，数字贸易规则主要还是集中在与电子商务有关领域，对数据跨境流动、数据本地化、非应邀商业电子信息、源代码等领域涉及较少，暂无涉及数字产品非歧视待遇，更无诸多与数字经济有关的新议题。

三、新印两国在部分数字经贸规则方面立场的异同

（一）数据跨境流动条款

新加坡与澳大利亚、英国、韩国各自缔结的数字经济协定、RCEP、CPTPP、DEPA 均有内容相同的跨境数据流动条款，这些条款基本上都沿用了

---

① Corning, Gregory P., ASEAN and the Regime Complex for Digital Trade in the Asia-Pacific, Journal of World Trade, Vol 56, 2023, pp.933-934.

CPTPP 的跨境数据流动条款。首先，规定各缔约方可以对通过电子手段传输信息提出自己的监管要求。协定规定，缔约方要保障数据的跨境流动。但缔约方为了实现合法的公共政策目标，可以采取或维持对数据跨境流动的限制措施，同时这种措施要符合：(1) 不构成任意或不合理的歧视或变相的贸易限制；(2) 对数据传输施加的限制不超过实现目标所需限度，实际上缔约方的例外措施要符合这些条件非常困难。①

《新加坡——澳大利亚数字经济协定》将金融信息传送纳入数字贸易、数字经济章节，并将范围限于"通过电子手段"，此时金融信息传送不再作为"金融服务"的内容，而是"信息 / 数据流动"的内容，服务和商品的定性界分被模糊，承诺的范围形式、法律后果都较传统 WTO 语境不同。②

相比之下，《东盟电子商务协定》规定，会员国同意通过努力消除或尽量减少信息（包括个人信息）跨境流动的障碍，促进跨境电子商务的发展。同时为确保信息的安全和保密，以及在其他合理的公共政策目标要求下采取适当的保障措施。即，该条款尚未明确各会员国的确定义务，只是提示了日后谈判的方向。印尼——澳大利亚 FTA 中的跨境数据流动条款则不包含"对数据传输施加的限制不超过实现目标所需限度"这一要求，而该要求是导致上述例外很难符合规定的重要因素，即印尼缔结的 FTA 中跨境数据流动条款还是尽量保障缔约方基于实现合法公共政策目标所采取的限制措施。而且，该条款还允许缔约方可采取其认为保护基本安全利益所必需的任何措施，这一例外与 RCEP 中的例外规定非常相似，极大地保障了缔约方基于自己认为的基本安全利益采取措施的权利。RCEP 增加了"其认为"的措辞，同时直接明确此类合法公共政策的必要性应当由实施措施的缔约方决定。WTO 争端解决机构对于必要性检验首先提出的是"贸易限制程度最低"标准，也就是不存在或者是不能期待比案涉措施伤害更小、限制程度更低并且符合 GATT 规定的合理替代措施存在，才能转向实施现有的本质上违反了 GATT 规定的措施。③

---

① 马光：《论国际法上网络安全的定义和相关国际规则的制定》，《中国政法大学学报》2019 年第 3 期。

② 马光、卜小翠：《自由贸易协定金融信息传送规则构建》，《财经法学》2022 年第 6 期。

③ 马光、毛启扬：《数字经济协定视角下中国数据跨境规则衔接研究》，《国际经济法学刊》2022 年第 4 期。

除此之外，RCEP 还允许缔约方采取其认为对保护基本安全利益所必需的任何措施，而其他缔约方不得对此类措施提出异议。RCEP 的特征是在类似于 CPTPP 和 DEPA 的条款设计下，通过对合法公共政策的必要性由采取措施的缔约方决定以及赋予缔约方在基本安全利益下的绝对权利，丰富了缔约方动用该条实现合法公共政策目标和维护国家利益，并对数据跨境流动采取限制的可能性。从这一点来看，两者可以说具有非常大甚至是根本性的区别。特别是对合法公共政策必要性由实施措施的缔约方决定以及基于保护基本安全利益所必需的任何措施其他缔约方不得提出异议的规定赋予采取措施的缔约方决定性的权利。这其实是给对数据跨境流动进行限制预留了空间。①

（二）数据本地化条款

2013 年"棱镜门"事件和 2015 年欧盟法院将欧美《安全港协议》予以无效化等表明各国都普遍认为个人信息存储在美国服务器时并不能很好地得到美国政府的保护。而基于此种担忧，各国要求对特定种类的信息实施"境内存储"，而美国则对此批评为是数字保护主义。②

CPTPP 规定各缔约方可以对计算设施提出包括寻求确保通信安全和机密性的监管要求。与对数据跨境流动的限制类似，对数据本地化限制也存在相应的例外。CPTPP 规定，缔约方为了实现合法的公共政策目标，可以采取或维持本地化措施，而这种措施又要符合：（1）不构成任意或不合理的歧视或变相的贸易限制；（2）限制措施不超过实现目标所需限度。

相比之下，AAEC 规定了原则性的禁止数据本地化，但就金融服务而言，禁止数据本地化条款排除适用。印尼——澳大利亚 FTA 中的禁止数据本地化条款也不包含"限制措施不超过实现目标所需限度"这一要求，而该要求是导致上述例外很难符合规定的重要因素，即印尼缔结的 FTA 中禁止数据本地化条款还是尽量保障缔约方基于实现合法公共政策目标所采取的限制措施。而且，该条款还允许缔约方可采取其认为保护基本安全利益所必需的任何措施，

---

① 马光：《FTA 数据跨境流动规制的三种例外选择适用》，《政法论坛》2021 年第 5 期。
② 马光：《国际数字贸易规则的主要议题研究》，《四川行政学院学报》2020 年第 2 期。

这一例外与 RCEP 中的例外规定非常相似，极大地保障了缔约方基于自己认为的基本安全利益采取措施的权利。RCEP 增加了"其认为"的措辞，并直接明确此类合法公共政策的必要性应当由实施措施的缔约方决定。除此之外，RCEP 还允许缔约方采取其认为对保护基本安全利益所必需的任何措施，而其他缔约方不得对此类措施提出异议。印尼——澳大利亚 FTA 还对 FTA 生效前已经存在的限制措施赋予了例外，但缔约方在任何时候立即延长或修订此类措施时，可使其贸易限制性降低。

（三）源代码条款

CPTPP 和印尼——澳大利亚 FTA 均规定了源代码条款，且该条款的前四款相同，具体如下：

1. 任何缔约方不得将要求转移或获得另一缔约方的人所拥有的软件源代码作为在其领土内进口、分销、销售或使用该软件或含有该软件的产品的条件。

2. 就本条而言，需遵守第一款的软件限于大众市场软件或含有该软件的产品，不包括用于关键基础设施的软件。

3. 本条中任何内容不得阻止：（a）在商业谈判合同中包含或实施与源代码的提供相关的条款和条件；或（b）一缔约方要求对软件源代码作出使该软件符合与本协定不相抵触的法律或法规所必需的修改。

4. 本条不得理解为影响与专利申请或已授予专利相关的要求，包括司法机关对专利争端发布的任何命令，但需防范未经一缔约方法律或实践授权的披露行为。

但在此基础上，印尼——澳大利亚 FTA 在第五款进而规定，本条规定概不妨碍缔约方采取或维持其认为保护基本安全利益所必需的任何措施。该款在很大程度上赋予缔约方对源代码的规制权，而且对于此类规制，采取措施的一方拥有较大的决定权。该措辞与 GATT 第 21 条安全例外条款中的措辞非常相似，俄罗斯在"俄罗斯运输限制措施案"中主张国家有权就采取的措施是为保护其基本安全利益所必要作出决定，而美国也在该案中披露了与俄罗斯相同的观点。对美国而言，GATT 第 21 条（b）项的自我判断性质使争端"不可审理"，即认为专家组无权审查成员援引该条的权利。欧盟、中国、巴西、澳大利亚、日本和其他第三方则认为专家组有权审查此案，不同意对涉及国家安全的争议不可审理的观点。专家组最终认为该条并非是完全"自我判断"的条款，其对某项措施是否符合该条款的要求享有管辖权。

（四）非应邀商业电子信息条款

CPTPP 和印尼——澳大利亚 FTA 均规定了非应邀商业电子信息条款，且其内容基本相同。第一，规定各缔约方应针对非应邀商业电子信息采取或维持：将非应邀商业电子信息减至最低程度；要求获得接收人对于接收商业电子信息的同意；要求非应邀商业电子信息提供者提高接收人阻止继续接收这些信息的能力。第二，要求缔约方规定对非应邀商业电子信息提供者的追偿权。第三，规定缔约方就共同关注的适当案件中的非应邀商业电子信息监管进行合作。

（五）个人信息保护条款

CPTPP 和印尼——澳大利亚 FTA 均规定了个人信息保护条款，且其内容基本相同。第一，承认保护电子商务用户个人信息的经济和社会效益，及其对增强消费者对电子商务的信心所作贡献。第二，要求缔约方采用或维持规定保护电子商务用户个人信息的法律框架。且在制定其个人信息保护的法律框架时，缔约方应考虑相关国际机构的原则和指南。缔约方提供此类法律体系的方式应是相当自由，进而各缔约方的个人信息保护法律体系将是多种内容和形式。在这一点上，已经具有个人信息保护法律体系的缔约方可以将此类相关法律予以维持。各缔约方在选择自己的个人信息保护法律体系时具有相当大的自由，同时对法律体系中所反映的个人信息保护原则也会有相当大的自由。第三，要求缔约方在保护电子商务用户免受其管辖范围内发生的个人信息保护侵害方面应努力采取非歧视做法。第四，认识到缔约方可能采取不同法律方式保护个人信息，每一缔约方应鼓励建立促进这些不同体制之间兼容性的机制。这些机制可包括对监管结果的承认，无论是自主给予还是通过共同安排，或通过更广泛的国际框架。为此，要求缔约方努力就其管辖范围内适用的此类机制交流信息，并探索扩大此类安排或其他适当安排的途径以促进各机制之间的兼容性。

但也有区别，印尼——澳大利亚 FTA 缺少如下内容：每一缔约方应公布其为电子商务用户提供的关于个人信息保护的信息，包括：个人如何寻求救济以及企业如何符合任何法律要求。

四、结语

美国主要是通过 FTA 谈判推动体现本国利益的数字贸易政策的国际影响。与其缔结 FTA 的国家虽然在早期会有不同程度的抗拒，但一旦缔结 FTA 后，反而成为美国相关立场的推广者。在后者缔结的 FTA 中尝试将美国式的数字贸易规则纳入 FTA 条款中。[①] 在此方面新加坡是一个很典型的例子。

中国已申请加入新加坡主导的 DEPA 和新加坡作为缔约方的 CPTPP，且通过 RCEP 已与新加坡和印尼两国约定了数字贸易相关约定。就与新加坡和印尼的双边关系而言，中国与新加坡缔结的 FTA 中也含有数字贸易相关章节，且已就此章节进行了升级，尽管中国目前尚未与印尼缔结双边 FTA，但研判其对数字经贸规则的态度将有助于日后与其商谈 FTA 或数字经贸协定，且可将其缔结 FTA 中的数字经贸规则作为参考，以期增益中国的数字经贸规则制定实践。中国已经正式申请加入 CPTPP 和 DEPA 等开放内容更多的自由贸易协定或数字经济协定。伴随着中国加入这些条约的过程，有必要逐步使得国内法与这些条约相协调。[②]

---

① 马光：《数据跨境流动国际规则的发展与我国的应对》，《国际法学刊》2020 年第 2 期。
② 马光：《论我国数据出境安全评估制度构建》，《上海政法学院学报（法治论丛）》2023 年第 3 期。

"一带一路"语境下我国数据跨境传输标准合同制度的完善路径

吴子熙　沈　励*

摘　要：在数据要素市场高速发展、数据跨境传输日益频繁，"一带一路"
共建深化数字经济国际合作的背景下，当前我国对数据跨境传
输规则的完善有着强烈的现实需求。近年来，我国陆续颁布多
部法律法规，初步构建了数据跨境传输的监管体系。其中，作
为促进和规范数据出境的重要方式之一，个人信息出境标准合
同制度日臻完善。通过比较研究我国《个人信息出境标准合同》
与欧盟《向第三国转移个人数据的标准合同条款》（SCC）的相
关内容，分析异同，有利于发掘欧盟标准合同条款对我国相关
制度完善的借鉴意义，促进规范数据跨境流动，在共建"一带
一路"倡议下推动区域性合作，为参与国际数据要素市场治理、
制定国际通用的数据跨境流动规则提供中国智慧。

关键词："一带一路"；数据跨境传输；信息出境标准合同；欧盟 SCC

党的十九届四中全会明确了"数据要素市场"这一重要概念。党的二十届
三中全会通过的《中共中央关于进一步全面深化改革、推进中国式现代化的决
定》（以下简称《决定》），进一步提出"提升数据安全治理监管能力，建立高

---

* 吴子熙，浙江省杭州市中级人民法院民事审判第四庭（杭州国际商事法庭）法官助理，法学
硕士；沈励，浙江省杭州市中级人民法院民事审判第四庭（杭州国际商事法庭）庭长、三级
高级法官，国际法学硕士。

效便利安全的数据跨境流动机制"。新时期，数据作为新型生产要素，深刻改变着社会生产方式、生活方式和社会治理方式。当前数据要素已经成为与土地、劳动力、资本、技术等并列的生产要素之一，[①] 逐步融入生产生活各环节，深刻影响着经济社会结构，成为数字经济时代影响全球竞争的关键战略性资源。

习近平总书记多次强调，要发挥数据的基础资源作用和创新引擎作用，加快形成以创新为主要引领和支撑的数字经济。近年来，中国也加快了对数据保护立法。2022 年 12 月 2 日，党中央、国务院审议通过了《关于构建数据基础制度更好发挥数据要素作用的意见》，提出要加快构建数据基础制度，激活数据要素潜能，增强经济发展新动能，构筑国家竞争新优势，部署了数据要素基础制度的"四梁八柱"，构建数据安全合规有序跨境流通机制。

我国在 2013 年提出的共建"一带一路"倡议，是促进全球经济增长和互联互通的重要举措。2017 年，首届"一带一路"国际合作高峰论坛开幕式上，国家主席习近平在主旨演讲中提出建设"数字丝绸之路"，提升信息化水平，实践数字经济发展理念。此后我国数据跨境市场的完善和配套监管体系发展进入快车道。《个人信息出境标准合同》正是在此背景下于 2023 年正式公布，成为企业在数据市场和数字领域开展跨国业务和国际合作的重要渠道之一。本文通过比较研究《个人信息出境标准合同》与欧盟《向第三国转移个人数据的标准合同条款》（Standard Contractual Clauses，以下简称"欧盟 SCC"），思考分析借鉴意义，完善和发展我国数据跨境传输标准合同体系，并为后续我国与"一带一路"共建国家开展双边和多边合作、制定国际通用的标准合同条款、规范数据跨境传输与相关经贸合作提供助力。

一、我国数据跨境传输规则完善的现实需求

随着数字经济的蓬勃发展，数据已成为驱动经济增长的新引擎，而数据跨

---

① 《中共中央、国务院关于构建更加完善的要素市场化配置体制机制的意见》，中国政府网，https://www.gov.cn/zhengce/2020-04/09/content_5500622.htm，2020 年 4 月 9 日发布。

境传输作为数字经济国际合作的关键环节，其安全性、合法性和效率性直接关乎各国利益与数据安全保护。面对全球复杂多样的法律体系、监管标准及数据安全关切，我国数据跨境传输规则的完善显得尤为重要且迫切。一方面，需要促进数据合规流动，为跨国企业提供明确的操作指南，降低法律风险；另一方面，也需兼顾国家数据主权与安全、个人隐私保护。因此，完善我国数据跨境传输规则，不仅是适应数字经济发展趋势的必然选择，也是深化"一带一路"国际合作、推动全球数据治理体系变革的现实需求。

（一）国内数据要素市场蓬勃发展

中国拥有世界上最大的互联网人口、最全的工业门类以及全球领先的工业化、信息化水平，依托 5G 网、移动互联、物联网、大数据发展出的各类网络平台、服务供应等以及政府主导的城市数字治理系统后台，每天都在产生各类与个人行为相关的海量数据，企业处理数据又产生迭代的新数据，加之良好的基础设施提供了世界领先的数据收集、汇聚、传输和计算能力，数据要素在中国为经济、社会发展提供了新的动能，并且其作用仍在指数型增长。与此同时，数据市场需求愈发旺盛，大量企业依赖数据开展创新升级，衍生了与数据息息相关的各类市场主体以及新型的数据交易与服务。截至 2022 年，中国市值超 10 亿美元的数字贸易企业已超 200 家。全球 1361 家独角兽企业中，中国企业以 316 家独角兽企业排名第二，占比 23.3%。[1] 数据已经成为数字经济时代的基础性资源和战略性资源，也是数字经济的关键生产要素。而预计在未来几年中国将会超越北美地区成为全球最大的数据市场。[2]

（二）全球跨境数据流动新格局

随着全球化发展和互联网、数字经济的全面到来，全球范围内的跨境数据流通日益频繁，跨境数据流通对全球贸易模式、贸易结构、贸易规则和世界贸

---

① 中华人民共和国商务部：《中国数字贸易发展报告（2022）》，第 8 页。

② 资料来源：https://tech.cnr.cn/techph/20230330/t20230330_526199946.shtml。

易格局都产生了深刻的影响。作为重要的基础资源，数据主权战略部署也成为各国的重点方向，以美、欧为主的世界主要经济体间围绕数据跨境流动的冲突层出不穷。同时，全球范围内人工智能、大数据算法的发展对数据的应用造成革命性的冲击，也给数据安全不断带来新的挑战。数据跨境安全保护和自由流动成为世界各大经济体共同的目标，相应的监管体系和法律规制逐渐健全完善。加强数据跨境流动的探索已经成为我国在全球数字经济发展格局中领跑的关键一环。

（三）"一带一路"背景下跨境数据传输规则的实践探索

当前我国处于参与全球数字经济治理和个人信息保护的重要战略机遇期，参与个人信息保护国际规则制定，加强国际合作的重要性不言而喻。[1]"一带一路"共建倡议提出以来，跨境电商发展增益明显。截至 2022 年底，中国已与 17 个国家签署"数字丝绸之路"合作谅解备忘录，与 30 个国家签署电子商务合作谅解备忘录。[2]2022 年，中国与"一带一路"共建国家的跨境电商交易额增长超过 20%，与柬埔寨、科威特、阿联酋、奥地利等国的交易额同比增速超过 100%。2023 年前三季度，中国对"一带一路"共建国家和地区的跨境电商零售出口同比增长超过一倍。[3]在 2017 年第四届世界互联网大会上，中国、老挝、沙特、塞尔维亚等国家相关部门共同发起《"一带一路"数字经济国际合作倡议》，指出"通过确保尊重隐私和个人数据保护，树立用户信心，这是影响数字经济发展的关键因素""推动建立多边、民主、透明的国际互联网治理体系"。[4]2024 年 6 月末，新加坡和中国数字政策对话机制（Singapore-China Digital Policy Dialogue）下的首场对话在北京成功举行，双方同意在跨境数据

---

[1] 江必新、李占国：《中华人民共和国个人信息保护法条文解读与法律适用》，中国法制出版社 2021 年版，第 42 页。

[2] 付朝欢、杜壮：《共谋合作 共享机遇 共赢发展》，国家发改委网站，https://www.ndrc.gov.cn/wsdwhfz/202310/t20231020_1361379.html，2023 年 10 月 20 日发布。

[3] 中华人民共和国商务部：《中国数字贸易发展报告（2022）》，第 8 页。

[4] 资料来源：中央网络安全和信息化委员会办公室、中华人民共和国国家互联网信息办公室网站，https://www.cac.gov.cn/2018-05/11/c_1122775756.htm，2018 年 5 月 11 日发布。

流动领域制定共同基线标准。①

二、我国数据跨境流动监管规则的沿革

随着国内国际数据要素市场高速发展，国际数字经贸合作不断加深，数据跨境传输日益频繁，规模不断扩大，涉及领域广泛，流动方式多样。面对这一全球性的挑战，国际社会已从多个层面制定了治理规则，涵盖了国际组织有关文件、区域协定以及内部立法等，各国政府也纷纷加强了对跨境数据流动的监管和规制，试图在促进数据自由流动与维护数据安全之间找到平衡点。我国的数据跨境政策一直以来在数据本地化存储的基础上，兼顾数据跨境流动需求，强调数据主权和安全。近年来，随着我国发展成为数字贸易大国和逐步扩大对外开放，中国企业的数据跨境传输需求快速增长，我国逐步优化数据出境法规，积极参与国际协议，开展双边、多边谈判，促进跨境数据流动，体现了我国对数据跨境流动的高度重视，也展示了我国在参与全球数字治理中的积极态度与责任担当。

（一）数据跨境流动监管的国际视野

数据跨境流动的实践催生全球范围内国际组织、主要经济体和区域间的治理模式和监管体系重塑。数据跨境流动规则的完善与发展，必须置于国际规则的大背景下进行考量，把握全球数据治理的趋势与方向，确保我国在参与全球数字经济合作中既能保障数据安全，又能促进数据的高效流动与利用。

首先，关于数据跨境活动目前并未形成全球性规制体系，世界贸易组织框架下尚未形成数据跨境的专门条约，仅在《服务贸易总协定》（*General Agreement on Trade in Services*，以下简称"GATS"）项下的"隐私例外"和"安

---

① 资料来源：http://www.cciserv.com/content/2024-08/07/content_10711723.htm。

全例外"为数据跨境传输提供了原则性的法律基础。《区域全面经济伙伴关系协定》（*Regional Comprehensive Economic Partnership*，以下简称"RCEP"）、《全面与进步跨太平洋伙伴关系协定》（*Comprehensive and Progressive Agreement for Trans-Pacific Partnership*，以下简称"CPTPP"）中均提及在保证个人信息数据安全的前提下，推动各国间的跨境数据流动。《数字经济伙伴关系协定》（*Digital Economy Partnership Agreement*，以下简称"DEPA"）作为全球第一个关于数字经济的专项协定，就数字贸易问题作出了全面、详细的规定，涵盖了个人信息保护、商贸便利化、数字产品待遇、数据问题、数字身份、新兴趋势和技术等内容。

其次，全球主要经济体基于自身产业需求、市场发展情况等因素，形成了两种不同的立法取向：一是倡导数据自由流动的全球主义；二是以本地化存储、数据跨境审查为主要特征的本地主义。美国主导推动的《跨太平洋伙伴关系协定》《美墨加协定》《美日数字贸易协定》主张全球数据跨境自由流动，并要求各方减少以隐私、个人信息保护以及国家安全等理由对数据流动进行限制，其核心在于实现美国互联网企业及政府部门的最大利益。[①] 相反，欧盟对数据跨境流动有着相对严格的限制，旨在保护个人隐私权利，试图对跨国企业施加要求，以扩大在数据跨境领域的"布鲁塞尔效应"。以法德为代表的欧洲大陆法系国家先后通过创设"信息自决权"等方式，以单一立法模式保护数据权利。中国、印度与俄罗斯为代表的新兴国家作为"后入场者"更需借助国际法的力量维护自身利益，强调数据的评估、审核以及本地化存储。[②] 对于某些"重要数据"或者"敏感数据"，大多国家则采用更为严格的安全审查或者评估的方式，包括制定负面清单等。

此外，各国还通过其他多边及双边协定对数据跨境流通作出总体安排，美国与欧盟个人数据跨境传输协议经历了多轮博弈，从《安全港协议》《隐私盾协议》到现行的《欧美数据隐私框架协议》，双方在限制情报机构活动、完善个人救济路径、更新审查和监督机制上不断磨合并达成暂时性一致。[③] 这反映

---

① 孙南翔：《跨境数据流动规制的模式差异、协调路径与中国方案》，《法治社会》2024 年第 3 期。

② 沈伟、冯硕：《全球主义抑或本地主义：全球数据治理规则的分歧、博弈与协调》，《苏州大学学报（法学版）》2022 年第 3 期。

③ 桂畅旎等：《美欧跨境数据流动规则演变及启示》，《信息安全与通信保密》2023 年第 11 期。

了各国家和地区在权利本位与市场本位上的理念分歧以及出于自身市场保护、主权保护等考量对于数据跨境流通规则的态度差异。

（二）我国数据出境监管的立法进程

2016 年通过的《中华人民共和国网络安全法》首次对数据跨境流动进行了阐述，确立了"本地存储，出境评估"的原则。2019 年的《个人信息出境安全评估办法（征求意见稿）》中，首次出现与个人信息跨境传输合同相关的表述，将合同干预制的个人信息跨境传输的立法模式引入中国数据跨境监管立法中。①2021 年，我国颁布了《中华人民共和国数据安全法》《中华人民共和国个人信息保护法》，进一步完善了数据流动规则。后者借鉴了欧盟《通用数据保护条例》（*General Data Protection Regulation*，以下简称"GDPR"）思路，要求数据出境合同应当是"国家网信部门制定的标准合同"，实质确立了中国版的"标准合同条款"制度。② 在此基础上，国家互联网信息办公室（以下简称"国家网信办"）制定的《个人信息出境标准合同办法》于 2023 年 6 月 1 日正式施行，《个人信息出境标准合同备案指南（第一版）》同步发布。③2023 年 9 月 28 日，国家网信办发布《规范和促进数据跨境流动规定（征求意见稿）》，明确了数据出境的评估与标准合同两种方式，降低了相关主体在数据出境时的合规成本，加强规范的同时提升了数据出境效率。之后，各地也陆续出台数据相关条例，推进数据跨境流动。2024 年 3 月 22 日，国家网信办正式公布了审议通过的《促进和规范数据跨境流动规定》，并同步发布了《个人信息出境标准合同备案指南（第二版）》（以下简称"第二版《备案指南》"），对于数据出境安全评估、个人信息出境标准合同、个人信息保护认证等数据出境制度的施行制定了详细规则。④

---

① 《个人信息出境安全评估办法（征求意见稿）》第 13 条。

② 《中华人民共和国个人信息保护法》第 38 条第一款。

③ 资料来源：中央网络安全和信息化委员会办公室、中华人民共和国国家互联网信息办公室网，https://www.cac.gov.cn/2023-05/30/c_1687090906222927.htm，2023 年 5 月 30 日发布。

④ 资料来源：中央网络安全和信息化委员会办公室、中华人民共和国国家互联网信息办公室网，https://www.cac.gov.cn/2024-03/22/c_1712783131692707.htm，2024 年 3 月 22 日发布。

(三) 我国个人信息出境标准合同制度的主要内容

作为我国数据出境监管的重要内容，个人信息出境标准合同制度不断健全并逐渐被重视和适用，其主要内容包括以下四个方面。

一是定义与场景。《个人信息出境标准合同办法》沿用了《个人信息保护法》第 4 条对"个人信息"和"个人信息处理者"的表述。第二版《备案指南》对适用场景进行了列举，包括：(1) 将在境内运营中收集和产生的个人信息传输至境外；(2) 个人信息存储在境内，境外的机构、组织或者个人可以查询、调取、下载、导出；(3) 在境外处理境内个人信息。

二是适用情形。根据《个人信息出境标准合同办法》，通过订立标准合同实现个人信息出境的，应当符合 (1) 信息数据量要求：处理个人信息不满 100 万人，且自上年 1 月 1 日起累计向境外提供个人信息不满 10 万人、敏感个人信息不满 1 万人；(2) 主体要求：关键信息基础设施运营者除外。而 2024 年 3 月公布的第二版《备案指南》删除了"处理个人信息"的要求，仅要求向境外提供个人信息 10 万人以上不满 100 万人，或敏感个人信息不满 1 万人。该扩大适用情形的修改更加符合规范个人信息出境行为的立法目的。此外，《促进和规范数据跨境流动规定》第六条还规定自由贸易试验区可以自行制定区内纳入管理的出境数据清单并经批准、备案，清单外的数据可直接出境。

三是备案要求。标准合同签订后需在规定的期间内向省级网信部门备案，并根据清单要求提供相应材料，值得注意的是，即使是通过订立标准合同的方式，个人信息处理者仍然需要按照相关法律法规对拟向境外接收方提供个人信息的活动开展个人信息保护影响评估，并在备案时一并提供评估报告。虽然加强了数据出境的安全保障，且监管部门对该评估报告仅作形式要件审查，但仍有论者对此类评估的必要性提出了疑问，认为与安全评估制度存在一定的重叠。①

四是合同条款。我国个人信息出境标准合同条款在体例上仍然采用较为常见的形式，即定义、合同双方义务、权利救济与争议解决、合同的解除与违约

---

① 赵薇：《个人信息出境标准合同条款规制及其优化研究》，《中国标准化》2024 年第 6 期。

责任，但特别约定了个人信息主体作为第三方受益人享有的权利（以下简称"第三方受益权"）以及合同双方对应的义务，以实现在数据出境活动中对个人信息主体的权利保护，突破了狭义上的合同相对性。此外，合同条款还特别要求境外接收方接受所在国监管审查而提供个人信息数据时，应立即通知数据出口方，以便数据出口方和我国有关部门及时作出应对措施。

三、《个人信息出境标准合同》与欧盟 SCC 的异同比较

欧盟 SCC 中对"主体"和"传输"的相关表述与中国《个人信息出境标准合同》（以下简称"中国标准合同"）条款有所不同。[①] 因数据跨境标准合同以境内向境外传输情形为主，下文中对中欧数据跨境传输标准合同的缔约双方均称"数据出口方"和"数据进口方"。

（一）共性规范

1.通过合同条款承诺接受数据出口方所在国监管

与美国等国家的法律明确允许"长臂管辖"不同，我国法律法规按照现行制度，并未明确表明在数据出境法律关系中对域外主体进行管辖，欧盟 GDPR 也是如此。故此，为有效对数据出境行为进行监管，保障数据传输安全和保护个人数据主体的权利，中国标准合同与欧盟 SCC 均通过约定条款的方式要求域外的主体即数据进口方承诺接受域内即数据出口方所在国家、地区相关部门的监管。

---

① 对于主体，其将数据跨境传输的双方均以"数据控制者""数据处理者"进行划分。对于传输，因欧盟全域内收集公民信息数据行为本身即存在跨国的情形，因此欧盟将上述收集的数据通过跨境传输给接收者（包括向其他成员国以及成员国以外的国家或地区的接收者）的情形统称为向第三国转移数据。在此前提下，其将个人数据转移到第三国的控制者或处理者称为"数据出口方"，将接收个人数据的控制者或处理者统称为"数据进口方"。

2. 减轻数据跨境目的地的数据监管对标准合同履行的影响

为确保标准合同中关于数据的安全性保障要求得到充分落实，中国标准合同与欧盟 SCC 均要求缔约方保证已经对数据进口方所在国关于个人信息保护的法规政策对标准合同的履行所产生的影响进行了充分考量并进行声明，其中欧盟 SCC 还要求数据进口方向数据出口方提供相关信息。

3. 确认个人数据主体作为第三方受益人的权利保护

欧盟 SCC 与中国标准合同均明确保护个人数据主体作为第三方受益人的权利，包括要求标准合同双方履行个人信息保护义务、知晓和确认前述数据接收方所在国政策法规对标准合同履行的影响、确保救济途径、法定情形下要求解除标准合同等。其中，中国标准合同还约定第三方受益人可以要求合同缔约方提供合同副本。

4. 对向境外第三方再传输进行严格约束

在欧盟 SCC 与中国标准合同中，再传输是指数据进口方向境外（数据出口方所在国以外）的第三方披露个人数据的情形。在跨境数据收集、处理、交互、使用等过程中，再传输并不鲜见，但此类第三方并不一定是标准合同的缔约方。同时若该第三方位于境外，则缺乏对数据传输过程中产生的不当利用、信息泄露等风险的规制手段。因此，欧盟 SCC 与中国标准合同中均对境外第三方再传输行为进行了限制，如需要取得个人数据主体的单独同意、向个人数据主体提供该第三方有关信息和协议、签订协议以确保与标准合同相同的数据保护水平等；并且，中国标准合同中赋予个人数据主体更多权利，如约定数据进口方需应个人数据主体要求向其提供与第三方的协议副本。

5. 合同条款的排他性和优先性

由于允许缔约方在标准合同条款以外另行订立其他协议或条款，为保证标准合同条款最终得到执行，欧盟 SCC 及中国标准合同均约定标准合同与缔约方签订的其他协议存在冲突的，标准合同优先适用。

（二）差异性的规范

1.设定缔约主体权利义务的基础不同

根据其在产业链中的具体分工，GDPR 将数据跨境传输中的主要商业主体划分为了数据控制者与数据处理者。并据此将数据跨境传输划分为四种模式，即控制者向控制者传输（C—C）模式、控制者向处理者传输（C—P）模式、处理者向处理者传输（P—P）模式、处理者向控制者传输的（P—C）模式。在不同模式下，数据跨境传输双方的行为以及相应行为对个人数据主体、信息安全等造成的影响均有不同。对此，欧盟 SCC 中对不同模式下的合同双方分别约定了不同种类的合同权利义务。在合同条文结构上，也以模块（module）的形式将不同模式分为不同章节，在每一模块中单独写明该模式下缔约方权利义务。

由于数据处理者本身不收集数据，仅在取得同意的前提下对已有数据进行处理加工，数据控制者在欧盟 SCC 中的合同义务一般高于处理者，有更为严苛的保障数据安全的义务。在 C—C 模式中，数据进口方亦应承担告知个人数据主体并获取个人数据主体同意、直接回应个人数据主体的主张、对数据泄露向监管机构汇报等义务；在 C—P、P—P 模式中，数据进口方通常仅为协助数据控制者、数据出口方履行前述义务，同时只能根据出口方或出口方的上游数据控制者指示处理数据，并保证传输和处理过程中的数据安全；在 P—C 模式中，作为数据控制者的进口方不得妨碍作为数据处理者的出口方履行法律和监管要求的义务。不仅如此，在对数据控制者已经进行监管和限制的情形下，对数据处理者的监管力度相应也会更低，例如在标准合同争议适用法律和管辖法院的选择上，欧盟 SCC 允许缔约方在 P—C 模式中选择欧盟成员国以外的国家相关法律以及管辖法院，仅要求选择的法律是允许"第三方受益权"以保护个人数据主体合法权利。

中国的标准合同制度则统一将数据出口方称为"个人信息处理者"，具体指在个人信息处理活动中自主决定处理目的、处理方式的，向中华人民共和国境外提供个人信息的组织、个人；数据进口方则称为"境外接收方"，指在中华人民共和国境外自个人信息处理者处接收个人信息的组织、个人。在此概念界定的基础上约定合同双方的权利义务和管辖等，但并未对主体进一步分类。例如，境外接收方实际上既可以是数据控制者，也可以是数据处理者。而在《个人信息保护法》中，对个人信息的处理活动包括信息收集、存储、使用、加工、传输、提供、公开、删除。其中收集和存储对应欧盟 SCC 中的数据控制概念，使用、加工对应数据处理概念。

2. 条款修订的灵活度和实质性审查力度不同

在不与标准合同条款冲突，且不损害个人数据主体权益的前提下，欧盟 SCC 与中国标准合同均允许合同主体在标准合同条款之外自行约定其他合同条款。但在结构形式上，我国采用的是以标准合同为主，其他条款作为附录的形式共同构成合同全文，合同条款具有唯一性。而欧盟 SCC 相对多样化，包括将标准合同条款纳入缔约方的系列协议、新增条款或其他保障措施。同时，欧盟允许标准合同的缔约方对欧盟 SCC 进行修订。GDPR 第 47 条规定，跨国企业集团可以制定"约束性公司规则"以进行内部的信息跨境交换，前提是应当达到规定的保护水平，并在获得数据保护机构的批准后生效。合同主体可在标准合同之上根据自身商业需求或更高的安全保障要求灵活拟定条款。因此，中国标准合同因形式较为统一，故在备案制下审查要求更低，更加强调效率；欧盟 SCC 则更加贴合数据相关行业的自身特点以及商业合作安排中的习惯，但也对审批机构提出了更高的实质审查要求。

3. 数据进口方对目的国监管行为的应对义务不同

中国标准合同中约定了若数据进口方所在国家或地区更改法律或者采取强制性措施导致其无法履行标准合同，或政府部门、司法机构要求提供合同项下个人信息的，则数据进口方应立即通知数据出口方，数据出口方可以选择暂停数据传输或者解除合同。而欧盟 SCC 对于数据进口方在面临当地监管部门根据其法律所提出的执法要求时，要求数据进口方除了向出口方通知以外，还要将相关情况尽可能向出口方披露，尽最大努力争取该国上述部门的豁免并记录，审查上述获取数据的行为的合法性，并最低限度地向上述部门提供数据信息。

4. 个人信息分类保护的标准和措施不同

中国标准合同中对个人信息分为一般信息、敏感信息和未满 14 周岁未成年人信息。并且，合同条款中并未载明敏感信息的定义而是见于《中华人民共和国个人信息保护法》，在各条款中对敏感信息数据跨境传输提出了比一般信息更高的保护要求，如再传输需向个人数据主体告知必要性及影响。同时，对未满 14 周岁的未成年人信息，则特别说明"单独同意"规则应适用于其父母或其他监护人。欧盟 SCC 虽然在条款中对"隐私数据"进行了列举，但仅原则性要求数据进口方根据数据特性和所涉风险采取特定、额外的措施，并未具体明确措施的标准或者种类。

5. 合同义务规制的对象和侧重面差异

中国标准合同将"个人信息处理者的义务"和"境外接收方的义务"各作为单独的一条分别约定。其中，个人信息处理者即数据出口方的义务包括最小范围提供信息、取得信息主体的单独同意、向信息主体告知数据进口方信息并提供副本、确保接收方采取数据保护措施、个人信息保护影响评估等。而欧盟 SCC 主要强调数据进口方的义务。一方面，数据出口方当然受到本国法律管辖，欧盟通过数据出口方所在国和欧盟有关数据安全保护、隐私保护等法律可以对出口方在数据跨境传输中的行为进行较为完善的规制，而对在境外的数据进口方仅能通过合同进行约束；另一方面，中国标准合同制定者考虑到仅通过合同条款对境外主体进行约束的强制力不足，通过完善境内主体的义务进行补充性约束，最大限度保障信息主体权利和数据安全。

四、欧盟 SCC 对我国数据跨境传输标准合同制度完善的启示与借鉴

2023 年 6 月，北京德亿信数据有限公司与香港诺华诚信有限公司签订的个人信息出境标准合同通过北京市网信办组织的备案审核，成为我国首家通

过订立标准合同实现个人信息合规出境的企业，标志着个人信息出境标准合同备案制度在北京率先落地。[①] 浙江杭州作为中国数字经济的前沿阵地，在数据产业具有较好的先发优势，近年来陆续成立杭州数据交易所、杭州市数据集团，并致力于打造"中国数谷"产业平台，并探索推进数据交易立法。在这些实践中，我国在保护数据安全和个人隐私、推动数据跨境流动迈出了坚实的一步。欧盟作为数据保护领域的先行者，其标准合同条款在保障数据跨境流动安全方面发挥了重要作用，为我国现有标准合同制度提供了启示与借鉴。

（一）根据标准合同双方的市场定位细化权利义务

如前所述，欧盟 SCC 中将主体区分为"数据处理者"与"数据控制者"，并根据缔约双方的不同角色划分四种数据传输模式。关于我国是否可以借鉴欧盟 SCC 的方案进行分类，学界看法不一。一种观点认为，数据处理者受数据控制者的委托或指令对数据进行分析处理，由数据控制者选定，为数据控制者的代表，而这种内部关系与个人数据主体并无直接关联，因此其行为导致的后果应由数据控制者对外承担责任。[②] 另一种观点则认为，数据处理者的行为具有相对独立性，亦非数据控制者的附庸，在地位与角色上与数据控制者不同，二者的关系体现出个人信息活动的核心特征。[③]

在实际应用中数据往往经过了多级传输，每一环节中的主体对个人数据安全的直接影响以及其在各自权能范围内对数据的访问权限、控制程度等均有不同。以物联网应用软件使用场景为例，提供软件服务的企业收集和控制个人数据并直接与用户发生交互，由平台系统供应商处理数据，产生新的数据结果。有时也存在直接由后者控制数据并处理的情形。而这些数据的云计算、云存储又依赖基础架构的服务，此时仅涉及数据的处理。因此在数据流动需要跨境时，各环节中数据安全义务有必要分类进行明确。一些从事数据相关行业的大

---

① 姜樊：《北京市通过首家企业个人信息出境标准合同备案》，《新京报》2023 年 7 月 9 日。

② Peter B. Controller and processor: is there a risk of confusion? International Data Privacy Law, 2013(2)140-145.

③ 姚佳：《论个人信息处理者的民事责任》，《清华法学》2021 年第 3 期。

型集团企业，通常兼具数据的控制与处理业态，但随着数据市场的长期发展，数据产业分工也将更加细化，包括大型集团内部也可能将不同业态分别交由不同的子公司进行运营，在内部进行数据跨境流动时也有必要进行风险控制。个人数据的跨境活动场景复杂，市场主体在其中担任了不同的角色分工，对应承担不同的责任和义务。中国标准合同未对此作区分，统称为"个人信息处理者"，并将其与数据出口方画等号，可能造成责任划分与事后救济困难。根据市场分工与定位对不同主体在数据跨境流动中的行为进行分析并细化不同的权利义务条款，既是数据产业治理的必然趋势，也将是对数据产业发展的一大助力。

（二）平衡个别条款中的数据流动效率与信息主体权利

兼顾数据传输效率和隐私保护是中欧关于数据出境的共识，但相较之下，中国标准合同更加侧重于保护个人数据主体作为第三方受益人的权利。标准合同制度约定第三方受益人可以要求合同缔约方提供合同副本；数据再传输的，可以要求数据进口方提供再传输合同的副本。尽管条款允许缔约方对合同涉及商业秘密的部分进行处理，但该条款的设置显然对缔约方的商业秘密带来了不小风险，对数据跨境传输商业行为的积极性造成一定影响，也可能因此受到境外监管部门对合同安全性的反向审查。

在平衡数据保护和数据流动的立法目的下，有观点提出应当在对公民隐私权的"合理预期标准"和"合理隐私期待"原则上，引入行政法的"比例原则"概念，对数据收集、控制、处理的行为的行动边界不可过分加重其责任与风险负担，不应不当阻碍信息的有效流通和有序利用。[1] 在实践中，标准合同中的上述第三方受益人权利条款往往并不能被其自身充分知悉，或是在标准合同缔约方向其履行告知义务时因文本繁杂容易被忽略，且披露义务也没有设置相应的履行期限与违约责任，因此该条款的落实存在一定阻力。对此，可以采取更容易被缔约方接受和行之有效的方式，例如约定向第三方受益人披露的内容限定在数据的去向、用途、处理方式及可能的风险，以及随标准合同备案的评估

---

[1]　徐康：《大数据时代处理个人信息的合理预期标准辨明》，《法制博览》2023 年第 11 期。

报告等范围，并增加相应违约责任条款等，有利于规范和促进数据流动、保护个人数据主体权利。

（三）适当强化数据进口方对目的国监管行为的应对义务

在当今国际形势下，数据主权背后的经济、社会、政治意义重大，各国对数据安全和隐私保护都十分重视。在数据进口方所在国的政府监管机构实施监管行为或司法部门进行司法活动时，可能在未经个人数据主体、数据出口方及其所在国相关部门的同意下获取跨境传输的有关数据，产生数据泄露风险的情形。欧盟 SCC 与中国标准合同均约定了数据进口方对此情形的应对义务。中国标准合同仅要求数据进口方履行告知义务。在发生数据泄露的情形下，合同条款留给数据出口方的应对措施十分有限。尽管数据出口方可以暂停传输数据或者解除合同，亦不足以保障已传输数据的安全。相较之下，欧盟 SCC 的条款对数据进口方提出了更高的要求。从数据进口方的自身立场来看，其亦有动机推动数据传输与保护传输过程中的安全性。因此，欧盟 SCC 中该类条款的设置障碍并不大。在现有法律框架内，在不涉及与数据进口方所在国的数据主权冲突的前提下，通过要求合同缔约方在披露和应对监管行为中积极采取行动，最大限度降低这种风险，以保护数据安全和隐私信息。

（四）推动"一带一路"共建国数据跨境传输标准合同规则的适用

党的二十届三中全会《决定》指出要完善推进高质量共建"一带一路"机制，加强数字经济等领域的多边合作平台建设。当前，"一带一路"共建国各国间数字经济发展水平、利益诉求、法律体系差异巨大。为实现数据跨境标准和规则的统一，推动数据的跨境有序自由流动，需要诉诸于双边、多边协议，坚持共商共建共享原则，深化务实合作，推动法律基础设施建设。[①]

在全球范围内尚未形成统一适用的国际规则的当下，我国在探索跨境数据

[①]　彭岳：《"一带一路"倡议跨境法律秩序的建构》，陈利强主编：《"一带一路"涉外法治研究 2023》，人民出版社 2023 年版，第 35 页。

传输的中国模式道路上已经作出了有益探索，并与部分"一带一路"共建国迈出初步实践。如何平衡好个人信息保护与数据跨境流动效率，完善相关法规体系，规范数据跨境流动秩序，是当前推进"一带一路"经贸协作的重要课题。我国有必要在完善数据跨境传输标准合同规则的基础上，坚持共商、共建、共享原则，推进制度型高水平对外开放。

五、结语

数据跨境流动的法律规制核心是价值取向的冲突与平衡。通常来说，各国的立场受到其市场经济主体的影响。以收集、控制、处理数据为主的经济体往往为市场导向，重视数据流动效率。以提供个人数据为主的经济体则倾向于权利导向，更加重视个人权利和数据安全。我国数据要素市场兼具以上两方面的特征，这为我国探索和完善数据跨境流动的国际规则提供了良好的条件。

在推进数字丝绸之路、与"一带一路"共建国发展数据跨境传输市场的过程中，需要在不断变化的市场和国际形势中考量市场需求和隐私保护，求同存异。以数据跨境传输标准合同的出台为契机，我国应进一步明晰综合平衡的跨境数据治理理念，借鉴融合欧盟SCC等其他国家和地区制度安排，基于自身国情和国际形势，完善现有规则体系，借助"一带一路"倡议以及其他国际经贸合作积极开展双边、多边谈判，加快制定国际认可和通行的数据跨境流动规则，推动国际数据要素市场治理与发展。

大型数字平台跨境监管合作与国家间协调机制研究

夏　菡*

摘　要: 大型数字平台的监管,是反垄断法和反不正当竞争法领域的热议话题。数字平台的传统规制理念和模式不再适应需要的问题,尤其突出。随着网络平台企业的不断发展,国家间合作开展跨境监管已十分必要。大型平台公司对市场正常竞争秩序造成的负面影响客观存在,当前大部分国家和地区的数字立法普遍较为滞后,欧盟、美国和中国针对数字平台出现了新的规制路径,监管效果初步显现,法律争议与摩擦较为频繁。可以预见,今后各国之间可能因本国数字相关法律的域外效力、数字企业竞争合规等议题方面产生较多的法律纠纷,亟需国际法领域的制度供给。

关键词: 数字治理合作;监管现代化;平台监管;反垄断

一、问题的提出

随着互联网的迅速发展,大型数字平台在全球范围内发挥着越来越重要的作用。在全球范围内,网络平台推动了商品和服务的自由流动,助力企业拓展

---

* 夏菡,浙江外国语学院"一带一路"学院讲师,法学博士。

国际市场，进一步促进了全球经济一体化。大型数字平台跨越国界，连接了全球各地的供需双方，有助于促进国际贸易，推动全球产业链的优化和升级。平台的创新商业模式和金融服务也为实体经济注入了新的活力。网络平台为全球用户提供丰富的线上服务，包括购物、出行、教育、医疗等。大型网络平台汇聚了大量的信息和数据，通过人工智能等技术手段，为用户提供精准、个性化的服务。这有助于提高社会效率，优化资源配置。网络平台推动全球经济繁荣和社会进步，也带来了一系列挑战，如网络安全、数据保护、市场垄断等。因此，各国政府应共同努力，加强跨境监管合作，规范网络平台的健康发展，确保其在全球经济中发挥更大的作用。

在监管实践中，苹果、Meta 和 TikTok 等大型网络平台企业自 2021 年以来多次遭到反垄断调查。国内的相关案件也是频频发生。当前在监管执法方面也有讨论合作应对的迫切需要。从国际法的角度来看，对于平台的监管合作有必要，但推动相关机构构建往往面临巨大阻力。大型网络平台跨境监管合作是指平台企业的母国监管当局与其海外业务或海外附属机构的监管当局之间的合作。监管合作的必要性主要是由全球数字经济的快速发展趋势和市场监管优化两个方面决定的。在数字经济快速发展的背景下，网络平台企业作为新涌现的市场主体，发挥着重要的促进作用。数字经济中的市场，在要素、市场主体的运行模式等方面都区别于传统经济。一系列新特征、新属性的冲击之下，对于网络平台企业这一类新主体的市场监管理念与监管模式都凸显出了不足。这一现象在各国普遍存在。国内立法积极推进的背景下，国际法层面的讨论仍然停留在国际关系视角下基于博弈论的国家利益和策略分析，对于监管合作的思考尚显匮乏。

国际数字治理议题下，当前对于数据跨境流动、数据传输安全、公民数据权益和隐私权保护的讨论比较多。对于数字要素市场上的另一主体，数字企业的监管主要在国内立法、执法领域，尤其是反垄断法学界的研究较为丰富。本文以大型网络平台为研究对象。近几年国内外在平台经济反垄断立法立规、政策制定、行政执法与指导的发展值得关注。对于平台企业的治理是一个较为宽泛的概念，涉及各个部门法视角下的多种治理途径，如公司法中的企业自治、行政法下的行政监管，纠纷解决环节民商法中的惩罚机制设置等等。国际公法领域，有关网络平台治理方面开展国际合作，学界稍有触及，基本只是提及加强平台治理合作的倡议。具体到主管当局应加强市场监管或行政监管环节的国际合作，却尚未见有可供参考的翔实讨论。金融和证券市场上对于银行跨境业务和企业境外上市背景下的跨境监管，可作类比参考。①

数据治理，在国内法的话语中可分为三个层面：规则体系建设、行政监管以及纠纷解决。第一个层面，即立法环节，是回应数字时代法律关系的必由之路。网络平台的规制，当前国内法语境下的讨论较多，涉及立法模式分析、监管理念变化、监管主体演变、监管模式创新等多个方面。国际法层面也同样可分为立法、监管和纠纷解决三个部分。监管合作作为一个议题，通常主要涉及监管和纠纷解决部分。

网络平台的监管合作是国际数字治理的组成部分。在国内推动数据价值释放、构建数据流转利用规则体系、完善数据安全保障和用户权益保护体系。②在市场监管现代化的背景下，我国在市场监管方面需要推进制度型开放。开放的途径除了优化和创新监管模式之外，积极推动平台监管国际合作也是一个方面。③对于各国而言，网络平台监管都面临挑战。尤其是在反垄断立法、消费者权益保护立法执法等方面。国际关系的视角下，各国在对网络平台的监管方面呈现竞争又合作的特殊关系。在推动平台经济发展方面的竞争，数字时代对大型网络平台企业也面临相似的监管挑战。

从晚近国际数字治理实践来看，学界对平台跨国监管的研究强调竞争多，对于网络平台治理的国际合作规则体系构建和机制建设还是比较新的议题。但是已有从国际法的角度提出各国和地区间增强规则融合与协调的必要性和可欲求性的观点。④立法和机制建设方面，欧盟在《数字市场法》的实施细则部分，

---

① 刘凤元、邱铌：《论跨境监管套利的风险规制》，《中南大学学报（社会科学版）》2022 年第 4 期；廖凡：《中美证券跨境监管合作觅路》，《中国外汇》2020 年第 11 期；李仁真、周忆：《论跨境金融集团监管联席会议机制》，《金融监管研究》2012 年第 2 期；卡尔·科德文纳：《跨境监管的历史、现状和未来》，《国际金融研究》2005 年第 5 期。

② 辛勇飞：《中国数据治理规则体系构建：现状、挑战与展望》，《人民论坛·学术前沿》2023 年第 6 期。

③ 江小涓、黄颖轩：《数字时代的市场秩序、市场监管与平台治理》，《经济研究》2021 年第 12 期。

④ 中国信息通信研究院：《全球数字治理白皮书（2023）》，2023 年 12 月；《全球数字治理白皮书（2022）》，2023 年 1 月；OECD, "Ex Ante Regulation in Digital Markets - Background Note", DAF/COMP (2021) 15, 1 December 2021, para. 192; Jacques Crémer, David Dinielli et al., "International Coherence in Digital Platform Regulation: an Economic Perspective on the US and EU Proposals", 40 Yale Journal on Regulation, 2023。

提出了在欧盟成员国竞争监管机构间建立协调机制的要求。该法案第 40 条要求欧盟理事会专设高级别小组，为欧盟理事会就法案执行相关事宜出具专业建议。小组人数不超过 30 人，成员构成为欧盟电信监管机构、欧盟数据保护监督专员和欧盟数据保护委员会、欧盟竞争网络、消费者保护合作网络，以及欧盟视听媒体监管机构成员。同时该小组还将定期发布市场报告，公开透明地展示其工作成果和市场状况，以增强公众信任。为进一步提升监管效果，高级别小组将与成员国的数字市场监管部门、其他国家和地区的相关机构展开合作，共同应对跨国数字市场规制方面的挑战。通过建立信息共享机制和支持欧盟委员会反垄断的联合执法工作，各国监管机构将能够更有效地打击跨境不正当竞争行为，保护数字市场上的平台用户消费者的利益。[①]

对于我国而言，网络平台跨境监管合作事关平台经济健康有序发展和市场监管现代化，[②] 其重要性和紧迫性兼备。基于此，本文第二部分和第三部分将分析国内法视角下对于平台监管的主要困境，国际法视角下各国开展合作面临的阻力。在此基础上，第四部分提出各国进行跨境监管合作和搭建协调机制的基础和未来趋势。

二、国内法视角下的平台监管困境

（一）反垄断领域传统规制理论的滞后

平台企业的经营和竞争方式给反垄断法的实施带来了挑战。如数据驱动型并购和扼杀式并购等问题。[③]

近年来我国平台发展实践中涌现的垄断行为主要有：价格歧视、限定交易行

---

① Article 40 of Regulation (EU) 2022/1925, Digital Markets Act.

② 《国务院关于印发"十四五"市场监管现代化规划的通知》（国发〔2021〕30 号）；《关于推动平台经济规范健康持续发展的若干意见》（发改高技〔2021〕1872 号）。

③ 房佃辉：《扼杀式并购的反垄断规制：困境与合理应对》，《价格理论与实践》2023 年第 11 期；王磊：《数据驱动型并购中隐私损害的反垄断审查》，《当代法学》2023 年第 3 期；施耀恬、翟巍：《平台经济领域"大数据杀熟"行为的反垄断规制路径》，《竞争政策研究》2022 年第 1 期。

为、经营者集中。为应对平台企业"一家独大"的市场地位和垄断行为可能给公平市场竞争和社会公众利益带来的影响，我国反垄断执法机构不断完善和规范相关法律法规，如《反垄断法》《电子商务法》和《电子商务信息公示管理办法》①《禁止网络不正当竞争行为规定（征求意见稿）》②相继出台，或进入征求意见阶段。目前反垄断规制的困境主要体现在三个方面：一是市场占有率指标难以界定平台市场支配地位；二是界定平台的相关市场存在技术难题；三是平台的经营者集中存在"申报漏洞"。③我国的《反垄断法》《电子商务法》以及其他相关法规虽然能为数字经济领域的反垄断实践提供规范分析的框架，但目前学界和实务界对于相关市场、市场份额的确定等基本概念在数字经济领域的界定尚未形成共识。④在上位立法进程相对滞后的情况下，我国平台经济领域显现出了政府监管模式下加强平台自治的趋势。为压实平台企业在竞争合规方面的主体责任，地方法规和标准制定发挥了进一步明确合规管理要点、抑制平台行业资本无序扩张的作用。

在《反垄断法》、国家市场监管总局制定的部门规章以及国务院反垄断委员会出台的《关于平台经济领域的反垄断指南》之后，全国各地已有不少针对平台的地方法规和标准。如浙江省先后出台了《浙江省电子商务条例》《浙江省平台企业竞争合规指引》和《浙江互联网企业竞争合规管理规范》。⑤其中，《浙江省电子商务条例》作为全国首部贯彻落实《电子商务法》的地方性法规，包含规范交易行为、平台主体责任的具体规则。有关数据利用行为规范的"大数据杀熟"规制、有关经营者的恶意不兼容行为规制等，都针对性地压实了经营者的主体责任，有利于保障消费者权益。《浙江省平台企业竞争合规指引》明

---

① 国家市场监管总局令第 37 号，《网络交易监督管理办法》，2021 年 3 月 15 日发布。《办法》第 6 条明确，市场监督管理部门规范引导交易经营者、行业组织、消费者组织和消费者共同参与网络交易市场治理，推动完善"多元参与、有效协同"的网络市场交易治理体系。

② 国家市场监管总局：《关于〈禁止网络不正当竞争行为规定（征求意见稿）〉征求意见的通知》，http://iolaw.cssn.cn/xxsz/jzf/202311/P020231127413391499226.pdf。

③ 李子文：《我国平台反垄断规制的困境及对策》，资料来源：中国宏观经济研究院产业经济与技术经济研究所，2020 年 7 月 6 日，https://www.ndrc.gov.cn/xxgk/jd/wsdwhfz/202008/t20200803_1235424.html。

④ 孙清白：《论大型平台企业数据交易强制缔约义务》，《中外法学》2024 年第 1 期。

⑤《浙江出台互联网平台企业竞争合规管理规范》，澎湃新闻网，2022 年 7 月 22 日，https://m.thepaper.cn/newsDetail_forword_18910931。

确要求电子商务经营者不得利用大数据分析、算法等技术手段，对交易条件相同的消费者在交易价格方面实行不合理的差别待遇；《浙江互联网企业竞争合规管理规范》针对平台行业内在产品、服务提供、接入、运行等方面实行不合理差别待遇等不正当竞争问题。①

另外，上海也制定了针对平台企业竞争合规的《互联网平台企业竞争合规评价指引》，以期借由高水平常态化监管助力推动平台经济健康发展，增强国际合作与竞争优势。②北京市市场监管局2021年发布的《北京市平台经济领域反垄断合规指引》中，对来自中国、欧盟、美国反垄断执法机构公开的12个处罚案件进行了梳理。通过监管部门对于国内外案例的整理，其中核心的法律争议为国内实践提供了重要参考。③北京也在2023年发布了《北京市反垄断合规指引》。④

（二）平台与用户权责分配困难

在数据安全和隐私保护问题上，各国立场差异大。治理合作面临挑战。从国内法的角度看，在立法和执法过程中，平台与用户对于不同类型的数据可主张的权利与权益类型尚有诸多不确定性和争议。

1.平台对于不同类型数据的权利主张

数字经济领域出现的新社会现象，尤其是权益侵害的形态，亟需法学

---

① 国家市场监管总局：《〈浙江省电子商务条例〉实施着力破解"大数据杀熟"、网络餐饮数字治理等问题》，《中国消费者报》2022年3月4日。

② 沪竞委办〔2023〕2号，《上海市反垄断和公平竞争委员会办公室关于提升常态化监管水平指导鼓励平台企业建立竞争合规管理体系的通知》，2023年10月20日。

③ 北京市市场监管发展研究中心、中国政法大学竞争法研究中心：《北京市平台经济领域反垄断合规指引（2021年版）》，2021年12月7日；张楠：《本市发布平台经济反垄断合规指引》，《北京日报》2021年12月8日。

④ 北京市市场监督管理局：《北京市反垄断合规指引》，2023年9月；国家市场监管总局反垄断执法一司：《北京：发布〈北京市反垄断合规指引〉》，2023年9月14日，https://www.samr.gov.cn/fldys/sjdt/dfdt/art/2023/art_7a8ef9060d6e464ab9f7aa0ffeddff8e.html。

研究和实践作出回应并提供解决方案。新涌现的利益保障需求，在各国无论基于何种法律传统及现实因素，最终将通过直接或间接、显性或隐性的方式，反映在各自的权利理念与法律规则中，也在相应的确保权利主体法益实现的保障环节有所体现。在以数据为对象的研究中，数据权利的属性是数据资源确权、数据流通与开放，以及数据交易制度的起点。[①] 例如，在民法领域，数据权利是否属于财产属性的权利，或者是否可以被视为用益物权，这些问题仍然存在广泛的讨论和争议。一方面，有论者认为数据权利应当被视为一种财产属性的权利，因为数据具有经济价值，可以被交易和转让。在这种观点下，数据权利类似于传统的财产权利，拥有者可以对其数据进行控制和处分。[②] 然而，也有观点认为数据权利更接近于用益物权，即权利人可以使用和收益于某项财产，但并不拥有该财产的所有权。[③] 持此论者主张，数据权利人可以利用数据进行生产和创造，但并不具备对数据的完全所有权。

2. 平台与用户有关数据的权利、义务配置

平台与用户之间有关数据的权利义务分配问题上，各国差异也很大。基于此，实践中常发生与用户隐私权保护相关的法律争议。

在数字用户权利作为公民的基本权利方面，欧盟对于个人数据保护的立法典型是《通用数据保护条例》（General Data Protection Regulation，以下简称"GDPR"）。以个人权利保护为中心，GDPR 作为欧盟地区的个人信息保护规则不仅约束成员国，同时因为运用扩大"属人主义"原则，引入"目标指向"标准，引发了域内规则域外适用的效果和法制冲突。积极方面来看，GDPR 体现了欧盟对个人信息权益的高度重视和高保护水平。但在强化了对公民基本权利保护的同时，该条例也存在泛化个人信息、模糊个人识别，不符合数据驱动

---

① 许可：《数据权利：范式统合与规范分殊》，《政法论坛》2021 年第 4 期；李爱君：《数据权利属性与法律特征》，《东方法学》2018 年第 3 期。

② 陈星：《数字时代数据产权的理论证成与权利构造》，《法商研究》2023 年第 6 期。

③ 申卫星：《论数据用益权》，《中国社会科学》2020 年第 11 期。

发展的时代背景下，数据资源化和生产要素化的需求。①从概念上，GDPR将"个人数据"界定为与数据主体，即已识别或可识别的自然人相关的任何信息；赋予了公民对其个人数据的访问权、删除权和可携带权等新型权利。②

3. 平台基于公权力的责任

对于平台基于在网络环境中的"监管者"身份，已有部分国家和地区通过立法加强了对平台的责任要求。如下以欧盟和我国的相关立法为例进行对比，加以说明。

《数字服务法》构成了欧盟《数字市场法》反垄断框架的补充，旨在为数字中介服务提供者确立一套系统化的监管机制。欧盟于2000年通过了规范电商市场的《电子商务指令》。在新冠疫情暴发后数字经济快速发展，呼吁对《电子商务指令》进行修订以应对数字经济新形态的呼声渐高。2020年12月有关数字服务和市场规制的两部草案是欧盟在数字经济领域立法的重要进展。

《数字服务法》在内容审查、在线广告和算法推荐方面的规定，一定程度上明确了为欧盟范围内提供服务的互联网平台在内容审核与平台用户相关权益保护方面的责任。具体而言，内容审查机制有利于保护用户的权利免受非法内容的潜在影响。在内容审查方面，《数字服务法》要求数字服务提供商加强对平台非法内容的控制，同时强调言论自由的重要价值，力图尽可能减少数字服务提供商对于平台内容审查对于言论自由的负面影响。该法案还为用户投诉平台内容审核机制提供了法律保障。③

在权利义务规范上，《数字服务法》上引入了关于删除网上发布的非法内

---

① 王燕：《数据法域外适用及其冲突与应对——以欧盟〈通用数据保护条例〉与美国〈澄清域外合法使用数据法〉为例》，《比较法研究》2023年第1期；高富平：《GDPR的制度缺陷及其对我国〈个人信息保护法〉实施的警示》，《法治研究》2022年第3期。

② 程啸：《论个人数据经济利益的归属与法律保护》，《中国法学》2024年第3期；李玉虎：《数字经济时代消费者的新兴权利》，《地方立法研究》2024年第2期。

③ 陶军等：《美欧俄等主流国家和地区的大型互联网平台的监管政策和具体案例研究报告》，《工业信息安全》2022年第7期；陈珍妮：《欧盟〈数字服务法案〉探析及对我国的启示》，《知识产权》2022年第6期。

容的新义务，以帮助识别销售非法商品的买家。[①] 另外，《数字服务法》还致力于应对有关算法透明和定向广告等竞争问题。其针对大型平台和大型搜索引擎服务提供者规定了额外措施，有利于防范数字市场上的不公平竞争行为。根据服务提供者体量大小分级分类地设定义务，对大型平台和大型搜索服务的提供商在风险评估、风险规避与响应机制，第三方专家合规审计，有关广告推送排序的信息透明度，配合本国数据服务专员调查，提供必要数据或平台算法信息等方面作出特殊规定，提出了更高的履责要求。[②] 这对于欧盟市场上的中小型数字企业是利好的。[③]

此前欧盟曾尝试以《数字单一市场版权指令》加强对网络平台的责任要求。其规定互联网公司对上传至其平台的内容负有法律责任，并且强制要求平台网站删除有违版权法的内容，对于平台内容是否符合版权法规定承担类似于过滤器的义务。[④] 这些针对网络平台有关平台内容管理方面的责任规范引发了学界和民众的批评。学界的主要批判性观点在于指令可能导致不必要的在线审查，损害公民的网络言论自由。[⑤] 从对平台用户与网络平台双方的影响来看，该指令为平台用户提供了强有力的保障，有利于用户从网络内容访问中受益，同时充分保护公民的线上言论自由。

在应对虚假信息方面，我国《网络不正当竞争暂行规定》针对网络环境中的高频行为，在第 8 条、第 9 条和第 11 条以列举的方式，禁止经营者以各类

[①] European Parliament,Resolution of 20 October 2020 on the Digital Services Act and Fundamental Rights Issues Posed, P9 _TA(2020)0274.

[②] 夏喆：《国际法视野下欧盟数据治理立法发展及对中国的启示》，《武大国际法评论》2023 年第 4 期。

[③] 埃琳娜·普莱西达：《欧盟更新：数字服务法案》，2020 年 7 月，https://itp.cdn.icann.org/zh/files/government-engagement-ge/ge-004-15jul20-zh.pdf。

[④] 谢新洲、朱垚颖：《信息资源管理视角下的欧盟数字版权保护研究》，《信息资源管理学报》2020 年第 6 期；Parliament and Council Directive 2019/790/EU of 17 April2019 on copyright and related rights in the Digital SingleMarket and amending Directives 96/9/EC and 2001/29/EC[2019] OJ L 130/92, para. 66 of Preamble。

[⑤] Miriam C. Buiten, The Digital Services Act: From Intermediary Liability to Platform Regulation, 16 Journal of Intellectual Property Law and Practice, 2021, p. 362; Christina Angelopoulos, "Harmonising Intermediary Copyright Liability in the EU: A Summary in Giancarlo Frosio (ed)", The Oxford Handbook of Online Intermediary Liability (Oxford University Press 2020).

手段编造和传播两类虚假信息。同时，经营者也不得帮助其他经营者实施此两类虚假信息的制造与传播。以目的为依据，《暂行规定》禁止的虚假信息分为利己的虚假、引人误解的商业宣传，以及以损害竞争对手商业信誉和商品声誉为目的的虚假和误导性的信息。这两类信息对平台用户和消费者可能构成权利侵害。一方面，经营者利己的虚假信息会对消费者和相关公众构成利益损害，是欺骗、误导的行为，[①] 至于是否构成《消费者权利保护法》规范下的侵权行为，则需要根据个案中的具体情况来判定；另一方面，损害竞争对手信誉和商品声誉的信息，也有可能以直接、间接的方式对消费者权益造成损害。

三、国际法视角下的合作阻力

（一）因数据权利等基本理念产生的冲突

大型数字平台企业多具有跨国经营的属性。不同于传统企业的经营模式，平台企业的要素资源发生巨大变化，数据要素和数据产品的所有权、经营权、受益权等割裂且在各国法律中存在差异，导致对企业经营行为的监管首先在法律适用上存在不明确之处。网络平台企业利用数字技术，跨越地域和国界的限制，实现了全球范围内的服务提供和市场拓展。然而，这种新型经营模式与传统企业相比，其在经营模式、资源配置、收益分配等方面存在着显著差异，给监管带来了全新的挑战。

一方面，平台企业的核心资源不再是传统的土地、劳动力、资本等，而是数据。数据要素在平台企业的运营中起到了关键作用，然而，数据要素的所有权、经营权、受益权等却在各国法律中存在差异。这使得平台企业在跨国经营过程中，面临着法律适用不明确的问题，增加了监管的难度。

另一方面，数据产品的所有权、经营权、受益权等问题更加复杂。在跨国

---

① 《网络反不正当竞争暂行规定》（2024 年 5 月 6 日国家市场监督管理总局令第 91 号），2024 年 9 月 1 日起施行。

经营中，平台企业需要考虑如何在尊重各国法律的前提下，合理分配数据产品的权益。这不仅涉及到企业间的合作与竞争，还涉及到消费者隐私保护、数据安全等问题，给监管带来了新的挑战。由于各国法律体系、监管政策、市场环境等方面的差异，平台企业在跨国经营过程中，很容易触犯不同国家的法律法规。如何在保障企业合法权益的同时，确保各国法律法规的适用性和公平性，是监管机构需要解决的关键问题。

（二）各国对平台企业的监管理念分歧

平台监管在不同监管场域，监管逻辑和范式存在巨大差异。国内外对于平台的治理和监管亟需从监管理念、监管原则和范式层面进行系统重构。[①] 博弈论视角在当前的国际环境下，对于全球治理的现实影响很大，但负面影响突出。也需要调整。[②]

（三）平台分级监管的法律域外效力和企业合规挑战

以欧盟为例，其基于《数字市场法》对于平台的分类监管机制，有明显的针对性。《数字市场法》创制的守门人平台义务，是欧盟规制数字平台的创新举措与核心内容。

该法案第 5 条至第 7 条列举了守门人平台的义务。其中第 5 条禁止了未经用户知情同意或选择的情况下对数据进行加工、合并和共享；命令性规范涉及在广告商要求的情况下，平台应当为广告商或广告商授权的第三方免费提供有关广告投放的讯息更新。第 6 条涉及平台对终端用户使用平台服务、软件应用过程中提供技术支持的义务。在竞争规则方面，第 7 条规定了平台与商业用户和第三方企业的竞争相关的行为要求，包括不得出于竞争目的，利用无法通过

---

① 肖红军等：《平台监管的多重困境与范式转型》，《中国人民大学学报》2022 年第 4 期。

② 沈伟：《国际经济法的安全困境——基于博弈论的视角》，《当代法学》2023 年第 1 期；解轶鹏、李懿：《合作博弈：理论述评与经验启示》，2017 年 8 月 3 日，人民论坛网·国家治理网，http://www.rmlt.com.cn/2017/0803/487615.shtml。

公开渠道获取的信息。①

与欧盟传统的反垄断执法实践相比,《数字市场法》为守门人平台设置特殊义务的立法模式有一定的区别。以往欧盟竞争执法机构在处理数字平台涉嫌垄断行为的案件中,往往以经济学路径的分析为指导,多是确定是否具有反竞争效果之后再采取相应的措施。同时也应当认识到,该法案为大型平台设置更高的义务是建立在近年来的竞争执法经验基础之上的。涉及的平台竞争行为包括欧盟微软案中的拒绝数据互操作性、平台自我优待和搭售行为以及脸书非法利用用户的个人数据行为。②

(四)平台企业跨国投资中数据跨境流动监管和数据安全审查方面的挑战

首先,数据跨境流动带来的挑战。平台企业跨国经营的本质就是数据的跨境流动,这是全球化背景下的一大趋势。而数据在不同国家地区的流动面临着不同的法律法规和安全风险。如何在保障数据安全、保护用户隐私的前提下,实现数据的合规跨境流动,成为平台企业跨国经营的一大挑战。

其次,数据跨境流动的本质是信息在全球范围内的传递和共享。随着互联网技术的飞速发展,数据已经成为企业的重要资产,平台企业通过跨国经营,将数据在全球范围内进行流动和整合,以实现资源的最优配置和提高经营效率。然而,这种跨境流动的数据在不同国家地区,尤其是涉及敏感信息和隐私的数据,面临着严格的法律法规限制。

各国对于数据的保护力度和法规要求不尽相同,如欧盟的 GDPR 和美国加州的《消费者隐私法案》等。这些法律法规在数据保护、用户隐私等方面提出了严格的要求。同时,数据在跨境流动过程中,还可能面临网络安全风险、数据泄露风险等。

另外,平台企业多有数据驱动的并购、投资等行为,为企业在投资安全审

---

① 夏菡:《国际法视野下欧盟数据治理立法发展及对中国的启示》,《武大国际法评论》2023 年第 4 期。

② 吴佩乘:《数字平台反垄断的范式反思和规则调适——以欧盟〈数字市场法〉秩序自由主义面向为镜鉴》,《苏州大学学报(哲学社会科学版)》2024 年第 2 期。

查过程中的竞争合规和安全合规带来了挑战。在这方面，我国政府已经采取了一系列措施来规范和引导平台企业的并购、投资等行为。相关法律法规，为平台企业的合规经营提供了一定的指导方针。

在平台企业的投资安全审查环节，数据安全审查涉及面广，包括对投资方数据采集、存储、传输、使用等方面的审查。当前各国对外来投资审查机制趋于严格，尤其是涉及数据类的投资。在平台企业投资安全审查中加强数据安全审查，既是维护国家利益的需要，也是顺应国际发展趋势的必然选择。

诚然，数据安全审查有助于保护国家数据资源，其重要性不容忽视。随着互联网技术的高速发展，数据已成为国家重要的战略资源。加强对投资方数据安全审查，可以防止敏感数据外流，确保国家数据资源安全。另外，数据安全审查有助于维护国家安全。投资方在数据采集、存储、传输和使用过程中，可能涉及国家秘密、个人隐私等敏感信息。加强对这些信息的审查，有助于防范潜在的安全风险，保障国家安全。再次，对数据安全的审查也有助于促进我国平台企业健康发展。通过对投资方的数据安全审查，可以规范投资方的数据处理行为，引导企业合法、合规地开展业务，从而促进平台经济的健康发展。此外，数据安全审查也有助于提升我国在全球数据治理领域的地位。我国积极参与全球数据治理，推动建立公正、合理的国际数据秩序，为全球数据安全作出贡献。

目前由于各国的相关法律法规普遍都立足于自身需要，建立健全数据安全审查机制，数据安全审查在投资环节容易产生法律的域外效力冲突，不利于构建安全、繁荣的全球数字经济。为解决这一问题，各国需要加强针对数据安全跨境合规方面的沟通与合作，共同制定一套符合全球发展趋势的投资环节数据安全审查基本标准。这些标准应尊重各国法律法规中的共性规则、原则，同时确保数据在全球范围内的安全流通。通过这种方式，既能维护各国的利益，又能促进全球数字经济的健康发展。

四、跨境监管合作与协调机制构建的基础与展望

合作与协调机制的基础，可从相关的双多边倡议下的小范围跨境监管合作

进展来分析。同时要充分认识到合作面临的挑战与困境。从而才能针对困难和挑战，抓住经贸合作的现实需求和反垄断方面的共同任务，推动合作与协调机制的国际规则构建。如下从已有的合作基础、合作与协调的挑战以及前景展望三方面展开论述。

（一）双多边协议中的合作监管倡议进展

相关的多边、双边倡议中不乏值得继续推动的尝试。例如，在金砖国家领导人会晤框架下，金砖五国共同于 2009 年发起主办了金砖国家国际竞争大会，每两年轮流举办一次，在国际竞争领域已有广泛影响。在文本方面，已于 2016 年签署了《金砖国家竞争机构竞争法律与政策领域合作谅解备忘录》，为确保金砖国家竞争机构之间的交流合作奠定了基础。

在市场开放与监管方面，中国政府也十分关注数字经济发展与平台监管的议题。我国"着力拓展竞争领域制度型开放"，并且涉及的领域和开放程度不断扩大和深化。随着数字时代的发展，我国的市场监管理念也发生了许多转变，目前市场监管方面的制度型开放已正进行探索和升级中。[1] 截至 2021 年，中国与 33 个国家和地区签署了 55 份反垄断合作文件，就重大垄断案件开展国际合作。政府积极加强在双多边自贸协定下关于数字经济反垄断和竞争政策议题的谈判，维护国际数字市场的公平竞争。相关工作效果显著。数字经济发展和数字市场监管的中国主张获得越来越多国家的认可。[2]

（二）跨境监管合作面临的困难和挑战

对于大型数字平台的跨国监管是数字经济国际治理中的新议题，必然需要一个较长的过程，各国之间才能形成共识和相对一致的监管理念。从网络空间国际规范到数字空间规范的演进，互联网技术层面的规制开始随着国际治理内

---

[1]　张国山：《构建现代化市场监管体系 提升市场综合监管效能》，人民网，2022 年 2 月 28 日，http://cpc.people.com.cn/n1/2022/0228/c64387-32360921.html。

[2]　林丽鹏：《强化公平竞争政策实施，深化竞争领域国际合作》，《人民日报》2021 年 11 月 9 日第 13 版。

涵和外延的拓展日渐过渡到关乎技术创新和数字经济发展带来的利益分配、责任、义务分担问题。[①]

（三）合作与协调机制构建趋势展望

当前网络平台监管分歧很大。但是从数字经济发展这一共同需求的角度来看，各国在对大型网络平台的监管方面面临共同的任务，且一部分挑战也是相似的。如果能达成某些分议题上的合作意向，将有利于全球数字贸易与投资发展，同时也从国际规则的层面，推动各国反垄断监管的理论创新与实践发展。

目前各国立法规制大型网络平台仍处于早期。OECD 提出，国家和地区间的规制规则协调尚有窗口期，此类协调有利于增强规制效果、使得规制更合乎比例原则，降低因规则的域外效力、法律不协调导致的不利于创新和平台企业发展的负面效果。[②] 国际法领域，发展早、受关注较多主要是 OECD 于 1980 年发布的《关于隐私保护和跨境个人数据流动指南》（*Guidelines on the protection of Privacy and Transborder Flows of Personal Data*），以及 1985 年发布的《跨境数据流动宣言》（*Declaration on Transboder Data Flow*）。[③] 2015 年至今，OECD 已发布多份与数字经济发展趋势、公民数据权益保护，以及数字化时代国家间合作倡议相关的报告。[④] 这些报告涉及的议题包括个人隐私法执行相关的跨国合作，以及数字化时代"权利保护观"（rights-oriented digital transformation）的综合分析等重要议题和内容。[⑤] 针对不同司法辖区数字经济领域的反垄断问题，国际竞争网络（ICN）也发挥了重要作用。2020 年，该机

[①] 郎平：《网络空间国际规范的演进路径与实践前景》，《当代世界》2022 年第 11 期。

[②] OECD, "Ex Ante Regulation in Digital Markets - Background Note", DAF/COMP (2021) 15, 1 December 2021, para. 192.

[③] 刘宏松、程海烨：《跨境数据流动的全球治理——进展、趋势与中国路径》，《国际展望》2020 年第 6 期。

[④] OECD, Reports and Research Papers, https://www.oecd.org/en/publications/reports.html?orderBy=mostRelevant&page=0.

[⑤] OECD, Shaping a Rights-Oriented Digital Transformation, OECD Digital Economy Papers, June 2024, No. 368; Review of the OECD Recommendation on Cross-Border Co-operation in the Enforcement of Laws Protecting Privacy, OECD Digital Economy Papers, September 2023, No. 359.

构针对 30 个司法辖区数字市场的报告显示，市场上常被调查的前三类行为是拒绝交易、搭售和独家交易。①

此外，加强跨境监管合作，推动全球范围内的竞争合规和数据安全。我国政府积极参与国际竞争政策制定，与各国共同探讨数据安全、知识产权等问题，为平台企业营造公平、有序的国际市场环境。

在应对平台企业数据驱动的并购、投资等行为带来的挑战时，还需关注企业内部管理问题。企业应加强内部合规建设，设立专门的合规部门，定期对员工进行法律法规培训，确保员工在并购、投资等活动中遵守相关规定。

同时，加强企业文化建设。一方面，平台企业作为数字市场上的重要参与者，要积极主动参与网络空间治理，在应对网络空间风险与挑战方面采取行动；②另一方面，要积极通过政策引导等方式，帮助平台企业管理者和员工树立正确的价值观，使其在数据驱动的并购、投资等行为中能够充分考虑到国家利益、社会利益和消费者权益，实现企业与社会的共同发展。

随着平台经济和数字贸易的迅速发展，网络平台的跨境经营和投资带来的跨境监管成为我国面临的一项重要挑战。从经济法的视角分析，困境体现在多个方面：一是反垄断领域，传统监管理论和理念的滞后性；二是各国对于平台企业监管理念上的分歧；三是数据分类差异，由此衍生的关于数据使用、利用方面的权利义务、责任分配的差异；四是平台分级分类管理方面的立法、规则和标准差异带来的执法困难和分歧；五是平台企业跨国经营带来的数据跨境流动监管分歧；六是平台企业跨国投资带来的数据安全审查和竞争审查分歧。

五、结语

在国内现有的数据法律法规以及签署加入的区域性贸易协定、双边自由贸

---

① ICN (2020), Report on the Results of the ICN Survey on Dominance/Substantial Market Power in Digital Markets, https://www.internationalcompetitionnetwork.org/wp-content/uploads/2020/07/UCWG-Report-on-dominance-in-digital-markets.pdf.

② 张毅：《网络空间国际合作治理：现实挑战与机制重构》，《国家治理》2023 年第 23 期。

易协定基础上，我国跨境数据监管体系构建仍面临诸多困境。为解决数据监管难题，我们需要将视野放至国际层面，积极参与数据跨境监管的国际合作，推动和谐数字社会的构建。

一方面，我国应加强与其他国家在数字贸易领域的交流与合作，共同探讨制定公平、合理、透明的跨境数据监管规则。通过加强区域性贸易协定和双边自由贸易协定中的数据监管议题讨论，推动各国在数据保护、数据流动、数据共享等方面达成共识。此外，我国还可以积极参与国际组织如欧盟、世界贸易组织等有关数据监管的议题讨论，争取在国际舞台上发挥更大作用。

另一方面，我国应积极探索与发达国家在跨境上市监管领域的软约束合作，以应对监管冲突。软约束合作具有灵活性，能更好地适应各国国情和市场环境。通过国际软法、监管沙盒、共同审计等方式，加强跨境上市监管的国际合作与协调，促进全球金融市场的稳定与发展。

然而，在跨境监管合作中，我们也要警惕新形式的霸权主义。一些发达国家利用软约束合作输出制度与意识形态，试图霸占网络平台竞争与监管的规则制定控制权。针对这一问题，我国应积极参与全球治理，维护国家利益和发展中国家的权益。在与发达国家进行合作与协调时，采取有策略的立场，抵制不公平、不合理的监管要求，争取在全球治理中发挥更加积极的作用。

网络平台国际治理与跨境监管合作的发展趋势和前景充满挑战与机遇。我国应充分发挥自身优势，积极参与国际合作与协调，推动跨境数据监管体系的完善与发展。同时，要警惕大国霸权，维护国家利益和发展中国家的权益。通过不断努力，我国有望在全球数字治理中发挥更为重要的作用，为构建和谐、公平、透明的国际数字贸易环境作出贡献。

"一带一路"贸易摩擦应对法治

"一带一路"需要建设共同金融市场与制度

韩 龙*

摘 要: "一带一路"建设面临的庞大资金缺口,当前的融资途径很难具有可持续性,只有通过建立"一带一路"共同金融市场才能得到解决。而在"一带一路"沿线众多国家建立共同金融市场,需要各国协商进行制度创制。在制度构建过程中,应坚持硬法与软法相结合、金融开放与金融监管同步、充分重视非政府主体作用等原则。在金融开放的规则构建方面,应提取沿线国金融服务开放的最大公约数,缔结专门的金融服务协定。在法律协调方面,借鉴欧盟经验,秉持最低限度协调原则、母国控制原则和相互承认原则。在跨境支付制度与支付结算体系方面,应在坚持经常项目开放的基础上鼓励各国通过完备条件开放资本项目,同时努力使人民币跨境支付系统(CIPS)成为沿线各国的跨境支付货币和支付结算系统。

关键词: "一带一路";共同金融市场;制度原则;制度内容;制度构想

"一带一路"倡议提出已逾十年,虽然发展迅猛,但也面临一些问题。其中,最大的问题之一,就在于"一带一路"沿线各国建设,特别是基础设施开

---

* 韩龙,海南大学法学院教授、博士生导师,新疆政法学院特聘教授,中国国际经济法学会副会长。本文系国家社科基金重大项目《数字化背景下国际金融服务的法律治理体系研究》(22&ZD203)、2017 年国家社科基金重大项目:《"一带一路"倡议与国际经济法律制度创新研究》(17ZDA144)的阶段性研究成果。

发建设所需巨额资金存在显著缺口。而现行主要依靠我国官方或半官方输血提供资金的模式，不仅难以持续，而且还常受到西方一些国家批评。它们认为这是一种新的"经济殖民主义"，并且导致发展中国家陷入债务困境。解决这一难题需要运用和发展市场机制，创建"一带一路"共同金融市场，而要建立这一多边化的金融市场需要制度先行。为此，以下在对为什么需要建立"一带一路"共同金融市场与制度进行探讨的基础上，重点提出构建"一带一路"共同金融市场的制度原则以及这一制度的主要内容。

一、建立"一带一路"共同金融市场与制度的必要性

"一带一路"建设，无论是基础设施建设，还是贸易投资活动的开展，都需要巨大的资金支持。"一带一路"建设面临的最大问题之一，就在于没有形成一个共同的金融市场，从而制约着资金融通潜力的发挥。当前"一带一路"建设的资金主要源自我国官方或半官方融资，"一带一路"沿线国家尚未形成为"一带一路"建设提供资金支持的共同金融市场，更没有为该市场进行制度设计。"一带一路"建设资金缺口大，资本配置效率低，难以满足来自"一带一路"沿线国家自身和跨境经济活动对资金的需求，且依赖我国官方或半官方融资的模式亦不具有可持续性。只有建设"一带一路"共同金融市场，稳步开放各国市场，在多样化的融资模式下充分调动各国私人跨境投融资，才能打破各国相互分割的金融淤阻，为"一带一路"建设提供充足的资金供应。同时，"一带一路"区域层面金融制度的成熟、营商环境的优化，又可吸引更多的域外资金进入，更有助于满足"一带一路"沿线各国基础设施和开发建设对庞大资金的需求。因此，市场化、法治化和国际化是解决"一带一路"建设对资金巨大需求的根本和可持续的路径。

"一带一路"以互联互通为主线，以实现"政策沟通、设施联通、贸易畅通、资金融通、民心相通"即"五通"为主要内容。建立"一带一路"共同金融市场，是实现资金融通的应有之义和最佳路径。同时，资金融通对实现政策沟通、设施联通、贸易畅通、民心相通发挥着重要作用。首先，贸易畅通、设施联通都

需要庞大的资金支持，因此，资金融通是二者实现的必要条件。其次，建设"一带一路"共同金融市场，需要各国开放金融市场，进行金融法律协调和金融监管合作，协调宏观经济政策，这是"政策沟通"的重要内容。最后，政策沟通、设施联通、贸易畅通、资金融通，必然带来人员的交流互动，实现民心相通。可见，金融是现代经济的核心和血脉，建立"一带一路"共同金融市场不仅是实现"一带一路"资金融通的内涵，也是牵引"一带一路"其他领域的沟通联系，进而加快"一带一路"建设总进程的需要。

不止于此，"一带一路"沿线一些国家风险度较高，是当前影响投融资积极性的重要因素。建立"一带一路"共同金融市场的一个主要益处可以分散风险，使投资者在更大的范围内、更多的品种中进行跨国组合投资，为投资者提供了可行的、更大范围的、分散风险的途径。共同金融市场有利于将一国市场中的系统性金融风险化解为更广阔市场内的非系统性金融风险，也可以使投资者通过跨国投资组合有效化解和降低投资风险。[①] 因此，建设"一带一路"共同金融市场，可有效缓解在沿线各国进行投资的风险。况且，资金来源多样化条件下创新合作方式，如商业资本同政府资本合作，东道国资本同外来资本合作，更多利益主体的引入等，会降低东道国政府违约概率等政治风险。市场风险和政治风险的降低，将吸引各方资本投入到"一带一路"建设中来，缓解资金不足。此外，"一带一路"共同金融市场实行的市场化、法治化机制，也将提升金融竞争，优化资本配置，借助无形之手使有限的资金投向最具潜力的产业和项目上去，产生良好的经济和社会效益。

法律与金融之间存在双向关系。马奥尼认为法律不仅仅是金融发展的结果，也是金融发展的工具。[②] 按照经济分析法学、制度经济学的观点，制度还是影响经济和金融效率的一个重要因素。具体到"一带一路"共同金融市场而言，在"一带一路"沿线各国建立共同金融市场的前提条件是各国就该市场的制度设计和制度创制达成一致，否则，这一市场就难以建立，甚至完全无法形成。因此，建立"一带一路"共同金融市场，需要制度先行，需要"一带一路"沿线国为这一市场设计和创制良好的共同制度。故本文以下借鉴成功的共同金

---

① 齐绍洲：《欧盟金融市场一体化及其相关法律的演进》，人民出版社2012年版，第17页。
② 魏建、周林彬：《法经济学》，中国人民大学出版社2017年版，第301页。

融市场制度建设的经验和实践，结合"一带一路"沿线国家实际情况，侧重从制度层面探索如何创制适当的制度，来促进"一带一路"共同金融市场建设。

二、构建"一带一路"共同金融市场的制度原则

"一带一路"共同金融市场指的是"一带一路"沿线国家间通过制度安排，逐步相互开放金融市场、协调金融法律、放松资本管制、加强金融监管合作，旨在促进各国金融机构在协调一致的规则下彼此开放金融市场，自由地提供金融产品和服务，公平竞争。这一过程预期将推动"一带一路"沿线各国市场相互融合，最终构建资本自由流动的统一金融市场。

"一带一路"共同金融市场需要依靠制度推动，是制度的创造物。如何创制这一制度？确立恰当的制度构建原则，以便为具体制度构建提供指引，至关重要。根据"一带一路"特点及各国的实际，本文主张"一带一路"共同金融市场的制度构建应坚持以下原则：

（一）硬法与软法相结合

建构"一带一路"共同金融市场制度，应根据不同领域的特点，借鉴现行国际金融法治的实践，分领域、有针对性地实行硬法或软法。[①] 对于金融市场开放制度，鉴于国际社会成员大多已接受存在于全球多边、区域及双边协定中的开放机制，"一带一路"共同金融市场的开放应继续通过国际协定加以推动，逐步扩大沿线各国金融市场的开放度，保证金融服务市场开放的可预期性和确定性。在国际金融规制与监管领域，软法是该领域国际金融制度的底色。在"一带一路"共同金融市场的制度构建过程中，法律协调、金融监管合作宜继

---

① 国际金融软法是指虽然不符合国际金融硬法缔结或创制的程序和条件，且缺乏以法律强制力作为实施的保障，但却能够达到同样或近似调整或治理效果的国际规则或普遍性实践等。参见韩龙：《国际金融法》，高等教育出版社 2020 年版，第 19 页。

续采用软法的方法。一国资本项目的管理，是金融领域敏感性与风险性并存的核心问题。国内外对跨境资本自由流动尚未形成确定性的共识，因此，对资本项目的开放，暂不宜通过条约等硬法加以约束。

从时间维度考量，"一带一路"共同金融市场建设的前期应以软法为主，随着时间的推移逐步硬化，夯实"一带一路"共同金融市场制度。总之，接受硬法与软法并存的局面，是开展"一带一路"共同金融市场制度建设的务实之举。

（二）金融开放与金融监管同步

没有"一带一路"沿线国金融市场的开放，就无法形成共同的金融市场，难以有效发挥跨境资金融通的功能。因此，建立"一带一路"共同金融市场需要金融市场开放制度。然而，共同金融市场条件下国家间金融开放和资本自由流动，使得金融与经济震荡更容易在国家间传递，金融风险的外溢和传染迅猛，一国的金融问题会迅速向外扩展，波及其他国家。因此，在"一带一路"共同金融市场的制度构建中，应充分考虑这些风险因素。

细而察之，"一带一路"共同金融市场面临的金融风险复杂化主要有两方面原因：一方面，随着市场规模的扩大及金融创新，金融产品丰富，流动性增强，金融监管本身难度加大；另一方面，任何金融监管相对于金融创新都有一定的滞后性，金融监管的不到位、不及时是金融风险产生和蔓延的重要原因。为保证共同金融市场的健康和可持续发展，"一带一路"共同金融市场应充分重视金融监管，不能因畏惧风险而不开放，也不能因开放而放松监管。金融开放与金融监管应同步，在构建金融开放的制度时，须同步配套性地建立相应的金融监管制度。

（三）金融监管合作同时覆盖微观与宏观审慎监管

"一带一路"各国间金融风险所具有的外溢性和传染性，使得任何一国的单独监管都难以奏效。有效治理"一带一路"各国间金融风险的传播，需要建立健全严密的金融监管制度体系。这一体系应当从内外两个方面着手：一是参与国各国建立、健全自身的金融规制监管制度，完善防控境外金融风险传入的制度，在及时清除本国金融风险和危机形成的温床的同时，阻挡境外金融风险和危机的传入，维护本国的金融稳定。二是建立有效的国际金融监管制度，特别是加强国际金融监管合作。随着"一带一路"共同金融市场的发展，"一带一路"沿线各国将结为一个紧密的金融体，防控金融风险会超出一国的能力范围，只有各国密切合作，建立起有效的国际金融监管制度，才能取得风险防控的成效。

根据国际社会对金融风险治理的最新认知，"一带一路"沿线各国的金融监管合作，需同时覆盖微观审慎监管与宏观审慎监管。微观审慎监管关注非系统性金融风险，即金融机构由于对手违约、情况变化、决策失误或其他原因而遭受资本、资产、信誉等损失的可能性，体现为包括（但不限于）信用风险、操作风险、流动性风险等风险。[1] 微观审慎监管是保障金融体系安全稳健的基本依靠。"一带一路"沿线各国的金融机构、业务可能分布在多国，进行微观审慎监管合作可以守住非系统性金融风险的命喉，同时可以在一定程度上阻止非系统性金融风险发展成为系统性金融风险。

近几十年来，以巴塞尔委员会为代表的国际机构致力于推行国际金融监管标准和最佳实践，取得了成效。在"一带一路"沿线国家间适用诸如《巴塞尔协议Ⅲ》包含的监管资本标准和流动性标准[2]，加强微观审慎监管合作，无疑是治理"一带一路"共同金融市场的金融风险的有力抓手。但仅有微观审慎监管合作是不够的。2008 年全球金融危机发生之后，国际社会推出的宏观审慎监管制度就是对传统微观审慎监管制度所存不足的重要补充。宏观审慎监管瞄准系统性金融风险，即由于金融体系全部和部分受损而造成金融服务中断并严重损害实体经济的风险，包括时间和截面两个维度。[3] 前者旨在反映金融风险

---

[1]　韩龙：《国际金融法》，高等教育出版社 2020 年版，第 198 页。

[2]　监管资本标准，又称资本充足率，是指以银行为代表的金融机构的规制资本与风险加权资产相比不得低于一定的百分比，是历次《巴塞尔协议》的核心要求。流动性标准是《巴塞尔Ⅲ》引入的新的监管标准，包括流动性覆盖率与净稳定资金比例。前者要求银行的合格优质流动性资产／未来 30 日现金净流出量≥100%。后者要求可用的稳定资金／所需的稳定资金≥100%。

[3]　我国学界和业界通常将 cross-sectional dimension 译为"跨部门维度"。这种翻译和表述是不准确的。cross-sectional dimension 是指特定时点上风险在金融体系内的各金融机构之间分布和相互作用，是在任一时间节点对金融风险分布状况进行的剖面分析，因此，宜表述为"截面维度"。

在金融体系内部以及金融体系与实体经济之间积累、扩展的发展变化进程，瞄准的是顺周期性或助周期性，即市场主体的行为以及传统的金融监管助推和放大金融和经济周期的效果。后者则旨在反映金融风险在特定时点上在金融体系内的分布状况，与金融机构的规模、金融业务活动的集中度和可替代性、金融机构间的关联性具有密切关系。[1] 随着"一带一路"各国政策协调和合作的加强，彼此间的周期趋同性将会提高，系统性重要金融机构对各国的影响加剧，因此"一带一路"各国迫切需要加强宏观审慎监管合作，采取宏观审慎监管措施，有效防控和化解"一带一路"共同金融市场的系统性金融风险。

（四）充分重视非政府主体的作用

随着"一带一路"建设的不断推进，一些市场主体，如跨国企业、民间组织发挥着愈来愈重要的作用。[2] 在金融领域，以亚洲金融合作协会（以下简称"亚金协"）[3] 为例，其主要由亚洲国家和地区的金融机构、金融行业组织以及相关专业服务机构自愿结成的区域性、非政府、非营利性国际组织。亚金协"一带一路"金融合作委员会[4]，共有来自 20 个国家和地区的 70 家成员，包括国际金融中心、银行、证券、保险、支付结算等金融机构。其于 2021 年 5 月发布的《银行营业网点服务指南》（以下简称《指南》）为"一带一路"相关地区银行网点服务提供原则参考和技术指导。[5] 在对"一带一路"共同金融市场进行制度设计时，应充分考虑包括市场、金融机构、自律性组织在内的非政府

---

① Claudio Borio,Implementing the macroprudential approach to financial regulation and supervision, Financial Stability Review, No. 13, September 2009. pp.31-41.

② 石静霞：《"一带一路"倡议与国际法——基于国际公共产品供给视角的分析》，《中国社会科学》2021 年第 1 期。

③ 亚洲金融合作协会成立于 2016 年，主要由亚洲的金融机构、金融行业组织、相关专业服务机构和政府类相关机构组成，宗旨为联通合作、共治共享。

④ 该委员会成立于 2019 年 5 月，旨在推动"一带一路"区域各金融领域的经验和信息共享，搭建金融业务交流合作和共同治理的国际平台，满足金融需求，提高金融合作效率，减少防范相关风险等。

⑤ 亚洲金融合作协会：《银行营业网点服务指南》，2021 年 5 月，https://cn.afca-asia.com/Portal. do?method=detailView&returnChannelID=165&contentID=1649。

金融主体的意愿和作用，通过制度激励相关主体主动参与共同金融市场建设。坚持共商共建共享原则，不仅仅是国家政府间的协商，而且包括政府和市场主体、社会组织在内的更广范围内的共商共建共享。

具体而言，"一带一路"金融制度的协商和协调包括条约的谈判、国内金融法规的修改制定，均宜充分征询非政府金融主体的意见，考虑金融企业的利益，甚至在涉及具体金融技术性标准时可直接放权给相关金融行业自律性组织。为保障非政府主体的广泛参与，应鼓励市场主体成立跨国金融行业协会组织，发挥其作为政府间国际组织与市场之间的纽带作用，表达行业需求，参与制度实施。

三、"一带一路"共同金融市场制度内容的建构

创建"一带一路"共同金融市场的制度，需要将以上原则及其体现的精神转化为具体制度。为此，应借鉴成功的区域共同金融市场的建设经验，对"一带一路"共同金融市场的制度作出良好而可行的设计。

(一)"一带一路"共同金融市场开放制度之构建

金融市场开放是从事金融活动开展的前提。"一带一路"共同金融市场建设的首要任务是通过合理的制度安排，逐步实现"一带一路"各国金融服务市场的开放和互联。而金融市场的开放制度包括允许外国金融服务提供者进入本国市场以及提供准入后的待遇。"一带一路"沿线多数国家已在全球性多边协定、区域性协定和双边协定项下承担了程度不同的金融服务开放义务。在此情形下，这些国家已承担的金融市场开放义务，错综复杂，类似于"意大利面碗"现象。在金融服务中实行自由的市场准入以及普遍的最惠国待遇和国民待遇，有利于推动实现金融市场的多边开放和自由竞争。因此，理论上较完美的开放方案是"一带一路"沿线各国订立金融服务市场开放的多边条约，将市场准入以及最惠国待遇和国民待遇作为金融服务市场开放的原则和普遍性义务。

1. 缔结专门的《"一带一路"金融服务协定》

通过提取"一带一路"沿线各国承担金融市场开放义务的最大公约数，缔结专门的《"一带一路"金融服务协定》，才能为"一带一路"共同金融市场奠定基石。之所以要订立包括市场准入在内的"一带一路"金融服务的专约，而不是将金融服务融入服务贸易协定或其他协定之中，原因主要在于金融具有战略重要性和高风险性等特质。[①]WTO 和《区域全面经济伙伴关系协定》(*Regional Comprehensive Economic Partnership*，以下简称"RCEP"）都在服务贸易章节之后附加了专门的金融服务贸易附件处置金融服务。《全面与进步跨太平洋伙伴关系协定》(*Comprehensive and Progressive Agreement for Trans-Pacific Partnership*，以下简称"CPTPP"）更是将金融服务从跨境服务贸易中独立出来，用专章进行规定，并将金融服务承诺单列出来，不纳入服务贸易承诺表之中，体现了对金融特性的特殊对待。在此背景下，制定专门的金融服务贸易协定，才能对"一带一路"的金融服务做出更具针对性的制度设计。

2. 以负面清单列明对市场准入和国民待遇的限制

金融服务市场开放的关键是市场准入及准营问题，即市场准入及国民待遇问题。这两个方面构成了金融市场开放的核心议题。但一步到位地实行自由的市场准入和完全的国民待遇，对"一带一路"沿线多数国家较为困难。《"一带一路"金融服务协定》可借鉴 CPTPP 中的做法，允许采取负面清单的方法对市场准入和国民待遇作出限制。从实践来看，CPTPP 就只允许通过负面清单对市场准入和国民待遇作出限制。因此，负面清单符合未来的发展趋势，在"一带一路"沿线国家已具有一定的接受基础。但是，为了维护一定的开放水平，《"一带一路"金融服务协定》应规定各缔约方在协定项下的不符措施数量不应超过各方在之前其他任何协定项下负面清单的范围，或承担的市场准入和国民待遇义务不应低于各方在之前其他协定中承担的义务。

---

① 韩龙：《金融法与国际金融法前沿问题》，清华大学出版社 2018 年版，第 19—30 页。

3.实行普遍的最惠国待遇

《"一带一路"金融服务协定》应实行普遍的最惠国待遇原则，且应允许做出有限的保留。最惠国待遇是多边金融市场开放的基石，若协定不能将其作为一项普遍性原则，将会导致共同金融市场制度的碎片化。但是，为了防止一些较低开放水平的国家"搭便车"，亦应允许缔约国对较少开放市场的国家实行最惠国待遇的例外，即对这些国家不承担市场开放的最惠国待遇，以推动各国金融市场的高水平开放。

(二)"一带一路"沿线各国金融法律的协调

法律协调是指修改国内法律，或以跨国法律制度取代国内法律制度，从而使特定规则在不同国家或多或少地保持一致。[①] 法律协调不同于法律的统一，而是在各国法律存在差异的情况下促使各国法律的趋同。《"一带一路"金融服务协定》只能就"沿线各国的金融市场开放和其他主要金融问题作出一般性规定，各国法律对金融业的规定仍然可以存在差异，但金融服务贸易自由化的实现在很大程度上取决于国内规则方面差异的减少"[②]。而协调各国金融制度既有助于使各国保持和遵守一定的金融"底限"，也有助于避免监管真空，减少双重甚至多重监管，保障公平竞争。因此，建立"一带一路"共同金融市场需要对"一带一路"沿线各国的金融法律进行必要的协调。

当今区域一体化程度最高者当属欧盟，在法律协调方面欧盟是最成功的范例，这为"一带一路"沿线各国金融法律的协调提供了有益的借鉴。但是，"一带一路"各国间的差异较之欧盟国家大，因此，在"一带一路"各国金融领域内进行完全协调几乎不可能。故而，在"一带一路"沿线国家间的金融法律协调只能采用最低限度协调。具体来说，最低限度协调具有以下优势：首先，最低限度协调对各国主权介入度低，最低限度协调是最现实的

---

① 刘轶:《金融服务市场一体化的法律方法——欧盟的理论和实践》，法律出版社 2015 年版，第 120 页。

② 温树英:《WTO 体制下金融服务贸易目标与监管目标的冲突与协调》，《法学家》2006 年第 5 期。

选择。其次，金融业具有特殊性和重要性，宜采取最低限度协调。再次，金融科技发展迅猛，对金融业产生的影响难以断定。若采用完全协调，各国将丧失根据金融科技的发展灵活调整金融制度的主动性。最后，"一带一路"各国金融法律制度差异颇大，若采用完全协调，需要调整的内容庞大，耗时过长，因此，最低限度协调是更经济合理的方法。最低限度协调的对象是各国的金融监管法律，即各国阻碍共同金融市场的金融监管法律。最低限度协调的具体途径是确定各方可普遍接受的最低金融监管标准，如公认的巴塞尔银行监管委员会、国际证券监管委员会和国际保险监管委员会以及其他国际组织的原则、标准和规则，以国际社会最佳实践为基础，确定监管标准的下限。

(三) 推行以母国控制原则为基础的相互承认原则

推进"一带一路"共同金融市场的建立与发展，除需最低限度协调之外，还需相互承认原则、母国控制原则发挥重要作用。在此方面，欧盟金融市场一体化中的相互承认原则和母国控制原则提供了有益借鉴。在欧盟，母国控制原则与最低限度协调原则和相互承认原则紧密联系、相互衔接、相辅相成，共同构成了欧盟金融服务市场一体化的法律支柱。[1] 欧盟的相互承认原则是指各成员国共同作出承诺，以监管标准的最低限度协调为基础相互认可对方成员国对特定金融活动或者特定金融机构的监管规则，从而向跨境金融服务开放本国市场，且相关跨境金融服务适用母国的监管规则，相应的监管责任也由母国监管部门承担。[2] 可见，欧盟相互承认的对象不仅包括对方成员国的金融监管规则，还包括母国的监管规则。相互承认原则在确定相互承认的条件的同时，也完成了监管权限和监管责任的分配，即由母国对跨境金融活动实施监管。母国控制原则指金融机构通过设立分支机构提供跨境金融服务或者直接提供跨境金融服务时，应主要遵循母国的监管规则，相应的监管责任主要由母国监管部门承

---

① 刘轶：《金融服务市场一体化的法律方法——欧盟的理论和实践》，法律出版社 2015 年版，第 213 页。

② 刘轶：《金融服务市场一体化的法律方法——欧盟的理论和实践》，法律出版社 2015 年版，第 175 页。

担。值得注意的是，母国控制原则不适用于一国金融机构在东道国设立具有独立法人资格的子公司这种形式。

借鉴欧盟经验，在最低限度协调原则的基础上，推行以母国控制原则为基础的相互承认原则，明确划分跨境金融服务的监管权限，为跨境金融服务提供清晰的法律框架，方能保障"一带一路"共同金融市场健康发展。为此，母国控制和相互承认制度适用的范围，应限于履行《"一带一路"金融服务协定》金融市场开放义务，且金融监管法律符合最低限度协调原则确定的最低标准的国家。这是因为金融市场开放是基础，相互承认原则的前提是各国实施监管的对等性，只有一国实行符合最低限度协调原则确定的最低标准时，母国控制原则和相互承认原则方能在这些国家间具有作用空间。此外，应将最低限度协调原则、母国控制原则和相互承认原则作为一个整体，规定在《"一带一路"金融服务协定》之中。相互承认原则的前提是各方实施监管的对等性，而最低限度协调通过设置监管标准的底限，以此保证各方监管的对等性。简言之，最低限度协调原则是相互承认原则的前提和基础，而相互承认原则暗含了母国控制原则。

（四）"一带一路"跨境支付制度与支付结算体系之构建

国际贸易、投资和其他国际经济活动的开展，取决于国际支付的自由度和便利性。因此，"一带一路"共同金融市场建设，须考虑"一带一路"各国间的支付制度和支付结算体系。只有这些国家间支付没有限制或限制甚少，彼此间的资本流动才会畅通，才能为"一带一路"共同金融市场提供充足的源泉。在《"一带一路"金融服务协定》框架下解决"一带一路"国家间的支付问题，需从跨境支付制度与跨境支付结算体系两个方面入手。

1."一带一路"跨境支付制度之构建

国与国之间的支付制度，包括经常项目的支付和资本项目的支付。对经常项目的国际支付问题，国际货币基金组织（以下简称"IMF"）从成立之初至今，态度十分明确。《IMF 协定》第 8 条将经常项目的自由支付确定为各成员国承担的一项多边义务。但顾及一些国家外汇短缺，没有条件和能力实行经常项目的支付自由，《IMF 协定》第 14 条作出了过渡性安排的规定。[①] 当下，IMF 的多数成员国已实现经常项目下的可自由支付，但外汇管制仍然在一些国家特别是一些发展中国家存在。[②] 就"一带一路"共同金融市场而言，经常项目的自由支付不仅关乎共同金融市场的发展，而且也决定着"一带一路"各国间贸易等经济活动的自由度和规模，应作为"一带一路"共同金融市场各国的一项多边义务。

不同于经常项目，IMF 对资本项目开放的认知在不断演变。建立之初，IMF 认为应对跨境资本流动进行必要的管制。牙买加体系诞生后至 2008 年期间，IMF 支持国际资本流动。2008 年全球金融危机后，IMF 在系列反思基础上形成了资本项目的"体制观"，不再将资本项目的充分开放作为当然目标，同时强调资本项目开放须伴之以配套条件，特别一国的金融和宏观经济体制是否达到资本项目开放的门槛要求。[③] 然而，如果"一带一路"沿线各国都不开放资本项目，"一带一路"的"五通"建设，特别是资金融通就难以充分实现，"一带一路"建设面临的资金匮乏问题将无法通过共同市场得到解决。但另一方面，资本项目开放事关跨境风险传播和金融稳定等敏感事项。因此，"一带一路"对资本项目的制度设计宜采取以下方法：一是鼓励"一带一路"沿线国家开放资本项目，就资本项目的开放做出框架性的承诺，但开放到什么程度由各国根据自身情况决定；二是政府层面的"一带一路"国际合作高峰论坛，应将各国的资本项目开放作为常规议题；三是可考虑成立以各国金融当局为成员的"一带一路"金融咨询评估机构，定期评估"一带一路"沿线各国宏观经济和金融状况，提出资本项目自由化适当安排和进程的建议。

2."一带一路"跨境支付结算体系之构建

如果说跨境支付制度关注一国是否允许货币自由兑换和对外支付的话，

① 《国际货币基金组织协定》第 8 条、第 14 条。该协定于 1944 年 7 月 22 日通过，1945 年 12 月 27 日生效。
② 韩龙：《国际金融法》，高等教育出版社 2020 年版，第 100 页。
③ 韩龙：《IMF 对跨境资本流动管理制度的新认知述评》，《环球法律评论》2018 年第 3 期。

支付结算体系则关注在允许货币自由兑换和对外支付的条件下如何对外支付结算的问题。特别是，近来美西方将俄罗斯剔除出环球同业银行金融电讯协会（Society for Worldwide Interbank Financial Telecommunication，以下简称"SWIFT"），[1] 动辄通过美元的国际支付结算体系对他国采取包括冻结外汇储备在内的制裁措施，使西方一些国家及其货币的信誉声名扫地，同时也使得构建安全稳定的支付结算体系问题对于"一带一路"沿线国家愈发重要。

我国作为世界第二大经济体，是"一带一路"沿线的最大经济体。近年来，人民币国际化发展迅速。越来越多国家的中央银行选择将人民币纳入其外汇储备体系。为便利人民币跨境支付结算，我国先后于 2015 年和 2018 年运行了人民币跨境支付系统（CIPS）一期和二期。[2] 截至 2024 年 7 月末，CIPS 系统共有直接参与者 150 家，间接参与者 1401 家，参与者分布在全球 117 个国家和地区，业务可通过 4700 多家法人银行机构覆盖全球 184 个国家和地区。[3] 特别是，CIPS（二期）在 CIPS（一期）实时全额结算（RTGS）模式的基础上引入定时净额结算（DNS）模式，实现混合结算功能。CIPS 在我国法定工作日全天候运行，运行时间调整为 5×24 小时 +4 小时，[4] 此外，考虑到 CIPS（二期）时序调整后的夜间时段正值欧美金融市场的营业时间，且开通定时净额结算业务对参与者的流动性管理要求提高，中国人民银行决定银行间货币市场加开夜盘，满足境内外直接参与者夜间调剂流动性的需要。[5] 可见，CIPS 具备满

---

[1]　SWIFT 是全球金融报文传送服务机构和平台，其报文传送服务对接全球超过 11,000 家银行、证券机构、市场基础设施和企业用户，覆盖 200 多个国家和地区。

[2]　CIPS 是人民币跨境支付系统，提供人民币跨境支付清算服务、数据处理服务、信息技术服务以及其他相关业务。2015 年 10 月，CIPS 系统（一期）成功上线运行，同步上线的有 19 家直接参与者和 176 家间接参与者，参与者范围覆盖 6 大洲 50 个国家和地区。2018 年 5 月，CIPS 系统（二期）全面投产，符合要求的直接参与者同步上线。

[3]　CIPS 系统参与者公告（第 99 期），https://www.cips.com.cn/cips/2024-08/01/article_202408011 5055281694.html，2024 年 8 月 19 日访问。

[4]　CIPS 在我国法定工作日全天候运行，运行时间为 5×24 小时 +4 小时。系统业务处理分为日间场次和夜间场次。一般工作日的日间场次运行时间为当日 8 时 30 分至 17 时 30 分（其中 17 时至 17 时 30 分为清零等场终处理时间）。考虑到我国所处的时区，周末及法定节假日后第一个工作日的日间场次运行时间提前为当日 4 时 30 分。夜间场次的运行时间为当日 17 时至下一自然日 8 时 30 分（其中 8 时至 8 时 30 分为清零等日终处理时间）。

[5]　谢众：《CIPS 建设取得新进展》，《中国金融》2018 年第 11 期。

足"一带一路"沿线各国支付结算需要的能力。我国宜引导各国使用人民币和
CIPS 作为跨境支付货币和支付结算系统。

但欲使人民币和 CIPS 成为"一带一路"沿线各国使用的跨境支付货币和
支付结算系统，尚需在法律层面进行大量细致的工作。

首先，货币国际化实质上是货币信用的国际化，"一带一路"各国是否接
受人民币主要取决于人民币的信用。因此，我们应加强货币政策法治以维护人
民币币值稳定，提高人民币的国际吸引力，并加强对境内外人民币财产安全的
法律保护。[1]

其次，我国应开放资本项目并相应地进行汇率制度改革。人民币要被国际
社会所接受，从而实现国际化，须能够自由兑换和自由使用，否则，就会丧失
被国际社会接受的基本条件和资格。但我国还存在一定的资本项目管制，因而
与人民币国际化的需要相悖。因此，应实行资本项目充分开放。但资本项目的
开放会导致资本"大进大出"，影响经济和金融的稳定。由市场供求关系决定
的自由浮动汇率，作为调节跨境资金流动的重要杠杆，可以有效缓解跨境资本
流动带来的冲击，故我国应适时地将现行的有管理的浮动汇率制转变为自由浮
动汇率制。[2]

最后，完善 CIPS，提高人民币在国际间使用的便利性和效率，降低使用
成本。鉴于人民币国际化严重依赖跨境电子资金划拨，特别是大额电子资金划
拨，我国应制定大额电子资金划拨的单行法，明确厘定各方当事人在电子资金
划拨中的权利、义务和风险责任。同时结算"最终性"[3] 极为重要，但我国破
产领域相关规定却对之形成威胁。为此应完善我国《破产法》的相关规定，避
免破产法律中的"零点规则"等对支付结算最终性产生不利影响。[4] 此外，还
应完善人民币国际化结算的抵押品制度，规定让与担保，即债务人可以将质押
品所有权转移给债权人。如无违约，债权人将归还同类质押品；如违约，质押

---

[1]　韩龙：《信用国际化——人民币国际化法制建设的理据与重心》，《法律科学（西北政法大学
　　　学报）》2021 年第 1 期。

[2]　韩龙：《人民币国际化的法律问题研究》，人民出版社 2023 年版，第 150 页。

[3]　最终性是权利归属不再具有纷争或不再因纷争而改变的终局状态。

[4]　韩龙、毛术文：《人民币国际化条件下清算最终性与破产法的冲突与协调》，《清华法学》
　　　2020 年第 4 期。

品归债权人所有，以满足跨境人民币结算对效率的要求。

四、结语

通过制度安排加速"一带一路"沿线国家间共同金融市场建设十分必要，可以弥补"一带一路"建设面临的巨大资金缺口，加快"一带一路"总体进程。"一带一路"共同金融市场的制度构建应坚持硬法与软法相结合、金融开放与金融监管同步、充分重视非政府主体的原则。就主要制度而言，在金融市场开放方面可借鉴 WTO、RCEP、CPTPP 的金融服务制度，提取当前"一带一路"金融服务开放最大公约数，谈判缔结专门的《"一带一路"金融服务协定》。协定只允许通过负面清单的方式对市场准入和国民待遇作出限制，并实行普遍的最惠国待遇。在法律协调方面，"一带一路"共同金融市场应借鉴欧盟，将最低限度协调原则、母国控制原则和相互承认原则作为一个整体进行规定，先搭建框架再充实内容，先易后难。在跨境支付制度与支付结算体系方面，在坚持经常项目的开放的基础上应鼓励各国完备条件开放资本项目，同时努力使人民币和 CIPS 成为"一带一路"沿线各国使用的跨境支付货币和支付结算系统，为"一带一路"沿线各国提供安全稳定的支付货币和支付结算体系。

"一带一路"共同金融市场的制度构建，涵盖了众多领域。从金融服务市场的开放到金融法律的协调、相互承认，再到金融监管合作、货币支付结算制度与体系，这些事项在实践中没有绝对的时间先后之分。这意味着，法律协调无需等金融服务市场开放达到了一定程度之后，才开始推进。同理，法律协调也不必然是监管合作的前提。虽然金融市场的开放是基础，但监管合作须与金融市场的开放保持同步，而资本项目的开放是深化"一带一路"共同金融市场建设的必要条件。支付制度与支付结算体系，事关"一带一路"共同金融市场的效率与安全。这些领域彼此密切联系，其制度构建只有通盘筹划，才能发挥联动促进作用，保证"一带一路"共同金融市场建设制度的整体性、系统性和实效性。

"一带一路"共同金融市场的建设是一项长期而复杂的宏大工程。因此，

"一带一路"共同金融市场的制度建设无法一蹴而就，不可急于求成，必须全面考量、统筹推进。应遵循先易后难、由点到面的原则，稳步前行。金融服务市场的开放是"一带一路"共同金融市场的基础且相对容易，应先行着手。歧视性的壁垒消除后，以最低限度协调原则、相互承认原则、母国控制原则共同协调各国的金融法律与监管，逐步降低因金融规则差异而形成的事实壁垒，并通过制度安排加强金融监管合作，保证金融监管跟得上"一带一路"共同金融市场发展的步伐。

此外，在保障经常项目自由兑换和自由支付的基础上，科学有序地推进资本项目的开放，实现资本的自由流通。我国作为"一带一路"倡议的提出者，应在金融服务等方面承担大国责任，积极推动"一带一路"共同金融市场的建设。同时，"一带一路"沿线各国也应当意识到建设共同金融市场是共同利益所在，应秉持共商、共建、共享的理念积极参与这一市场的建设之中。

金融制裁与反制裁的最新叙事与实践

方荔　沈伟*

摘　要：2022 年俄乌地区冲突升级后，美国联合西方国家对俄罗斯诉诸史无前例的大规模、多层次的金融制裁。美对俄金融制裁的法律体系和执行机制较完备：国会通过了五部关于俄罗斯的制裁法案，总统针对俄局势变化迅速发布行政命令，海外资产控制办公室管理和执行两个涉俄制裁项目，发布制裁条例，更新制裁名单，从事执法活动。俄罗斯采取了一系列反制裁措施，包括发布"卢布结算令"、限制与"不友好国家"的金融交易、建设本土化金融基础设施、建立阻断法机制、推动外国资产国有化等。

关键词：金融制裁；反制裁；非对称性

随着金融全球化，经济一体化进程，金融制裁逐渐成为经济制裁的重要手段，并被美国用作实现其政治、外交、经济和安全目标的常见工具和武器。

2022 年 2 月 24 日俄乌地区冲突发生后，美国联合西方国家对俄罗斯发起史无前例的大规模、高强度的经济制裁。美西方对俄罗斯的"极限制裁"，主要体现在四个方面：第一，国家之间在贸易、技术、金融等领域的相互依存关系被用作打击对手的武器；第二，国家安全泛化主义越来越多地渗透并左右正常的国际经贸关系；第三，美元、国际金融系统等国际公共物品呈现出工具化

---

* 方荔，北京市竞天公诚律师事务所律师；沈伟，上海交通大学法学院特聘教授、英国伦敦政治经济学院博士。

异化的特征；第四，所谓扭曲的价值观和意识形态分歧正在冲击全球化和全球治理格局。[①] 美国对俄制裁集中了美国几乎全部的制裁工具，同时也呈现出新的特点。

本文拟聚焦美国金融制裁及其特征和影响。第一部分讨论美国对俄金融制裁的法律体系、执行机制与主要特征，第二部分讨论美国金融制裁的法律问题，第三部分重点研究俄罗斯反制裁措施。

一、美国对俄金融制裁的法律体系、执行机制与主要特征

自 2014 年克里米亚危机爆发以来，美国联合加拿大、欧盟、英国、日本、澳大利亚等国对俄罗斯实施多轮经济制裁。2022 年 2 月 24 日乌克兰危机发生后，美国联合西方国家对俄罗斯诉诸史无前例的大规模、高强度经济制裁，制裁数量约两万项。[②]

美国对俄制裁大体可以分为六类：一是针对与军事行动直接相关的俄罗斯政要；二是针对俄罗斯商业精英和企业家；三是针对企业和组织的精准制裁，包括俄罗斯系统重要性银行、矿业集团、管道公司；四是对于高科技产品对俄出口的限制；五是针对俄罗斯能源行业，废止俄罗斯通往德国的"北溪二号"天然气管线，禁止与俄进行能源交易；六是将俄罗斯排除出环球银行间金融通信协会（Society for Worldwide Interbank Financial Telecommunication，以下简称"SWIFT"）系统，使之成为"金融孤岛"。[③] 冻结资产、阻断融资和金融交易等金融制裁手段成为美国对俄制裁的主要措施，以实现美国对俄罗斯实施金融脱钩的重要外交政策目标。

2022 年 2 月俄乌冲突以来，美国对俄罗斯实施的主要金融制裁措施包括

---

① 东方网：《吴心伯：美对俄制裁与对华战略竞争出现一种"共振"》，2022 年 5 月 30 日，https://j.eastday.com/p/1653925148043335。

② 资料来源：Castellum.AI 数据库，https://www.castellum.ai/russia-sanctions-dashboard。

③ 徐坡岭：《俄罗斯能否顶住美欧"史上最严厉"制裁》，《世界知识》2022 年第 6 期。

如表所示：

美国对俄金融制裁措施汇总

（2022 年 2 月起）

序号	时间	法律依据	金融制裁措施概况
1	2022.2.21	总统行政命令	禁止美国人在乌东地区进行新投资； 禁止美国人向受禁止交易提供资金支持或担保； 冻结美国境内或美国人的、可能用于东地区相关活动的资产。
2	2022.2.22	OFAC 指令及制裁名单	禁止美国金融机构参与由俄罗斯央行、国家财富基金或财政部发行的债券的一、二级市场交易，或提供贷款； 将 3 名个人、44 个实体、5 艘船只列入"特别指定国民和阻禁人员"（Specially Designated Nationals and Blocked Persons, SDN 名单），此次制裁主要针对俄罗斯政府官员亲属以及俄罗斯国防具有重要作用的 VEB 银行和 PSB 银行。
3	2022.2.24	OFAC 指令	禁止美国金融机构为俄罗斯 Sberbank 及其 25 家分支机构开立或维持往来账户或通汇账户； 禁止美国金融机构处理受制裁俄罗斯金融机构的交易。
4	2022.2.24	OFAC 指令	禁止美国人或在美国境内交易 13 家俄罗斯实体及其控制的实体新发的债券及证券。
5	2022.2.28	OFAC 指令及制裁名单	禁止任何美国人或美国金融机构代表俄罗斯央行、国家财富基金或财政部进行包括财产转移、外汇在内的任何交易，也不得参与任何涉及前述实体的交易。
6	2022.3.1	OFAC 条例	禁止涉及俄罗斯科技、国防及相关重大产业的交易； 禁止涉及俄罗斯恶意网络活动、干扰他国选举或民主程序、跨国腐败、暗杀、影响他国和平稳定的财产交易； 禁止涉及俄罗斯政府首脑、政要及其配偶、成年子女的财产交易。
7	2022.3.8	总统行政命令	禁止美国与俄罗斯进行油气行业的经贸往来； 禁止在俄罗斯进行能源行业相关投资。
8	2022.5.2	OFAC 条例	禁止部分俄罗斯企业、机构的债券、证券交易； 禁止向俄罗斯能源行业提供融资的部分交易； 禁止涉及俄罗斯国防及重大行业的部分交易； 禁止为俄罗斯产油活动提供商品、服务和技术； 禁止向克里米亚地区进行新投资； 禁止向克里米亚地区出口或进口商品、服务和技术； 禁止美国金融机构为部分俄罗斯实体开立、维持账户。
9	2023.12.22	总统行政命令	授权美国财政部对支持俄罗斯军工基础的非美国金融机构进行制裁。
10	2022.2 至今	OFAC 制裁名单	将众多俄罗斯个人和实体列入 SDN 制裁名单，包括俄罗斯总统普京、外长拉夫罗夫及多名安全委员会成员、杜马成员、金融机构、国防企业、虚拟货币挖矿企业。

2014 年起美国对俄罗斯发起经济制裁以来，国内外关于美对俄经济制裁的研究逐渐增多，覆盖政治、经济、法律等诸多方面。随着金融制裁逐渐成为美国对外制裁的主要手段，美国对外实施金融制裁的表现形式、特征、[①] 效果[②]，及其依据的法律体系[③]、合法性[④]亦是国内外学者的研究重点。另外，俄罗斯对经济制裁的应对、反制裁措施及其效果也引起关注。[⑤]

金融制裁是经济制裁的一种，主要针对被制裁对象的资金或资产流动，主要方式包括冻结金融资产、限制金融交易等。金融制裁兴起于国际金融交易快速增长和反恐情绪高涨的双重背景之下。2001 年"9·11 事件"后，美国大力发展金融交易追踪与识别技术以服务于反恐活动，[⑥] 加强对恐怖主义、毒品犯罪、大规模杀伤性武器等问题的针对性制裁，强调财政部在国家安全中的角色，并将金融制裁作为最重要的经济制裁措施。[⑦]

（一）美国对俄金融制裁的法律体系

作为金融制裁的主要发起国，美国形成了较为完备的金融制裁法律体系，主要包括国会立法、总统行政命令和财政部规章。[⑧] 作为金融制裁的主要发起

---

① 沈伟:《论金融制裁的非对称性和对称性——中美金融"脱钩"的法律冲突和特质》,《上海对外经贸大学学报》2020 年第 5 期。

② Anders Åslund and Maria Snegovaya, The Impact of Western Sanctions on Russia and How They can be Made Even More Effective, Atlantic Council, May. 3 2021, https://www.atlanticcouncil.org/in-depth-research-reports/report/the-impact-of-western-sanctions-on-russia/, last visited on Jun. 8, 2022; Susanne Oxenstierna and Per Olsson, The Economic Sanctions against Russia: Impact and Prospects of Success, FOI (September 2015).

③ 郑联盛:《美国金融制裁：框架、清单、模式与影响》,《国际经济评论》2020 年第 3 期。

④ 刘瑛、黎萌:《美国单边金融制裁的国际法分析》,《国际经济评论》2020 年第 3 期。

⑤ 杨尚洪等:《俄罗斯应对西方制裁举措及对我国的启示》,《西伯利亚研究》2019 年第 6 期；刘军梅:《俄乌冲突背景下极限制裁的作用机制与俄罗斯反制的对冲逻辑》,《俄罗斯研究》2022 年第 2 期。

⑥ Barry E. Carter and Ryan Farha, Overview and Operation of U.S. Financial Sanctions, Including the Example of Iran, 44 Geo. J. Int' l L. 903 (2013), p. 903.

⑦ 刘建伟、王付东:《美国财政部国家安全角色的演变、原因及争论》,《财政科学》2020 年第 8 期。

⑧ 徐以升、马鑫:《美国金融制裁的法律、执行、手段与特征》,《国际经济评论》2015 年第 1 期。

国，美国形成了较为完备的金融制裁法律体系，主要包括国会立法、总统行政命令（Executive Order, EO）以及财政部规章。[①] 美国经济制裁法律主要包括三类[②]：一是基础类法律，授权总统发布经济、金融制裁；二是制裁立法针对特定活动或目标，如人权及腐败问题[③]、反恐活动[④]、武器扩散等[⑤]；三是国别类立法，如针对伊朗、古巴的制裁立法。[⑥]

美国总统是美国法上一个重要的金融制裁决策机构。《国际紧急经济权力法》授权美国总统可以对"对美国国家安全、外交政策和经济造成异常或特殊威胁"的情况宣布国家紧急状态并行使相关权力，包括冻结资产、阻断金融交易、没收外国实体或国家财产。[⑦]"9·11事件"后，《爱国者法案》（USA Patriot Act of 2001）对总统在《国际紧急经济权力法》下的权限进行扩张。美国总统可以不经宣告国家进入紧急状态，在美国成为武装敌对行动指向对象或者成为外国或外国国民袭击对象时，对外国人、外国组织或者外国实行金融制裁，包括没收资产。[⑧]

在国会立法和总统颁布行政命令后，美国财政部等行政机构负责监督、管理和执行金融制裁内容。美国财政部的下属单位外国资产控制办公室（Office of Foreign Assets Control, OFAC）是美国金融制裁的执行机构，管理和执行所有基于美国国家安全和对外政策的经济、贸易制裁。[⑨]

1. 国会立法

2014年以来通过的关于俄罗斯的制裁法案主要包括：（1）2014年《支持

---

① 徐以升、马鑫：《美国金融制裁的法律、执行、手段与特征》，《国际经济评论》2015年第1期。

② 刘建伟：《美国制裁改革背景下的对俄经济制裁》，《国际展望》2022年第3期。

③ 《全球马格尼茨基人权问责法》（*Global Magnitsky Human Rights Accountability Act*）。

④ 《反恐怖主义和有效死刑法》（*Antiterrorism and Effective Death Penalty Act*）。

⑤ 《武器出口控制法》（*Arms Export Control Act*）。

⑥ 针对伊朗的制裁法律包括《全面制裁伊朗、问责和撤资法》（*Comprehensive Iran Sanctions, Accountability, and Divestment Act*）、《减少伊朗核威胁和保障叙利亚人权法》（*Iran Threat Reduction and Syria Human Rights Act*）。

⑦ 《国际紧急经济权力法》第1702(a)条。

⑧ 《爱国者法案》第106条。

⑨ 龚柏华：《中美经贸摩擦背景下美国单边经贸制裁及其法律应对》，《经贸法律评论》2019年第6期。

乌克兰主权、统一、民主和经济稳定法》（*Support for the Sovereignty, Integrity, Democracy, and Economic Stability of Ukraine Act of 2014*）（以下简称《2014 乌克兰主权法》）；（2）2014 年《支持乌克兰自由法》（*Ukraine Freedom Support Act of 2014*）；（3）2017 年《通过制裁反击美国敌人法》（*Countering America's Adversaries Through Sanctions Act*）；（4）2022 年《停止进口俄罗斯石油法》（*Ending Importation of Russian Oil Act*）；以及（5）2022 年《暂停与俄罗斯和白俄罗斯正常贸易关系法》（*Suspending Normal Trade Relations with Russia and Belarus Act*）。

值得一提的是 2017 年《通过制裁反击美国敌人法》，堪称美俄关系史上最严厉、最全面、最周详的制裁法案，[1] 旨在系统性打击俄罗斯的普京体制[2]。《通过制裁反击美国敌人法》第二章题为"关于俄罗斯联邦的制裁和打击恐怖主义及非法融资"，将对俄制裁与反恐议题合并处理。第二章又称为"2017年反击俄罗斯在欧洲和欧亚地区的影响法"（以下简称《反俄罗斯影响法》），分为"对俄罗斯的制裁及其他措施"和"反击俄罗斯在欧洲和欧亚地区的影响"两节。[3]《反俄罗斯影响法》是对于 2014 年两部关于乌克兰法案的延续和升级，以及对此前行政命令的法典化，[4] 其制裁范围包括：代表俄罗斯实施的网络安全破坏行为、俄罗斯原油项目、俄罗斯金融机构、重大腐败、侵犯人权、与俄罗斯情报或国防部门进行交易、支持俄罗斯能源管道建设、投资于俄罗斯国有资产私有化进程、向叙利亚转让武器。[5] 2022 年通过的两部法案更多采取了传统的贸易制裁的路径。2022 年《停止进口俄罗斯石油法》实际上是将此前禁止从俄罗斯进口能源的总统令法案化。2022 年《暂停与俄罗斯和白俄罗斯正常贸易关系非常态法》则暂停给予俄罗斯及白俄罗斯的"永久正常贸易关系"，取消两国在世界贸易组织（World Trade Organization，以下简称"WTO"）框架内享受的最惠国待遇关税水平，因此两国商品将在美国被征收

---

① 姜毅：《解析美国对俄制裁新法案》，《俄罗斯东欧中亚研究》2018 年第 1 期。

② 冯绍雷：《"对俄制裁案"和俄罗斯与西方关系的未来》，《欧洲研究》2018 年第 1 期。

③ 《通过制裁反击美国敌人法》第 201 条。

④ Executive Order No. 13660; Executive Order No. 13661; Executive Order No. 13662; Executive Order No. 13685; Executive Order No. 13694; Executive Order No. 13757.

⑤ 《通过制裁反击美国敌人法》第 224—234 条。

更高关税。

2.行政命令

2021 年 4 月 15 日，美国总统在 EO14024 中针对俄罗斯局势宣布国家进入紧急状态，理由是俄罗斯破坏美国及其盟友的民主选举、民主机构，参与和协助针对美国及其盟友的网络活动、跨国腐败影响外国政府、针对异己分子或新闻工作者的域外活动；破坏对美国国家安全具有重要作用的他国安全；违反尊重领土完整等国际法原则。

根据三权分立原则，美国总统关于金融制裁的行政命令应受到来自国会和法院的制衡。但是美国政府行政权逐步扩张的管制制度已改变了三权分立的原有内涵，总统在内的行政机构拥有半立法、半行政、半司法权力。[1] 自 2000 年以来，美国总统日益频繁地行使紧急状态制裁权，[2] 大幅扩张其立法权，在一定程度和某些领域替代了国会立法。[3] 这在近年来美国对俄制裁的问题上表现显著。从 2014 年克里米亚危机爆发以来，美国对俄制裁相关会立法与行政命令的互动中可总结出如下特征：第一，行政命令先行。行政命令制定程序的灵活简便，可以在第一时间针对俄罗斯局势变化作出制裁回应。2014 年 3 月，时任总统奥巴马分别在克里米亚地区宣布独立公投、公投当日和俄罗斯宣布兼并克里米亚后，发布三项行政命令。2022 年 2 月 21 日俄罗斯宣布承认乌东两地独立起，美国总统接连发布三项行政命令。第二，国会滞后于行政命令，以立法方式明确表达国会意图及其对总统行动的期望。国会于 2017 年通过的《通

---

[1] 席涛：《美国政府管制成本与收益分析的制度演变——从总统行政命令到国会立法》，《中国社会科学院研究生院学报》2003 年第 1 期。

[2] 从 2000 年 1 月至 2022 年 5 月，美国总统援引《国际紧急经济权力法》宣布国家紧急状态共计 47 次。详见 Brennan Center for Justice, Declared National Emergencies Under the National Emergencies Act, https://www.brennancenter.org/our-work/research-reports/declared-national-emergencies-under-national-emergencies-act，最后访问日期：2022 年 6 月 5 日。

[3] Andrew Boyle, Checking the President's Sanctions Powers: A Proposal to Reform the International Emergency Economic Powers Act, Brennan Center for Justice Policy Report, Jun. 10, 2021, https://www.brennancenter.org/our-work/policy-solutions/checking-presidents-sanctions-powers, p.11.

过制裁反击美国敌人法》对既往的行政命令予以认可①，扩大对俄制裁范围和力度，同时强化了国会就对俄制裁的审议权。② 若美国总统行动拟重大变更美国对俄外交政策，或改变对俄制裁法案项下制裁内容，则须首先分别向参众两院的外交委员会报告，举行听证并获取同意，而国会可在 30 日至 60 日期限内拒绝总统的上述改变。③ 这实际上是对美国总统的外交权力，特别是对俄制裁决策权加以重大限制。④ 美国国会和总统在多轮互动中，将对俄制裁推向"史无前例"的广度和强度。

另一方面，美国总统的制裁行政命令虽然受到司法审查，但是法院对总统行政命令倾向于采取回避或支持态度，通过司法审查程序推翻总统行政命令的案件更是寥寥可数。⑤《爱国者法案》关于"秘密证据"的规定进一步削弱了司法审查对行政行为的制衡力度。该法案第 106 条规定，就涉及保密信息的制裁决定而言，政府可以单方且不公开的方式向法院提交保密信息，这意味着申请人将失去就该证据澄清、抗辩的机会。

3. 财政部规章与制裁清单

OFAC 目前管理有两个涉及俄罗斯的制裁项目：一是乌克兰 / 俄罗斯相关制裁（Ukraine-/Russia-Related Sanctions），二是俄罗斯有害境外活动制裁（Russian Harmful Foreign Activities Sanctions）。OFAC 针对两个对俄制裁项目分别制定了制裁条例：2022 年 3 月 1 日生效的《俄罗斯有害境外活动制裁

---

① 《通过制裁反击美国敌人法》第 222 条。
② 《通过制裁反击美国敌人法》第二章第一部分。
③ 《通过制裁反击美国敌人法》第 216 条。
④ 冯绍雷：《"对俄制裁案"和俄罗斯与西方关系的未来》，《欧洲研究》2018 年第 1 期。
⑤ Dames & Moore v. Regan 案 [453 U.S. 654 (1981)] 中，原告主张总统及财政部相关命令超越法定和宪法权限，且构成"管制性征收"，违反美国宪法修正案第 5 条"非经公平补偿不得为公共利益而征收私人财产"，均遭法院驳回。部分案件中，原告以国会违反分权原则下的不得委托规则（Non-Delegation Doctrine）、立法否决规则（Legislative Veto）否定总统行政命令，但大多败诉，相关案件包括：United States v. Amirnazmi, 645 F.3d 564, 576 (3d Cir. 2011)；United States v. Mirza, 454 F. App'x 249, 256 (5th Cir. 2011)；United States v. Romero-Fernandez, 983 F.2d 195, 196 (11th Cir. 1993)。

条例》（Russian Harmful Foreign Activities Sanctions Regulations）和 2022 年 5 月 2 日生效的《乌克兰 / 俄罗斯相关制裁条例》（Ukraine-/Russia-Related Sanctions Regulations），后者是对 2014 年《乌克兰相关制裁条例》（Ukraine Related Sanctions Regulations）全面修订。两条例的主要内容和特点如表所示：

OFAC 关于美国对俄制裁条例的主要内容

	《乌克兰 / 俄罗斯相关制裁条例》	《俄罗斯有害境外活动制裁条例》
制裁项目	乌克兰 / 俄罗斯相关制裁项目	俄罗斯有害境外活动制裁项目
上位法	2014 年《乌克兰主权法》、2014 年《支持乌克兰自由法》、2017 年《通过制裁反击美国敌人法》、EO13660、EO13661、EO13662、EO13685	EO14024
生效时间	2022 年 5 月 2 日	2022 年 3 月 1 日
禁令主要内容	禁止部分俄罗斯企业、机构的债券、证券交易；禁止向俄罗斯能源行业提供融资的部分交易；禁止涉及俄罗斯国防及重大行业的部分交易；禁止为俄罗斯产油活动提供商品、服务和技术；禁止向克里米亚地区进行新投资；禁止向克里米亚地区出口或进口商品、服务和技术；禁止美国金融机构为部分俄罗斯实体开立、维持账户。	禁止涉及俄罗斯科技、国防及相关重大产业的交易；禁止涉及俄罗斯恶意网络活动、干扰他国选举或民主程序、跨国腐败、暗杀、影响他国和平稳定的财产交易；禁止涉及俄罗斯政府首脑、政要及其配偶、成年子女的财产交易。

新修的 OFAC《乌克兰 / 俄罗斯相关制裁条例》将分散的制裁措施编纂成条例，同时增加了大量的定义条款、解释性条款，增强了制裁的可执行性。《乌克兰 / 俄罗斯相关制裁条例》的另一大特征是细化了通用许可（General License）内容。符合通用许可相关条件的交易可获得豁免，且无需进行个案的豁免申请。《乌克兰 / 俄罗斯相关制裁条例》豁免的交易大体包括两类：一是满足人道主义需要的交易；二是为了执行制裁而进行，或不影响制裁效果、不会导致被冻结资产流出美国的交易。释义性条款和通用许可条款的细化，一定程度上回应了拜登政府经济制裁改革中的部分主张：降低制裁的附带伤害，以

及提高制裁的可理解性、可执行性。[1]

为了实现金融制裁精准打击的效果，众多俄罗斯个人和实体被 OFAC 列入制裁名单。其中，SDN 名单和行业制裁识别（Sectoral Sanctions Identifications，以下简称"SSI"）名单是美国针对俄罗斯制裁最有力的两份名单。截至 2022 年 6 月，乌克兰 / 俄罗斯相关制裁项目、俄罗斯有害境外活动制裁项目项下被 OFAC 列入 SDN 名单的个人、实体、船只、航空器数量近 2000 个。[2] 除了 SDN 名单，SSI 名单是美国针对俄罗斯重要行业专门设置的制裁名单。2014 年，OFAC 为了切断俄罗斯部分经济部门从美国融资或获得科技和能源支持，依据 EO13662，公布了 SSI 名单，覆盖俄罗斯金融服务、能源、矿业、国防等多个重要行业领域。被列入 SSI 名单的俄罗斯金融行业实体、能源行业实体、国防行业实体不得从美国个人或实体获得新的股权投资和融资，既有债务的还款期限亦不得延长。美国人士不得与被列入 SSI 名单的实体开展与俄罗斯深海、北极近海或页岩油项目开发相关的贸易，或与全球范围内在此类项目中拥有 33% 以上所有权或多数表决权的且被列入 SSI 名单的实体进行贸易。另外，"50% 规则"也同样适用于 SSI 名单。美国对俄罗斯制裁标志着美国以行业类别为基础的行业制裁手段发展成形。

（二）美国对俄金融制裁的执行机制

1. 金融机构的合规与执行

银行等金融机构是美国金融制裁执行中的重要环节，一定程度上扮演了"私人警察"（private policing）的角色。[3] 金融交易数量之巨，频率之高，使监

---

[1] The Department of the Treasury, The Treasury 2021 Sanctions Review, October 2021, https://home.treasury.gov/system/files/136/Treasury-2021-sanctions-review.pdf, p.1.

[2] OFAC, Sanctions List Search, https://sanctionssearch.ofac.treas.gov/ [SDN List last updated on Jun.2, 2022].

[3] Jesse Van Genugten, Conscripting the Global Banking Sector: Assessing the Importance and Impact of Private Policing in the Enforcement of U.S. Economic Sanctions, 18(1) Berkeley Bus. Law J. 137 (2021), p.138.

管机构无法对每一笔交易进行实时监控，因此金融制裁的具体执行有赖于金融机构对日常交易监控以及违规交易的自我汇报。具体而言，美国金融机构一经识别某笔资金交易涉及被制裁人士，则须冻结该资金，拒绝提供交易服务，并在 10 个工作日内向 OFAC 汇报其自身信息、交易信息、受制裁对象及其位置、被冻结资产及其位置、资产冻结 / 交易拒绝时间、资产价值等。① 除了金融机构的自我报告机制，OFAC 还通过合规程序审查、内部审计、例行现场检查、调查和吹哨人机制等方式查处非法交易。② 非法交易一经查实，未履行 OFAC 合规义务的金融机构将面临警告函（cautionaryletter）、民事处罚，甚至刑事起诉的法律后果。③ 美国金融制裁的泛化，在强化了金融制裁效果的同时，提高了美国乃至全球金融机构的合规成本。④

　　金融制裁的执行始于支付系统，这与现代金融交易的运作方式有关。电汇是国际金融体系中最重要的支付方式，大型金融机构和企业主要通过电汇方式完成大额资金交易。⑤ 跨行电汇交易需通过收付款银行在对方处开立的代理账户，或者收付款银行共同开有代理账户的中间银行完成，而这一系列操作都有赖于支付系统。美国境内及跨境资金交易常用的支付系统包括 Fedwire，清算所银行间支付系统（Clearing House Interbank Payments System, CHIPS）和 SWIFT 系统。Firewire 系统主要服务于美国境内资金支付业务，既处理金融机构间资金支付指令的传输，也负责机构间的资金拨付与结算。CHIPS 是主要的国际美元资金支付系统，具有结算系统和报文系统的双重功能。不同于

① 31 C.F.R. §§ 501.602-03, https://www.ecfr.gov/current/title-31/subtitle-B/chapter-V/part-501?toc=1.

② Barry E. Carter and Ryan Farha, Overview and Operation of U.S. Financial Sanctions, Including the Example of Iran, 44 Geo. J. Int' l L. 903 (2013), p.909.

③ 31 C.F.R. §501, Appendix A, https://www.ecfr.gov/current/title-31/subtitle-B/chapter-V/part-501/appendix-Appendix% 20A% 20to% 20Part% 20501, last visited on Jun.5, 2022.

④ Jesse Van Genugten, Conscripting the Global Banking Sector: Assessing the Importance and Impact of Private Policing in the Enforcement of U.S. Economic Sanctions, 18(1) Berkeley Business Law Journal 137 (2021), p.159.

⑤ U.S. Department of the Treasury, Feasibility of a Cross-Border Electronic Funds Transfer Reporting System under the Bank Secrecy Act, October 2006, https://www.fincen.gov/sites/default/files/shared/CBFTFS_Complete.pdf, last visited on Jun.5, 2022.

Fedwire 和 CHIPS，SWIFT 仅是一个报文传输机构，而不具有支付清算功能。[①] 但是，SWIFT 系统掌握了全球绝大部分的跨境资金交易的信息通道，全球主要支付系统的运行都依赖于 SWIFT 系统的报文传送。[②]"9·11 事件"后，美国逐渐掌握 SWIFT 的主导权，[③] 利用 SWIFT 系统切断受制裁对象的跨境支付通道成为美国实施金融制裁的重要手段。

2022 年 3 月 12 日，SWIFT 宣布切断与七家俄罗斯银行（及其直接或间接持股超过 50% 的、在俄罗斯成立的法人、实体或机构）之间的联系，[④] 包括俄罗斯第二大银行 VTB Bank、国有开发银行和俄罗斯银行。然而俄罗斯主要的能源贸易服务银行被排除在制裁范围之外，[⑤] 以便欧洲国家与俄罗斯进行石油和天然气交易。

2. OFAC 的制裁执法

在实践中，美国金融制裁的执行有赖于两方面的互补：一是 OFAC 对金融机构的合规激励，加强金融机构的自我报告及双方间的协调配合；二是 OFAC 对违规行为的执法。[⑥]2014 年起，OFAC 官方网站公布的因企业违反俄罗斯、乌克兰相关制裁规定所导致的执法案件为十三起，被执法对象所属行业主要集中在能源、金融领域。能源作为俄罗斯的支柱产业，历来是美国对俄制裁的重点领域。近年来，数字货币服务商频繁成为 OFAC 的执法对象，这意味着数

---

① See id. at pp. 58-63.

② 陈尧、杨枝煌：《SWIFT 系统、美国金融霸权与中国应对》，《国际经济合作》2021 年第 2 期。

③ Joanna Diane Caytas, Weaponizing Finance: U.S. and European Options, Tools and Policies, 23 Columbia Journal of European Law 441 (2017), p.13.

④ SWIFT, An update to our message for the SWIFT Community, https://www.swift.com/zh-hans/node/308383 (Mar.20, 2022).

⑤ Reuters, Explainer: Disconnecting Russia's Banks: Sberbank Faces SWIFT Removal, https://www.reuters.com/business/finance/disconnecting-russias-banks-sberbank-faces-swift-removal-2022-05-05/ (May.5 2022).

⑥ Jesse Van Genugten, Conscripting the Global Banking Sector: Assessing the Importance and Impact of Private Policing in the Enforcement of U.S. Economic Sanctions, 18(1) Berkeley Bus. Law J. 137 (2021), p.158.

字货币、数字资产成为了 OFAC 制裁监管的重点。[1] 美国财政部的金融制裁权力提升了其在国家安全事务中的角色。[2]

(三) 美国对俄金融制裁的主要特征

美国金融制裁萌芽于 20 世纪 50 年代初,逐步运用于冷战结束后。传统的贸易制裁如贸易禁运因高昂的发起成本、人道主义危机以及有效性问题逐渐被搁置,[3] "9·11 事件"后,美国发动了一场在规模和效力上前所未有的金融战争,借助美国在全球金融体系中的中心地位,利用金融工具、美元霸权和市场力量,通过金融部门、私营主体和盟国,将"美国敌人"从国际金融和商业系统中孤立,切断其资金来源,限制其资金流动。[4]

美国金融制裁主要有以下特点:第一,较之传统的贸易制裁,金融制裁具有非对称性的特点。所谓非对称性具有三层涵义:一是其在全球金融体系的中心地位赋予了美国非对称权力。处于资金链上游的美国通过金融制裁阻断他国的资金来源,处于金融体系边缘的被制裁国一般无法采取有效的反制裁措施或制衡手段。二是被制裁国对制裁采取的反制措施一般不是针对性地应对制裁措施而展开,而是基于自身实力和特点,采取非针对性的措施,试图瓦解或弱化制裁国的制裁效果。三是实在国际法中缺乏对于金融制裁的规制,被制裁国和受二级制裁影响的国家或金融机构难以通过国际组织或者国际争端解决机制获

---

① OFAC 将数字货币商 Garantex、数字货币挖矿 Bitriver 公司列入 SDN 名单,并在颁布制裁措施时,特别强调其将密切监控通过数字货币规避美对俄制裁的行为,详见 Department of the Treasury, Treasury Sanctions Russia-Based Hydra, World's Largest Darknet Market, and Ransomware-Enabling Virtual Currency Exchange Garantex, https://home.treasury.gov/news/press-releases/jy0701 (Apr.5, 2022)。

② 刘建伟、王付东:《美国财政部国家安全角色的演变、原因及争论》,《财政科学》2020 年第 8 期。

③ 袁见等:《美国对他国金融制裁的法律基础、实践及对中国的启示》,《国际贸易》2021 年第 7 期。

④ See Juan C. Zarate, Treasury's War: The Unleashing of a New Era of Financial Warfare (New York: Public Affairs, 2013).

得有效救济。① 非对称性特点是被制裁国制定和实施反制裁措施主要依据。

美国对俄金融制裁也呈现新的趋势特征。美国"攻守"结合，大规模、多层次实施对俄金融制裁。一是切断俄罗斯财政部、主权财富基金和企业等从美国融资的渠道。二是冻结大量俄罗斯金融机构、个人位于美国的财产，导致俄罗斯 6,400 亿美元国际储备中的 3,000 亿遭冻结。② 三是限制被制裁主体开展具有美国因素的交易，扰乱俄罗斯机构、个人开展国际商贸活动。四是禁止俄罗斯多家银行使用 SWIFT 系统，严重阻碍俄罗斯跨境支付、融资等活动。

第二，美国对不同地区、机构、人员和行业采取有针对性的实施制裁措施。宣布脱离乌克兰的克里米亚地区、卢甘斯克地区、顿涅茨克地区被 OFAC 采取了全面制裁措施，严厉程度相当于伊朗、朝鲜以及古巴。在上述全面制裁之外，美国设置多种制裁名单以提高制裁的针对性，对俄罗斯政府首脑、政要、商业精英、企业家等具有影响力的个人，系统重要性银行、矿业集团、管道公司等机构实体，施加不同类型、不同程度的制裁限制。在行业制裁方面，美国将军工、金融、能源、金属与采矿、工程、国防、电子、航空航天、航海等对俄罗斯国民经济具有重要性的行业均纳入制裁范围。电子、航空航天、航海是最新纳入制裁范围的行业，未来被认定为在上述三个行业经营的实体或个人，无论是否为美国人，都可能被采取制裁措施。

第三，美国试图将地缘战略对抗融入金融制裁，与经济、政治、外交、军事战略齐头并进，加速俄罗斯与世界经济体系的脱钩，甚至是全球化的分裂。一方面，美国联合全球 30 多个盟国及合作伙伴实施了有史以来最有效、最协调和最广泛的经济限制。③ 美国通过国际组织、多边联合工作组，提高对俄制裁的协调性、一致性。美国与盟友双多边协调初显成效。美、欧、英、加、日

---

① 沈伟：《论金融制裁的非对称性和对称性——中美金融"脱钩"的法律冲突和特质》，《上海对外经贸大学学报》2020 年第 5 期。

② Reuters, Sanctions have frozen around \$300 bln of Russian reserves, FinMin says, https://www.reuters.com/article/ukraine-crisis-russia-reserves-idINL5N2VG0BU (Mar.13, 2022).

③ 美国驻华大使馆和领事馆：《简报：美国、七国集团和欧盟对俄罗斯施加重大且即刻代价》，2022 年 4 月 7 日，https://china.usembassy-china.org.cn/zh/fact-sheet-united-states-g7-and-eu-impose-severe-and-immediate-costs-on-russia/。

等在对俄制裁的时间、措施和具体对象上具有同步性、协调性，其中包括多国宣布将部分俄罗斯银行移出 SWIFT 系统。[①]G7 集团表明立场，将采取措施撤销部分俄罗斯关键产品的最惠国待遇，限制俄罗斯从国际货币基金组织、世界银行等多边金融机构获得融资。[②] 一度引发美欧矛盾的"北溪二号"天然气管道亦于 2022 年 2 月被德国宣布停止。[③] 多国联合制裁提高了制裁的有效性，加大了俄罗斯反制裁的难度。许多美国大牌公司（包括麦当劳、Netflix、雷神技术、达美航空、联合航空、环球影业、标普全球、穆迪公司、惠誉集团等）自发地退出俄罗斯市场的商业制裁也推波助澜，极大地打击了俄罗斯吸引外资的政策，恶化了俄罗斯的营商环境，造成了事实上的俄罗斯与全球商业体系的脱钩。另一方面，俄罗斯的重要盟友亦受到制裁裹挟。除了次级制裁，美欧将对俄罗斯的金融、贸易、科技等领域的制裁措施适用于白俄罗斯。在金融制裁方面，三家白俄罗斯银行从 SWIFT 系统中被剔除，多家关键国有企业和国有银行被切断美欧资本市场融资渠道。美欧对白俄罗斯的直接制裁，一则希望切断俄罗斯的经济、军事外部支持，二则也是对俄罗斯其他盟友或潜在盟友的警示，试图瓦解俄罗斯的反制裁同盟。

第四，美国运用制裁名单和通用许可机制，达到精准制裁、定向豁免的效果，提高制裁的灵活性并缓和制裁对美国自身的反作用。通过制定和更新制裁名单，美国能够根据情况变化，及时调整制裁方向和重点。同时，复杂多样的名单匹配不同的制裁限制，也起到差异化打击的效果。通用许可也是提高打击灵活性的重要工具。除了常用的"缓冲期"类通用许可和针对通信等特定领域的通用许可，美国还设置了众多关于对俄制裁的通用许可，授权部分涉及"北溪二号"项目的业务往来、涉及农产品、药品、医疗设备等出口和再出口，以及俄罗斯最大私营金融机构 Joint Stock Company Alfa Bank 的特定业务往来。

① The White House, Joint Statement on Further Restrictive Economic Measures, https://www.white-house.gov/briefing-room/statements-releases/2022/02/26/joint-statement-on-further-restrictive-economic-measures/(Feb.26, 2022).

② G7, G7 Leaders' Statement, https://content.mlex.com/Attachments/2022-03-11_S6743MC3IPRSO132/2022-03-11-g7-leader-eng-data.pdf (Mar.11, 2022).

③ Sarah Marsh and Madeline Chambers, Germany freezes Nord Stream 2 gas project as Ukraine crisis deepens, Reuters, https://www.reuters.com/business/energy/germanys-scholz-halts-nord-stream-2-certification-2022-02-22/, (Feb.23, 2022).

其次，美国及其盟国于 2022 年 12 月开始对俄罗斯石油实施每桶 60 美元的价格上限，并要求第三国在价格限制内采购俄罗斯石油，否则将遭受次级制裁。这一机制旨在一方面允许俄罗斯石油在可控范围内流入市场，同时又限制俄罗斯的能源收入。

第五，数字货币逐渐成为美国金融制裁的重点关注领域。美国长期以来对数字货币态度消极，直至 2020 年稍有转变。[1]2022 年 1 月，美联储开启了"与利益关涉方关于央行数字货币公开讨论的第一步"[2]，但总体上仍采取审慎的态度。数字货币的兴起，无疑将对美国的经济利益和国家安全利益形成巨大冲击和挑战。对于美国而言，数字货币可能引爆全球新一轮的金融霸权竞争。其对美国自身金融稳定、国家安全的影响也是难以估量的。这决定了美国对数字货币的复杂态度。具言之，美国需要在保护消费者、投资者和企业福祉、维护金融稳定、降低国家安全风险，以及促进技术进步、隐私保护、人权保护等政策目标之间探索平衡。[3]

对于制裁而言，金融制裁的后盾是美元作为主要世界储备货币的国际地位以及美国对国际支付结算系统的影响力。美国金融制裁能够发挥实效，部分得益于美国对于金融活动的追踪能力，显著案例包括恐怖主义金融追踪计划（Terrorist Finance Tracking Program, TFTP），美国财政部通过 TFTP 从 SWIFT 系统获取恐怖主义资金流动的相关信息，在此基础上将"敌人"排除在全球金融体系之外。[4]然而数字货币和替代性支付渠道的兴起将削弱美元的国际地位，催生规避制裁的方式，进而影响美国金融制裁的有效性。因此，美国在对俄制

---

[1] 以央行数字货币为例，2020 年前，美国政府官员对央行数字货币保持不甚积极的态度。2019 年 11 月，美联储主席鲍威尔在回应国会议员关于美联储研发央行数字货币的询问时，表示美联储密切关注数字货币的发展，但由于法律、监管及运营问题，并不考虑积极参与。详见钟红、彭雅哲：《美国央行数字货币发展态势》，《中国金融》2021 年第 9 期。

[2] Board of Governors of the Federal Reserve System: Money and Payments: The U.S. Dollar in the Age of Digital Transformation, January 2022, https://www.federalreserve.gov/publications/files/money-and-payments-20220120.pdf.

[3] Department of the Treasury, Remarks from Secretary of the Treasury Janet L. Yellen on Digital Assets, Apr.7, 2022, https://home.treasury.gov/news/press-releases/jy0706.

[4] See Juan C. Zarate, Treasury's War: The Unleashing of a New Era of Financial Warfare (New York: Public Affairs, 2013).

裁中对加密货币进行限制，未来数字资产、数字货币行业将成为美国金融制裁及相关执法的重点领域。

第六，美国积极推动制裁的法制化，及时将分散的制裁措施法典化，完善制裁条例的释义性条款和豁免性条款，增强了制裁的可理解性、可执行性。法制化反映出美国国内关于对俄制裁的共识增加。

最后，国家安全贯穿了美对俄金融制裁制度与执行的整个过程，对外制裁是美国实现国家安全的重要工具。美国国家安全战略强调维护全球霸权，崇尚综合安全观念乃至绝对安全观念，这决定了美国所追求的安全利益和战略目标极其广泛。[①] 制裁是美国实现安全目标的工具之一。在美国对俄制裁中，美国总统在《国际紧急经济权力法》授权下，频繁以国家安全为由，行使紧急状态制裁权。2010 年美国《国家安全战略》将网络安全威胁列为当时最重要的国家安全挑战之一。2015—2016 年间，时任美国总统奥巴马发布了 EO13694 和 EO13757，对代表俄罗斯从事重大网络安全破坏活动的个人或实体实施制裁。2017 年美国《国家安全战略》强调国土安全、经济安全，并将俄罗斯置于美国的对立面。同年，美国颁布《通过制裁反击美国敌人法》。2021 年，美国又以俄罗斯破坏美国及其盟国的国家安全为由，宣布国家进入紧急状态，并展开对俄罗斯的又一轮制裁。

二、美国金融制裁的法律问题

（一）一级制裁和次级制裁

大量的美国金融制裁包括次级制裁，即对与被制裁实体进行重大金融交易的第三国金融机构和其他商事主体实施制裁。例如，中国昆仑银行于 2012 年 7 月由于向伊朗银行提供金融服务，违反美国对伊朗制裁项目而被列入往来账

[①] 石斌：《思想·制度·工具——美国国家安全体系的一种分析框架》，《国际安全研究》2021 年第 2 期。

户或通汇账户制裁（List of Foreign Financial Institutions Subject to Correspondent Account or Payable-Through Account Sanctions, 以下简称"CAPTA"）名单。次级制裁是相对于一级制裁（或直接制裁）而言的。一级制裁旨在限制美国人和美国实体与制裁对象进行重大金融交易、贸易往来等。此处所指"美国人和美国实体"包括三类：一是美国公民和合法的永久居民，无论其是否居住在美国，或者是否代表非美国公司行事；二是根据美国法律或在美国管辖范围内设立的实体（包括其在海外的分支机构），在一定情形下，在美国设立的外国公司子公司也可能以同谋为由被制裁；三是在美国境内采取行为的非美国人或实体，包括通过美国金融系统进行金融交易的他国金融机构。[1] 因此，一级制裁也可能产生域外效力，并不仅限制美国个人和实体。凡是具有美国元素的交易和业务，例如使用美元、通过美国金融体系，或由美籍员工参与，都属于一级制裁的范畴。

次级制裁直接禁止第三国个人或实体与被制裁对象进行特定的交易，旨在迫使第三国个人或实体对被制裁对象采取同样的制裁措施，将单边制裁转化为多边行为，[2] 使制裁的有效性大大增强。

一级制裁的形式主要包括刑事起诉或民事处罚，次级制裁则主要针对三种行为实施：[3] 一是第三国国民对目标国的投资。美国对俄罗斯制裁中，EO14024包含了该类二级制裁规定，即任何被认定为在俄罗斯电子、航空航天、航海行业经营的实体或个人，无论是否为美国人，都可能被采取制裁措施。《伊朗制裁法》第2条规定，任何第三国实体在伊朗进行的2000万美元以上用于石油资源开发的投资都可能属于美国制裁范围。二是与目标国从事贸易的行为。《2010年伊朗全面制裁、问责及撤资法》规定，故意向伊朗提供货物、服务、技术、信息或支持，帮助其发展炼油业的行为将受到制裁。三是金融机构为被制裁者提供服务。

美国次级制裁在全球范围内造成重大经济影响。非美国的大型企业和金融

---

[1]　龚柏华：《中美经贸摩擦背景下美国单边经贸制裁及其法律应对》，《经贸法律评论》2019年第6期。

[2]　杨永红：《次级制裁及其反制——由美国次级制裁的立法与实践展开》，《法商研究》2019年第3期。

[3]　赵海乐：《安理会决议后的美国二级制裁合法性探析》，《国际法研究》2019年第1期。

机构常常面临巨大的美国制裁风险。面对美国日益扩张的次级制裁和增强的执法力度，非美国企业和金融机构常常因与被制裁方的经贸往来而被处以高额罚金，或被切断与美国技术、产品、服务或市场的联系。由于美国制裁法律体系庞杂，大量制裁规定本身模糊抽象且具有较大的解释空间，第三国企业难以全面、准确、及时地掌握美国制裁法律以及执法动态与趋势。因此，可能涉及高风险业务的第三国企业为了避免高昂的合规成本及制裁后果，往往选择以"一刀切"的方式终止所有涉风险业务，退出涉风险国家或地区，形成对美国制裁法律政策过度遵守的局面。①

（二）单边制裁与多边制裁

单边制裁是指一国自主决定并实施的、超出联合国制裁范围以外的制裁措施。② 一国为了执行安理会决议的执行性制裁不属于单边制裁，这为制裁国合法化其单边制裁留下了空间，美国实施的众多制裁都宣称具有安理会决议基础。例如，美国在《全面制裁伊朗、问责和撤资法》中援引了安理会 1803 号决议、第 1929 号决议等决议。

多边制裁以联合国安理会决议为基础，经合法授权，其合法性争议较小，而单边制裁的合法性在国际上备受争议：以欧盟为代表的部分发达国家认为域外适用的制裁措施不具合法性，但在制裁发起国域内实施的制裁措施不违反国际法；③ 发展中国家普遍强烈质疑单边制裁的合法性，认为其违背现行国际法；美国作为单边制裁的主要实施者，则主张其单边制裁措施符合

---

① Ellie, Geranmayeh and Manuel L. Rapnouil, Meeting the Challenge of Secondary Sanctions, ECFR Policy Brief, June 25, 2019, https://ecfr.eu/publication/meeting_the_challenge_of_secondary_sanctions/.

② Clara Portela, European Union Sanctions and Foreign Policy: When and Why Do They Work?, Routledge, 2010, pp.48-49.

③ 欧盟将域外适用的制裁措施称为"域外制裁（extraterritorial sanctions）"，以美国次级制裁为代表。详见 Guidelines on Implementation and Evaluation of Restrictive Measures (Sanctions) in the Framework of the EU Common Foreign and Security Policy, available athttps://data.consilium.europa.eu/doc/document/ST-5664-2018-INIT/en/pdf, p.19 (Last visited on Jul.5, 2022).

国际法。①

（三）单边制裁在国际法下的合法性问题

在单边制裁合法性分析中，联合国安全理事会（以下简称"安理会"）决议与单边制裁的关系是研究的起点。②《联合国宪章》授予了安理会在和平受到威胁、和平遭到破坏或存在侵略行为时，采取必要的军事或非军事措施，以维持或恢复国际和平及安全。自1966年以来，安理会建立了30个制裁制度，目前正在进行的制裁制度有14个，集中在支持政治解决冲突、核不扩散和反恐方面。③

根据是否存在安理会制裁决议的情形，一国对他国实施的制裁可以分为两类：执行性制裁（enforcement measures）和附加性制裁（additional measures）。执行性制裁虽有安理会决议为依据，但是一国在执行过程中对安理会制裁决议进行任意扩张，施加大量的一级或次级制裁措施，并不能当然地从安理会决议本身获得国际法上的合法性。④ 以安理会对伊朗制裁为例，美国以执行安理会决议为名，通过了大量超越安理会授权范围的一级、次级制裁。⑤ 第一，在贸易领域，安理会对伊朗的制裁决议往往限于与核武器相关的物品与技术以及军民两用货物，⑥ 而美国《全面制裁伊朗、问责和撤资法》则将限制范围扩大至炼油业；第二，安理会禁止第三国允许伊朗在铀与核相关产业投资，⑦ 而美国则增加了对伊朗石油产业的投资限制；第三，在金融服务领域，安理会要求全部

---

① 张辉：《单边制裁是否具有合法性：一个框架性分析》，《中国法学》2022年第3期。
② 张辉：《单边制裁是否具有合法性：一个框架性分析》，《中国法学》2022年第3期。
③ 南罗得西亚、南非、前南斯拉夫、海地、伊拉克、安哥拉、卢旺达、塞拉利昂、索马里、厄立特里亚、利比里亚、刚果民主共和国、科特迪瓦、苏丹、黎巴嫩、朝鲜人民民主共和国、伊朗、利比亚、几内亚比绍、中非共和国、也门、南苏丹和马里以及针对基地组织和塔利班。详见联合国安理会网站：制裁委员会简述 https://www.un.org/securitycouncil/zh/sanctions/information。
④ 赵海乐：《安理会决议后的美国二级制裁合法性探析》，《国际法研究》2019年第1期。
⑤ 赵海乐：《安理会决议后的美国二级制裁合法性探析》，《国际法研究》2019年第1期。
⑥ 安理会第1737号决议、1803号决议、1929号决议禁止向伊朗提供、销售或转让的物项仅包括核技术与核反应原料。
⑦ 安理会第1929号决议第7条。

成员国防止伊朗获取与核武器制造相关的金融资源，而美国将受禁金融交易的范围扩展至伊朗出口精炼石油制品领域。

第二类制裁——附加性制裁系一国在联合国制裁之外自主决定并实施的，美国对俄罗斯的制裁即属于附加性制裁。这类制裁措施缺乏安理会决议基础，显然不是多边制裁的一部分，而是单边制裁，因此也无法从安理会决议中获得合法性。[①]

除安理会决议以外，国际条约和习惯国际法是判断单边制裁合法性的重要依据。首先，资产冻结可能与国际上通行的双边投资协定（*Bilateral Investment Treaty*, BIT）、自由贸易协定（*Free Trade Agreement*, FTA）项下的征收补偿条款相违背。以 BIT 为例，美式 BIT 通常包括征收补偿条款，即缔约双方不得征收对方国民资产，除非出于公共目的，以非歧视的方式，经过法律正当程序，并向被征收方给予及时、有效和充分的补偿。[②] 其次，美国禁止被制裁方与美国金融机构、国际金融机构进行金融交易，可能违反《服务贸易总协定》（*General Agreement on Trade in Services*, GATS），[③] 以及诸多含有赋予缔约方在支付、汇付、资金、金融票据转移等方面非歧视待遇的条约。[④]

但是，国际经贸投资条约的例外条款为一国采取单边制裁提供了一定的国际法基础。主要的两项例外条款是一般例外条款和安全例外条款。《关税与贸易总协定》（*General Agreement on Tariffs and Trade*, GATT）第 20 条规定了十

---

① 张辉：《单边制裁是否具有合法性：一个框架性分析》，《中国法学》2022 年第 3 期。

② 2012 U.S. Model Bilateral Investment Treaty.

③ GATS 第 2 条（最惠国待遇）：关于本协定涵盖的任何措施，每一成员对于任何其他成员的服务和服务提供者，应立即和无条件地给予不低于其给予任何其他国家同类服务和服务提供者的待遇。ATS 第 11 条（支付和转移）：除第 12 条规定的情形外，一成员方不得对其具体承诺有关的经常项目交易的国际转移和支付实施限制。ATS 第 16 条（市场准入）：对于通过第 1 条确认的服务提供方式实现的市场准入，每一成员对任何其他成员的服务和服务提供者给予的待遇，不得低于其在具体承诺减让表中同意和列明的条款、限制和条件。ATS 第 17 条（国民待遇）：对于列入减让表的部门，在遵守其中所列任何条件和资格的前提下，每一成员在影响服务提供的所有措施方面给予任何其他成员的服务和服务提供者的待遇，不得低于其给予本国同类服务和服务提供者的待遇。

④ 张辉：《单边制裁是否具有合法性：一个框架性分析》，《中国法学》2022 年第 3 期。

项一般例外①，GATS 第 14 条列举了五项一般例外②。与美国制裁较为契合的例外主要包括两类：一是为保护公共道德所必需的措施，二是为保护人类、动物或植物的生命或健康所必需的措施。换言之，美国基于所谓反恐、人权保护、反对强迫劳动而实施的制裁，可能援引 WTO 协定项下保护公共道德、生命健康的一般例外规则进行抗辩。GATS 就金融服务规定了一项重要的例外规则，即审慎例外。③ 根据审慎例外规则，一国出于保护消费者、维护金融体系稳定的目的，可以对金融交易施加限制措施。但是，美国对他国施加的金融制裁一般与上述消费者保护、金融稳定目的不符，因此难以基于审慎例外规则获得正当性。④

GATT 第 21 条、GATS 第 14 条之二和《与贸易有关的知识产权协议》（Agreement on Trade-Related Aspects of Intellectual Property Rights，以下简称"TRIPS"）第 73 条均规定了安全例外。类似的安全例外条款也被大量 BIT、FTA 所效仿。以 GATT 第 21 条为例，该条规定："本协议的任何规定不能解释为：……（b）阻止任何缔约国为保护国家基本安全利益对有关下列事项采取其认为必须采取的任何行动：(i) 裂变材料或提炼裂变材料的原料；(ii) 武器、弹药和军火的贸易或直接和间接供军事机构用的其他物品或原料的贸易；(iii) 战时或国际关系中的其他紧急情况；(c) 阻止任何缔约国根据联合国宪章为维持国际和平和安全而采取行动。"

上述 GATT 第 21 条第（c）款所涉的为维持国际和平安全而采取的安全例外措施，通常有安理会决议作为依据，其合法性问题已在前文有所论述。第 21 条第（b）款安全例外情形——保护国家基本安全利益（essential security interest），在表面上与美国采取制裁措施的现实语境较为契合，美国一贯以维护国家安全、外交政策利益为由，对第三国进行经济金融制裁。

虽然学界一般认为习惯国际法并不明确禁止单边制裁，但是在一定情形下，单边制裁可能与一般国际法产生冲突。单边制裁管辖权依据的缺失使其合

---

① GATT 第 20 条（一般例外）。

② GATS 第 14 条（一般例外）。

③ GATS《关于金融服务的附件》第 2（a）条。

④ 刘瑛、黎萌：《美国单边金融制裁的国际法分析》，《国际经济评论》2020 年第 3 期。

法性存疑。除了美国次级制裁①，美国一级制裁或"域内"制裁也面临国际法上合法性的问题。这是因为，一级制裁虽然是针对本国人、财产和行为实施的，但其在立法管辖权层面实质上属于域外管辖，仅是在执法管辖权层面才局限在域内管辖。②

美国以扩大化的管辖权原则为基础，在被制裁的域外主体及域外行为与美国的制裁措施之间建立管辖权联系，使其单方制裁行为合法化。例如，"9·11事件"后，美国对基地组织实施的制裁具有一定的属地管辖基础；美国基于消极人格原则和保护性管辖原则，将伊朗、苏丹、叙利亚和古巴列为"支持恐怖主义的国家"，并对恐怖组织进行定向制裁，理由是该等国家支持黎巴嫩真主党、基地组织等恐怖组织，在贝鲁特、肯尼亚等地制造恐怖袭击，给美国人造成重大财产损失和人身伤害，损害了美国的国家安全和利益。③在大量的制裁项目中，美国滥用人权保护、国家安全等议题，在缺乏充分、真实联系的情况下，扩张甚至曲解保护管辖和普遍管辖原则，在合法性上存在较大的不确定性。④

除了国际法上的管辖权原则，单边制裁还有可能违反现代国际法中的不干涉原则。⑤欧盟2020年研究报告指出，美国对"北溪2号"项目的制裁旨在干涉其他主权国家的能源政策。⑥

---

① 学界针对美国次级制裁管辖权的研究普遍认为次级制裁（或域外制裁）下，制裁方与被制裁的域外人和行为之间的管辖权联系非常薄弱，无法满足真实联系标准，制裁方往往曲解传统管辖权原则，不具有合法性。详见杨永红：《次级制裁及其反制——由美国次级制裁的立法与实践展开》，《法商研究》2019年第3期；霍政欣：《国内法的域外效力：美国机制、学理解构与中国路径》，《政法论坛》2020年第2期；EU Policy Department for External Relations, Report of Extraterritorial Sanctions on Trade and Investments and European Responses, November 2020, para. 3.1。

② 张辉：《单边制裁是否具有合法性：一个框架性分析》，《中国法学》2022年第3期。

③ 张辉：《单边制裁是否具有合法性：一个框架性分析》，《中国法学》2022年第3期。

④ 张辉：《单边制裁是否具有合法性：一个框架性分析》，《中国法学》2022年第3期。

⑤ Secretariat of Asian-African Legal Consultative Organization (AALCO), Unilateral and Secondary Sanctions: An International Law Perspective, Executive Summary, p.2.

⑥ EU Policy Department for External Relations, Report of Extraterritorial Sanctions on Trade and Investments and European Responses, November 2020, para.3.2.

三、俄罗斯对美金融制裁的反制裁措施

西方国家持续严厉的金融制裁对俄罗斯的国家安全构成严重威胁。俄罗斯对国际经济失序状态及其威胁有了清晰深刻的理解，并以安全化的防御姿态寻求"独善其身"，积极构筑本国的反制裁堡垒。[①] 俄罗斯对西方制裁的反制裁措施具有很强的国家安全导向，核心要素有三：一是俄罗斯经济的安全化，二是关键部门产品技术的本土化，三是对外经济关系的多元化。[②] 这三个要素被融入俄罗斯整体性的经济政策以便化解美国的制裁效果。

俄罗斯的反制裁措施兼有对称性和非对称性的特性。对称性主要体现在贸易领域的报复性手段。俄罗斯持续推动进口替代战略，同时暂停了众多产品设备的出口，以反击美西方对俄技术设备的封锁。美俄金融对弈则充分体现了不对称性的特征。这种不对称性体现在两个方面：其一，受制于美俄之间悬殊的金融实力对比，俄罗斯虽然采取了一系列反制裁措施，仍难以与美国金融制裁抗衡，处于不利地位和守势。其二，针锋相对的对称性反制裁措施难以奏效，但另辟蹊径的非对称性制裁措施或有奇效。在美俄金融制裁拉锯中，俄罗斯以其资源优势为支点，试图以其在能源供应上的不对称权力撬动美国金融制裁，形成不对称对弈的格局。

（一）"卢布结算令"与金融部门安全化

2014 年乌克兰危机爆发以来，美西方对俄罗斯的制裁持续扩大并升级。俄罗斯在国家安全战略下加速推进经济安全化进程，启动了一系列以国家安全为导向的非常态化经济政策，并逐步将其合法化和常态化。[③] 西方制裁

---

① 陈宇：《解读俄罗斯新版〈国家安全战略〉》，《世界知识》2021 年第 16 期。

② Richard Connolly, Russia's Response to Sanctions: How Western Economic Statecraft is Reshaping Political Economy in Russia, (Cambridge University Press 2018), pp.68-70.

③ See id. at 69.

引发石油价格暴跌、卢布贬值、资本大规模外流等连锁反应，暴露了俄罗斯金融系统的脆弱性。俄对外国资本和技术的依赖，对全球金融体系信息和支付基础设施的使用，加剧了西方制裁对俄罗斯经济的冲击。加强本国银行业体系，健全独立的金融部门信息与支付基础设施，降低企业对外资和全球金融市场的依赖，是俄罗斯金融安全化建设的长期目标。[1] 俄罗斯通过外汇、利率、贷款等渠道，化解西方制裁对俄金融部门的冲击，支持国内金融机构，保证支付活动稳定，缓解金融市场恐慌情绪，阻止本国资产抛售等。

俄罗斯对美金融反制裁措施主要针对不友好国家和地区及其人员、实体。不友好国家和地区的概念源于 2018 年 6 月通过的《关于影响（反制）美国和其他国家不友好行为的措施的法律》（"俄罗斯《反制裁法》"）。该法将"不友好国家和地区"定义为"对俄罗斯联邦、俄罗斯法人和自然人采取不友好行为的国家和地区"。2022 年 3 月，俄联邦政府以名单形式列明不友好国家和地区，包括美国、加拿大、欧盟成员国、英国、新西兰、瑞士、日本、韩国、澳大利亚、新加坡等。[2]

2022 年 3 月 31 日，俄罗斯总统普京签署法令，宣布俄罗斯与不友好国家和地区间的天然气供应合同通过卢布结算。此后的两个月内，大部分欧洲企业已经用卢布支付俄罗斯天然气的费用，约占供应量的 90%—95%。[3] 该项"卢布结算令"的实质是将卢布与石油和天然气挂钩，进而使卢布成为硬通货，帮助卢布对美元汇率反弹。这是俄罗斯金融反制裁中最有创意的措施，也使得俄罗斯稳住了经济基本盘。但是，美欧对俄罗斯的反制裁措施也有应对措施，即通过压低全球石油价格以及要求欧洲国家进一步改变石油和天然气供应渠道的方式，瓦解俄罗斯的金融反制裁。双方在金融制裁和反制裁方面的对弈还会深入。欧盟于 2024 年 6 月 20 日通过对俄罗斯的第十四轮制裁，禁止转运俄罗斯

① Decree of the President of the Russian Federation dated May 13, 2017 No. 208.
② 中新网：《俄罗斯政府批准不友好国家和地区名单》，2022 年 3 月 7 日，https://www.chinanews.com.cn/gj/2022/03-07/9694997.shtml。
③ 环球网：《俄副总理：约 90%—95%对欧供应的天然气已经用卢布支付》，2022 年 6 月 17 日，https://news.cctv.com/2022/06/17/ARTILuknZMwj87hBlb9wBWoi220617.shtml。

液化天然气，这是欧盟对俄制裁中首次针对液化天然气。[①]

除了"卢布结算令"，俄罗斯还通过了一系列法令限制金融交易，以防止本国资金流出，维护卢布汇率稳定，包括：限制俄居民向不友好国家人员提供卢布贷款，或开展证券和不动产交易；要求俄居民须通过卢布账户向不友好国家债权人偿付外债；限制俄银行处理交易一方为不友好国家法人的转账、资金往来业务；要求俄罗斯在基础设施设备与服务等采购中以卢布进行结算；要求以卢布结算天然气；限制俄企业向不友好国家股东分配利润；禁止被列入制裁名单的欧美及新加坡 31 家能源企业与俄方履行合同或进行金融交易。

（二）本土化金融基础设施建设

2014 年起，西方国家频繁威胁俄罗斯禁止其银行使用 SWIFT 系统，阻碍其参与国际投资和贸易活动。2022 年 3 月 12 日，SWIFT 宣布切断与七家俄罗斯银行（及其直接或间接持股超过 50% 的、在俄罗斯成立的法人、实体或机构）之间的联系，包括俄罗斯第二大银行 VTB Bank、国有开发银行和俄罗斯银行。

为应对这一金融制裁，俄罗斯采取了金融部门本土化的重要举措，建立独立于全球金融体系的信息交换和支付基础设施，包括国家支付卡系统（NSPK）、银行金融信息传输体系（SPFS）和信用卡支付体系，作为对国际主流金融基础设施的替代性方案。

在金融信息交换领域，俄建立了 SPFS，模拟 SWIFT 的运行模式，作为 SWIFT 的替代性方案。在支付领域，俄央行通过其全资设立 NSPK 公司，建立并维护国家支付卡系统，发行并推广与之相适应的本国银行卡——米尔卡。在信用卡巨头维萨卡和万事达卡宣布停止向俄罗斯提供服务后，国家支付卡系统和米尔卡取而代之，保障俄居民现金提取和付款交易。

---

① 央视新闻：《欧盟对俄罗斯实施新一轮制裁首次针对液化天然气》，2024 年 6 月 20 日，https://content-static.cctvnews.cctv.com/snow-book/index.html?item_id=9679816123509433127&toc_style_id=feeds_default。

事实上，本土化努力并不仅局限在金融领域。俄罗斯在农业、工业、国防等更大范围内推动进口替代战略。在关乎国计民生和经济发展的关键领域，俄罗斯努力通过国内自主研发生产的技术和产品替代外国技术和产品，降低进口依赖。一方面作为对西方制裁的回应；另一方面也为了保障国家安全，解决俄罗斯经济结构性矛盾。[①]

（三）外国资产国有化

在美国本轮对俄金融制裁中，美国冻结了大量俄罗斯金融机构、个人位于美国的财产，导致俄罗斯 6,400 亿美元国际储备中的 3,000 亿遭冻结，并撤回其在俄投资。作为回应，俄罗斯拟对撤出的外国企业实施国有化。此举与美国冻结与没收资产的制裁手段具有一定的对称性。俄罗斯正在推动立法，对不友好国家人士持股超过 25% 的企业引入外部管理机制，防止其随意宣布破产。若此前宣布退出俄罗斯的企业在五日内恢复活动或出售股份，可免于引入外部管理，但前提是主体业务和员工结构完好。否则，法院将向公司任命一个为期三个月的临时管理层，此后新机构的股票将被拍卖，旧机构将被清算。[②]

（四）阻断制裁的域外效力

制定阻断法律应对和反制外国经济制裁也是方式之一，欧盟、日本、加拿大、墨西哥等国家和地区已经分别制定了阻断法。俄罗斯尚未出台正式的阻断法律，但是现行法律部分条款具有一定的阻断效力。《俄罗斯反制裁法》禁止俄罗斯金融机构向境外机构提供交易信息、消费者信息等，并要求金融机构在 3 个工作日内，通过专门网络向俄罗斯央行报告。俄罗斯央行应在 3 个工作日内告知该金融机构能否向境外提供信息。违反上述要求的金融机构及相关人员将按照相关法律受到处罚。[③] 该规定具有一定的阻断金融制裁域外效力的作用。

---

① 徐坡岭：《进口替代在俄罗斯取得的进展及其问题》，《欧亚经济》2018 年第 1 期。

② 环球时报：《俄媒出现"可能被国有化"的 59 家外企名单》，2022 年 3 月 11 日，https://world.huanqiu.com/article/478oCMZpYWo。

③ Federal Law No. 127-FZ of June 4, 2018, Articles. 41.

另外，俄罗斯正在推动修法，以更强硬的态度在更大范围建立阻断机制，即提案修改《俄罗斯刑法典》第 201 条，将遵循、执行外国、国家联盟或国际组织等对俄制裁的行为认定为犯罪，并处以高达 10 年监禁及巨额罚款。① 这一法案意味着俄罗斯借助刑事立法，阻断次级制裁的域外效力。但是，阻断法律域外实践表明，阻断法律的实效取决于国家实力状况。由于金融制裁的不对称性以及美俄实力差距，阻断法律恐可能难以发挥实效。②

（五）俄罗斯对金融制裁的反制措施之决策与执行

联邦法律和总统令是俄罗斯对金融制裁的反制措施的主要法律依据。《俄罗斯反制裁法》授予俄罗斯总统最高且相当宽泛的反制措施决策权。总统有权决定终止或暂停俄罗斯与不友好国家或机构的国际合作，禁止或限制产品和原料进出口贸易，禁止或限制不友好国家机构参与俄政府采购项目和国有资产私有化项目，或采取其他制裁措施。③ 总统是俄罗斯最主要的反制决策机构。俄罗斯政府采取或解除反制措施均须在总统授权下进行。总统在决定反制措施前，可以听取俄罗斯安全委员会的意见。④《俄罗斯反制裁法》确立了以总统为核心的反制措施决策体系，以快速响应制裁对弈的实践需要。

2022 年 2 月以来，俄罗斯总统普京签署多项总统令，授权俄政府外国投资监管委员会、央行、财政部等政府机构负责金融反制措施的执行和监管。总体而言，俄罗斯总统是俄反制措施的决策核心，俄罗斯安全委员会亦可对反制措施提出建议。限制本国与不友好国家之间的金融交易是俄罗斯对金融制裁的一项重要反制措施，具有阻止资金外流和报复制裁国的双重目的。从目前颁布的总统令来看，外国投资监管委员会、央行、财政部等政府机构共同负责对受限交易的审批和监管，各机构权力相对分散，权责存在重叠甚至冲突，缺乏统

---

① Josie Hunt, Russia Prepares Bill Seeking Jail Terms For Adhering To Sanctions, The Organization for World Peace, https://theowp.org/russia-prepares-bill-seeking-jail-terms-for-adhering-to-sanctions/ (Apr.27, 2022).
② 霍政欣：《国内法的域外效力：美国机制、学理解构与中国路径》，《政法论坛》2020 年第 2 期。
③ Federal Law No. 127-FZ of June 4, 2018, Articles. 2.
④ Federal Law No. 127-FZ of June 4, 2018, Articles. 3.

一的领导和协调机制，可能制约反制措施的实际运行效果。

四、结语

俄乌冲突引发现有国际经贸格局的震动。在这场冲突的经济战线上，美国联合西方国家以经济、金融手段为武器，封锁俄罗斯与他国的经济金融交往，试图引发其经济、政治崩溃，以胁迫俄罗斯改变现有政策取向。面对美西方全方位、长时间、高强度的经济、金融制裁，俄罗斯立足于自身优势，丰富反制裁工具箱，有效抵御了经济、政治崩溃风险，并向美西方施以有力还击。但与此同时，俄罗斯也在国际社会中被推向孤立境地。

"一带一路"区域与国别法治

出海企业泰国投资法律风险防范与
合规管理分析

董　锋　朱学孟*

摘　要：随着"一带一路"合作倡议进入深度发展的新时期，泰国作为
　　　　"海上丝绸之路"重要节点的东南亚经济中心，凭借广阔的市场、
　　　　低廉的人力成本等优势，成为出海企业投资的热土。然而，泰
　　　　国的相关投资环境给出海企业的投资带来了一些不确定性。市
　　　　场准入机制差异、劳动用工合规等都是出海企业在投资过程中，
　　　　需要全面考虑的风险因素。出海泰国的企业需要做好投资的法
　　　　律风险防范，制定相应的风险防范策略，提高企业的合规管理
　　　　水平，从而行稳致远。

关键词：出海企业；投资法律风险；合规管理

---

* 　董锋，执业律师，泰国汉成律师事务所创始合伙人，广东华商（杭州）律师事务所主任；朱
　学孟，泰国汉成律师事务所中国法律顾问，知识产权法学硕士。

一、出海企业在泰国投资概况

（一）投资规模与领域分布

1. 主要投资行业的分布

东南亚国家凭借其自身优越的地理位置和丰富的自然资源，成为世界经济最为活跃的地区之一，也是我国对"一带一路"直接投资的重要目的地。[①] 在我国 2019 年至 2022 年对外直接投资的国家（地区）排行中，中国对泰国的直接投资流量始终居于前十六位，在东南亚国家中始终居于前五位。泰国已成为中国对东南亚国家直接投资重要且稳定的目标市场。[②]

中资出海企业在泰国的主要投资行业有制造业、金融业、保险业、房地产业等等。其中，又尤以制造业最受中资出海企业青睐。中资企业对泰国中高端技术制造业的投资远高于其他行业。主要投资行业的分布，反映了中资出海企业在泰国投资的多元化和覆盖领域的全面性。另外总体上，中国在泰的投资领域正逐渐拓宽，涉及行业日益增多，二三产业比重逐年提高。[③]

2. 企业在不同领域的投资规模对比

中资出海企业在泰国制造业领域的投资规模最大，占据了总投资额的近一半。这一趋势反映了中国制造业在全球产业链中的重要地位，以及泰国作为东南亚制造业中心的吸引力。制造业领域的投资主要集中在汽车、电子、机械等

---

① 许冬梅：《中国对东南亚国家直接投资的路径》，《中国外资》2023 年第 19 期。

② 陈昊等：《"一带一路"背景下中国企业对泰国投资可持续发展研究》，《长沙理工大学学报（社会科学版）》2024 年第 3 期。

③ 张亮：《中国对东盟的投资效应及产业影响研究》，《山东社会科学》2021 年第 4 期；翁玉颖：《"一带一路"背景下中国对东盟直接投资动机、现状及对策分析》，《中国集体经济》2023 年第 11 期。

产业，这些产业在泰国具有较为完善的产业链和较高的技术水平，为中资出海企业提供了良好的投资环境。

相比之下，中资出海企业在服务业领域的投资规模较小，但增长迅速。随着东南亚各国经济的转型和升级，服务业逐渐成为经济增长的新动力。中资出海企业在金融、旅游、教育等领域加大投资力度，以获取更广阔的市场空间和更高的收益。例如，中国金融机构在泰国设立分支机构，最为典型的要数中国工商银行和中国银行在泰国设立分支机构，为当地企业和居民提供金融服务，促进了中泰两国的金融合作。

此外，中资出海企业在能源和基础设施领域的投资也值得关注。基于泰国丰富的自然资源和得天独厚的地理优势，中资出海企业在能源开发和基础设施建设方面积极参与，这不仅有助于东南亚经济的可持续发展，也为中资出海企业带来了长期稳定的投资回报。中资出海企业参与泰国能源建设和基础设施项目，为当地经济发展提供了有力支持。

不同领域投资规模的差异反映了中资出海企业在泰国投资的不同战略和考量。制造业领域的投资主要基于产业链整合和成本控制，服务业领域的投资则更多关注市场扩张和品牌建设，而能源和基础设施领域的投资则具有战略性和长期性。从作用与效果来看，多元化的投资策略有助于中资出海企业在泰国市场实现更全面的布局和发展。

（二）投资特点与趋势

1.投资主体多元化

近年来，中资出海企业在泰国的投资主体呈现出多元化的趋势。这一趋势不仅体现在投资行业的广泛分布上，还体现在投资主体的多样性上。越来越多的国有企业、民营企业以及跨国公司纷纷涉足泰国市场，形成了多元化的投资主体格局。国有企业作为中国对外投资的重要力量，凭借其强大的资金实力和政策支持，在泰国的基础设施建设、资源开发等领域发挥着重要作用。2022年，中国企业在泰国备案的投资企业共有488家，其中国有或国有控股企业有134家。截至2023年底，这一数字增加到502家，其中国有或国有控股企业为 138 家。与此同时，民营企业也积极参与到泰国的投资热潮中。他们凭借敏锐的市场洞察力和灵活的经营机制，在制造业、电子商务等领域取得了显著成绩。此外，我国部分企业也通过并购、合资等方式进入泰国市场，与当地企业共同开拓市场、分享资源。这种合作模式不仅有助于提升中资出海企业的国际化水平，也有助于促进泰国的经济发展。

2. 投资领域广泛化

近年来，中资出海企业在泰国的投资领域呈现出广泛化的趋势。这一变化不仅反映了中国经济的快速发展和对外开放的深化，也体现了中资出海企业对于多元化市场的追求和战略布局的调整。投资领域的广泛化不仅为中资出海企业带来了更多的机遇，也带来了更大的挑战。

在投资领域广泛化的背景下，中资出海企业积极参与了泰国的基础设施建设、制造业、农业、金融等多个领域。在基础设施建设领域，中资出海企业承建了高速公路、铁路、港口等重大项目，为泰国的经济发展提供了有力支持。在制造业领域，中资出海企业通过设立生产基地、研发中心等方式，加强了与当地企业的合作，推动了产业升级和技术创新。同时，中资出海企业还积极参与了泰国的农业和金融领域投资，为当地农民和金融机构提供了更多的发展机会。

投资领域的广泛化不仅为中资出海企业带来了更多的机遇，也带来了更大的挑战。不同领域的投资需要不同的专业知识和管理经验，要求企业具备更强的跨领域整合能力。此外，不同领域的市场环境、政策法规、文化背景等也存在差异，需要企业进行深入的市场调研和风险评估。因此，中资出海企业在投资领域广泛化的过程中，需要注重提升自身的专业能力和风险管理水平，以应对各种复杂多变的市场环境。

3. 投资策略长期化

中国资本在东南亚的投资，尤其是在泰国的投资正逐步向长期化转变。这一投资策略的转变不仅彰显了企业对于市场潜力的信心，也体现了企业对于风险管理的深入认识。长期主义的投资策略表明，企业不再追求短期利润的最大化，而是更加注重视在目标市场中的长期布局和持续发展。

以华为在泰国的投资为例。该公司不仅在电信基础设施领域进行了大规模投资，还积极参与了当地的教育、医疗等社会公益事业。这种全方位、长期性的投资策略不仅为华为赢得了良好的社会声誉，也为其在泰国市场的长期发展奠定了坚实基础。华为的成功案例充分证明了长期主义的投资策略在东南亚市场的可行性和有效性。

长期投资策略的实施需要企业具备深厚的市场洞察力和强大的风险管理能力。企业需要对目标市场的政治、经济、社会、文化等多方面因素进行深入分析，制定出符合当地实际情况的长期发展规划。同时，企业还需要建立完善的风险管理机制，及时应对各种可能出现的风险挑战，确保投资项目的稳健运行。通过深入了解市场需求，持续创新产品和服务，企业不仅能够在竞争激烈的市场中脱颖而出，还能够实现与社会的共赢发展。

二、泰国投资环境及法律风险

（一）泰国投资环境分析

泰国作为东南亚的重要经济体，其投资环境具有独特的优势和挑战。近年来，泰国政府致力于推动经济形态多元化和现代化，为外国投资者提供了广阔的市场和丰富的商机。为促进外商投资，泰国政府采取了一系列措施，包括制定更为详实的投资政策、给予外国投资者税收和政策的优惠、完善交通网络在内的基础设施等。[①] 根据泰国投资促进委员会（Board of Investment，以下简称"BOI"）的数据，近年来中国企业在泰国的投资规模持续增长，涉及领域广泛，包括制造业、服务业和农业等。然而，泰国投资环境也存在一些法律风险和挑战，企业考虑在泰国布局投资前和投资过程中应当予以关注。

泰国法律体系相对完善，然而与中国的法律体系存在一定差异。在泰投资

[①] 邹宜芳：《中国企业赴泰国投资法律风险及对策》，《红河学院学报》2018 年第 16 期。

的中国企业需要深入了解当地法律法规，特别是与商业活动密切相关的法律条款。例如，泰国劳动法对用工合规性有严格规定，如果认识不足、违反相关法规，可能导致严重的法律后果。此外，泰国税务法规也较为复杂，企业需要确保税务合规，避免因税务问题引发法律风险。

除了法律法规的差异，泰国投资环境还受到政治、经济和社会等多方面因素的影响。政治稳定性是投资者关注的重要因素之一。政治变动可能对投资环境产生影响也会引起法律环境的变化。外国投资者最为关心的就是泰国有关海外投资者的法律变动。① 因此，中国企业在投资泰国时，需要密切关注当地政治动态，评估政治风险，并制定相应的风险应对策略。

经济方面，泰国经济增长稳定，市场潜力巨大。然而，泰国市场竞争也日趋激烈，企业需要不断提升自身竞争力，以应对市场挑战。同时，泰国社会文化环境独特，企业在投资过程中需要尊重当地文化和习俗，避免因文化差异引发不必要的冲突和误解。

综上所述，泰国投资环境既有机遇也有挑战。中国企业在泰国投资时，需要全面分析当地投资环境，深入了解法律法规和文化习俗，制定合适的投资策略和风险防范措施。通过加强市场调研、与当地合作伙伴建立良好关系、提升企业管理水平等方式，更好地把握泰国投资机遇，实现可持续发展。

（二）泰国投资的法律风险

中国企业在泰国投资面临的主要法律风险多种多样，其中土地使用权纠纷尤为突出。近年来，随着中资出海企业在泰国投资规模的不断扩大，涉及土地使用的项目日益增多。然而，由于泰国土地法律制度的复杂性和特殊性，许多中资出海企业在土地使用权问题上遭遇了不小的挑战。例如，某中资企业在泰国投资兴建工厂时，因未充分了解当地土地法律，导致土地使用权纠纷频发，严重影响了项目的进展和企业的正常运营。因此，中国企业在泰国投资时，必须深入了解当地土地法律，确保土地使用权的合法性和稳定性。

除了土地使用权纠纷外，劳动用工合规性也是中国企业在泰国投资时需要

---

① 刘倩、翟崑：《从对抗性要素联盟看泰国政治怪圈的形成机制》，《东南亚研究》2016 年第 4 期。

重点关注的法律风险之一。泰国劳动法对劳动者的权益保护较为严格，对用工合规性有着明确的规定。然而，一些中资出海企业在泰国投资时，由于缺乏对当地劳动法律的了解和重视，导致在用工方面存在诸多不合规行为。这不仅可能引发劳动纠纷，还可能面临严重的法律处罚。因此，中国企业在泰国投资时，必须严格遵守当地劳动法律，确保用工合规性，避免因劳动纠纷而给企业带来不必要的损失。

税务合规风险也是中国企业在泰国投资时需要警惕的法律风险之一。泰国税务法律体系相对完善，对税务合规性有着严格的要求。然而，一些中资出海企业在泰国投资时，由于对当地税务法律了解不足或存在侥幸心理，导致在税务方面存在违规行为。这不仅可能面临税务处罚，还可能影响企业的声誉和长期发展。另外，对于税收优惠政策需要积极跟进。中国企业在"一带一路"中的海外投资主要是工程承包建设、资本输出及并购，然而沿线许多国家规定外资企业在本国承包工程或提供劳务所享有的免征企业所得税期限仅为 6 个月。由于基础设施建设的工程实施时间一般较长，中国很多企业根本无法完全享有东道国政府所给予的税收优惠待遇。① 因此，中国企业在泰国投资时，必须充分了解当地税务法律，确保税务合规性，避免因税务问题而给企业带来麻烦。

针对这些主要法律风险，中国企业在泰国投资时应采取积极的防范措施。首先，企业应深入了解泰国法律环境，包括土地、劳动和税务等方面的法律规定，确保投资项目的合法性和合规性。其次，企业应建立完善的法律风险防范机制，包括设立专门的法务部门或聘请当地法律顾问，加强对投资项目的法律风险评估和监控。此外，企业还应加强与当地法律机构的合作，及时了解法律动态和政策变化，以便及时调整投资策略和应对法律风险。

通过深入分析泰国投资的主要法律风险并采取有效的防范措施，中国企业在泰国投资可以更加稳健和可持续。同时，这些经验也可以为其他在东南亚投资的中国企业提供有益的借鉴和参考。在未来的投资过程中，中国企业应继续加强法律风险防范意识，不断提升自身的法律风险管理水平，以应对日益复杂的国际投资环境。

---

① 中国国际税收研究会课题组：《服务"一带一路"战略税收政策及征管研究》，《国际税收》2015 年第 12 期。

三、泰国投资法律风险防范及合规管理问题分析

泰国拥有较为完善的外商投资法规，包括《外商经营法》《投资促进法》《劳动保护法》等。这些法律法规对外商投资的行业准入、持股比例、土地使用、劳动雇佣等方面进行了规定。中国企业在泰国投资时，需要深入了解并遵守当地的法律法规，通过合规管理降低法律风险。同时，应积极利用泰国的投资优惠政策，通过与当地合作伙伴的合作，实现投资项目的顺利落地和运营。

（一）泰国投资之外商投资准入与审查

泰国的外商投资准入与审查制度在近年进行了调整与更新。对外商投资实行负面清单制度，将外商投资分为三个行业类别，第一类行业完全禁止外商投资，主要是涉及国家安全或可能对泰国经济产生重大影响的行业。第二类行业对外商的持股比例进行了严格限制，如保险、金融等行业，虽然允许外商进入，但设置有相应的限制条件。除去负面清单上禁止和限制外商投资的，剩余的行业基本上不限制外商进行投资，也没有明确的外商持股比例限制。[①] 这种模式简化了外商准入程序，也提高了透明度。但泰国的外商投资审批制度复杂烦琐，不同的行业在审批时需要由不同的部门负责，审批标准对于限制类行业的规定虽然详细，但抽象且不可量化，对投资者来说不透明，审批结果具有不确定性，这对投资者造成了一定困扰。

中国某制造企业拟在泰国建厂，作为海外生产基地，利用低成本和出口优势降低生产成本，提高竞争力。依托泰国交通优势，产品将出口至亚洲及全球市场，扩大业务和市场份额。这一举措有助于企业在全球经济中保持竞争优势，也将为当地经济带来积极的影响。但中资企业在泰国投资需要事先详细了解泰国该行业的市场准入机制，否则可能因为不熟悉相关政策导致无法顺利完成投资计划。

---

① 潘天一：《泰国外资准入法律制度研究》，云南财经大学 2020 年硕士学位论文，第 25 页。

中资企业在投资前应首先评估企业投资行业在泰国的准入机制，明确相关持股比例限制规定。在没有限制性规定的前提下，可以进行公司注册，从核名开始就需确保公司名称符合泰国法律规定。同时需申请公司专属公章，制作全套注册文件，并完成文件的签署。在公司注册完成后，企业还需完成银行开户与税务登记，确保企业在泰国运营活动的合法合规。

泰国的外商投资准入机制，指某些行业如建筑业对外商投资有持股比例限制，要求外国投资者申请 FBL（外商经营执照）或 FBC（外商经营证书）。在泰国进行投资前，需评估投资行业是否属于限制类，如需申请 FBL 或 FBC，提前准备相关材料并了解审批流程；并且需要与泰国投资促进委员会（BOI）沟通，了解如何获得税收优惠和非税收优惠；[①] 还应关注诸如土地所有权和外籍员工雇佣等合规管理问题。完成投资后，也需要持续监督政策变化，确保企业运营持续符合泰国法律法规。

泰国投资促进委员会（BOI）是泰国政府吸引国内外投资的重要机构之一，它为在泰国发展的外国投资者提供了一系列的优惠政策和激励措施。在 BOI 证书申请服务过程中，企业需准备 BOI 申请文件，完成全部文件的填写，并进行专业翻译。在申请过程中，企业需与 BOI 官员保持密切沟通，负责后续文件的调整，确保申请流程顺利进行。企业只有成功取得正式的 BOI 证书，才能享受到泰国政府的优惠政策。

（二）泰国投资之土地交易

某中国企业在泰国的子公司拟在泰国购买土地，建设并运营工厂。为顺利完成相关土地交易，全面了解该地块的权属现状，需对土地权属负担等情况进行尽职调查。

中资企业在泰国进行土地交易，首要的就是要对目标土地进行权属调查，该调查需前往目标土地所在土地办公室进行核查，审查目标土地的地契，对该地契上的登记过程进行详细了解，并确认权属负担等情况。经权属调查，如确认该地块上不存在抵押权等任何权利负担，即土地权属没有任何不利限制，则

---

① 韩冰：《泰国〈外商经营企业法〉与工业园区投资优惠分析》，《东南亚纵横》2014 年第 4 期。

该地块具备权属变更的条件，亦不存在任何尚未交纳的税务或费用。其次，需要对该土地进行实地勘查，向目标土地所在的行政部门和泰国工业区管理局了解该地块相关信息。在对目标土地性质、许可用途、周边交通、园区内供水和道路、污水处理系统等情况进行详尽调查后，方能确定该地块能否满足企业需求，是否进行土地交易。

泰国在土地交易方面针对外国投资者有一定的限制规定。泰国相关法律规定，不允许外国人直接拥有土地，但允许外资企业购买土地。[①] 外资企业可以通过两种方式购买泰国土地：一是通过工业园管理局（IEAT）获得土地，设立于受 IEAT 监管的工业园内并享受 IEAT 优惠待遇的公司，可获得位于同一工业园内的土地，用于开展经批准的经营活动；二是通过 BOI 获得土地，根据《投资促进法》，通过泰国投资促进委员会 BOI 渠道，申请取得项目《投资优惠许可证》，进而获得购买和永久性持有工业用地的特权。[②]

泰国政府对于外国投资者在泰国进行土地交易经历了由严格限制到逐渐宽松的过程，泰国内阁也在不断调整和修改与外国投资相关的法律规定和政策，以吸引更多的国际资本进入泰国，促进泰国经济发展。因此，对于外国投资者放松土地交易限制更有利于吸引外国投资者。但泰国土地交易和流程相对复杂，需要跟进一系列的步骤及文件，包括签订合同、支付定金、办理转让手续等。

总之，外国投资者在泰国进行土地交易并非易事，需要时刻关注泰国相关法律规定及政策的变动，及时调整策略，在进行土地交易前需进行详细的调查，确定目标土地权属状况及是否符合交易要求，采取适当措施确保交易行为的合法与安全。

（三）泰国投资之劳动用工

中国企业在泰国投资时需要面对包括遵守当地劳动法规、适应劳动力市场的异质性、最低工资标准变化、性别多样性问题、管理移民劳工的法律风险等

---

① Supasit Boonsanong, Prisna Sungwanna, "Thailand: Awaiting foreign investment reform", International financial law review, 2015.

② Ming-Hsun Hsieh, Yu Zhang, "The Legal System for Foreign Investors to Obtain Land in Thailand: Main Developments, Practical Dilemma and Relief Approach", Yixin Publisher, 2024.

等劳动用工问题。[①]

泰国《劳动法》及相关规章制度对劳动用工有明确规定，如签订书面劳动合同、劳动保障、解雇的法定程序及补偿等等。[②] 相关规定与国内的规定有一定的区别，所以在泰国投资需要注重劳动用工的合规。需要聘请专业人士对高管和人力资源部门进行泰国劳动法规的专项培训，熟悉并理解当地法规，确保在泰国的劳动用工合规。

中泰两国在文化、管理习惯和人力资源管理方面存在显著差异，泰国的劳动力市场与中国的用工环境也存在很大的异质性，中国企业需要入乡随俗，深入了解泰国当地的劳动用工法律规定及政策，积极调整适应泰国的劳动用工习惯。

同时，中国企业需要建立劳动用工风险预警机制，及时发现并解决潜在的劳动纠纷。在劳动用工管理方面，需要尊重当地管理文化，建立良好的沟通机制与员工参与制度，增强泰国当地员工的参与感和归属感。

此外，对于泰国员工的诉求和意见，中国企业需要建立专门的劳动者诉求表达与矛盾处理机制。企业通过设立专门的部门或渠道，搜集和处理员工的诉求和意见，及时解决劳资矛盾，防止劳动用工矛盾扩大。同时要善于利用泰国当地成熟的劳动争议处理法律制度，对于损害企业合法利益的劳动用工矛盾，通过法律途径维护企业自身权益。

四、出海企业在泰国投资的法律风险防范与合规管理

（一）加强法律风险管理制度建设与合规管理

随着全球化的深入发展，企业对外投资已经成为一种常见的战略选择。然

---

① 徐新鹏等：《中国企业对泰国投资的劳动用工风险防范研究》，《现代营销》2020 年第 11 期。

② S. Buranatrevedh, "Occupational safety and health management among five ASEAN countries: Thailand, Indonesia, Malaysia, Philippines, and Singapore", Journal of the Medical Association of Thailand, 2015.

而，出海企业在对外投资过程中往往会面临各种法律风险，如政治风险、法律风险、环保风险等。为了有效应对这些风险，企业应建立健全的法律风险管理与合规管理制度，确保对外投资的安全与稳定。

1.对外投资前的风险评估和预警机制

在对泰国投资前，企业应建立完善的风险评估和预警机制。由于"一带一路"沿线各国社会背景、法律体系、政治制度存在差异，针对外资准入的政策法规也各有不同，这给我国企业海外投资带来了一定的未知性和不确定性，增加了企业海外投资法律风险尽职调查的难度。[①] 政治稳定性是影响企业对外投资的重要因素之一，企业应充分了解泰国的政治环境、政府政策、国际关系等方面的信息，评估政治风险对企业投资可能产生的影响。同时，企业还应关注泰国的法律法规变化，确保投资活动符合当地法律法规的要求。对于东道国的司法环境进行调研，在所搜集的大量案例的基础上，为投资所在地建立一份法律风险评估报告。[②]

除了政治风险外，企业还应关注环保风险。随着全球环保意识的不断提高，企业对外投资过程中必须遵守当地环保法规，积极履行环保责任。因此，企业应对泰国的环保要求进行深入了解，评估投资项目是否符合当地环保标准，避免因环保问题而引发的法律风险。

2.投资过程中的持续监控和管理

在投资过程中，企业应实施持续监控和管理，确保投资风险得到有效控制。企业应建立专门的法律风险管理与合规部门，负责对外投资项目的法律风险进行实时监控和预警。一旦发现潜在的法律风险，应立即采取措施进行应对，避免风险扩大对企业造成损失。

[①] 任建芝：《"一带一路"背景下加强国有企业法制建设的重要性——国有企业海外投资的法律保障》，《中国律师》2017 年第 3 期。

[②] 徐卫东、闫泓汀：《"一带一路"倡议下的海外投资法律风险对策》，《东北亚论坛》2018 年第 4 期。

此外，企业还应加强对投资项目的日常监管，确保投资项目按照当地法律法规和合同约定进行。同时，企业还应与当地政府、行业协会等建立良好的沟通机制，及时了解当地政策变化和市场动态，为企业的投资决策提供有力支持。

3. 完善法律风险管理与合规管理制度的保障措施

为了确保法律风险管理和合规管理制度的有效实施，企业需要加强员工法律培训与合规培训。定期对员工进行法律培训和合规培训，有助于增强员工的法律意识和合规风险意识，确保员工在对外投资过程中能够遵守当地法律法规，降低法律风险。并且需要建立完善的风险应对机制，明确各级职责，确保在发生法律风险时能够迅速响应、有效应对。此外，企业还需要强化内部审计与监督，应加强对法律风险管理制度的内部审计与监督，确保制度得到有效执行，及时发现和纠正存在的问题。

(二) 利用国际和双边投资保护协议

在全球经济一体化的今天，企业跨国投资已成为常态。然而，企业在"走出去"的过程中，往往面临着诸多风险和挑战，如政治风险、法律风险、市场风险等。为了有效应对，保护企业的合法权益，国际和双边投资保护协议应运而生，成为企业在全球化浪潮中保驾护航的重要工具。

首先，约定必须信守已成为各国普遍接受的国际法原则，因而双边投资协定在国际上对缔约国具有强有力的法律拘束力。[①] 国际投资保护协议通过多边公约和区域性投资保护机制，为企业提供了一种集体安全保障。这些公约和机制通过规范国际投资行为、促进投资自由化、加强投资合作等方式，为企业创造了一个公平、透明、可预期的投资环境。同时，这些协议还通过争端解决机制，为企业在遇到投资争端时提供了有效的解决途径。

其次，双边投资协议作为双边关系的重要组成部分，为企业提供了更为具

---

① 余劲松：《国际投资法》，法律出版社 2003 年版，第 162 页。

体的法律保护。双边投资协定对于引导企业到签约国投资具有积极的作用，特别是引导企业到投资环境较差的国家投资更具有积极意义。[1] 东道国制度环境越差，与双边投资协定能提供的保护差距越大，双边投资协定越能弥补东道国的法律制度缺陷，越是有助于吸引签约国企业前来投资。[2] 双边投资协议通常涵盖了投资定义、投资准入、投资待遇、投资争端解决等核心条款，确保了企业在东道国的投资权益得到充分保障。同时，双边投资协议还通过外交渠道为企业在遇到问题时提供了与政府沟通的平台，有助于企业更好地融入当地市场，实现可持续发展。

此外，国际和双边投资保护协议不仅为企业提供了法律保护，还为企业提供了更加便捷的投资渠道。这些协议通过简化审批程序、优化投资环境等方式，降低了企业的投资门槛和成本，为企业提供了更加广阔的市场空间和发展机遇。

总之，国际和双边投资保护协议在保护企业海外投资权益方面发挥着重要作用。在全球化的背景下，企业应充分利用这些协议，加强风险防控，提升自身的国际竞争力。同时，各国政府也应加强合作，不断完善投资保护法律体系，为企业创造更加稳定、公正的投资环境。只有这样，我们才能共同应对全球化带来的挑战和机遇，实现共赢发展。

（三）完善国内立法和政策支持

中国政府正积极致力于优化和完善相关法律法规，以便更好地引导和保护企业在海外的投资活动。此举不仅体现了国家对海外投资的高度重视，也是为了在国际舞台上展示中国负责任的大国形象。

对于许多寻求海外市场拓展的中资出海企业来说，法律法规的完善与否直接关系到他们的投资安全和利益保障。一个清晰、全面且具备国际视野的法律框架，不仅能够帮助企业规避潜在风险，还能在遭遇纠纷时提供有力的法律武

---

[1] 宗芳宇等：《双边投资协定、制度环境和企业对外直接投资区位选择》，《经济研究》2012 年第 5 期。

[2] 邓婷婷、张美玉：《"一带一路"倡议下中国海外投资的条约保护》，《中南大学学报（社会科学版）》2016 年第 6 期。

器。因此，中国政府在加快立法步伐的同时，也在努力与国际接轨，确保相关法律法规的先进性和适用性。

除了法律法规的完善，中国政府还通过一系列政策措施，积极鼓励和支持企业"走出去"。例如，通过提供税收优惠、财政补贴等直接的经济激励，降低企业海外投资的成本和风险。这些措施不仅有助于提升中资出海企业的国际竞争力，也为中国经济的可持续发展注入了新的活力。

当然，政府在加大政策支持力度的同时，也注重加强监管，确保资金使用的透明度和合理性。这既是为了保护国家财政的安全，也是为了确保企业能够在公平、公正的环境中开展海外投资活动。总体而言，中国政府在海外投资领域的努力，不仅有助于提升中资出海企业的国际地位和影响力，也为全球经济的稳定和发展作出了积极贡献。未来，随着相关法律法规的不断完善和政策支持的持续加大，相信中资出海企业在海外投资领域将取得更加辉煌的成就。

（四）加强国际交流与合作

在全球化的今天，企业不应仅仅局限于本土的发展，而应积极寻求与国际组织和论坛的合作，与其他国家的企业和机构建立稳固的合作关系。这种跨国的合作不仅有助于企业拓宽视野，获取更多的资源和支持，还能在应对海外投资中遇到的法律风险时发挥重要作用。

首先，通过参与国际组织和论坛，企业能够接触到来自不同文化和背景的合作伙伴，这为企业带来了丰富多样的信息和经验。国际组织和论坛通常是各国企业、政府和非政府组织等各方力量汇聚的平台，它们为参与者提供了一个交流、学习和合作的机会。在这些平台上，企业可以了解其他国家的市场环境、政策法规、文化背景等信息，这对于企业制定国际化战略、规避潜在风险具有重要意义。

其次，与其他国家的企业和机构建立合作关系，可以帮助企业更好地融入国际市场。这种合作不仅有助于企业拓展海外市场，还能通过共享资源和技术，实现互利共赢。例如，企业可以与国外企业合作开发新产品、新技术，共同开拓新的市场领域。同时，通过与国际知名机构合作，企业还可以提升自身的品牌形象和知名度，为未来的发展奠定坚实基础。

在应对海外投资中的法律风险方面，国际合作同样发挥着重要作用。企业在海外投资过程中，往往面临着诸多法律风险，如政治风险、法律环境不熟悉、文化差异等。通过与当地企业、律师事务所等合作，企业可以获取更加专业、准确的法律服务，降低投资风险。此外，国际合作还能帮助企业在遇到法律纠纷时，更好地维护自身权益，为企业赢得良好的国际声誉。

企业积极参与国际组织和论坛，与其他国家的企业和机构建立合作关系。这种合作不仅有助于企业拓宽视野、获取更多资源，还能在应对海外投资中的法律风险时发挥重要作用。在全球化的浪潮中，企业应抓住机遇，勇于挑战，不断提升自身的国际竞争力，为实现可持续发展贡献力量。

五、结语

随着"一带一路"倡议的深入发展，泰国成为中资出海企业对外投资的热土，投资规模逐年增长，出海企业的投资主要集中在基础设施建设、制造业、信息技术和金融服务等领域。然而，作为东南亚国家的泰国，其政治、经济、文化、法律环境存在不确定性，企业需全面考虑风险因素，制定相应的风险防范策略，提高企业自身的合规管理水平。中资出海企业在泰国投资方式多样化，投资策略正逐渐从追求规模扩张转向注重与当地市场的融合和长期发展。

出海企业在泰国投资过程中为降低法律风险、提高合规管理水平，应加强对泰国法律法规的学习和了解，建立完善的法律风险防范体系，并注重与当地政府和社会的沟通与合作。针对泰国的投资环境，企业需充分评估法律风险并采取相应措施，如加强法律风险管理制度建设、利用国际和双边投资保护协议以及完善国内立法和政策支持等。此外，加强国际合作与交流，积极参与当地法律建设和社会治理，也是防范法律风险的重要手段。针对泰国投资的具体情况，企业需关注合同法、劳动法、知识产权法等方面的法律规定，并建立健全相应合规管理制度，以确保投资顺利进行。

总之，随着"一带一路"倡议的深入推进，泰国成为中资出海企业海外投资的重要目的地。然而，企业在投资过程中需要全面考虑风险因素，制定相应的风险防范策略和合规管理制度，以确保投资的安全和可持续发展。通过加强对泰国政治、经济、文化和法律环境的研究和了解，完善内部合规管理和风险控制体系，积极参与国际合作与交流，出海企业将在泰国迎来更加广阔的发展空间和机遇。

美国外资审查：历史回顾与制度化进程

谭 艳*

摘 要：美国外资审查制度的演变反映了该国在不同历史时期对国家安全和经济利益平衡的深刻认识。特别是在一战和二战期间，美国对敌国资本的管控措施以及冷战时期外资政策的倾向，都体现了其在维护国家安全和促进经济发展之间寻求平衡的努力。进入全球化时代，美国对外国直接投资的听证会和外资审查制度的制度化，进一步展示了其通过立法和政策调整应对外资带来的挑战。通过对美国外资政策的历史考察，揭示了其在全球化背景下对外资管控的策略调整以及如何在吸引外资和保护国家安全之间找到平衡点，确保国家利益的最大化。

关键词：美国外资审查制度；起源与早期发展；国家安全

一、问题的提出

美国对外资的管控和审查策略，可以从战时与和平时期的不同情境中进

* 谭艳，法学博士，浙江外国语学院"一带一路"学院讲师。本文系浙江省哲学社会科学规划"高校基本科研业务费改革"专项课题《赴美投资安全审查中涉华案例分析与国际法应对研究》（25NDJC166YBMS）阶段性成果。

行观察。在战争时期，如第一次世界大战、第二次世界大战以及冷战期间，美国对外资的监管或审查显示出一定的敌我界分特征。这些时期的政策反映了美国对敌对国家资本的严格管控，还通过在关键战略行业设置准入门槛来凸显对国家安全的极度重视。在和平时期，美国的外资政策则呈现出更为复杂和多元的面貌。一方面，美国积极吸引外资，以促进经济增长和技术进步；另一方面，随着与欧、日、中东、中国等外资的不断涌入以及与之的互动中，美国也在不断深化对国家安全概念的理解。这一过程中，美国从发现潜在问题、分析问题本质，到通过立法和建立监管机构，如美国外国投资委员会（Committee on Foreign Investment in the United States, CFIUS），来应对外资可能带来的风险。这种动态的外资管理策略，体现了美国在全球化背景下对外资政策的灵活调整和战略思考。美国通过立法和监管机构的建立，旨在平衡吸引外资以促进经济发展与保护国家安全之间的关系，确保在全球化竞争中保持其经济和技术的领先地位。同时，这也展示了美国在维护国家安全和推动经济发展之间寻求平衡的持续努力。本文将探讨自19世纪末至20世纪末期间，美国外资法律的起源、发展以及它们如何被用来监管外国直接投资，尤其是在国家安全受到威胁时的应用。通过对历史背景的深入分析，旨在揭示美国外资相关法律的演变进程，以及在不同历史阶段对外资管控策略的调整和优化。

二、美国早期对外资的态度和政策（建国至一战前）

美国自建国初期便与外资结下了不解之缘。从17、18世纪英国投资者对北美殖民地的慷慨注资，到19世纪铁路和工业的迅猛发展，外来资本对美国经济的推动作用不言而喻。

在美国历史的早期阶段，特别是17、18世纪，许多欧洲投资者，尤其是英国投资者，对北美殖民地的大量投资显著推动了美国的工业化和基础设施发展。如安德鲁·卡内基（Andrew Carnegie）的钢铁帝国部分资金就来源于英国投资者，这些资金帮助卡内基扩大生产规模，提高效率，最终使美国成为世界上最大的钢铁生产国;[①] 同样,洛克菲勒的标准石油公司（Standard Oil）也吸引了外国投资者的资金,加速了石油工业的发展。美国政府采取的政策与法律措施,客观上促进了外国资本的流入。1862 年国会通过的《太平洋铁路法案》（Pacific Railroads Acts）开启了将联邦政府拥有的土地直接授予公司的做法,为铁路等基础设施项目提供了大量土地。这些法案不仅加速了国内的工业化和现代化进程,也为包括外国投资者在内的各方提供了丰富的投资机会。据学者研究,[②] 从 1865 年到 1914 年,英国投资者在美国铁路项目上的投资总额已达到约 5.15 亿英镑,英国的银行和金融机构购买了大量美国铁路债券,成为美国铁路建设的重要资金来源之一。[③] 此外,公司法的改革,特别是 1896 年新泽西州颁布的公司法,被认为是一项开创性的、授权力度极大的公司法,放宽了对公司业务目的的限制、降低了维护公司法律地位所需的成本和复杂性、明确了股东的有限责任,吸引了众多外国投资者在该州注册控股公司;[④] 商业法规如 1887 年的《州际商务法》（Interstate Commerce Act)[⑤] 和 1890 年的《谢尔曼反托拉斯法》（Sherman Antitrust Act）,则为投资者提供了一个稳定、可预测且公平竞争的商业环境;1913 年的《安德伍德——西蒙斯关税法》（Underwood-Simmons Tariff Act)[⑥] 通过降低关税壁垒,客观上有助于减少外国

---

① David A. Hounshell, From the American System to Mass Production, 1800-1932: The Development of Manufacturing Technology in the United States (Baltimore: Johns Hopkins University Press, 1984).

② 叶璐:《19 世纪英国铁路对外投资历史考察》,南京大学 2018 年博士学位论文,第 28 页。

③ 哈巴库克、波斯坦:《剑桥欧洲经济史（第六卷）:工业革命及其以后的经济发展——收入、人口及技术变迁》,王春法等译,经济科学出版社 2002 年版,第 219 页。

④ 例如,新泽西州公司法（New Jersey Corporation Law）:1896 年的新泽西公司法放宽了对公司结构和运营的限制,包括允许公司持有其他公司的股份,这吸引了许多外国投资者在新泽西州注册控股公司。

⑤ 《州际商务法》于 1887 年 2 月 4 日在国会获得通过,经 S.G. 克利夫兰总统签署后成为正式法律。该法旨在规范美国铁路行业,特别是通过行业竞争来防止其垄断行为。

⑥ 《安德伍德——西蒙斯关税法》是 1913 年美国的一项重要法案,其主要目的是降低关税税率,并引入了所得税制度。这项法案的出台背景主要是为了应对之前高关税政策对经济的影响,以及为联邦政府提供更稳定的收入来源。该法案将关税平均税率从 40% 大幅降至 25%,并对某些商品实施了零关税政策,例如钢轨、原毛、铁矿石和农具等。这是自 1857 年《沃克关税法》以来最大幅度的关税削减。

商品进入美国市场的成本，从而可能对吸引外国投资产生积极影响。

亚历山大·汉密尔顿在 1791 年的制造业报告中，[①] 已经预见到外国资本对美国发展的重要性，他提出政府应当提供奖励和补贴，以吸引外国资本投资于美国的制造业和其他产业。汉密尔顿认为，外国资本不应被视为竞争对手，而应被视为最有价值的辅助工具；这一开放的姿态，为后来的外国投资奠定了基础。紧接着，1794 年的《杰伊条约》(*Jay Treaty*) [②] 为外国投资者提供了市场准入的重要机会，特别是在航运和贸易领域，这进一步拓展了外国资本的流入渠道。[③] 这些综合措施共同塑造了美国作为全球投资者首选目的地的形象，促进了其经济的快速发展。在这一时期，外国资本充当着建设者的角色，与美国的铁路建设和工业化进程并进。美国既没有将外资问题放在核心关切的地位上，也没有设置更多的限制和歧视。[④] 然而，汉密尔顿也意识到过度依赖外国资本可能带来的风险。他提出，政府应当谨慎地平衡外国投资与国内产业发展的关系，确保国家的经济独立和安全。[⑤] 随着时间的推移，尤其是在 19 世纪末 20 世纪初，美国开始通过一些法律法规来调整和监管外资，以应对国家安全风险。这些措施体现了美国对外国投资的积极态度，同时也展示了其在维护国家安全和经济利益方面的审慎考虑。尽管外国资本可以带来利益，但美国政府始终注重在吸引外资和保护国家利益之间找到恰当的平衡点。

[①] 汉密尔顿认为，外国资本不应被视为竞争对手，而应被视为最有价值的辅助工具；如果没有它，就无法投入更多的生产劳动和更大比例的有用企业。无论最初吸引外国资本的目的是什么，一旦引进，它就可以被引导到任何有益的目的，这是所希望的。

[②] 《杰伊条约》，正式名称为《英美条约》(*Treaty of Amity, Commerce, and Navigation between His Britannic Majesty and the United States of America*)，是 1794 年 11 月 19 日由美国和英国在伦敦签订的一项条约。该条约的主要目的是解决美国独立战争后两国之间的一些未决问题，以及促进两国之间的贸易和友好关系。

[③] Treaty between His Britannic Majesty and the United States of America, signed at London, November 19, 1794, in American State Papers, Documents, and Records, edited by Gerhard Oestreich, (New York: AMS Press, 1968), pp. 435-440.

[④] 李巍、赵莉：《美国外资审查制度的变迁及其对中国的影响》，《国际展望》2019 年第 1 期。

[⑤] Alexander Hamilton, "Final Version of the Report on the Subject of Manufactures", December 5, 1791, in Harold C. Syrett, ed., The Papers of Alexander Hamilton, vol. 10 (New York: Columbia University Press, 1966), pp. 230-340.

三、美国外资审查的开始：一战中对敌国资本的管控（一战期间）

在探讨美国外资审查制度的发展历程时，不可忽视其在不同历史时期所经历的变迁。第一次世界大战（1914 年至 1918 年）不仅是一场全球性的军事冲突，更是一个经济和政治格局重塑的时期。战争期间，美国逐渐从一个债务国转变为债权国，其经济实力和国际地位显著提升。随着经济地位的转变，美国对外资的态度和政策也发生了重要变化。同时，战争的紧迫性和对国家安全的考量，推动了美国政府对外资实施更为严格的审查和控制。1917 年，《与敌国贸易法》（*Trading with the Enemy Act*，以下简称"TWEA"）的颁布，成为美国在外资管理领域采取的关键立法行动。通过立法和行政法方面的相应措施，美国不仅成功地削弱了敌国的经济影响力，还促进了国内产业的发展，为后续的外资政策和经济战略的制定提供了宝贵的经验。这些历史经验对于理解美国当前外资审查制度的形成和发展具有重要的启示作用。

在第一次世界大战期间，全球经济格局发生了显著变化。由于欧洲国家深陷战争泥潭，其对外投资的需求大幅下降，而美国则因其相对稳定的环境和经济实力成为国际资本的避风港。在这一背景下，许多国际投资者将资金转移到美国市场，寻求安全的投资渠道。同时，外国投资者也洞察到了战争期间对军事装备和物资的巨大需求，这为美国工业的迅速扩张提供了市场机遇。因此，外资大量流入美国的重工业、制造业和基础设施建设等领域，推动了这些行业的快速发展。这一时期，美国经历了外国直接投资的新一轮增长，不仅为美国带来了资本，还引入了新的技术和管理经验。一些外国公司在美国设立分支机构或与美国公司建立合作关系，这促进了技术转移和知识共享。例如，拜耳公司（Bayer）在美国的子公司推动了阿司匹林的生产，这是一种广泛使用的止痛和退烧药物。同时，德国公司还引入了合成染料的生产技术，填补了美国此前依赖德国进口的空白。此外，通过蔡司公司（Zeiss）的子公司，德国还引入了先进的光学技术和精密仪器制造技术，这些技术在第一次世界大战期间对军事设备的制造具有至关重要的作用。[①]

随着外资影响力的扩大，特别是德国公司的投资活动，以及战争效应的推动，美国政策开始聚焦于评估和应对外国投资的影响。1917 年，随着美国加入协约国阵营，政府面临着控制关键技术和加强经济及贸易限制以削弱敌国的经济实力的新任务。作为除传统军事行动外的一种新型战争形式，经济战的重要性日益凸显。英国和其他协约国已经实施了海上封锁和贸易限制，以阻止物资流向德国及其盟友。在此背景下，美国采取了立法措施，加强了对敌对国家经济活动的控制，以防止它们通过经济手段损害美国利益。其中 1917 年通过的 TWEA、[②]《间谍法》(Espionage Act)[③] 是实现这一目标的关键法规。TWEA 最初于 1917 年 10 月 6 日颁布，确立了美国政府在战争或国家紧急状态期间对敌国贸易和金融交易进行监管的法律基础，包括对外资活动的审查，以保障国家安全不受外国投资的威胁；授权政府采取必要的经济制裁措施，例如冻结资产和禁止特定交易，从而有效调控外资流动；还设立了外国人财产托管人 (Alien Property Custodian，以下简称"APC") 的职位，负责执行对敌国财产的接管和管理职能。在此基础上，TWEA 与总统公告和行政命令相结合，为美国政府在战争期间对敌国财产的管理和控制提供了法律依据。威尔逊总统根据该法案发布了多项公告，具体指导了对德国及其公民在美国的财产的接管程序。[④] 例如，拜耳的美国子公司在战争期间被 APC 接管，并最终以 531 万美元的价格出售给了美国公司；又如，1917 年 8 月 10 日，美国总统发布的第 2615 号行政命令进一步明确了 APC 的职能，授权其接管德国及其国民在美国的所

---

① The History of Foreign Investment in the United States, 1914–1945.

② 在颁布该法的立法原因中写道：一个多世纪以来，美国一直承认一个原则，即商业交往在交战国之间会停止。最高法院在 1814 年审理这个问题时说，这是国际法的一个"基本原则"，即交战国公民之间除了"主权权威"允许的以外，不能进行商业或通信。1917 年《与敌国贸易法》(Trading with the Enemy Act)，最初颁布于 1917 年 10 月 6 日。

③ 依据 1917 年《间谍法》(Espionage Act)，最初颁布于 1917 年 6 月 15 日。

④ 根据 1918 年 10 月 5 日美国总统威尔逊发布的第 1384 号公告，该公告宣布了对德国及其国民在美国的所有财产的进一步控制措施，包括但不限于禁止任何个人或公司与德国或其国民进行交易，除非得到外国人财产托管人 (Alien Property Custodian) 的许可。此外，它还授权外国人财产托管人接管并管理所有敌国财产，包括转移、出售或以其他方式处置这些财产。See [40 FR 23193, October 5, 1918, as amended (see 50 FR 52372, December 27, 1985)]。

有财产，包括股票、债券、抵押权和合同权益等，并规定了对这些财产的管理、使用、出售或以其他方式处置的规则。[①]1918 年通过的修正案进一步扩大了 APC 的权力，允许其出售或以其他方式处置被接管的敌国财产。而《间谍法》最初于 1917 年 6 月 15 日颁布，虽然主要用于打击间谍活动，但也扩大了政府对经济活动的监管权力，包括对与敌国有关的金融交易的控制。

在第一次世界大战期间，美国政府实施了一系列创新性措施，对外国企业在美国的经济活动进行了空前严格的监管。这些措施不仅限于接管德国在美国的直接投资，还扩展到了对德国技术和资产的转移。通过这一政策转变，美国不仅结束了德国对关键技术的控制，而且显著增强了自身的自给自足能力，推动了技术领域的显著进步，并加速了工业化的步伐。此外，这些战时经济控制措施不仅对战争的进程产生了重要影响，而且为美国今日的外资审查制度奠定了早期的模型和基础。

四、一战后经济转型与外资政策调整（1918—1945 年）

在 20 世纪初期至中期，美国经历了一系列重大的经济和政治变迁，这些变迁深刻影响了其对外资的态度和政策。从第一次世界大战后的调整期，到大萧条的严峻考验，再到第二次世界大战的紧张氛围，美国政府在不同历史阶段采取了多样化的策略来应对外资的流入和管理。这些策略不仅反映了美国对国内外经济安全和国家利益的考量，也映射了其在全球政治经济格局中地位的演变。

（一）一战后美国经济的转型与外资角色

第一次世界大战深刻地重塑了国际资本流动的格局，尤其在美国外资流入方面。战争期间，许多欧洲债权国为了满足战时财政需求，不得不出售其在美

---

① 40 FR 23193, August 10, 1917.

国的资产。战后，并非所有外国投资者都选择继续在美国市场投资。特别是那些在战争期间遭受重大损失的欧洲投资者，部分选择了撤资，以应对战争带来的经济挑战。同时，一些国家在战后采取了保护主义政策，这些政策通过限制外国资本流入，对外国投资者的吸引力造成了影响。这些举措不仅缓解了它们的紧急资金需求，也标志着国际资本流动的一个重要转折点。

与此形成鲜明对比的是，美国通过道威斯计划 (Dawes Plan)[①] 和杨格计划 (Young Plan)[②] 等机制，向急需重建的欧洲国家提供了大量贷款，这进一步巩固了美国作为资本输出国的新地位。与此同时，美国凭借其强大的经济实力和稳定的政治环境，继续吸引着寻求安全投资渠道的外国资本。美国在战后转变为资本出口国，并最终成为净债权国。这一转变不仅反映了美国经济的强劲增长，也体现了美国在全球经济中地位的提升。

20 世纪 20 年代，尽管遭遇了 1920 年的短暂经济危机，美国政府并没有因此采取封闭或限制性的措施来对待外资。恰恰相反，政府展现出了对外资的深刻认识，认为在经济挑战时期，外国资本是美国经济复苏和增长的重要推动力。外资不仅通过购买股票和债券为美国企业提供了关键资金，而且常常伴随着先进技术和管理经验的引入，这些对提升美国企业的效率和竞争力起到了积极作用。荷兰皇家壳牌石油公司（Royal Dutch Shell）在 20 世纪 20 年代在美国加利福尼亚州等投资建立了炼油厂和加油站网络，其投资和运营对美国石油产业产生了积极的影响，促进了技术创新和行业竞争，同时也为美国消费者提供了更多的选择。

到了 20 世纪 20 年代中期，随着欧洲经济和金融秩序的恢复，以及美国电气化和汽车工业的迅猛发展，美国经济迎来了短暂繁荣，对外资的态度也更为开放。外国投资者对美国股市和债市的兴趣日益浓厚，特别是在 20 世纪 20 年代后期股市的繁荣期间，吸引了大量外国投资者的目光。从 1924 年到 1929 年，外国跨国公司在美国的投资遍及制造业、农业、石油生产、化工、纺织、

---

① Clough, S.B., Moodie, T., Moodie, C., The Dawes Plan. in: Clough, S.B., Moodie, T., Moodie, C. (eds) Economic History of Europe: Twentieth Century. The Documentary History of Western Civilization, (Palgrave Macmillan, London,1968), pp.135-147.

② John Maynard Keynes, "The Economic Consequences of the Peace", in The Collected Writings of John Maynard Keynes, Vol. II, edited by Donald Moggridge, (London: Macmillan, 1971), pp. 231-250.

金融服务等多个行业和领域，极大地推动了技术创新和产业升级。例如，I.G. Farben（德国染料工业公司）和 Standard Oil of New Jersey（新泽西标准石油公司，即后来的埃克森美孚）之间的氢化协议，便是当时外资促进技术合作与产业发展的一个标志性事件。[①]

（二）战争经验与关键行业的外资准入立法限制

在整体呈现较为开放姿态的框架内，战争的经历促使美国政府意识到管控关键行业、强化自主国防建设的重要性，这种意识主导了战后的外资政策，影响了美国对外资的接纳与管理策略，并为维护经济安全和国家利益奠定了基调。在第一次世界大战中，美国海上航运的脆弱性被暴露出来，特别是对外国船只的依赖性在物资运输方面表现得尤为明显。[②] 因此，美国在 1920 年颁布了《琼斯法案》（*The Jones Act*），旨在通过禁止任何非美国建造或悬挂非美国国旗的船只参与美国各点之间贸易，减少对外国航运的依赖，增强本国海上运输能力，确保国家安全和经济独立。该法案特别针对外国航运公司在美国的运营活动，强化了对美国沿海贸易的限制性规定，要求在美国港口之间运输货物的船只必须在美国建造、注册，并主要归美国公民所有。这些限制迫使外资船运公司调整其在美国的运营策略，包括出售或转移不符合规定的船只，或与符合条件的美国公司建立合作关系。《琼斯法案》的影响深远，据美国防务智库 2020 年的研究指出，如果没有该法案的保护，美国的造船业将面临严重的影响，政府在国内难以购买到辅助船只。[③] 为了进一步强化《琼

---

① Hughes, Thomas Parke, "Technological momentum in history: Hydrogenation in Germany 1898-1933", Past & Present 1969, Vol. 44, pp. 106-132.

② "The Jones Act: A Burden America Can No Longer Bear". cato.org. Retrieved February 20, 2024.

③ The Center for Strategic and Budgetary Assessments (CSBA) 是一家位于美国的防务智库。Clark, Bryan, "Strengthening the US Defense Maritime Industrial Base", Center for Strategic and Budgetary Assessments. Retrieved March 3, 2020. 当然也有报告指出，其推高了运输成本，增加了能源成本，扼杀了竞争，并阻碍了美国航运业的创新。2019 年国会研究服务部的一份报告指出，自该法案通过以来，美国造船业的竞争力有所下降。Frittelli, John (May 17, 2019), "Shipping Under the Jones Act: Legislative and Regulatory Background", Congressional Research Service。

斯法案》，美国在 1928 年通过了《琼斯—怀特法案》（*Jones-White Act*），该法案特别引入了邮政补贴政策，[①] 以便帮助美国船运公司在国际航运市场上与接受外国政府直接补贴的外国船运公司竞争。这种补贴形式为船运公司提供了稳定的收入来源，有助于维持其运营。[②] 然而，这种间接补贴并未完全消除美国船只与直接获得外国政府补贴的外国班轮之间的竞争劣势。1936 年，《商船法案》（*Merchant Marine Act of* 1936）提出了更全面的补贴措施，以满足美国建造船只的成本差异，并对美国船只的运营成本与外国船只运营成本之间的差异提供补贴。同样，在无线电领域，战争经验促使美国在 1921 年通过《凯洛格电缆登陆法案》（*Cable Landing License Act*），旨在确保紧急情况下对关键通信基础设施的控制和使用，以维护国家安全。根据该法案，所有希望在美国登陆的国际电缆必须获得美国政府的许可。这一立法反映了对全球通信网络控制权的重视，当时该网络主要由英国控制。[③] 同样，为了防止外国势力通过无线电广播影响美国国内事务，美国在 1927 年颁布了《无线电法案》（*Radio Act*），以纠正 1912 年《无线电法案》监管不足的问题。新法案赋予了联邦无线电委员会（FRC）更严格的监管权力，确保无线电频谱的有效管理。根据《无线电法案》的规定，FRC 禁止向外国人、外国政府、根据外国法律组织的公司或任何公司的官员或董事是外国人的公司发放许可证。这一措施体现了美国对国内通信安全的高度关注。[④] 为了规范航空业的发展并确保航空安全，同时限制外国对美国航空业的影响，美国于 1926 年颁布了《航空商业法案》（*Air Commerce Act*）。[⑤] 该法案规定，美国的飞机注册只能由"美国公

---

① 邮件合同是指船运公司与美国邮政服务之间签订的合同，由船运公司负责运输邮件。这些合同通常包括政府支付给船运公司的固定费用，作为运输邮件的报酬。这种合同是一种补贴形式，因为它为船运公司提供了稳定的收入来源，有助于维持其运营。

② 这是一种财政激励措施，用以降低美国航运公司的运营成本，增强其在国际航运市场上的竞争力。*Jones-White Act*. (1928). 45 Stat. 1075。

③ *Cable Landing License Act* of 1921, Public Law 8, 67th Congress, 42 Stat. 8, May 27, 1921, https://www.govinfo.gov/app/collection/comps/.

④ Radio Act of 1927, 44 Stat. 1162.

⑤ "Air Commerce Act of 1926", 44 Stat. 568 (1926), enacted by the 69th United States Congress, designated the U.S. Department of Commerce as the agency responsible for the regulation and pro-motion of air commerce in the United States.

民"（个人或公司）进行。外国飞机需要获得美国的许可才能飞越美国领空。此外，商业交通服务在任何两个美国点之间的运营只能由美国注册的飞机提供。法案还要求美国航空公司的总裁必须是美国公民，且至少三分之二的董事会成员也必须是美国公民。此外，美国依据战时通过的 TWEA 继续对德国等国家的资产进行接管，这一举措进一步促进了国内产业的发展，特别是在化学和制药行业领域实现了显著增长。

经济大萧条给美国经济带来了剧烈的冲击，股市的崩溃和经济的深度衰退引发了外国投资的急剧下降。美国银行系统的崩溃和美元的贬值进一步侵蚀了外国投资者的信心。在这一时期，美国对外资的态度继续呈现复杂性和矛盾性的特征。一方面，美国政府专注于国内经济的稳定与恢复，通过新政（New Deal）等措施来刺激经济和促进就业，并未对外资实行严格限制。为了促进经济自给自足并降低对外依赖，美国采取了一系列保护主义政策，包括《斯穆特——霍利关税法案》（Smoot-Hawley Tariff Act）的高关税政策，这减少了对外资的需求，同时保护了国内产业。另一方面，美国政府和社会普遍对外资持有警惕态度，担心其可能对国家安全和经济独立构成威胁。因此，美国政府延续一战后初期的做法，继续通过立法手段在关键领域为外资设置了准入门槛，以保障国家安全。1938 年通过的《民航法》（Civil Aeronautics Act）便是一个明显的例子，该法案规定航空公司必须由美国公民控制，从而对外国投资者的市场准入造成了限制。具体而言，《民航法》中的第 401 条至第 403 条明确规定了航空公司的组织、控制和运营必须符合美国公民所有权的要求，这反映了美国在特定行业内对外资的审慎态度。[①]1933 年的颁布《银行法》（Banking Act）、1934 年的《证券交易法》（Securities Exchange Act）虽然其主要目的并非直接限制外国投资，但通过加强金融监管，间接提高了外资金融机构在美国市场的运营成本和合规要求。这些措施在确保金融市场稳定性的同时，也反映了美国在经济危机时期对外资流动的管理策略。

---

① 美国《航空法》第 401 条：规定了航空公司的组织和控制要求，明确指出航空公司必须由美国公民拥有和控制。第 402 条：涉及航空公司的董事会组成，要求董事会成员必须是美国公民，这进一步强化了对外国控制的限制。第 403 条：规定了航空公司的注册和运营要求，确保公司遵守美国法律和规定。

（三）区分敌我的外资管理审查实践

随着第二次世界大战的迫近，美国政府对外资的态度变得更加审慎，特别是在辨别敌对国家与友邦投资方面。美国政府提升了对投资透明度的要求，并采取了一系列措施，包括加强反垄断法规的执行、建立专门机构以追踪和监控敌对国家资本的流动。这些行动反映了美国对敌对国家投资的高度警觉，同时也反映了美国在维护国家安全方面的坚定立场。

20 世纪 30 年代，德国纳粹主义的崛起引起了美国的深切忧虑，美国众议院因此成立了特别委员会，以应对外国宣传可能对国内政治产生的潜在影响。[①]这种忧虑在 1938 年通过的《外国代理人登记法案》（*Foreign Agents Registration Act*, 以下简称"FARA"）中得到了明确的体现。[②]FARA 旨在加强对那些代表外国政府、政治组织或个人利益的代理人的监管，要求他们在美国境内从事政治宣传、游说或其他影响力活动时必须进行注册。[③]这一措施的实施，旨在使公众能够识别并了解外国影响的来源和本质，从而保护国内政治过程不受不当的外部干扰。FARA 规定的披露义务要求外国代理人在进行政治宣传或游说活动时，必须明确披露其代表外国利益的事实，这进一步增强了对外国政府和外国利益集团在美国境内活动的透明度。不仅如此，美国在这一时期通过反垄断加强了敌国外资企业的审查，特别是那些可能与轴心国（德国、意大利和日本）有联系的企业。[④]这种加强审查的措施反映出美国对国家安全的深刻关切，以及对外国势力可能对国内产业控制的担忧。因此，美国司法部和临时国家经

---

① U.S. Congress, Special Committee on Un-American Activities, Investigation of Nazi and Other Propaganda, 74th Cong., 1st sess., February 15, H.Rept. 153 (Washington: GPO, 1935), p. 2.

② Nick Robinson, "Enhancing the Foreign Agents Registration Act of 1938", written testimony before the House Judiciary Subcommittee on the Constitution, Civil Rights, and Civil Liberties, April 5, 2022.

③ 法案的立法背景是为了应对 20 世纪 30 年代德国纳粹主义的崛起，众议院创建了特别委员会，以解决对美国外国宣传日益增长的担忧。U.S. Congress, Special Committee on Un-American Activities, Investigation of Nazi and Other Propaganda, 74th Cong., 1st sess., February 15, H.Rept. 153 (Washington: GPO, 1935), p. 2。

④ Leffler, M. P. (1979). "The American Conception of National Security and the Beginnings of the Cold War, 1945-48", Diplomatic History, 3(1), 1-20.

济委员会（Temporary National Economic Committee）利用已有的反垄断法对这些国际卡特尔进行了深入调查，并对涉嫌违反反垄断法的外国企业采取了法律行动。这种行动的一个典型案例是 1929 年标准石油公司与德国化工巨头 I.G. Farbenindustrie 之间的合作协议。该协议的核心内容是成立合资企业 Standard I.G. Farben，旨在通过技术交流加强石油加工领域的合作。然而，随着第二次世界大战的爆发，这种合作关系迅速成为争议的焦点，并引起了美国政府的严格审查。1942 年 3 月 26 日，美国政府对标准石油公司提起诉讼，指控其与 I.G. Farbenindustrie 共谋，违反了反垄断法，并利用其在美国的业务关系来支持德国的战争努力。美国政府采取了一系列措施，包括冻结资产和提起法律诉讼，以加强对德国企业在美国活动的审查。这些行动有效削弱了 I.G.Farbenindustrie 在美国的经济影响力，逐步瓦解了其在美国构建的经济帝国。[1] 这一历史事件不仅展示了美国在维护国家安全和经济利益方面的坚定立场，也反映了全球政治经济格局发生变化时，政府对外资企业的监管政策和行动可能会随之调整，以适应新的安全和发展需求。日本偷袭珍珠港后，美国正式进入战争状态。[2] 在此之前，美国已经制定了外国投资应对计划，并迅速启动了这些计划。1940 年 4 月，美国财政部成立了外国资金控制组（Foreign Funds Control group，以下简称"FFC"），其职能类似于一战时期的 APC，根据第 8389 号行政命令成立，成为财政部长办公室下的一个部门，其权力来源于 TWEA。[3]FFC 与国内多个机构合作，专注于追踪和管理，尤其是来自轴心国的资金在美国的渗透和流向；[4] 参与管理被美国政府视为敌对国家的个人和实体的名单，与这些实体的交

---

① Neubauer, William C., "Activities of I.G. Farbenindustrie in the United States, 1929 until March 11, 1942", Honors Theses, University of Richmond, 1969.

② M. Wilkins, The Maturing of Multinational Enterprise: American Business Abroad from 1914 to 1970 (Cambridge, MA: Harvard University Press, 1974), p. 510.

③ 1940 年根据第 8389 号行政命令成立，从而成为财政部长办公室下的一个部门，其权力同样来源于《对敌贸易法》。第二次世界大战期间 APC 与 FFC 一同发挥作用。随着战争的结束，FFC 的任务完成，其职责被其他机构接管。例如，在第二次世界大战后，外国财产保管局（Office of Alien Property Custodian，OAPC）成立，以处理战后的外国资产问题。FFC 的一些职能后来被转移到财政部外国资产控制办公室（Office of Foreign Assets Control，OFAC），这是当前负责执行经济制裁的美国政府机构。

④ A. M. Schlesinger, The Age of Roosevelt: The Politics of Upheaval (Boston: Houghton Mifflin, 1960), p. 431.

易受到严格限制。1941 年 12 月 8 日，即珍珠港事件的第二天，美国财政部与纽约州银行监管机构合作，接管了纽约的日本银行代理机构，所有日本公民、公司和其他实体在美国持有的资产，包括银行账户、房地产、企业股份等，都被 FFC 冻结。与日本政府、日本国民或任何位于日本的实体进行的金融交易都被严格限制或禁止。这些行动展示了美国在战争状态下对外国资产的严格管理和控制，确保了这些资产不会成为威胁国家安全的因素。[①]

另一方面，美国政府对盟国外资的态度与对敌国的态度截然不同，其政策重点在于如何有效利用外资以支持战争努力。1941 年 3 月颁布的《租借法案》（*Lend-Lease Act*）是美国战略性运用外资的一个典范。该法案授权美国政府向任何被认为"对美国防御至关重要"的国家出借或租借关键的军事物资支持。[②]《租借法案》的实施标志着美国在 1941 年至 1945 年间向英国、苏联、法国以及其他同盟国提供了食品、石油和其他重要物资，总计价值 501 亿美元的物资被运往战场，占美国战争总支出的 17%。[③]这些援助对于美国的国防至关重要，因此被视为免费的。《租借法案》的实施仅使美国能够向盟国提供必要的军事援助，而且盟国在美国的资产也被用作这些援助的担保。[④]这种安排不仅加强

---

① United States National Archives and Records Administration, "Records of the Foreign Funds Control, 1940-1948" (Record Group 83), https://www.archives.gov/research/guide-fed-records/groups/83.html.

② 《租借法案》是一项美国在 1941—1945 年间向英国、苏联、法国以及第二次世界大战的其他同盟国提供食品、石油和物资的政策。这些援助是免费的，因为这种帮助对于美国的国防至关重要。U.S. Congress. "An Act to Promote the Defense of the United States", Public Law 77-11, 77th Congress, H.R. 1776 (March 11, 1941).

③ 《租借法案》于 1941 年 3 月 11 日签署成为法律，并于 1945 年 9 月 20 日到期。总计价值 501 亿美元（考虑到通货膨胀，相当于 2023 年的 6720 亿美元）的物资被运往战场，占美国战争总支出的 17%。S. Everett Gleason, America, Britain, & Russia: Their Co-Operation and Conflict, 1941-1946, by William Hardy McNeill, Political Science Quarterly, Volume 69, Issue 4, December 1954, P. 778.

④ 《租借法案》的实施不仅体现了美国对外资的积极运用，而且展示了美国在国际关系中的深远战略布局。英国在美国的资产作为这些援助的担保，这在当时是一个创新的金融安排，旨在确保援助的有效利用并加强美英之间的战略合作。Kennedy, P. (1989), "The Costs and Benefits of British Imperialism, 1846-1914", In P. Kennedy (Ed.), The War Plans of the Great Powers, 1880-1914 (pp. 325-349). London: George Allen & Unwin；Leffler, M. P. (1979), "The American Conception of National Security and the Beginnings of the Cold War, 1945-48", Diplomatic History, 3(1), 1-20.

了美国与盟国之间的战略伙伴关系，展示了美国如何通过战略性的外资运用来推进其国家安全和地缘政治目标，而且也为战后国际秩序的重建奠定了基础。这一历史经验对于理解当今美国对外资的态度和政策具有重要的启示作用。

五、二战后的外资审查与管控（1946—1973 年）

二战结束后，美国政府的外资政策经历了显著的转变，从战时的审慎和控制过渡到战后更开放和合作的姿态。这一转变是为了响应全球经济复苏与发展的需求。美国及其盟国在战后重建经济的过程中，迫切需要大量资本和投资，因此美国采取了一系列措施来吸引外资。这些措施包括提供税收优惠、简化投资审批流程、加强知识产权保护等，以确保外国投资符合美国的国家利益和经济安全。例如，1954 年的《国内税收法典》（*Internal Revenue Code*，以下简称"IRC"）为外国投资者提供了税收优惠政策，允许他们享受某些税收抵免，从而激励外国资本流入美国市场。[1] 为了进一步减少资本外流并平衡国内外投资的吸引力，美国在 1963 年通过了《利息均等税法案》（*Interest Equalization Tax Act*）。该法案通过对美国投资者购买外国证券征收特别税，旨在抑制对外国证券的投资，从而在一定程度上平衡了国内外投资的动态。[2] 这些政策的实施，不仅促进了美国经济的增长，也加强了美国与其他国家的经济合作。

在对外政策方面，美国采取了积极措施，以构建一个对其自身有利的国际经济新秩序，并加强与盟国的政治经济联系。鉴于战后美国已成为世界上最强大的经济体和主要债权国，其对外投资的重点是将美国资本投向海外，而非吸引外国对美投资。美国政策制定者意识到，推动国际资本的流动和投资不仅对欧洲及其他地区的战后经济重建至关重要，也对美国经济的持续增长和全球影响力的扩大具有积极作用。1944 年布雷顿森林体系的建立，标志着国际货币

---

[1] 1954 年的《国内税收法典》（IRC）中就包含了对外国投资者的税收优惠政策，如允许外国投资者享受某些税收抵免。

[2] Maines, Robert L., "The Interest Equalization Tax", Stan. L. Rev. 17 (1964): 710.

基金组织（IMF）和世界银行的诞生，这些国际金融机构的成立不仅促进了全球经济的稳定与增长，也为美国与世界各国之间的经济合作提供了重要平台。1948 年实施的"马歇尔计划"（European Recovery Program）直接促进了战后欧洲的经济重建，这一计划不仅加速了欧洲的经济复兴，也间接推动了美国与欧洲国家之间的投资流动，加深了跨大西洋经济体的一体化进程。随着冷战的爆发，美国与苏联之间的对抗不断加剧，为了支持其全球盟友和友好国家，美国通过 1961 年《外国援助法》（*Foreign Assistance Act*）等立法，提供经济和军事援助，进一步巩固了与西方阵营国家的政治经济联系。[①] 这些措施不仅体现了美国在国际舞台上的领导作用，也确保了其外交政策和国家安全目标的实现。

尽管美国对外资的态度转向开放和合作，但对外资的警惕性并未减少。美国政府在吸引外资的同时，也持续关注外资可能带来的潜在风险，如国家安全、产业竞争力以及经济依赖性等问题。

（一）外资审查与反垄断政策：维护市场公平与促进投资开放

国内商业环境的改善同步影响着外资生存。美国政府的反垄断政策对外资企业在美国的经营策略产生了显著影响，这些政策迫使外资企业放弃限制性贸易协议，从而为新的外国投资者进入美国市场提供了机会。1949 年，美国对英国帝国化学工业公司（Imperial Chemical Industries, 以下简称"ICI"）的反垄断调查便是一个典型例子。ICI 在全球化学工业中占据重要地位，其在美国的业务也相当广泛。美国的反垄断行动针对 ICI 可能存在的限制竞争行为，推动了市场更加开放和公平。[②] 此外，针对意大利 Grasselli 公司在美国铂金市场的垄断行为[③]，以及 1950 年对德国西门子公司（Siemens）在美国电气设备市场的反垄断调查，都是美国政府积极运用反垄断法律来维护市场公平竞争的例子。[④] 这些反垄断措施不仅确保了美国市场的健康竞争环境，也向全球投资者发出了明确信号：美国市场对所有遵守规则的投资者开放。通过这些法律行

---

① Foreign Assistance Act of 1961, Pub. L. No. 87-195, 75 Stat. 424 (1961).

② United States v. Imperial Chemical Industries, 81 F. Supp. 363 (S.D.N.Y. 1949).

③ United States v. Grasselli Platinum Co., 83 F. Supp. 663 (D.N.J. 1949).

④ United States v. Siemens & Halske, 79 F. Supp. 247 (S.D.N.Y. 1950).

动，美国政府展示了其对维护公平竞争和消费者利益的承诺，同时也促进了外国直接投资的增长，为美国经济的进一步发展注入了活力。

（二）冷战背景下的外资政策倾向

在利用外资推动经济发展和巩固国际地位这一故事线之外，随着铁幕的降下、冷战的爆发，以及朝鲜战争的紧张局势，有关外资的另一叙事焦点则是战争经验警示下的敌对国家资本控制问题——美国延续并拓展了两次世界大战期间对关键或战略性行业的外资准入和监管。

冷战时期，为了维护国家安全，美国对核技术及其相关产业的控制采取了严格的措施。1946 年通过的《原子能法案》（*Atomic Energy Act of* 1946）正是在这种背景下应运而生，[①] 它确立了美国核政策的基础。该法案包含了技术转让限制条款，旨在防止敏感的核技术向外国实体披露和转让，同时在所有权方面对外国个人或实体在美国核工业中的参与施加了限制，特别是在那些涉及敏感技术和材料的领域。随着时间的推移，为了促进核能的和平利用并适应国际合作的新趋势，1954 年的《原子能法》（*Atomic Energy Act of* 1954）[②] 对 1946 年的法案进行了重大更新。这项修正案放宽了对核技术信息和材料的某些限制，以鼓励核能的民用发展和国际交流。然而，即便在这样的背景下，1954 年的法案仍然保留了对外国投资者在核领域投资的限制，特别是在技术获取和外国实体所有权方面。该法案于 1958 年进行了修订，允许美国与其亲密盟友共享信息。

同样，为了加强国家安全和提升国防生产能力，1950 年《国防生产法》（*Defense Production Act*, DPA）[③] 的通过，成为美国政府采取的重要措施之一。该法案旨在加强对外资企业在美国生产活动的监管和指导，确保关键技术和资源的安全。DPA 赋予了总统广泛的权力，以便在国家安全受到威胁时控制国内工业。法律授权政府在紧急情况下对所有类型的企业，包括外资企业，进行资源分配、生产优先级设定和价格控制。例如，在 1962 年古巴导弹危机期间，

---

①   Atomic Energy Act of 1946, Pub. L. No. 585, 60 Stat. 755 (1946).

②   Atomic Energy Act of 1954, Pub. L. No. 83-703, 68 Stat. 919 (1954).

③   Defense Production Act of 1950, Pub. L. No. 81-775, 64 Stat. 798 (1950).

美国政府依据 DPA 加强了对国防相关产业的控制，要求在美的外国钢铁企业优先生产用于军事装备的钢材，而非民用建筑的钢材。这一措施凸显了在紧张局势下，外资企业所面临的额外审查和监管，以确保它们的运营不会对美国的国家安全构成威胁。此外，DPA 中的第 721 节特别授权总统审查可能影响国家安全的外国投资，该节内容在随后的几十年中被频繁使用，尤其是在 CFIUS 成立后，它成为了审查和阻止可能对国家安全构成威胁的外国投资的关键法律依据。[①]DPA 的实施对美国政府的外资政策导向产生了重要影响，尤其是在涉及关键技术和基础设施的领域。政府可能会根据 DPA 的规定和目标，调整对外资的欢迎程度和审查标准，以确保国家安全不受威胁。1969 年，《出口管理法》（*Export Administration Act*，EAA）[②] 的通过，对敏感技术和产品的出口进行管制，减少了这些技术被用于军事目的或落入敌对国家的风险，间接地影响了外国投资者在相关领域的投资活动。在美国运营的外国企业需要遵守 EAA 的规定，这促使它们在出口活动中更加谨慎和合规。EAA 自 1969 年以来已经经历了多次修订和更新，以适应不断变化的国际环境和安全挑战。此外，美国还有其他相关的出口控制法律和政策，如《国际武器贸易条例》（*International Traffic in Arms Regulations*，ITAR）和《出口管理条例》（*Export Administration Regulations*，EAR），它们共同构成了美国出口控制的法律框架。

六、全球化背景下的外资管控（1974—1999 年）

二战后，美国对外国投资普遍持开放态度，但对某些被其敌视的国家，

---

① 1975 年美国外国投资委员会成立后，频频利用《国防生产法》审查和阻止可能对国家安全构成威胁的外国投资。2012 年，中国的三安光电（San'an Optoelectronics）意图收购美国 Lumileds 公司的股份，后者专注于生产用于汽车和移动设备的 LED 照明技术。该交易引起了美国政府的关注，因为 Lumileds 拥有一些被认为对国家安全至关重要的技术。CFIUS 介入审查，并最终该交易被取消。

② Export Administration Act of 1969, Pub. L. No. 91-184, 83 Stat. 2813 (1969), repealed by Export Administration Amendments Act of 1985, Pub. L. No. 99-64, 99 Stat. 183 (1985).

则采取了限制措施。战后美国对欧洲和日本等地的援助，以及朝鲜战争中为围堵社会主义阵营而对中国和苏联周边国家和地区（如日本、西德、韩国、东南亚的一些地区）实施的不对称的合作战略，为这些国家和地区 20 世纪 60 年代和 70 年代初的经济复苏和增长提供了动力，使之积累了大量资本和外汇储备。随着经济实力的增强，加之全球贸易壁垒的降低和资本流动的自由化，跨国公司开始寻求海外扩张，以获取新市场、资源和劳动力。美国，作为世界上最大的经济体，凭借其庞大的市场和先进的技术，成为外国投资者的首选之地。20 世纪 70 年代初，美元对其他主要货币的贬值进一步增强了美国资产对外国投资者的吸引力。[1]1973 年石油危机后，美国对外国经济控制的担忧加剧，能源价格的飙升导致一些石油输出国（如 OPEC 成员国）积累了大量"石油美元"，这些资金被用于在国际市场上进行投资，购买了美国公司的股票、房地产和其他资产，外国直接投资从 1974 年的 262 亿美元增长到 1979 年底的 521 亿美元，到 1980 年已突破 600 亿美元。[2] 这引发了美国国内对外国控制关键行业和资产的担忧——认为这些投资大多由政治驱动，而非出于经济动机。进入 20 世纪 80 年代，随着日本成为全球经济的重要力量，日美之间的贸易逆差不断扩大，美国制造业面临来自日本产品的竞争压力日益增大。后者在汽车、电子和半导体等高科技领域的投资，引发了美国对其在关键技术领域领先地位可能受到威胁的担忧，特别是对技术外流和知识产权保护的担心。20 世纪 90 年代后，随着全球化的深入发展，不仅西欧、日本和石油资本，中国在"走出去"等战略的推动下，也开始积极施展全球抱负。这一时期的外国投资增长，不仅反映了全球资本流动的趋势，也引起了美国国内对国家安全、经济主权和工业竞争力的担忧。为此，美国在享受外国投资带来的经济利益的同时，也在不断寻求在吸引外资和保护国家安全之间找到平衡。通过不断的政策调整和立法改革，美国试图在全球化的背景下，确保其经济和安全利益不受损害。

---

[1] C. S. Eliot Kang, "U.S. Politics and Greater Regulation of Inward Foreign Direct Investment", International Organization 51, no. 2 (Spring 1997), pp.301–333.

[2] Legislative History on the Intl Investment Survey Act of 1976, Amendment P.L. 97-33 (Washington, D.C.: Arnold & Porter., 1981).

（一）1974年美国国会举行的关于外国直接投资听证会

在此背景下，美国国会针对外国直接投资的影响举行了一系列的听证会，[①] 在这些听证会上，国会频繁地辩论是否应对外国公民在美国企业的投资施加更多的限制、外国控制对美国产业的影响、外国投资与国家安全的界限，以及经济利益与政治压力之间的平衡构等核心议题。

首先，关于外国控制对美国产业的影响，一些听证会参与者表达了对外国投资者通过并购获得对美国关键产业控制权的担忧。这种控制可能对美国的工业基础和就业产生深远的影响。这种担忧源于对外国资本可能改变美国产业所有权结构和经营决策的关切，进而可能影响到美国的经济自主性和就业市场的稳定性。[②] 其次，关于外国投资与国家安全的界限，争议主要集中在如何界定外国投资对国家安全构成的具体威胁，以及是否需要制定新的法律来监管那些可能影响国家安全的外国投资。这一议题涉及对敏感技术和关键基础设施的投资，以及这些投资可能对美国的国家安全构成的潜在风险。[③] 最后，讨论了如何在吸引外国投资带来的经济利益与保护国内产业免受外国控制的政治压力之间找到平衡。这一议题反映了外国投资对美国经济的贡献，如资本流入、技术转移和就业创造，与保护国内市场免受外国控制的压力之间的复杂关系。政策制定者面临着在促进经济增长和保护国家安全之间寻求平衡的挑战。[④]

综上所述，这些议题不仅揭示了外国直接投资的多维度影响，也反映了美国在全球化背景下对外国投资政策的深入思考和政策选择。这些辩论和争议为美国制定和调整其外国投资政策提供了重要的参考依据，促使美国政府加强了对外国投资的监管和立法活动，以保护国家安全和经济利益，确保美国在全球竞争中保持领先地位。

---

① Michael V. Seitzinger, Foreign Investment in the United States:Major Federal Statutory Restrictions.

② Foreign Investment in the United States: Hearings Before the Subcomm. on Foreign Economic Policy of the House Comm. on Foreign Affairs, 93d Cong., 2d Sess. (1974).

③ Foreign Investment in the United States: Hearings Before the Subcomm. on International Finance of the Senate Comm. on Banking, Housing, and Urban Affairs, 93d Cong., 2d Sess. (1974).

④ Foreign Investment in the United States: Hearings Before the Subcomm. on International Finance of the Senate Comm. on Banking, Housing, and Urban Affairs, 93d Cong., 2d Sess. (1974).

（二）外资审查制度的制度化

20 世纪 70 年代，美国国会对外国直接投资的性质和范围进行了调查，发现对现有相关信息的掌握严重不足。这一发现促使国会采取行动，以更好地理解和监管外国直接投资对美国经济的影响。① 首先，为了响应对外国直接投资信息缺乏的问题、更好地理解外国在美国的投资情况及其对美国经济的影响，美国国会 1974 年通过了《外国投资研究法》（*Foreign Investment Study Act*）。② 这项法律授权美国商务部和财政部进行了更深入的调查和数据收集——评估外国投资对美国经济、国家安全和关键产业的影响。该法律的实施，建立了一个系统，用于收集和分析外国投资的数据，包括投资的规模、范围和对美国经济的影响，为政府制定有关外国投资的政策提供了数据和分析支持。③ 相较，1974 年法案是对外国投资的一次性初步评估研究，而 1976 年通过的《国际投资调查法案》（*International Investment Survey Act*）④ 侧重于建立一个持续的监测和定期报告机制，要求至少每五年向国会提交一次基准调查报告，包括外国投资的详细数据。同时，该法案要求美国企业在外国投资者持有 10% 或以上股份时向商务部报告，以增强对外国投资的监管。在持续的监管过程中，国会下属的众议院监督小组委员会（House Subcommittee on Oversight）发现，由于法规中的漏洞，一些外国投资者能够匿名投资，⑤ 这可能对美国的国家安全和经济利益构成潜在威胁。1981 年，国会通过了修正案，要求美国境内的外国投资企业识别并报告其最终受益所有者（UBO），而不仅仅是直接的外国母公司，

---

① Monica Langley, "International Investment Survey Act: The High Cost of Knowledge", Law and Policy in International Business 14, no. 2 (1982), pp.481-504.

② Foreign Investment Study Act, Pub. L. No. 93-502, 88 Stat. 1560 (1974).

③ Foreign Investment Study Act of 1974 and Regulations of the Departments of Commerce and the Treasury, 14 I.L.M. 420 (1975).

④ International Investment Survey Act, Pub. L. No. 94-369, 90 Stat. 1005 (1976).

⑤ 在 1981 年修正之前，美国商务部的法规要求美国境内的外国投资企业（U.S. affiliates）仅识别其直接的外国母公司（first foreign parent）。这导致了一些外国投资者通过设置复杂的所有权链来隐藏其最终受益所有者（UBO）的身份。具体来说，一些投资者通过在如荷兰安的列斯群岛（Netherlands Antilles）等地设立"持有人股份"公司（bearer share corporations）或使用信托、托管人等名义来避免披露其真实身份。

以提高外国投资的透明度。[①]

　　除了上述法律，对外国直接投资的日益关注也催生了 CFIUS 的成立。1975 年，根据 DPA 第 721 节，福特总统签署了第 11858 号行政命令，正式设立了 CFIUS。[②] 这一举措标志着美国对外国投资审查和监管工作进入了制度化阶段，与战时的零散的、局部性措施形成了鲜明对比。CFIUS 的职责不仅限于收集和分析数据，更包括对具体投资案件进行审查，并在适当时向总统提出建议，以维护美国的国家安全利益。[③] 在实际运作中，CFIUS 的作用通过若干案例得以凸显。例如，在 20 世纪 80 年代末期，日本公司富士通（Fujitsu）试图收购美国仙童半导体公司（Fairchild Semiconductor），由于该公司产品包括对美国国防和情报机构至关重要的高速电路，引发了国家安全的担忧。CFIUS 对这一交易进行了审查，评估了这一交易对美国国家安全的潜在影响，并建议反对这一交易。最终，在 CFIUS 的审查过程以及广泛的公众和政治压力下，富士通放弃了收购计划。作为直接回应，该收购案也成为了《埃克森——弗罗里奥修正案》（*Exon–Florio Amendment*）出台的背景，该修正案修订了 1950 年 DPA 的第 721 条，赋予总统新的权力——以国家安全为由调查和阻止可能导致外国控制国内公司的合并、收购和接管。总统将审查交易的权力委托给了 CFIUS，[④] 从而使得 CFIUS 的角色从最初的劝阻和建议，转变为拥有事实上强制力的审查机构。这种权力的增强意味着 CFIUS 在评估外国投资时，不再局限于提出担忧和建议，而是能够直接采取行动，阻止那些被认为对国家安全构成威胁的交易。这一变化显著提高了 CFIUS 在处理外国投资案件时的效力和权威，确保了美国能够更有效地保护其关键技术和基础设施免受潜在的国家安全风险。CFIUS 的这一新角色也反映了美国在全球化进程中对外国直接

---

① 此外还明确了"受益所有权"（beneficial ownership）的定义，即某个人或实体拥有或控制超过 50% 的投票证券或等效利益；禁止使用"持有人股份"或名义持有人（nominees）来规避报告要求。

② Executive Order 11858 of May 7, 1975, 40 FR 20263.

③ Jackson, James K. (July 3, 2018). The Committee on Foreign Investment in the United States (CFIUS) Washington, DC: Congressional Research Service. p. 3. Archived from the original on July 29, 2018. Retrieved July 8, 2018.

④ Greta Lichtenbaum, "Committee on Foreign Investment in the United States: Background and Recent Developments", Congressional Research Service, RL33388, March 2019.

投资政策的适应和调整。1989 年，中国航空技术进出口公司（CATIC）对美国 MAMCO 制造公司（MAMCO Manufacturing, Inc.）的收购案，成为《埃克森——弗洛里奥修正案》实施后美国总统首次动用该法案的案例。CATIC 作为中国航空航天工业部的国有企业，其收购行为涉及的技术和产品可能触及美国的国家安全利益，因而引起了美国政府的高度关注。尽管 MAMCO 主要为民用飞机制造商提供零件，且部分机械受到美国出口管制，但并无涉及美国政府机密合同的情况。然而，考虑到 CATIC 与中国政府的关联，以及其在军事和商业飞机、导弹和飞机发动机领域的研发与制造背景，CFIUS 对这一交易进行了严格审查。审查过程中，CFIUS 发现 CATIC 与中国航空航天工业部有关联，并注意到 CATIC 之前有过违反美国出口法规的行为。[①] 根据 CFIUS 的审查结果和建议，时任总统布什行使了《埃克森——弗洛里奥修正案》赋予的权力，作出了要求 CATIC 出售其所购买的 MAMCO 全部股份的决策。[②] 这一决策不仅凸显了 CFIUS 在处理外国投资案件中的权威和效力，也反映了美国在全球化背景下对外国直接投资政策的审慎态度和战略调整。此案例向外国投资者明确传达了一个信息:CFIUS 的审查过程具有复杂性和不确定性，[③] 以及在某些情况下，即使交易已经完成，也可能因为国家安全问题而被逆转。此外，1992 年通过的《伯德——埃克森修正案》（*Byrd-Exon Amendment*）[④] 进一步增加了外国投资者在进行可能影响美国国家安全的交易时的不确定性和复杂性，该修正案通过增加新的考量因素来扩展了"国家安全"的定义，使之内涵扩充

---

① Amrietha Nellan, AVIC International a Success: How Regulatory Changes to CFIUS Has Limited Political Interference and Empowered Chinese Investors to Obtain a Successful Review, 9 Hastings Bus. L.J. 517 (2013),

② George Bush, Order on the China National Aero-Technology Import and Export Corporation Divestiture of MAMCO Manufacturing, Incorporated Online by Gerhard Peters and John T. Woolley, The American Presidency Project https://www.presidency.ucsb.edu/node/263889. (Last Visited Oct.10, 2024)

③ 有学者指出，尽管《埃克森——弗洛里奥修正案》为总统提供了新的权力，但其模糊的"国家安全"定义可能导致滥用，并对美国经济和国际关系产生负面影响。Greidinger, Marc, "The Exon-Florio Amendment: A Solution in Search of a Problem", American University International Law Review 6, no. 2 (1991): 111-177。

④ 这项修正案由美国参议员 Robert C. Byrd 和 J.J. Exon 提出，并在 1992 年作为《1993 财年国防授权法案》（*National Defense Authorization Act for Fiscal Year 1993*）的一部分被通过。

为包括对美国国际技术领先地位的影响，以及交易对向支持恐怖主义的国家或对导弹技术或核、化学、生物武器扩散问题上的关切国家的军事商品、设备和技术销售的潜在影响。而促使该法案通过的关键因素之一是"法国部分国有公司 Thomson-CSF 试图收购美国航空航天公司 LTV 公司导弹部门案"[①]，这一收购尝试引发了对国家安全的严重关切。为了应对外国政府控制的企业收购美国国防相关企业可能带来的安全风险，国会通过了该修正案，要求 CFIUS 对外国政府控制的实体进行的收购进行强制性审查，而不再仅凭 CFIUS 的自由裁量权决定是否启动调查。[②] 这一修正案的实施，显著增加了外国投资者在进行可能影响美国国家安全的交易时的不确定性和复杂性。它不仅提高了 CFIUS 审查的强制性，还强化了对外国投资的监管力度，确保了美国在吸引外资的同时，能够有效保护国家安全和经济利益。通过这些法律和修正案的制定与实施，美国展现了其在全球化背景下对外资政策的审慎态度和战略调整，以适应不断变化的国际环境和安全挑战。

七、结语

美国外资审查制度的起源和发展，体现了其在不同历史时期对国家安全认识的深化和策略的调整。起初，美国将外资视为加快建设的重要辅助工具，积极吸引外国资本以促进经济增长和技术进步。然而，随着战争的爆发，尤其是在两次世界大战和冷战背景下，美国开始对外资，尤其是来自敌对国家的资本实施严格的监管，以保障国家安全。战后，为了建立独立的国防体系，美国对关键战略领域的外资准入设置了限制，以确保对国家安全至关重要的技术和资源不被外部势力所控制。进入全球化时代，美国通过法律手段进一步强化了外资审查制度，以维持其在全球竞争中的领先地位。这一制度化的进程，不仅反

---

① 法国公司 Thomson-CSF 是一家部分由法国政府持有的公司，其试图收购美国 LTV 公司的导弹部门，后者是一家涉足美国国防和航空航天领域的企业。

② Schmidt, Patrick L, "The Exon-Florio Statute: How it Affects Foreign Investors and Lenders in the United States", International Lawyer 27, no. 3 (1993), pp.795-806.

映了美国在与外部世界的互动中对国家安全概念的逐渐明晰，也展示了其在应对外部挑战时策略的灵活性和前瞻性。从最初的开放接纳到后来的审慎监管，再到现在的制度化管理，美国的外资政策始终围绕着保护国家安全和促进经济发展的双重目标进行调整和优化。通过这一系列的政策演变，美国成功地在吸引外资和保护国家安全之间找到了平衡点，确保了国家利益的最大化。

美国外资审查制度的发展和完善，为其他国家提供了重要的借鉴和启示。随着经济全球化的深入发展，资本跨境流动日益频繁，外资对促进技术交流、经济增长和就业创造发挥着重要作用。同时，外资也可能带来国家安全、产业安全和文化安全等方面的挑战。因此，各国在享受外资带来的利益的同时，也需要建立健全的外资审查机制，以确保国家安全和经济利益不受损害。在吸引外资的过程中，要秉持开放包容、互利共赢的原则，积极推动构建开放型世界经济。同时，逐步完善外资法律法规，加强外资准入管理，确保国家安全和市场秩序。在这一过程中，各国可以借鉴美国等国家的经验，结合自身国情和发展阶段，制定既有利于吸引外资，又能有效维护国家安全的外资政策。

"一带一路"涉外法治
实施体系建设

中国与"一带一路"沿线国家交通运输及物流法律问题研究

赵光辉　李重荣*

摘　要: 随着"一带一路"倡议的提出,中国积极与沿线国家进行战略对接,其中交通基础设施建设和物流运输成为关键合作领域。这些合作不仅开启了交通发展的重要赛道,也进一步巩固了中国作为交通强国的地位和责任。然而,在这一发展过程中,中国与沿线国家在交通运输领域不可避免地面临法律纠纷,这些纠纷已成为一个不可忽视的重要因素。本文旨在分析这些法律纠纷,并为"一带一路"沿线国家和企业提供理论指导和实践参考,以促进国际合作的深化和法律环境的持续改善,实现更加和谐、高效的国际交通合作。

关键词: "一带一路"法律制度;国家交通运输;物流法律纠纷

一、问题的提出

近三十年来,中国交通运输行业在设施规模、服务质量、技术装备等方面

---

* 赵光辉,贵州财经大学教授、博士生导师,武汉大学教授、博士生导师;李重荣,贵州财经大学硕士研究生。本文系贵州省教育厅 2024 年高校人文社会科学研究项目《贵州积极对接融入粤港澳大湾区建设的战略定位、优势及实现路径研究》(2024RW68) 阶段性成果。

取得了举世瞩目的成绩，已建成全球最大规模的高速铁路网、高速公路网、世界级港口群，铁路、公路、水运和民航客货周转量、港口货物吞吐量、邮政快递业务量等主要指标连续多年位居世界前列。① 自 2013 年"一带一路"倡议提出以来，我国积极推进与沿线国家的战略对接、规划对接、机制对接以及项目对接，加快基础设施互联互通，大力提升经贸合作水平，扎实推进金融合作，努力推进科技、教育、文化、环保等领域的务实合作，各领域合作从无到有、由点及面，对沿线国家产生了重要的影响。② 随着相关基础设施建设的推进，交通运输和物流已成为"一带一路"建设的核心组成部分。

在"一带一路"倡议的引领下，中国的交通运输行业正经历着一场深刻的变革。公共部门和企业携手推动体制机制的创新，以适应这一全球发展战略的需求。通过不断深化交通货运企业间的合作，他们正在积极探索空铁联运等新型运输模式，以提高物流效率和降低成本。此外，他们还在努力整合和优化国内外的运输链，以及相关单位的数据资源，以实现更高效的货物流通和信息管理。这些努力不仅促进了国内外运输产业的发展，还为整个交通运输行业提供了强有力的支持。通过这些措施，中国的交通运输行业正在变得更加高效、智能，并且在全球范围内更具竞争力，为国家的经济发展和国际合作提供了坚实的基础。

当前，共建"一带一路"正顺利推进并已取得了显著成效，但同时也存在着诸多的问题与挑战。"一带一路"沿线多为发展中国家，经济发展水平较低，国内薄弱的交通基础设施是其经济发展面临的重要制约因素。③ 在全球化的推动下，国内外交通物流领域的类型和业务不断扩展，这不仅促进了经济贸易的繁荣，也带来了一系列复杂的法律挑战，尤其是对发展中国家而言，法律纠纷的数量和复杂性都在增加。在这样的背景下，本文分析出在"一带一路"倡议

---

① 国新网：《中共中央宣传部举行新时代加快建设交通强国的进展与成效发布会图文实录》，http://www.scio.gov.cn/xwfbh/xwbfbh/wqfbh/47673/48346。

② 刘卫东：《"一带一路"建设进展第三方评估报告（2013—2018）》，商务印书馆 2019 年版，第 16 页；公丕萍：《"一带一路"建设最新进展、形势变化与 2018 年推进策略》，《今传媒》2018 年第 2 期。

③ 崔岩、于津平：《"一带一路"国家交通基础设施质量与中国货物出口》，《当代财经》2017年第 11 期。

下的交通发展所引发的法律问题,包括纠纷类型、核心问题、成因以及可能的解决策略。文章将分析如何通过法律途径促进国际合作,以及如何改善法律环境,以适应不断变化的交通物流业务需求。通过这些研究,本文旨在为"一带一路"沿线国家和企业提供理论指导和实践参考,以促进国际合作的深化和法律环境的持续改善,为交通物流领域的可持续发展提供坚实的法律基础。

二、中国与"一带一路"沿线国家交通运输及物流法律纠纷的类型

"一带一路"倡议所倡导的共同发展与建设模式,已成为推动国家间合作与交流的坚实基石。其中,设施联通和贸易畅通是"一带一路"建设的重要基础,需要沿线相关国家进行紧密高效的物流合作。[①] 物流运输在"一带一路"倡议下的交通模式中扮演着至关重要的角色,它不仅是推动我国实体经济发展的关键力量,也是连接国内外运输的重要纽带。然而,在国家间的发展进程中,不可避免地会遇到一些不受意志控制的外部因素,这些因素在交通运输领域可能导致一系列纠纷,包括但不限于运输合同争议、多式联运问题、物流仓储冲突、海关与贸易争端、贸易管制与许可证问题、知识产权争议,以及环境污染纠纷。

(一) 运输合同纠纷

1.货物运输合同纠纷

涉及货物的运输方式、运输路线、运输期限、货物的装卸、保管、交付等方面的约定。例如,在国际货物运输中,可能出现因货物损坏、丢失、延误等

---

① 陆华等:《中国与"一带一路"沿线中东欧国家物流绩效对比分析》,《中国流通经济》2020年第3期。

问题引发的纠纷，对于货物的赔偿责任、赔偿标准等方面容易产生争议。如因运输过程中的不可抗力、运输公司的操作不当等原因导致货物受损，托运方和承运方在责任认定和赔偿金额上产生分歧。

如徐州天业金属资源有限公司与圣克莱蒙特航运股份公司、东京产业株式会社海上货物运输合同纠纷案。① 一审法院认为承运人在装货港及达沃港采取停航、晒货、检验等行为不属于不合理绕航，不违反合理速遣义务，判决驳回徐州天业的诉讼请求。徐州天业不服，提起上诉。二审法院认为，涉案船舶绕道达沃港停留属于不合理绕航，但原告不能证明其货物转卖损失的客观性与合理性，遂判决驳回上诉，维持原判。双方当事人均不服二审判决，申请再审。最高人民法院经审查认为：托运人和承运人提供的检验报告等证据均没有载明货物的适运水分极限，不符合《国际海运固体散装货物规则》的要求，承运人在装货港判断货物不适合安全运输的理据相对充分，船舶航行至达沃港，属于合理绕航。据此，裁定驳回双方当事人的再审申请。

本案是发生在"一带一路"沿线国的海上货物运输合同纠纷案件，入选最高人民法院第二批涉"一带一路"建设十大典型案例。该案填补了国际海事规则中关于小颗粒与大块货物混装的适运标准认定方法的空白，提出了合理裁判标准。同时，也为维护"一带一路"海上运输安全，发挥规范指导作用。涉案的红土镍矿贸易和运输，是印度尼西亚和菲律宾等东南亚地区"一带一路"沿线国家的常见出口贸易形式。运输此类货物存在潜在的危险性和复杂性，涉案运输发生前后，曾有多艘运载红土镍矿的船舶在运输途中翻沉。本案所涉事实是近年来运载易流态化散装固体货物中及时预防船舶倾覆事故的一个成功范例，裁判结果认定承运人有合理依据怀疑货物水分含量过高的基础上，支持其采取停航晒货等合理措施，体现了保障航运安全的价值取向。

2. 客运合同纠纷

主要包括旅客的运输安全、运输服务质量、票价、退票改签等方面的争议。比如，航空公司因航班延误或取消，未能按照合同约定将旅客按时送达目

---

① 《最高人民法院公布第二批涉"一带一路"建设典型案例》（案例9），最高人民法院网站。

的地,旅客要求赔偿损失;或者在铁路运输中,旅客对车厢的卫生条件、座位的舒适度等服务质量不满意,引发纠纷。

如 2021 年 5 月 22 日,深圳斯某国际货运代理有限公司、深圳欧某供应链管理有限公司运输合同纠纷案。[①] 诉讼中,原、被告确认双方只进行了案涉两票货运合作,原告填报的出口报价单显示案涉两票货物申报价值总金额约 1.4 万美元。被告确认收到原告支付的案涉运费合计人民币 4.5 万余元,案涉两票货物除已签收的 5 件,其余均已被比利时海关销毁。广东省深圳前海合作区法院认为:本案为国际货运合同纠纷,双方就本案争议解决未明确约定法律适用,诉讼中双方均同意就本案争议解决适用中华人民共和国法律,不违反相关法律规定,本院依法予以照准。

(二)多式联运纠纷

多式联运是"一带一路"倡议下常见的运输方式,涉及多种运输工具的衔接和协同运输。因此,容易在不同运输阶段的责任划分、运输单据的流转、运输费用的结算等方面产生纠纷。例如,在一个包含海运、陆运和空运的多式联运案例中,货物在海运阶段发生损坏,但难以确定是海运承运人的责任还是陆运阶段的问题导致,各运输方之间相互推诿责任。

以上诉人长沙合康化工有限公司与被上诉人上海丹佑国际物流有限公司多式联运合同纠纷案为例。[②] 上海海事法院结合各方当事人陈述、查明事实和相关已生效裁判的认定,涉案货物于 2018 年 10 月 7 日海运至中转港林查班港后未能顺利通关,滞留在泰国境内。泰国海关回复滞留的原因是:氰化钠属于泰国法规定的危险货物,需泰国工业部工业工程司的批准方可进出口,本案货物在泰国过境时缺少许可手续。原告主张 C 公司未及时申办上述许可证,C 公司是被告的代理人,但 C 公司并非本案当事人,在前述原告与丹佑公司之间多式联运纠纷的生效裁判中,法院无法认定 C 公司是丹佑公司的代理人,本案证据也无法认定 C 公司在本案中的法律地位、侵权行为和过错。

---

① (2021) 粤 0391 民初 10226 号。
② (2020) 沪民终 605 号。

在本案各方当事人之间，依据中华人民共和国的相关法律规定，被告、海冠公司及丹佑公司无承办货物在泰国进出口许可证的法定义务，原告作为货方负有办理货物各项手续的义务，原告作为委托方负有明确委托事项的义务，原告未证明其与被告、海冠公司及丹佑公司就承办上述许可证作出了明确约定，原告所称被告提供的报价项目中也无代办泰国进出口许可证项。原告未证明货物滞留在泰国境内是因为被告、海冠公司及丹佑公司的共同侵权行为造成的以及前述三者的任何过错，应承担举证不能的后果，上海海事法院无法采纳原告上述主张。

（三）物流仓储纠纷

如大自然家居（中国）有限公司、招商局物流集团沈阳有限公司仓储合同纠纷案。①

2012 年 7 月 1 日，被告大自然公司与原告招商局物流集团沈阳有限公司（以下称简称"招商局"）签订仓储合同，由招商局在沈阳仓库（仓库出租人为沈阳惠成电子有限公司，以下简称"惠成公司"）为大自然公司提供木地板仓储服务。2012 年 7 月，招商局与惠成公司发生纠纷，2012 年 10 月 26 日，惠成公司对仓库强行封仓，阻止货物进出仓库，导致大自然公司储存在仓库里的木地板无法提取，经多次磋商无果。2014 年 1 月 27 日，大自然公司委托某律师所向一审法院对招商局提起了诉讼，诉讼请求为：免除仓储费及管理费、赔偿货物贬损 310 万元、赔偿向第三方支付的违约金损失 637 万余元。

一审法院判决：招商局向大自然公司赔偿涉案货物全损 939 万余元及资金被占用利息（从 2013 年 1 月 14 日起，按银行同期贷款利率计至款项支付之日止），驳回大自然公司的其他诉讼请求。后因案情复杂，被告大自然公司向二审法院提出二审。经二审法院审理后给予出相应判决：一审判决认定事实清楚，适用法律正确，应予维持。依照《中华人民共和国民事诉讼法》第 170 条第一款第（一）项的规定，判决驳回上诉，维持原判。

---

① （2016）粤 06 民终 3971 号。

1. 仓储合同履行纠纷

涉及仓储物的保管条件、保管期限、仓储费用的支付等方面的争议。例如，仓储公司未能按照合同约定的保管条件对货物进行保管，导致货物变质、损坏；或者货主未按时支付仓储费用，仓储公司拒绝交付货物。

2. 仓储物的损失赔偿纠纷

在仓储过程中，由于仓储设施的故障、火灾、盗窃等原因导致仓储物受损或丢失，双方对赔偿责任和赔偿金额存在争议。

（四）海关与贸易监管纠纷

在立某公司与盛某公司海上货物运输合同纠纷案中[①]，涉及的主要是境外目的港费用的责任主体认定。上海海事法院经审理认为，该案就涉案货物运输存在 XY 公司和地中海公司签发的两份记名提单，表明在 KA 公司与巡洋公司之间以及 XY 公司与地中海公司之间，存在两个相互独立的海上货物运输合同关系。依据《最高人民法院关于审理无正本提单交付货物案件适用法律若干问题的规定》（以下简称"无单放货司法解释"）第 1 条和第 2 条的规定，XY 公司和地中海公司应当分别向其签发的正本提单持有人交付货物。

海事司法实践中，无单放货纠纷是海上货物运输合同纠纷中的常见类型，而涉及巴西无单放货的纠纷又是无单放货类纠纷中自成一派的高发类型。在这些纠纷中，绝大部分承运人都援引无单放货司法解释第 7 条规定进行免责抗辩。针对类似纠纷，不同法院甚至同一法院的裁判结果不甚一致。从公开的裁判文书看，少数案件（不足 20%）接受承运人提交的有关巴西法律的证据，采纳承运人的抗辩意见，认定承运人不承担无单放货责任。绝大多数案件判决承运人承担无单放货赔偿责任，这类案件中，承运人的举证程度有差异，但法院基本上都是认为承运人还未完成举证责任，没有证明无单放货司法解释第 7

---

① 广东法院海事审判典型案例第 1 号。

条承运人主张免责应当证明的两个事实，一是提单载明的卸货港所在地必须将货物交付给当地海关或者港口当局的法律规定；二是承运到港的货物已经交付给当地海关或者港口当局。从前述公开的案例中，判决中鲜有详细论述无船承运人与实际承运人在放货流程中的具体行为，使得巴西港口放货的具体流程始终"犹抱琵琶半遮面"，不太清晰。

该案中，涉案运输的无船承运人和实际承运人为共同被告，因此基于两被告的举证，法院基本还原巴西港口的放货流程，在此基础上，依照合同相对性原则，区分无船承运人和实际承运人在各自运输合同中的合同相对人和放货行为，进而得出无船承运人应当承担无单放货赔偿责任，而实际承运人的无单放货责任不成立的结论，具有一定新颖性和创新性，对类案审理具有借鉴作用。

1. 海关申报与通关纠纷

包括货物的申报信息不准确、不完整，海关对货物的归类、估价存在异议，以及通关手续的办理不及时等问题。例如，企业在申报货物时，对货物的品名、规格、数量等信息填写错误，导致海关无法顺利通关，产生滞港费、滞纳金等额外费用，企业和海关之间就费用的承担产生纠纷。

2. 贸易管制与许可证纠纷

"一带一路"沿线国家的贸易管制政策和许可证制度各不相同，企业可能因不了解当地的政策法规，未取得相应的许可证或违反了贸易管制规定，而被海关查处，引发纠纷。比如，某些国家对特定商品的进口实行配额管理，企业未经许可超量进口，被海关扣押货物并进行处罚。

（五）知识产权纠纷

在交通运输及物流领域，涉及运输工具的外观设计、物流技术的专利、运输标识的商标等知识产权问题。例如，物流企业使用的运输包装、标识等与其他企业的商标相似，引发商标侵权纠纷；或者运输企业在引进国外的先进物流技术时，未获得合法的授权，被指控侵犯专利权。

如在"物流信息跟踪技术"发明专利侵权案中，[①] 一审法院认为，深圳市东某网络科技公司构成侵权，判令其停止侵害并赔偿损失 205 万余元。深圳市东某网络科技公司不服，提起上诉，主张被诉侵权技术方案所使用的服务器位于境外，故被诉侵权行为发生在我国授予的专利权的有效地域范围之外，不构成对涉案专利权的侵害。最高人民法院二审认为，对于受我国法律保护的专利权而言，侵害专利权行为的部分实质环节或者部分侵权结果发生在我国领域内的，即可认定侵权行为地在我国领域内；服务器所在地并非判断侵权行为地的唯一因素，故判决驳回上诉，维持原判。

该案裁判充分考虑涉信息网络专利侵权行为的"多步骤、多主体、多地点"特点，明确了该类专利侵权行为实施地、结果发生地的认定标准，对于依法规制跨境实施的专利侵权行为、加强网络环境下的专利权保护具有积极意义。

（六）环境污染纠纷

交通运输及物流活动可能会对环境造成一定的影响，如运输车辆的尾气排放、物流园区的噪声污染、货物运输过程中的泄漏等。如果企业未能按照当地的环保法规采取相应的环保措施，可能会引发与当地居民、环保组织或政府部门之间的环境污染纠纷。

如在海南中汇疏浚工程有限公司、陈某等环境污染责任纠纷案[②] 中，海口海事法院依照《中华人民共和国侵权责任法》第 8 条、第 15 条、第 65 条，《中华人民共和国海洋环境保护法》第 89 条第一款，《最高人民法院关于审理海洋自然资源与生态环境损害赔偿纠纷案件若干问题的规定》第 7 条第二项、第四项和《最高人民法院关于审理环境民事公益诉讼案件适用法律若干问题的解释》第 87 条、第 22 条以及《中华人民共和国民事诉讼法》第 55 条之规定，判决：一、被告海南中汇疏浚工程有限公司、陈某、海口浏源土石方工程有限公司自本判决生效之日起 10 日内连带赔偿环境污染损害 860 万余元。该款项上交国

---

① 最高人民法院知识产权法庭公布案例。

② （2019）琼 72 民初 227 号。

库用于修复被损害的海洋生态环境；二、被告海南中汇疏浚工程有限公司、陈某、海口浏源土石方工程有限公司自本判决生效之日起 10 日内在全国发行的媒体上公开赔礼道歉；三、被告海南中汇疏浚工程有限公司、陈某、海口浏源土石方工程有限公司自本判决生效之日起 10 日内连带向海南省海口市人民检察院支付鉴定费 47 万余元，公告费 800 元整。被告海南中汇疏浚工程有限公司、陈某、海口浏源土石方工程有限公司如未能按判决确定的期间履行给付义务，应当按照《中华人民共和国民事诉讼法》第 253 条的规定，加倍支付迟延履行期间的利息。

三、存在的问题

（一）法律适用冲突

"一带一路"沿线国家众多，各国的法律体系、法律制度和法律文化差异较大，导致在法律纠纷发生时，难以确定适用哪国的法律。例如，在合同纠纷中，不同国家对于合同的成立、效力、履行等方面的法律规定各不相同，使得当事人在主张自己的权利时面临法律适用的困惑。

（二）司法管辖权争议

各国对于涉外案件的司法管辖权规定不同，容易引发管辖权的争议。一些国家主张以被告所在地、合同签订地、货物运输目的地等作为确定司法管辖权的依据，而不同的依据可能导致不同国家的法院都对同一案件具有管辖权，当事人可能会选择对自己有利的法院进行诉讼，从而产生管辖权的冲突。

（三）执法与监管差异

各国在交通运输及物流领域的执法标准和监管力度不同，导致企业在跨境运输和物流活动中面临不同的执法要求和监管环境。例如，一些国家对运输车辆的超载、超限管理非常严格，而另一些国家的监管相对宽松，这就可能导致企业在跨境运输时因不了解当地的执法标准而受到处罚。

（四）证据收集与认定困难

在跨国法律纠纷中，证据的收集和认定往往面临诸多困难。由于涉及不同国家的法律制度和司法程序，证据的获取渠道、证据的形式要求、证据的证明力等方面都存在差异。此外，语言障碍、文化差异等因素也会影响证据的收集和理解，增加了当事人的举证难度。

（五）纠纷解决机制不完善

目前，中国与"一带一路"沿线国家之间的交通运输及物流纠纷解决机制还不够完善，缺乏统一、高效的纠纷解决平台和机制。诉讼程序复杂、耗时较长、费用较高，仲裁机构的公信力和权威性有待提高，调解等非诉讼纠纷解决方式的应用还不够广泛，导致纠纷解决的效率和效果不尽如人意。

四、原因分析

（一）政治因素

1. 各国政治制度和政策的差异

"一带一路"沿线国家的政治制度多样，包括资本主义制度、社会主义制度等，不同的政治制度导致各国在政策制定、法律体系建设等方面存在差异。一些国家的政治稳定性较差，政策的连续性和可预测性不强，这给交通运输及物流领域的跨国合作带来了不确定性，容易引发法律纠纷。

2.地缘政治的影响

部分地区存在地缘政治冲突和紧张局势，影响了交通运输及物流的畅通性和安全性。例如，一些国家之间的领土争端、政治对立等问题，可能导致跨境运输线路受阻、物流通道中断，从而引发合同履行、货物运输等方面的法律纠纷。

（二）经济因素

1.经济发展水平的不平衡

"一带一路"沿线国家的经济发展水平参差不齐，发达国家和发展中国家之间在交通运输及物流基础设施建设、技术水平、管理能力等方面存在较大差距。这种不平衡导致在跨国运输和物流合作中，双方的利益诉求和合作条件难以协调，容易产生纠纷。

2.贸易保护主义的抬头

近年来，全球贸易保护主义有所抬头，一些国家为了保护本国的产业和市场，采取了一系列贸易限制措施，如提高关税、设置贸易壁垒等。这些措施对"一带一路"沿线国家的交通运输及物流行业产生了负面影响，增加了企业成本和法律风险，容易引发贸易纠纷和物流纠纷。

（三）文化因素

1.文化差异和语言障碍

"一带一路"沿线国家的文化传统、宗教信仰、风俗习惯等各不相同，文化差异可能导致双方在商业合作、合同签订、纠纷解决等方面的理解和沟通存在障碍。此外，语言的不通也会影响当事人之间的交流和信息传递，增加了法律纠纷的发生概率和解决难度。

2. 法律文化的差异

不同国家的法律文化背景不同，对于法律的认知、法律的价值取向、法律的执行方式等方面存在差异。例如，一些国家的法律文化强调个人权利和自由，而另一些国家的法律文化更注重集体利益和社会秩序。这种法律文化的差异可能导致在法律纠纷的处理过程中，双方的观点和立场存在分歧。

（四）法律制度因素

1. 各国法律体系的不完善

一些"一带一路"沿线国家的法律体系还不够完善，法律法规的制定和修订滞后于经济社会的发展，存在法律空白和漏洞。这使得在交通运输及物流领域的跨国合作中，一些问题无法可依，容易引发法律纠纷。

2. 国际条约和协定的执行不力

虽然中国与"一带一路"沿线国家签订了一系列的国际条约和协定，为交通运输及物流合作提供了法律保障，但在实际执行过程中，由于各国的法律制度和执法机制不同，一些条约和协定的执行效果不佳，未能有效解决跨国法律纠纷。

五、应对策略

（一）加强法律协调与合作

1. 推动国际法律规则的统一

中国应积极参与"一带一路"沿线国家的国际法律规则制定，倡导建立统一的交通运输及物流法律规则体系，减少法律适用的冲突。通过国际组织、多边合作机制等平台，加强各国之间的法律交流与协商，推动制定具有普遍约束力的国际公约和协定。

2.建立双边或多边法律合作机制

中国应与"一带一路"沿线国家加强双边或多边的法律合作，签订司法协助条约、引渡条约等法律文件，明确各国在司法管辖权、证据收集、判决执行等方面的权利和义务，为跨国法律纠纷的解决提供法律依据和保障。

（二）完善纠纷解决机制

1.构建多元化的纠纷解决平台

建立集诉讼、仲裁、调解等多种纠纷解决方式于一体的多元化纠纷解决平台，为当事人提供灵活、便捷、高效的纠纷解决途径。加强国际仲裁机构的建设和合作，提高仲裁的公信力和权威性；推广调解等非诉讼纠纷解决方式，鼓励当事人通过协商、调解等方式解决纠纷。

2.加强司法合作与交流

各国司法机关应加强合作与交流，建立司法信息共享机制，提高跨国法律纠纷的审判效率和质量。开展司法人员的培训和交流活动，增进各国司法人员对彼此法律制度和司法实践的了解，提高司法合作的水平。

（三）提高企业的法律意识和风险防范能力

1.加强企业的法律培训

企业应加强对员工的法律培训，提高员工的法律意识和法律素养。定期组织员工学习相关的国际法律法规、贸易规则和纠纷解决机制，使员工了解在跨国运输和物流合作中应遵守的法律义务和享有的权利。

2. 建立风险防范机制

企业应建立健全的风险防范机制，对跨国运输和物流合作中的法律风险进行评估和预警。在合同签订前，充分了解对方的资信状况、法律环境等信息，合理约定合同条款，明确双方的权利和义务；在合同履行过程中，加强对合同执行情况的监督和管理，及时发现和解决问题。

（四）加强政策沟通与协调

1. 政府间的政策沟通

中国政府应与"一带一路"沿线国家的政府加强政策沟通与协调，建立定期的政策对话机制，及时解决交通运输及物流领域的政策差异和矛盾。共同制定和完善相关的政策法规，为跨国运输和物流合作创造良好的政策环境。

2. 行业协会的协调作用

行业协会应发挥积极的协调作用，加强与各国行业协会的沟通与合作，制定行业标准和规范，引导企业遵守国际规则和行业惯例。通过行业协会的平台，促进企业之间的交流与合作，共同应对跨国法律纠纷。

六、结语

随着共建"一带一路"倡议的深入推进，中国进入"走出去"和"引进来"并重的全球化发展阶段，与"一带一路"沿线国家和地区在多个领域的合作日益加深。交通基础设施和运输服务网络的互联互通是"一带一路"倡议实施的重要物质基础。[①] 从横向角度来看，我国与"一带一路"沿线国家在交通运输领域展开了深入的合作，旨在实现互利共赢，促进货物的自由流通，共同打造了一个高效、顺畅的物流网络。而从纵向角度来看，我国根据国内外的发展格局和国际形势，不断推动创新和开放共享，展现了交通强国的中国智慧和中国方案，为全球交通发展贡献了独特的思路和实践。通过这种多维度的合作与创新，我国不仅加强了与沿线国家的联系，也为国际交通合作提供了新的动力和方向。

然而，在"一带一路"倡议下与沿线国家的交通发展过程中，不可避免地会遇到文化教育、地理差异等客观因素，这些因素往往不受人类意志的控制。在交通运输领域，这些差异可能导致法律纠纷，成为国家间交通融合与发展中必须重视的关键环节。通过深入理解这些物流运输中的问题，并提出相应的解决策略，我们可以不断完善新发展格局下的物流供应链，进而建设更加高效的国家运输通道。同时，"一带一路"沿线国家的交通运输和物流法律问题的妥善解决，为促进国际化运输和多式联运的发展提供了坚实的基础，这对于推动全球贸易和经济一体化具有重要意义。

---

① 　金凤君等：《中国与东盟基础设施建设合作的前景与对策》，《世界地理研究》2018 年第 4 期。

海洋生态环境审判改革发展问题研究

沈晓鸣　罗孝炳[*]

摘　要：浙江是习近平新时代中国特色社会主义思想重要萌发地。回顾和
　　　　梳理我国海洋生态环境审判工作，尤其是浙江有关工作情况，对
　　　　更好落实习近平生态文明思想，提升我国海洋生态司法能力具有
　　　　很强的研究价值和实践意义。当前，我国海洋生态环境审判正处
　　　　于诉讼架构日趋成熟、司法规则基本完备、审判能力明显提升和
　　　　外部环境大为优化的阶段，进一步推动海洋生态环境审判工作改
　　　　革，向更高层次方向发展，为建设海洋命运共同体作出更多贡献。
关键词：海洋生态；审判改革；海洋命运共同体

一、我国海洋生态环境审判的回顾与梳理

（一）起步阶段

1.审判机构和管辖依据

1984 年 11 月 14 日，全国人大常委会发布《全国人民代表大会常务委员

* 沈晓鸣，宁波海事法院党组副书记、常务副院长，二级高级法官；罗孝炳，宁波海事法院四
　级高级法官。

会关于在沿海港口城市设立海事法院的决定》，决定在沿海一定的港口城市设立海事法院，海事法院辖第一审海事案件和海商案件，不受理刑事案件和其他民事案件。同月，最高人民法院作出《关于设立海事法院几个问题的决定》，明确海事法院管辖 18 项海事案件和海商案件，其中包括"船舶排放有害物质和海上作业措施不当，造成水域污染的损害赔偿案件"。至此，我国海洋生态环境审判进入海事法院一审、海事法院所在地高级人民法院二审和最高人民法院再审的三级法院二审终审制阶段。青岛海事法院于 1985 年开门办案不久，即受理了"大庆 232"轮油污损害赔偿案，拉开了海事司法保护海洋环境的序幕。1985 年至 2013 年，全国各海事法院共陆续受理各类海洋环境污染损害赔偿纠纷达 2017 余件。[①]

2. 法律适用

《中华人民共和国海洋环境保护法》（1982 年）对环境损害的索赔主体以及赔偿范围没有作出具体规定，作为基本法的民法等法律对此作出的规定过于简单，无法直接指导实践。通过审理案件，海事法院对一些基本问题作出了积极探索。一是确认依法行使海洋环境监督管理权的机关可以代表国家索赔海洋资源损失。1997 年 1 月，新加坡东亚油船（私营）有限公司所有的"海成"轮在湛江水域发生漏油污染事故，广东省渔政海监检查总队湛江支队向广州海事法院起诉。广州海事法院、广东省高级人民法院先后一致认定了广东省渔政海监检查总队湛江支队索赔海洋渔业资源损失的主体资格。该案是我国最早的环境民事公益诉讼，对全国海洋环境公益诉讼的审理起到重要的引导作用。二是实行海洋资源损害赔偿款直接向国库交纳的做法。1999 年 3 月 24 日，"闽燃供 2"轮与"东海 209"轮在珠江口发生碰撞漏油污染海域，广东省海洋与水产厅向广州海事法院起诉后，案经广东省高级人民法院二审，判决油污责任人向广东省海洋与水产厅赔偿渔业资源损失及其利息，同时注明：广东省海洋与水产厅受偿后上交国库，该案判决首次明确了海洋环境公益诉讼赔偿款向国库交纳的履行方式，同样具有开创意义。三是适用船舶油污损害案件的特殊规

---

① 最高人民法院：《中国海事审判白皮书（1984—2014）》，法信网，https://www.faxin.cn/lib/lfsf。

则。国际油污损害民事责任公约出于维护公约确定的赔偿机制、适当兼顾航运业的特殊风险等目的，确立了船舶油污损害的特殊规则。2007 年 3 月，马来西亚籍"山姆"轮在烟台海域触礁搁浅发生燃油泄漏污染，青岛海事法院依照《1992 年国际油污损害民事责任公约》关于环境损害赔偿仅限于恢复措施的费用的规定，根据司法鉴定报告确定的恢复措施费用，判决"山姆"轮船舶所有人联合远洋运输公司与西英船东互保协会赔偿原告山东省海洋与渔业厅油污损失及其利息。

各海事法院经过长期审判实践，在国际公约与国内法的适用、归责原则、举证责任、评估鉴定、损失认定、赔偿范围、油污损害赔偿基金的设立、海洋环境公益诉讼的索赔主体、国家资源损失的救济形式等各方面均积累了一套成熟的做法，为《中华人民共和国海洋环境保护法》（1999 年）、《中华人民共和国民事诉讼法》（2012 年）规定公益诉讼提供了丰富的实证素材。

（二）改革发展阶段

党的十八大将生态文明建设纳入"五位一体"总体布局，海洋生态文明受到各方面高度重视。海洋生态环境审判工作迎来快速发展和积极创新的阶段。

1. 规则体系趋于完善

2018 年 1 月 15 日起施行的《最高人民法院关于审理海洋自然资源与生态环境损害赔偿纠纷案件若干问题的规定》，明确该类诉讼的性质、索赔主体，完善损失认定的一般规则与替代方法，对规范统一裁判尺度，全面加强海洋环境司法保护发挥重要作用。2020 年修订的《最高人民法院关于审理船舶油污损害赔偿纠纷案件若干问题的规定》，厘清了该类纠纷的案件管辖、责任限制、保险人或者财务保证人的抗辩及赔偿范围等问题，充分体现了中国加入的联合国海洋法公约、国际油污损害民事责任公约等国际公约的精神，为保护海洋环境提供了有力依据。海事司法实践中明确的裁判规则丰富和发展了海洋生态环境司法规则体系。海口海事法院审理的海南临高盈海船务有限公司诉三沙市渔政支队行政处罚案，通过正确适用相关法律和司法解释，对《濒危野生动植物种国际贸易公约》附录中的珊瑚、砗磲依法予以同等保护，维护三沙海域生态环境安全。北海海事法院审理的北海市乃志海洋科技有限公司诉北海市海洋与渔业局行政处罚案，明确了非法围填海的主体、共同违法行为的认定及海洋行政处罚裁量权的行使规则，对于维护国家海岸线安全、维系海域生态平衡具有积极意义。上述二案均入选最高人民法院第 31 批生物多样性保护专题指导性案例，确立了同类案件的裁判标准和裁判方法。最高人民法院在交通运输部上海打捞局与普罗旺斯船东 2008—1 有限公司（Provence Shipowner 2008-1 Ltd）、法国达飞轮船有限公司（CMA CGM SA）、罗克韦尔航运有限公司（Rockwell Shipping Limited）船舶污染损害责任纠纷再审案中，[①] 厘清了有关国内法与国际条约的调整边界，明确了船舶碰撞事故中非漏油船一方的油污损害赔偿责任及其相关的责任限制与责任限制基金分配规则，合理平衡国家海洋环境利益与航运经营者商业利益之间的关系。

2.参与主体更加多元

行政机关在重大污染事故发生后靠前化解纠纷的作用得到显现。2015 年至 2017 年，全国海事法院共审理涉及海洋环境污染责任纠纷案件 1690 件，[②] 其中"蓬莱 19-3"钻井平台溢油事故引起的环渤海群体性索赔诉讼，涉及群众利益、社会稳定等复杂问题，政府主管部门通过专家评估制定补偿标准，得到绝大多数养殖户的认可，通过接受补偿方式化解了纠纷。部分养殖户不服该标准提起诉讼，海事法院经比较养殖区域和养殖物种类后，参照该标准认定了养殖户损失。检察公益诉讼异军突起。浙江是检察机关海洋民事公益诉讼的最早推行地。早在 2019 年就受理 3 起舟山市人民检察院提起的涉海龟公益诉讼，目前受理公益诉讼案件数超二百件，在全国海事法院中位居前列。广泛的区域协作机制得以建立。以浙江为例，2021 年，宁波海事法院与浙江省沿海七个

---

① 最高人民法院：《2019 年全国海事审判典型案例》，《人民法院报》2020 年 9 月 8 日第 3 版。
② 最高人民法院：《中国海事审判白皮书（2015—2017）》，中国法院网，2019 年 4 月 15 日，https://www.chinacourt.org/article/detail/2019/04/id/3825308.shtml。

中级人民法院的"1+7"全省涉海环资审判协作机制，与上海、南京、厦门海事法院共同签署"1+3"环东海环资审判司法协作机制文件。2024 年，宁波海事法院与青岛海事法院、青岛市人民检察院、舟山市人民检察院建立联合协作机制，共享专家智库资源。

3. 生态修复方式更加丰富

海洋作为地球氧气的主要供应者、二氧化碳的主要储存体，拥有可供开发利用的丰富的"蓝碳"资源。2022 年，厦门海事法院在审理林某某非法采砂检察民事公益诉讼案中，[①] 促成双方就案涉损失赔偿达成"海洋碳汇＋替代性修复"的调解协议，被告自愿购买价值 18 万元海洋碳汇和参与盗采海砂相关海域环境治理辅助工作，是海事审判促进碳达峰、碳中和的积极实践。2024 年 3 月，宁波海事法院审理一起非法捕捞检察民事公益诉讼案，[②] 并向有关单位发出司法建议，促成法院、检察院、产权交易中心建立"海洋生态司法保护＋蓝碳交易"机制，被告将生态补偿金用于购买"蓝碳"。2023 年，南京海事法院审结周某等非法捕捞民事公益诉讼案，准许被告以劳务代偿方式履行部分赔偿义务，在江苏省盐城市滨海县公安局、浙江省温州市海洋与渔业执法支队的监督下实施劳务代偿，[③] 该案凸显惩治与教育相结合的司法作用，实践长三角海洋生态环境区域协同治理新模式。

4. 对海洋生态环境权益的保护更加有力

2016 年 8 月，最高人民法院发布《关于审理发生在我国管辖海域相关案件若干问题的规定（一）》（法释〔2016〕16 号）、《关于审理发生在我国管辖海域相关案件若干问题的规定（二）》（法释〔2016〕17 号），明确我国海事法

---

①　最高人民法院：《2022 年全国海事审判典型案例》，《人民法院报》2023 年 6 月 30 日第 3 版。

②　陈俊杰、王舜毕：《宁波海事法院审结海洋生态环境公益诉讼案》，《中国水运报》2024 年 3 月 13 日第 3 版。

③　王晓红、何斐：《南京海事法院监督履行首例跨省劳务代偿》，《江苏法治报》2023 年 9 月 20 日第 1 版。

院的司法管辖权覆盖我国管辖的全部海域,内容涵盖了刑事、民事及行政诉讼三个领域。[①] 自 2017 年最高人民法院部署海事审判"三合一"改革以来,海洋生态环境成为改革重点突破领域。2019 年,宁波海事法院就沈某等 18 人非法收购、运输、出售珍贵、濒危野生动物(海龟)行为,受理检察机关提起的 3 起民事公益诉讼案件和 3 起刑事案件,兼顾了打击犯罪和海洋生态恢复。2020 年,海口海事法院受理文某(VAN)非法捕捞水产品案,系我国海事法院首次试点管辖破坏海洋生态环境资源犯罪及刑事附带民事公益诉讼案件。2024 年 3 月,南京海事法院审结首起海事刑事案件,判决两名被告人犯非法采矿罪,同时判决将海砂拍卖款中的溢价部分依法作为生态修复金用于海洋生态环境修复。1984 年至 2024 年 7 月 11 日,我国海事法院共审理 5000 余件各类海洋环境民事纠纷案件,自 2015 年至 2024 年 7 月 11 日审结 1000 余件涉及海洋环境的行政诉讼案件。[②]

二、我国海洋生态环境审判改革发展面临的问题

(一)海洋生态环境案件的涉外性、起诉主体特殊性没有得到应有的重视

1. 涉外性方面

海洋分领海及毗连区、专属经济区、公海等,我国在周边局面海域面临着长期的维权压力。以东海为例,我国与日本在东海的各自主张集中在岛屿归属、专属经济区及大陆架划界。对此,专家建议从东海海域的具体情况看,中

---

① 最高人民法院:《中国海事审判白皮书(2015—2017)》,中国法院网,2019 年 4 月 15 日,https://www.chinacourt.org/article/detail/2019/04/id/3825308.shtml。
② 国务院新闻办公室:《中国的海洋生态环境保护白皮书》,中国生态环境部官网,2024 年 7 月 11 日,https://www.mee.gov.cn/ywdt/xwfb/202407/t20240711_1081353.shtml。

日应采用两条线分别划分大陆架和专属经济区。① 在司法层面，各自主张则可能延伸到船舶碰撞、船舶污染海洋、非法捕捞等案件的管辖冲突。在南海，菲律宾舰船在仁爱礁、仙宾礁以"坐滩"方式扰乱海域秩序。此外，由于我国有一年一度的休渔期，外国渔民偷偷越境到我国专属经济区甚至领海捕捞的现象时有发生。对于此类案件，法院内部一般采取重大案件层报至最高人民法院的方式进行妥善处理。由于案件数量不多，海事审判尚未就实体法律争议形成一套具体明确的裁判规则体系。

2.起诉主体方面

法律规定的起诉主体的参与积极性有待增强。省级海洋渔业主管部门较少直接从事案件查办和民事诉讼等活动。② 对比近年来检察机关海洋公益诉讼和行政机关提起的海洋生态环境损害索赔发现，检察机关起诉的积极性远高于行政机关，这与海洋环境保护法律制度的要求存在差距。在浙江一些基层法院，检察机关就非法捕捞犯罪行为提起刑事附带民事公益诉讼，要求被告人赔偿生态赔偿金数千万元。从职能角度，检察机关对生态损害的评估、后期的生态修复能力，均与行政机关存在差距。在海砂领域，同样存在海警部门提起公益诉讼积极性较高的现象。

（二）海洋生态环境审判的专业性基础有待加强

1.缺少专门的审判机构

与地方中级人民法院设立环保法庭的普遍做法相比，各海事法院基本没有设立专门的海洋生态环境案件审理部门。以浙江为例，因为机构编制原因，尚未完成"海洋环资审判庭"的挂牌。在江苏，以泰州市人民检察院诉王某某等

---

① 王秀英：《论中日东海大陆架和专属经济区划界》，《理论月刊》2008 年第 9 期。
② 韩立新、韩羽乔：《海洋生态环境损害国家索赔主体的对接与完善——以〈海洋环境保护法〉修改为契机》，《中国海商法研究》2019 年第 3 期。

247

59 人生态破坏民事公益诉讼案① 为例，该案是国家调整长江流域禁渔期以来首例判令从捕捞、收购到贩卖长江鳗鱼苗"全链条"承担生态破坏赔偿责任的案件，符合《最高人民法院关于海事法院受理案件范围的规定》（2016 年）规定的"破坏通海可航水域生态责任纠纷案件"。因为南京环资法庭的设立，部分通海可航水域的环境民事案件从海事法院管辖范围内流失。

2. 审理海洋生态环境刑事案件缺乏法律依据

1984 年海事法院设立决定明确海事法院不受理海事海商以外案件。2016 年，最高人民法院通过司法解释确立了海事法院对一审海事行政案件的管辖权，后在一些会议② 中建议全国人大常委会授权海事法院审理特定类型的海事刑事案件，有效维护我海洋权益。由于缺乏明确的法律依据，与海洋生态环境保护直接相关的非法捕捞罪尚未列入浙江的海事刑事案件试点范围。海事法院不受理非法捕捞罪刑事案件，导致刑事、民事案件无法协调，检察机关提起诉讼要求赔偿的被告可能处于被羁押状态或者履行刑事处罚期间，送达、开庭、审判、调解存在较大难度。

3. 司法解释有待填补空白

以惩罚性赔偿为例，虽然民法典规定了故意破坏环境资源的惩罚性赔偿制度，但是海洋领域的具体落实有待出台专门的司法解释。在生态损害赔偿③ 磋商等领域，同样对海洋生态环境作出了留白，何时完善和建立相关制度，尚不确定。

---

① 南京环境资源法庭：《南京环境资源法庭发布生物多样性保护示范案例》，法信网，https://www.faxin.cn/lib/lfsf/SfContent.aspx?gid=H6894&libid=010402。

② 《关于人民法院涉外审判工作情况的报告》，中国人大网，2022 年 10 月 29 日，最高人民法院：https://www.chinacourt.org/article/detail/2022/10/id/6983287.shtml。

③ 《最高人民法院关于审理生态环境损害赔偿案件的若干规定（试行）》第 2 条规定，下列情形不适用本规定：（一）因污染环境、破坏生态造成人身损害、个人和集体财产损失要求赔偿的；（二）因海洋生态环境损害要求赔偿的。

（三）海洋生态环境的修复有待进一步规范

1. 一些新的修复方式缺乏强制性

以"蓝碳"为例，虽然2022年《浙江省生态环境保护条例》第41条规定，鼓励探索生态产品价值权益质押融资。支持有条件的地区开展林业、海洋碳汇交易。但是我国尚未将蓝碳作为碳交易的产品，交易规则、交易对象仍然具有探索性。由于难以强制推广，故司法实践中购买蓝碳用于生态修复，面临难以推广的困难。

2. 生态修复与实际损害地点缺乏关联

海洋生态环境的修复主要采取增殖放流的方式，而增殖放流的计划由省一级统筹，与省内各海域发生的海洋生态环境损害赔偿案件判处、执行到的赔偿金没有关联。有的省市通过地方立法确定检察生态损害赔偿金用于当地生态修复，但是在海洋领域，2022年《最高人民法院、最高人民检察院关于办理海洋自然资源与生态环境公益诉讼案件若干问题的规定》对赔偿金的使用未作规定，而2018年《最高人民法院关于审理海洋自然资源与生态环境损害赔偿纠纷案件若干问题的规定》第10条规定，人民法院判决责任者赔偿海洋自然资源与生态环境损失的，可以一并写明依法行使海洋环境监督管理权的机关受领赔款后向国库账户交纳。自此，当行政机关提起诉讼时，法院难以依据《最高人民法院关于审理海洋自然资源与生态环境损害赔偿纠纷案件若干问题的规定》判定生态赔偿金用于当地受损生态环境的修复。

3. 生态修复的效果难以把握

以劳务代偿为例，目前仅在个别案件中通过达成调解方式予以确认，影响劳务代偿更大范围推广的原因在于，劳务代偿的履行周期、劳务内容、监督方式、验收标准都存在较大灵活性，监管成本高，在实践中更偏向于劳务行为而非劳务结果，导致劳务效果难以保障，提起公益诉讼的检察机关和主持调解的人民法院对此多持谨慎态度。

三、推动我国海洋生态环境审判改革发展的几点建议

（一）全方位评估海洋生态环境在生态环境领域的地位

1. 从国情来看

21 世纪是海洋的世纪，探索海洋、开发海洋、保护海洋将成为全球发展的热点和全球竞争的新舞台。我国是一个海洋大国，拥有 18,700 公里的大陆海岸线和 14,000 公里的岛屿海岸线，海洋资源的开发利用对于我国未来经济发展具有极为重要的意义。2003 年 5 月，国务院批准《全国海洋经济发展规划纲要》，确定了把我国发展成为海洋强国的目标，推动了海洋渔业、海洋运输、海产养殖、海洋石油天然气等海洋产业的蓬勃发展。随之而来的海洋污染、通海可航水域的水体污染、海洋资源的开发利用纠纷将会增多，海事法院案件管辖的范围需要从涉船、涉货扩大到涉水领域，海事司法保障功能需要加强。中国主张管辖海域有 300 万平方公里，500 平方米以上的海岛有 6900 多个，是海域辽阔、海岛众多的海洋大国。[①]

2024 年 7 月 11 日，国务院新闻办公室发布《中国的海洋生态环境保护》白皮书，指出在习近平生态文明思想指引下，中国适应海洋生态环境保护的新形势、新任务、新要求，开展了一系列根本性、开创性、长远性工作，推动海洋生态环境保护发生了历史性、转折性、全局性变化。

2. 从世情来看

2013 年 6 月，习近平总书记就南极仲冬节致慰问电时表示，海洋是战略资源的重要基地，世界海洋资源开发潜力巨大。21 世纪，人类进入了大规模

---

① 中国法学会：《中国法治建设年度报告（2009）》，中国人大网，http://www.npc.gov.cn/zgrdw/npc/xinwen/2010-06/23/content_1578008.htm。

开发利用海洋的时期。海洋在国家经济发展格局和对外开放中的作用更加重要，在维护国家主权、安全、发展利益中的地位更加突出，在国家生态文明建设中的角色更加显著，在国际政治、经济、军事、科技竞争中的战略地位也明显上升。受地缘政治影响，中国周边海洋形势出现了深刻变化，海洋权益受到了严重威胁。[①] 从全球海洋治理来看，我国推动"全球南方"团结合作共同应对海洋治理新挑战，构建更加公平正义的新秩序。"全球南方"在《海洋生物多样性协定》谈判过程中积极参与、贡献巨大，并将继续成为《海洋生物多样性协定》批准、生效和实施的重要推动力量。[②]

《第三届"一带一路"国际合作高峰论坛主席声明》指出，海洋日益成为世界经济发展的"蓝色引擎"。[③]"一带一路"合作伙伴支持推动海洋资源可持续利用，加强在海洋生物多样性保护、海洋生态系统保护和修复、海洋领域应对气候变化等方面合作。深化海洋科学技术合作，共享海洋可持续发展知识和成果，促进海洋技术标准体系对接与技术转让。提供海洋公共服务，推动海底关键基础设施建设，建立海洋防灾减灾合作机制，共建重点海域海洋灾害预警报系统。中国及相关参与方共同发布了《"一带一路"蓝色合作倡议》。

3. 从改革趋势来看

2023 年 12 月发布的《中共中央、国务院关于全面推进美丽中国建设的意见》，提出构建从山顶到海洋的保护治理大格局，实施最严格的生态环境治理制度。2024 年 7 月发布的《中共中央关于进一步全面深化改革、推进中国式现代化的决定》提出，加快形成陆海内外联动、东西双向互济的全面开放格局。完善促进海洋经济发展体制机制。健全海洋资源开发保护制度。健全维护海洋权益机制。该决定还要求，完善国家生态安全工作协调机制，编纂生态环境法典。

---

① 王淑梅、侯伟：《关于〈海商法〉修改的几点意见》，《中国海商法研究》2017 年第 3 期。

② 李聆群：《"全球南方"在国际海洋治理中的角色——以《海洋生物多样性协定》谈判为例》，《亚太安全与海洋研究》2023 年第 6 期。

③ 《第三届"一带一路"国际合作高峰论坛主席声明（全文）》，中国政府网，2023 年 10 月 19 日，资料来源：新华社 2023 年 10 月 18 日电，https://www.gov.cn/yaowen/liebiao/202310/content_6910132.htm。

综述可见,在建设现代化强国的新征程中,海洋领域的立法执法司法工作将得到进一步加强,海洋生态环境在我国整体生态环境中将扮演着更加重要的作用。

(二) 明确我国海洋生态环境审判工作的目标

1. 终极目标: 推动构建海洋命运共同体

对于广袤无垠的海洋来说,人类现有的开发利用范围仅是一小部分。通过合作加大海洋开发利用,维护海洋生态安全,推动各国可持续发展,是国际合作的经常性议题。《中华人民共和国国民经济和社会发展第十四个五年规划和2035年远景目标纲要》提出,积极发展蓝色伙伴关系,深度参与国际海洋治理机制和相关规则制定与实施,推动建设公正合理的国际海洋秩序,推动构建海洋命运共同体。深化与沿海国家在海洋环境监测和保护、科学研究和海上搜救等领域务实合作,加强深海战略性资源和生物多样性调查评价。参与北极务实合作,建设"冰上丝绸之路"。提高参与南极保护和利用能力。加强形势研判、风险防范和法理斗争,加强海事司法建设,坚决维护国家海洋权益。有序推进海洋基本法立法。综上可见,海洋生态环境审判作为国际海洋治理的一部分,应当把推动构建海洋命运共同体作为终极目标。

2. 工作目标: 从四个统筹角度推动海洋生态环境审判工作新发展

以习近平同志为核心的党中央、国务院历来高度重视海洋工作。2013年,十八届中央政治局就建设海洋强国进行第八次集体学习,习近平总书记发表重要讲话。党的十九大明确提出要坚持陆海统筹,加快建设海洋强国。2018年12月,国家发展改革委、自然资源部在第十三届全国人民代表大会常务委员会第七次会议上作报告[①]提出,对标对表习近平总书记关于建设海洋强国的重要论述,对照党中央、国务院关于建设海洋强国的目标,对比发达国家海洋开发的情况,我国

---

① 国家发展和改革委员会:《关于发展海洋经济加快建设海洋强国工作情况的报告》,中国人大网,2018年12月24日,http://www.npc.gov.cn/zgrdw/npc/xinwen。

海洋经济发展仍处于相对较低水平。一是海洋开发利用层次总体不高，海洋经济主要以传统产业为主，新兴产业占比不高，对深海资源的认知和开发能力有限。二是海洋资源环境约束加剧，滨海湿地减少，海洋垃圾污染问题逐步显现，防灾减灾能力有待提高。三是海洋科技创新能力亟待提升，海洋基础研究较为薄弱，海洋科技核心技术与关键共性技术自给率低，创新环境有待进一步优化。四是陆海统筹发展水平整体较低，陆海空间功能布局、基础设施建设、资源配置等协调不够，区域流域海域环境整治与灾害防治协同不足。对照上述不足，立足海事审判职能，可以从四个方面统筹推进我国海洋生态环境审判工作。

一是从陆海统筹角度考虑海洋事业、临海经济和海洋生态环境审判的关系。海运对于连接世界具有战略意义和现实意义，每年数十万艘次船舶穿梭在我国沿海和通海可航水域，因船舶碰撞、触碰导致的燃（货）油泄漏，化工品泄漏，海上钻井平台漏油事故，对海洋生态环境造成的损害是巨大的。与此同时，沿海化工产业、船舶建造及海洋工程装备制造业发展迅猛，来自陆地的污染源以及破坏海岸线的围填海活动对海洋生态环境带来威胁。这就要求海洋生态环境审判要同时考虑到陆海关系，更加注重新型海洋开发利用活动以及陆地排污带来的影响。

二是从发展与民生统筹角度开展海洋生态环境审判工作。生态保护一方面是为发展划定生态红线、底线，明确行为禁止规范，如不得在禁渔期非法捕捞，禁止外国人未经允许到我国领海、专属经济区非法捕捞，另一方面也具有尊重和保障民生的内在要求。比如沿海群众基于长期实际主张养殖权利与取得行政许可的海域使用权之间的矛盾纠纷，司法机关在解决利益冲突和认定各方责任时，要讲究利益平衡，为群众满足合理的基本民生需求提供必要的引导和支持。

三是从审判体系与司法规则统筹角度推动海洋生态环境审判改革。海洋生态环境审判的长足发展，需要指导各海事法院逐步形成相对固定的审判机构或审判组织专门审理一审海洋生态环境刑事、民事和行政案件。司法规则方面，海洋领域的司法解释应当在总结自身规律和经验基础上落实民法典绿色原则，建立健全有关裁判规则体系。

四是从国内法治与涉外法治统筹角度促进海洋生态环境审判发展。以开放促改革，对于海洋生态环境审判来说，同样可以适用。除船舶污染等领域外，海岛、深海海底、远洋渔业、北极等具有大量的国际条约和国际法渊源，有的已经转化为国内法。对此，既要考虑内外有别避免盲从，也要借鉴外国经验推动我国司法制度和实践发展。

3. 推动海洋生态环境审判改革发展的建设性措施

为推动海洋生态环境审判机制，本文建议从如下几个方面采取措施：

第一，在海事法院设立专门海洋生态环境审判庭，集中审理海洋生态环境类案件。在机构编制数量受限的情况下，第一种方案可以考虑将现有海事审判庭、海商审判庭统一合并为海事和海商审判庭，余下审判机构命名为海洋生态环境审判庭。第二种方案是在负责审理海事刑事案件的业务庭加挂海洋生态环境审判庭。综合考虑改革难度和"三合一"审判，我们倾向于第二种方案。畅通上下级法院业务监督和指导，如非法捕捞类公益诉讼，本质上破坏海洋生态环境，应当属于海事案件，对一审判决不服提起的上诉，应当由上诉审高院负责审理海事案件的业务庭审理。再审审查亦是此理。

第二，修改 1984 年全国人大常委会关于设立海事法院的决定有关内容，为最高人民法院制定司法解释确定海事刑事案件的范围提供制度空间，司法解释可以规定非法捕捞犯罪案件等破坏海洋生态环境与资源案件的一审由海事法院负责。

第三，考虑在现行海洋环境保护法律基础上，进一步放宽法律关于海洋生态环境民事公益诉讼的起诉主体规定。鼓励行政主管部门依法代表国家提起诉讼，明确《最高人民法院、最高人民检察院关于办理海洋自然资源与生态环境公益诉讼案件若干问题的规定》第 2 条中"重大损失"的参考金额（如预估损失超过人民币 200 万元），将涉外、跨省市等因素作为行政主管部门优先提起诉讼的考虑范围。检察机关可以在行政主管部门均不起诉时提起诉讼，也可以支持其提起诉讼。在海洋生态环境损害索赔之诉中，环保组织与社会公众更多应通过提供信息、举报监督等方式参与其中。[①] 从鼓励公众参与的角度，可以在制度上确立公益组织的起诉资格，支持具备海洋生态环境监测能力的国内公

---

① 彭中遥：《海洋生态环境损害政府索赔的挑战与因应》，《暨南学报（哲学社会科学版）》2024 年第 4 期。

益组织在前述单位均不起诉时可以提起诉讼。

第四，完善海洋生态损害赔偿金的使用管理。修改有关司法解释，准许法院在判决和调解案件时将生态赔偿金用于受损海洋生态环境的修复。做好财政资金与海洋生态补偿的衔接机制，打通各执法机关、司法机关信息壁垒，在此基础上，可以推广宁波地区允许检察机关设立公益资金专户、办理增殖放流的做法，明确行政主管部门负责实施、检察机关负责资金使用和对行政主管部门增殖放流情况的监督。

第五，建立增殖放流等传统型和蓝碳等新型替代性措施修复海洋生态环境的监督管理模式。在省一级层面，由海洋主管部门负责监督和指导全省范围内海洋生态环境修复情况，向海事法院通报增殖放流后事发海域的资源恢复情况、红树林、沼泽地等海洋生态系统的碳汇储存情况以及劳务代偿的履行效果，为海事法院评估生效裁判履行情况和决定是否变更责任形式提供依据。

第六，加强比较法视角下立法、执法、司法实践的对比研究。对涉及海洋的国际公约、双方条约、区域合作文件的不同国家的国内法治状况进行专题研究，作为分析和评价我国海洋生态环境审判有关法律制度的参考。加快制定海洋基本法和有关单行法制定修改完善。

四、结语

党的十八大以来，我国海洋领域生态治理举措取得明显成效，为海洋经济这一国民经济增长"新引擎"良好运转提供了生态基础。这些举措一方面在污染和纠纷发生源头进行了主动管控，客观上减轻了纠纷数量和海洋生态环境审判压力；另一方面，给推动海洋治理进入更深层次更高难度的阶段，对提升海洋生态环境审判水平提出了更高要求。如渤海、长江口—杭州湾、珠江口综合治理攻坚战海域 2023 年水质优良（一、二类）面积比例为 67.5%，水质整体向好，但是从《2023 年中国海洋生态环境状况公报》图示来看，2023 年上海近岸海域优质水质面积同比下降近一半，重点海域的劣四类水质海水占比有相当比例，后续统筹陆海尤其是防控陆源污染的压力很大。对典型违法排污行为的责任追究，可能引发纠纷需要法院进行处理，将对现行海洋生态环境审判体系和能力提出新的挑战。

本文通过回顾总结以往审判经验，认为经过 40 年长足发展，我国海洋生态环境审判裁判规则体系基本健全，吸引了检察机关、环保组织和公众对海洋环境保护的参与热情，以海域、江域基础建立的跨省市区、跨单位协作机制普遍形成，促进海洋生态环境修复的典型案例不断涌现。同时，海洋生态环境审判面临一些制约因素，如对涉外性、起诉主体特殊性重视不够，缺少专门的审判机构、审理海洋生态环境刑事案件缺乏法律依据、司法解释需要填补空白、修复方式有待进一步规范，在此基础上，就推动我国海洋生态环境审判改革发展，建议全方位评估海洋生态环境在生态环境领域的地位，加强海洋领域的立法执法司法工作，明确我国海洋生态环境审判工作的终极目标为推动构建海洋命运共同体，从四个统筹角度推动海洋生态环境审判工作新发展：第一是从陆海统筹角度考虑海洋事业、临海经济和海洋生态环境审判的关系；第二是从发展与民生统筹角度开展海洋生态环境审判工作；第三是从审判体系与司法规则统筹角度推动海洋生态环境审判改革；第四是从国内法治与涉外法治统筹角度促进海洋生态环境审判发展。具体而言，可以采取如下举措：在海事法院设立专门海洋生态环境审判庭，集中审理海洋生态环境类案件；修改 1984 年全国人大常委会关于设立海事法院的决定有关内容，为最高人民法院制定司法解释确定海事刑事案件的范围提供制度空间；进一步放宽法律关于海洋生态环境民事公益诉讼的起诉主体范围，鼓励行政主管部门依法代表国家提起诉讼，确立公益组织的起诉资格；完善海洋生态损害赔偿金的使用管理；建立增殖放流等传统型和蓝碳等新型替代性措施修复海洋生态环境的监督管理模式；加强比较法视角下立法、执法、司法实践的对比研究。

"一带一路"安全保障法治

自贸港安全风险防控法治保障制度优化研究
——以海南自贸港为例

兰立宏*

摘　要：自贸港既是自贸区发展更高阶段和新时代改革开放前沿阵地与
　　　　桥头堡，又是"一带一路"建设重要战略支点和风险缓冲器，
　　　　承载着对标国际最高标准经贸规则和打造最开放、最便利营商
　　　　环境的使命。而风险防控是自贸港建设的重要内容和事关建设
　　　　成败得失的最关键变量。海南自贸港建设面临的非法贸易与走
　　　　私等众多风险相互交织、相互影响、相互转化，需要予以系统
　　　　性分析和整体性把握。建议从强化安全风险防控顶层设计、完
　　　　善非法贸易或走私风险防控制度等方面，优化海南自贸港安全
　　　　风险防控法治保障制度。

关键词：自贸港；海南自贸港；安全风险防控；法治保障

推进高水平对外开放，实施自由贸易试验区提升战略，加快建设高水平的
中国特色自由贸易港，稳步扩大规则、规制、管理、标准等制度型开放，既是
贯彻落实习近平新时代中国特色社会主义思想的重大举措，又是党的二十大、

*　兰立宏，浙江外国语学院"一带一路"学院、华侨学院、国际学院教授，法学博士。本
文系国家社科基金项目《国际法视域下我国反恐怖融资法律机制完善研究》（批准号：
17BFX141）的延伸性成果和国家社科基金项目《新时代涉疆反恐对外斗争的法治路径构建
研究》（批准号：22BFX011）的阶段性成果。

党的二十届三中全会部署的重要任务。党的二十届三中全会明确提出，要实施自由贸易试验区提升战略，鼓励首创性、集成式探索，加快建设海南自由贸易港（以下简称"海南自贸港"）。当前，我国正加快推进中国特色自由贸易港建设，海南自贸港将于 2025 年实现封关运作，目前正处于高质量发展的窗口期、封关运作的关键期、风险防控的攻坚期，上海、天津、浙江舟山、广东深圳和广州也在积极准备建设自由贸易港。自由贸易港既是自由贸易试验区发展更高阶段和新时代改革开放前沿阵地与桥头堡，又是"一带一路"建设重要战略支点和风险缓冲器，承载着对标国际最高标准经贸规则和打造最开放、最便利营商环境的使命。而风险防控却是自贸港建设的重要内容和事关建设成败得失的最关键变量。要把构建更高水平开放型经济新体制同高质量共建"一带一路"等国家战略紧密衔接起来，坚持底线思维、极限思维，抓紧健全国家安全保障体制机制，着力提升开放监管能力和水平。《关于支持海南全面深化改革开放的指导意见》《海南自由贸易港建设总体方案》《海南自由贸易港法》均规定，要坚持总体国家安全观，建立健全风险防控体系，防范和化解走私、外商投资安全、洗钱、恐怖融资、逃税等金融风险、网络安全风险、人员流动风险等重大风险。2023 年 6 月 29 日发布的《国务院印发关于在有条件的自由贸易试验区和自由贸易港试点对接国际高标准推进制度型开放若干措施的通知》第六部分"健全完善风险防控制度"，就新时期自贸港区对接国际高标准、健全完善风险防控制度做出了专门部署和具体要求。坚持统筹国内法治和涉外法治，协调推进国内治理和国际治理，既是习近平法治思想的重要内容和全面推进依法治国的必然要求，又是新时代统筹国内和国际两个大局、发展和安全两件大事、有效维护国家主权、安全和发展利益的必要保障。

目前，国内法学学者王淑敏等（2023）[①]、经济学者高增安等（2022）[②]、国际问题研究学者张俊芳等（2023）[③] 等，在研究自由贸易区（港）建设问

① 王淑敏等：《我国数字自贸区的治理创新问题探析》，《中国行政管理》2023 年第 1 期；刘云亮：《中国特色自由贸易港授权立法风险防控机制研究》，《海南大学学报（人文社会科学版）》2021 年第 5 期。

② 高增安、汪小草：《基于模糊认知图的我国自贸区洗钱风险影响因素研究》，《运筹与管理》2022 年第 5 期。

③ 张俊芳等：《美国对外投资安全审查的最新进展、影响及建议》，《国际商务》2023 年第 5 期。

题过程中认识到了风险防控对于自贸区（港）建设的底线保障作用，并从海关税收征管、知识产权海关执法、跨境电商海关监管、自贸区政府监管、自贸区金融安全、社会安全、走私、跨境数据流动、合规等方面，对自贸区（港）外商投资安全、金融与洗钱、授权立法风险等风险的防控策略进行了逐步深入的研究。鉴于自贸区（港）战略本质上属于国家经济发展战略和对外开放战略，自贸区（港）建设中心聚焦开放发展，海南自贸港建设时间不长、潜在风险尚未充分显现，再加上研究学科视野局限等因素，国内学界尚未从统筹发展和安全、提升自贸区（港）竞争力和可持续性的目标出发，综合运用法学（涉外法学）、国家安全学、经济学、公安学等多学科的理论，对自贸区（港）的走私、非法贸易、洗钱、恐怖融资、逃税、人口贩运、移民偷运、外国人"三非"等风险的防控对策问题进行系统深入的研究，更未从统筹国内法治和涉外法治的视角，结合最新最高标准国际经贸规则，对自贸区（港）安全风险防控的涉外立法、执法、司法、合规体系进行系统性研究，为加快推动自贸区（港）建设提供系统性安全保障法治制度构建建议。

国外，世界海关组织（2020）[1] 等国际组织，托比亚斯·奈夫（2021）等学者[2]，就自贸区（港）风险防控进行了较为系统深入的研究，对自贸区（港）建设面临的风险类型、特点、国际组织规制策略、风险防控体系完善等问题，特别是非法贸易、洗钱、恐怖融资、逃税等风险的防控问题，进行了较为深入的研究。国际组织结合其宗旨目标、资源优势，对自贸区（港）风险防控问题进行了较为前沿的研究。但这些研究既没有关注中国自贸区（港）建设实际需求，又未能结合国际最高标准经贸规则，对自贸区（港）风险防控体系予以研究，更未运用总体国家安全观的系统思维方法，以统筹推进国内法治和涉外法治的视角，对中国自贸区（港）的安全风险防控法律制度构建路径问题进行系统性研究。

本文尝试以统筹推进国内法治和涉外法治的视角，综合运用法学、国家安

---

① World Customs Organization, Practical Guidance on Free Zones, December 2020.

② Tobias Naef, Protection without Data Protectionism: The Right to Protection of Personal Data and Data Transfers in EU Law and International Trade Law[M]. Switzerland: Springer, March 2021.

全学、公安学等多学科理论与方法，对中国自贸区（港）特别是海南自由贸易港的安全风险防控法治保障制度的优化路径进行系统深入研究。

一、新时期海南自贸港建设面临的安全风险

《国家安全法》第 2 条对国家安全进行了权威界定，自贸港建设所涉安全实质上是自贸港建设所涉国家重大利益相对处于没有危险和不受内外威胁的状态，以及保障持续安全状态的能力。根据总体国家安全观，国家安全目前至少涵盖二十种安全。为了精准地梳理、总结和把握新时代自贸港建设面临的安全风险，有必要结合 RCEP 等最新最高标准的国际经贸规则，预测、评估我国自贸港予以全面实施后面临的潜在安全风险，并在实地调研、深入了解海南自贸港建设面临的现实安全风险的基础上，最终精准、科学地把握我国自贸港建设面临的安全风险类型、特点（威胁来源、脆弱性）及演化规律。根据国际上流行的基于脆弱性分析的安全风险评估理论，风险是威胁、脆弱性和后果的综合结果，而脆弱性是目标物遭受外来威胁的可能性以及一旦遭受外来威胁可能产生的后果。

新时期自贸港建设面临的安全风险整体上涵盖非法贸易风险（违禁品或管制物品走私、假冒伪劣与盗版产品贸易等），逃避关税与走私，洗钱、恐怖融资与逃税，人口流动风险（外国人"三非"问题、人口贩运、移民偷运与恐怖分子潜入潜出），外商投资国家安全风险，数据跨境流动与网络信息安全风险等风险。自贸港建设面临的安全威胁来源于有组织犯罪集团、恐怖组织、境外敌对势力等，安全脆弱性在于海关审查的减少、税收征管的放宽，生产、加工、转运等环节监管的放松，公司设立、运行监管的放松，资金流动监管的放松，人员出入境管控的放松，数据跨境流动的加剧及安全风险防控的不足。自贸港建设面临的非法贸易风险、外商投资安全风险、金融安全风险、人员流动风险、网络与数据安全风险等风险相互交织、相互影响、相互转化，需要予以系统性分析和整体性把握。

二、优化海南自贸港安全风险防控法治保障制度的建议

（一）强化对自贸港安全风险防控的顶层设计

1.加强对自贸港安全风险顶层设计的组织领导

建设海南自由贸易港，是以习近平同志为核心的党中央着眼国内国际发展大局作出的重大战略决策。坚持党的领导和社会主义制度，是海南自由贸易港与世界其他自贸港最本质的区别，也是"中国特色"的核心所在。党中央历来重视海南自贸港的风险防控体系建设。习近平总书记在"4·13"重要讲话中对海南提出明确要求，要加强风险防控体系建设；在2022年考察海南重要讲话中再次强调，要坚持维护国家安全不动摇，加强重大风险识别和防范，统筹改革发展稳定，坚持先立后破、不立不破。2018年5月，中共中央、国务院成立推进海南全面深化改革开放领导小组，建立健全"中央统筹、部门支持、省抓落实"的强有力推动落实工作机制。领导小组办公室设在国家发展改革委，主要负责领导小组会议的筹备工作，组织开展推进海南全面深化改革开放相关重大问题研究，统筹协调有关方面制定实施相关政策、方案、规划、计划和项目等，加强对重点任务的工作调度、协调和督促检查等。

作为海南自贸港建设的最高领导机构，推进海南全面深化改革开放领导小组从2018年成立以来，每年至少举行一次会议，从2020年起每年均强调要做好海南自贸港风险防控工作。其中，2020年会议强调要把握好不发生重大风险的底线要求，完善监管配套措施，加强事中事后监管，以监管创新支撑高水平开放，确保海南自由贸易港建设行稳致远。2021年会议强调要紧紧围绕2025年前适时启动全岛封关运作这个目标，积极稳妥推进"一线放开，二线管住"试点工作，要把防控风险放在突出位置，加强风险监测和预警，及时发现苗头性倾向性问题，完善制度机制，堵塞管理漏洞。2022年会议强调要坚持把防范风险放在重要位置，深入细致开展全岛封关运作前压力测试，给足测试压力，主动发现风险隐患，实施精准调控。

为了应对新时期的外商投资安全风险，根据《外商投资安全审查办法》，建立了外商投资安全审查工作机制，取代了之前建立的自由贸易试验区外商投资国家安全审查机制，负责组织、协调、指导外商投资安全审查工作，工作机制办公室设在国家发展改革委，由国家发展改革委、商务部牵头，承担外商投资安全审查的日常工作。《海南自由贸易港法》在防范和化解走私、外商投资安全、金融风险、网络安全风险、人员流动风险等重大风险方面作出规定，形成了海南自贸港风险防控体系法律规则的顶层设计。目前，海南已成立走私、金融、投资等15 个风险防控专项工作组，由省领导担任组长高位统筹重大风险防控工作。

总体而言，海南自贸港风险防控体系的构建设计需要中央统筹、中央部门支持、海南省抓落实，但目前中央层面推进海南全面深化改革开放领导小组对自贸港建设发展统筹协调较多，对自贸港风险防控统筹协调较弱，中央各部门在部门层面支持自贸港建设的同时也能注意风险防控，但中央层面对自贸港建设风险防控的统筹协调仍处于碎片化状态，尚未形成统筹协调合力。因此，建议加强中央国家安全委员会对中央层面防控自贸港国家安全风险防控工作的领导、指导、协调和监督，中央国家安全委员会办公室可以全程深度参与中央各部门防控海南自贸港风险的制度设计工作，对中央层面防控自贸港风险工作进行统筹协调。

2. 深化对自贸港安全风险的认识与把握

风险是开放的组成部分，没有风险的开放也就失去了"压力测试"的价值。防范化解重大风险，是伴随着海南自由贸易港建设始终的重大考验，是中华民族实现伟大复兴必须跨越的重大关口。自贸港作为最高水平的对外开放平台，也成为一直在寻求利用制度漏洞、机动变化手法的跨国有组织犯罪集团等瞄准的潜在对象。商品、资本、资金、人员、交通工具、数据等生产要素跨境流动的日益便捷化和创新性，使得各环节国家安全风险日益加大、风险防控变得日益错综复杂。海南自贸港建设需要贯彻好"坚持底线思维"的重要原则，坚决守住风险底线，强化风险防控意识，提高风险防控能力，推进防范化解系统性风险制度集成创新，完善监管配套措施，以监管创新支撑高水平开放。2018年来，海南全省上下关于风险防控重要性的认识空前统一，并从及时预判预警风险隐患、精准应对风险挑战、健全风险防控体制机制等多个方面对风险防控工作作出具体部署，明确要"坚持守牢底线，建设安全有序、风险可控的自由贸易港"。实施海南自贸港建设重大风险防控三年行动方案，分11个领域列出36项风险防控工作任务，风险防控工作机制和体系基本成形。海南全省64个反走私综合执法站已经全面正式运行，在未设立口岸查验机构的区域设立综合执法点，对载运工具、上下货物、物品实时监控和处理，努力防控走私及其他违法犯罪行为，实现了近海、岸线、岛内三道防护圈的全方位构筑。

总体而言，海南省在深化对自贸港国家安全风险的认识、提高风险防控精准度方面努力承担主体责任、积极落实中央部署，取得了较好成效，但是自贸港的风险是动态、综合、交织、复杂的，特别是要对接国际最高标准经贸规则进一步提升自贸港对外开放水平，自贸港安全风险将会随着自贸港对外开放水平水涨船高。目前，中央层面对自贸港安全风险的认识和把握仍处于碎片化状态，海南省从自身层面看待自身潜在安全风险也存在局限。因此，笔者建议由中央国家安全委员会办公室和推进海南全面深化改革开放领导小组办公室联合，牵头组织对我国近10年来的自贸区风险特点与规律进行系统总结、凝练，对世界海关组织、金融行动特别工作组、经济合作与发展组织等国际组织对自贸区风险的认识研究进行全面梳理和总结，在此基础上对照国际最高标准经贸规则，对海南自贸港面临的潜在安全风险进行系统性研究、评估和把握，为中央层面强化自贸港安全风险防控顶层设计奠定坚实基础。

3.建立健全自贸港区安全风险评估机制

风险评估是识别和把握风险特点与规律的前提和基础。鉴于自贸港面临的安全风险具体动态性、综合性、交织性、复杂性特点，风险评估主体涉及中央和地方多个层面，风险评估涉及国际最高标准经贸规则的国内实施、自贸港建设现状与趋势、潜在威胁及危害后果、风险防控的经验与能力、风险评估指标与实施等因素，建议由中央国家安全委员会办公室和推进海南全面深化改革开放领导小组办公室牵头，中央有关部门会同商务部和海南省，健全安全评估机制，采用基于脆弱性分析的风险评估方法及时跟进试点进展，结合外部环境变化和国际局势走势，对新情况新问题进行分析评估，根据风险程度，分别采取调整、暂缓或终止等处置措施，不断优化试点实施举措。特别是要坚持底线思维、极限思维，预判评估海南自贸港封关运作后对接国际最高标准经贸规则可能出现的风险，对自贸港安全风险预警与防控机制做出科学性、前瞻性设计。

（二）完善自贸港非法贸易或走私风险防控制度

作为海关监管特殊区域的自贸港，最大特点是在货物进出口管制和关税征收方面施行较为宽松或优惠的政策。非法贸易或走私风险是包括中国在内的国际社会和包括世界海关组织、经济合作与发展组织在内的国际组织高度关注的自贸区（港）风险。2020 年 1 月 2 日，海南省委专题研讨自由贸易港建设中的风险防控和管理，梳理出贸易、投资、金融、数据、人员流动、生态环境、意识形态等 13 个方面的主要风险和应对措施。其中，能不能守得住岸线、防得住走私，是自由贸易港建设成败的核心与关键。为了防范海南自贸港存在的走私或非法贸易风险，海关总署按照《海南自由贸易港建设总体方案》有关安排，积极推动出台《海关对海南自贸港监管办法》，探索新型海关监管模式。海口海关缉私局全程参与、积极推动《海南省反走私暂行条例》《琼粤桂反走私联防联控机制》《海南自由贸易港缉私司法协作机制》等出台，持续关注施行情况，开展自贸港反走私立法和相关机制研究。《海南自由贸易港反走私条例（征求意见稿）》也于 2023 年 7 月公开征求意见，旨在预防和惩治走私行为，规范反走私综合治理工作，服务保障海南自由贸易港建设。

笔者认为，走私或非法贸易作为一种经济违法犯罪行为或妨害社会管理秩序的行为，需要开展紧密的国际合作和国内协作，既需要海关、海警、政府、司法机关、经营主体、基层群众性自治组织等主体间密切协作，也需要相关地方执法机构间协作，实施反走私综合治理。目前自贸港反走私法律制度存在法律层级较低、碎片化、粗线条、主体职责划分不明或不合理、可操作性不强等瑕疵。为此，建议从加快推进自贸港建设、实施反走私综合治理、有效防范走私或非法贸易风险的目标出发，借鉴世界海关组织和经济合作与发展组织的指引建议，从对接国际最高标准经贸规则、实施国家反走私综合治理的视角，对自贸港走私风险防控的法律制度进行系统性审视和体系化设计，特别是要从法律层面合理确定中央和地方及不同部门间、不同地方政府间的法律职责，尤其是要适当扩大海关在自贸港监管特别是走私查缉与监管方面的权限（《海南自由贸易港反走私条例（征求意见稿）》第 3 条规定海关负责口岸和其他海关监管区的常规监管，依法查缉走私和实施后续监管）。同时，要强化外商企业投资经营事中事后监管，实行"双随机、一公开"监管全覆盖。

（三）优化自贸港洗钱与恐怖融资风险防控制度

自贸区(港) 洗钱和恐怖融资风险的防控是作为国际反洗钱、反恐怖融资、反扩散融资标准制定者的金融行动特别工作组关注的重要问题。《中共中央、国务院关于支持海南全面深化改革开放的指导意见》明确规定，打好防范化解重大风险攻坚战，加强对重大风险的识别和系统性金融风险的防范，严厉打击洗钱、恐怖融资及逃税等金融犯罪活动。《海南自由贸易港建设总体方案》提出，要加强反洗钱、反恐怖融资和反逃税审查，研究建立洗钱风险评估机制，定期评估洗钱和恐怖融资风险。《海南自由贸易港法》第 55 条规定，海南自由贸易港建立风险预警和防控体系，防范和化解走私、外商投资安全、金融风险、网络安全风险、人员流动风险等重大风险。

2014 年，中国人民银行在风险可控的前提下，创新建立了自由贸易账户体系，全方位构建了在上海率先开展可兑换试点的金融"安全网"，境外非居民企业（含"走出去"企业）可以通过自由贸易账户办理跨境收支折合人民币，企业可通过自由贸易账户完成各类货币资金兑换，金融机构可通过上海自由贸易账户直接境外融资折合人民币。自由贸易账户系统先后向海南、广东、深圳、天津等地复制推广。中国人民银行等于 2021 年 3 月 30 日发布的《关于金融支持海南全面深化改革开放的意见》明确规定"加强金融风险防控体系建设"这一总体原则，要求坚持底线思维，完善与金融开放创新相适应的跨境资金流动风险防控体系，在确保有效监管和风险可控的前提下，稳妥有序推进各项金融开放创新举措，牢牢守住不发生系统性金融风险的底线；完善反洗钱、反恐怖融资和反逃税制度体系和工作机制，研究建立洗钱风险评估机制，定期评估洗钱和恐怖融资风险。中国人民银行海口中心支行于 2022 年 8 月公开征求意见的《海南自由贸易港跨境资产管理试点业务实施细则（试行)》明确了试点银行、发行机构、销售机构在开展跨境资管（境外投资者在海南自贸港内试点银行开立投资专户，以其境外自有资金汇入投资专户，通过闭环式资金管道购买海南自贸港内的法人金融机构发行和金融机构发行的在海南自贸港向境外投资者销售的资产管理产品，包括理财产品、证券期货经营机构私募资产管理产品、公募证券投资基金、保险资产管理产品）试点过程中的反洗钱与反恐怖融资义务及其违法行为的法律责任。这些规定和《反洗钱法》《涉及恐怖活动资产冻结管理办法》等一起构成了自贸港洗钱与恐怖融资风险防控的法律依据。

总体而言，虽然我国法律已明确了建立健全海南自贸港反洗钱和反恐怖融资制度体系的义务，中国人民银行也在努力通过规范性法律文件健全相关制度，但是自贸港反洗钱与反恐怖融资监管、执法与司法主体不仅包括中国人民银行等金融监管部门，而且涵盖国务院其他有关部门（特定非金融机构主管部门，如海关总署）、机构和监察机关、司法机关，因此需要从法律层面对自贸港洗钱与恐怖融资风险防控法律制度进行系统性规定。特别是《对外关系法》第 35 条首次从法律层面明确了中国执行联合国安理会制裁决议的法律义务，特别是首次规定在中国境内的组织和个人遵守中国采取的执行措施的法律义务，联合国定向金融制裁决议执行监管主体将拓展至有权对上述组织和个人采取监管措施的任何部门和机构，因此反恐怖融资监管主体和义务主体的范围得到了空前扩大。《中华人民共和国反洗钱法（修订草案）》则对联合国安理会定向金融制裁决议的国内实施进行了更加具体详细的规定。笔者建议，依据金融行动特别工作组制定的贸易洗钱风险防控标准，结合《对外关系法》、将来修订实施的《反洗钱法》等法律要求，对自贸港的反洗钱与反恐怖融资制度体系，特别是风险评估与监管制度体系做出体系性规定和科学设计。

（四）健全外商投资国家安全审查制度

为了应对新时期的外商投资安全风险，国家发展改革委、商务部于 2020 年 12 月 19 日通过了具有部门规章性质的《外商投资安全审查办法》（国家发展和改革委员会、商务部令第 37 号），取代了 2015 年 4 月 8 日通过的《自由贸易试验区外商投资国家安全审查试行办法》，建立了外商投资安全审查工作机制，负责组织、协调、指导外商投资安全审查工作，工作机制办公室设在国家发展改革委，由国家发展改革委、商务部牵头，承担外商投资安全审查的日常工作。该部门规章同《反垄断法》第 31 条、《国家安全法》第 19 条、《外商投资法》第 35 条构成了我国进行外商投资国家安全审查的法律依据。但是我国外商投资国家安全审查制度存在法律层级较低、法律碎片化、国家安全审查门槛过高（影响国家安全的投资仅限于涉国防安全领域投资、涉军周边地域投资、取得实际控制权的投资）、内容不够具体、可执行性不强、程序不完善等问题。为了吸纳高质量的外商投资、防止国家安全泛化、有效地应对外国不合理的涉华投资限制，建议从高质量推进自贸港建设、防范外国渗透与干涉的角度对我国外商投资国家安全法律制度进行审视，从法律层级、具体内容、实施监督、体系化推进等方面，健全我国外商投资国家安全审查法律制度。

（五）改进数据跨境流动风险防控制度

在当前，数据跨境流动日益成为数字贸易发展的关键支撑。随着新一轮科技革命和产业变革迅猛发展，服务贸易成为新的制高点，全球服务贸易以远高于货物贸易速度增长。特别是数字技术革命与服务贸易形成历史性交汇，推动数字贸易成为国际贸易增长的新引擎。数字技术不仅有效提升服务的可贸易性，还将传统服务贸易转变为可数字化的贸易，成为服务贸易创新发展的引领者。加快海南自贸港建设，要以服务贸易为主导，以数字贸易为引领，这既符合海南的自然环境和生态条件，又适应国际贸易发展潮流。2021 年 11 月中国申请加入《数字经济伙伴关系协定》（DEPA），体现了主动参与国际高水平数字贸易协定的意愿和行动。2021 年 7 月发布《海南自由贸易港跨境服务贸易特别管理措施（负面清单）》（2021 年版），明确列出针对境外服务提供者的 11 个门类 70 项特别管理措施。海南自贸港正积极推进数据跨境流动试点，探索建设个人数据跨境流动规则体系，开展国际互联网数据交互和数据跨境流动安全管理试点，设立区域性国际业务出入口局，并在 9 个重点园区开通国际互联网数据专用通道。而数据跨境流动涉及国家数据主权、网络安全、个人信息与隐私保护、商业数据保护等方面，因此做好自贸港数据跨境流动风险防控至关重要。

《国家安全法》《网络安全法》《数据安全法》《个人信息保护法》以及《数据出境安全评估办法》（2022）、《个人信息出境标准合同办法》（2023）、《促进和规范数据跨境流动规定》（2024）等相关配套法律文件和实施细则，初步搭建完成了我国以"安全评估、标准合同、个人信息保护认证、其他路径"为主要数据出境机制的制度体系，形成了"1+3+N"的数据出境合规监管框架，为自贸港试点探索数据跨境流动监管体系提供了基本的法律依据。但该数据跨境流动监管制度体系仍是初步的，总体上侧重"安全目标"而非"发展目标"，而且整体上显得碎片化，体系性、衔接性不足，内容待具体细化、进一步提升可操作性，而且自贸港进行制度创新探索仅限于"让可以出境的数据出境时更为便捷"，而"不是使不能出境的数据出境"。

笔者认为，宜推动自贸港数据跨境流动监管制度与国际先进规则对接，提升我国数据跨境流动监管制度的体系化、衔接性和可操作性，明确跨境数据流动规则中"安全例外条款"和"公共政策目标例外条款"的适用情形，同时以"一带一路"倡议为依托，加强与沿线国家和地区在数据跨境流动监管制度方面的交流和合作，增强境外对自贸港企业和市场的了解与信任，积极参与或主导涵盖数据跨境流动条款的贸易协定，对外输出"中国方案"，提升中国在国际数据治理领域的话语权。另外，宜探索完善数据协同监管体系，探索形成既能便利数据流动又能保障安全的机制，为数据跨境流动提供更为便利的环境。建立核心数据正面清单，由政府部门根据监管要求，提出数据的风险防控需求并定期更新。创新数据安全制度设计，对跨境数据实行分类监管。创新数据监管方式，将监管信息共享转为结果互认，即各部门无需提供底层数据，仅共享各自监管结论或信用信息，完善协同监管体系，提高监管效率。

（六）强化自贸港人员跨境流动风险防控

人员进出自由便利是自由贸易港高水平开放的重要标志之一。2018 年 5 月 1 日，海南率先落地实施了全国最便利的 59 国人员入境旅游免签政策，是 2018 年 "4·13" 后第一项落地海南的中央政策。海南省公安厅出入境管理局努力推动移民出入境引才引智政策措施，联合海南省外国专家局于 2019 年推出外国人工作、居留联审联检政务服务模式，进一步便利在琼投资、工作的外籍 "高精尖缺" 人才及其亲属、符合条件的外籍专业技术技能人才申请永久居留，靠前为外籍高层次人才提供 "点对点" 服务。2023 年以来，为进一步精细化释放便利移民出入境政策效应，海南省公安厅出入境管理局以海南省公安厅名义印发了《海南省外籍高层次人才及其外籍配偶和未成年子女申请在华永久居留受理审核暂行办法》和《海南省公安厅进一步吸引服务在海南工作创业、科研创新外国人停居留工作实施办法》。国家移民管理局海口出入境边防检查总站紧跟海南自由贸易港建设步伐，从推进勤务改革、优化通关服务、加强科技应用等18个方面着手，持续推动免签入境便利化、船舶出入境申报数字化、邮轮游艇查验监管智能化、口岸风险管控精准化，不断优化口岸营商环境，创新服务提高口岸通关效率，全力保障口岸安全顺畅运行。在有效防控涉外安全风险隐患的前提下，实行更加便利的出入境管理政策。海南省社会管理信息化平台已经初步具备态势感知、分析研判、指挥调度、综合服务等功能，实现了对人流、物流、资金流的24小时监控，在实战中充分运用异常情况预警、人员锁定、信息筛查等功能，查处了一批涉及自贸港风险防控的案件，取得了一定实效。

上述政策和《出境入境管理法》等法律法规，为自贸港实施跨境人员流动管理提供了法律依据。但上述法律法规与政策存在碎片化、彼此矛盾、具体性与可操作性欠缺等问题，建议通过立、改、废等方式推动出入境和边防管理法律体系化、科学化、具体化，为自贸港优化出入境和边防管理、实现人员跨境流动便利有序提供明确、具体、合理的指引。同时，针对可能增大的人口贩运、移民偷运、外国人"三非"、恐怖分子秘密潜入潜出等风险，加大技术研发和情报信息共享融合力度，提升跨境人员流动管理的精准性与智能性，并及时以法律法规的方式固定下来并在全国加以推广应用。

（七）提升自贸港安全执法与司法效能

一方面，要完善自贸港监管执法机制，推动海关、自贸区管理部门、移民管理、税务、市场管理等部门间合作与信息共享融合。另一方面，要健全主管部门与企业间合作机制。在此基础上，优化监管执法（口岸管理、边检、出入境管理、外国实体管理、资金跨境流动的监测、数据跨境流动的管理、自贸港与内地执法合作）。加强国际合作，提升自贸港司法效能。

具体而言，2018年以来，海关总署按照《海南自由贸易港建设总体方案》有关安排，开展了一系列工作。在先行先试方面，率先在洋浦保税港区实行了

"一线放开、二线管住"的进出口管理政策，并逐步推广。在制度创新方面，出台了原辅料、交通工具及游艇、自用生产设备三项"零关税"政策监管办法。在防范风险方面，建立了琼粤桂三省反走私联防联控机制，开展多轮次打击治理离岛免税"套代购"走私专项行动。实施离岛免税商品溯源管理制度，采集记录免税商品进口、流通、消费等环节信息，实现来源可查、去向可追、责任可究，严厉打击离岛免税套代购行为。海关总署将围绕 2025 年全岛"封关运作"，按照自由贸易"放"得开、各类风险"管"得住、保障项目"建"得好、信用等制度"立"得起、封关压力"试"得准的要求，倒排工期、挂图作战，进一步做好以下工作：加快开展压力测试，大力推进"一线放开、二线管住"进出口政策制度试点扩区工作。

海口海关缉私局立足专业优势，结合关区走私态势，切实推动自贸港海关反走私机制建设研究、全岛封关后反走私综合治理体系建设研究、自贸港犯罪形态专项调研。在深入调研基础上，陆续提出免税品溯源管理、强化"三无"船舶管控、建立军地一体快速反应机制、强化"一案双查"打私反腐、开展自贸港压力测试等意见建议，对自贸港新业态催生的新走私动态"露头就打、打早打小"，有力支持海南自贸港各项优惠政策和创新制度的稳步实施。海口海关缉私局专门印发支持综合执法点试点建设工作方案，与全部 64 个综合执法站建立对口联系，加强与综合执法站的信息互通、合成作战。以琼粤桂反走私联防联控为抓手，提升区域打私整体合力；加强与地方公安、海警等专业打私力量协作配合；在东方等地试点推行"网格员＋反走私"工作机制，推进构建网格化群防群治体系。加快推进海关智慧监管平台建设，实现精准分析、顺势监管、无感通关。笔者建议，进一步优化海关监管方式，强化进出境安全准入管理，完善对国家禁止和限制入境货物、物品的监管，高效精准打击走私活动。

（八）强化自贸港安全法律合规

自贸港安全保障法律法规实施和监管执法的优化，最终均需要通过自贸港内经营主体的合规行为得以落实。因此，确保自贸港内经营主体实现安全合规，是自贸港安全风险防控法治保障制度建设的重要环节。笔者建议建立健全自贸港区安全合规机制。一方面，要确立自贸港国家安全合规的标准，建议参考借鉴《经合组织关于干净自贸区的行为规范》，对自贸港内经验主体在自贸港国家安全合规义务作出明确而具体的规定。同时，综合采用管理和技术手段，加强对自贸港经营主体国家安全合规行为的监管。另一方面，要对接国际最新经贸规则和自贸区（港）安全国际标准，确保中国特色自贸港国家安全合规标准与国际组织制定的相关标准相衔接协调。

（九）推动健全自贸港安全国际法治

积极推动自贸港区监管国际规则体系的建立，提升中国在自贸港安全国际治理中的话语权，协调国际社会在自贸港安全监管方面的做法，在达成国际共识的基础上开展紧密的国际合作，是确保自贸港安全的必要保障。笔者建议，一方面，从近期来看，可以探讨中国实施世界海关组织《经修订的京都公约》《专项附约四海关仓库和自由区》第二章"自由区"部分的具体路径。我国于2000 年签署了该公约和《专项附约四海关仓库和自由区》，但对《专项附约四海关仓库和自由区》第二章"自由区"部分进行了保留。另一方面，从长远来看，可以依托世界海关组织等国际组织，在对国际社会界定自贸区（港）做法进行梳理、总结和研究基础上，推动对自贸港区概念做出统一界定，同时将中国在自贸区（港）安全保障方面逐步积累的良好做法在国际上推广应用，输出中国关于自贸区（港）安全保障的方案，推动制定科学、合理、有效的自贸港区监管国际标准。

中国公民海外权益领事保护研究

——以《领事保护与协助条例》为视角

许育红*

摘　要:《领事保护与协助条例》自 2023 年 9 月 1 日起施行。此前,《维
也纳外交关系公约》《维也纳领事关系公约》、中外双边领事条
约（协定）及国内法规也有关于中国公民海外利益领事保护的
相关内容的规定,但尚缺系统规范领事保护的国内专门立法。
《领事保护与协助条例》是中国首部就有关领事保护工作制定的
行政法规,也是中国涉外法治领域的一项重要举措。本文结合
中外领事实践,以《领事保护与协助条例》为角度,对中国公
民海外权益领事保护的实施主体等众多问题进行分析与探讨。

关键词:中国公民;海外权益领事保护;中国涉外法治

　　中国公民是指具有中华人民共和国国籍的人。② 据统计,全国移民管理机
构 2023 年累计查验出入境人员 4.24 亿人次,同比上升 266.5% ;其中内地居民
2.06 亿人次、港澳台居民 1.83 亿人次、外国人 3547.8 万人次,同比分别上升

＊　许育红,法学博士,外交部领事司专家,外交领事法实践者和研究员。

②　《中华人民共和国宪法》第 1 条第一款,中国政府网,https://www.gov.cn/test/2005-06/14/
content_6310_4.htm。

218.7%、292.8%、693.1%。[①] 随着中外人员往来的日渐繁多,中国公民出国人次的不断增加,中国公民海外利益领事保护的重要性和必要性亦日益凸显。

《中华人民共和国领事保护与协助条例》[②](以下简称《领事保护与协助条例》)于2023年6月29日由国务院第9次常务会议通过,2023年7月9日以第763号令公布,共27条,自2023年9月1日起实施。这是中国首部就有关领事保护工作制定的专门行政法规。《领事保护与协助条例》实施前,根据《维也纳外交关系公约》[③]《维也纳领事关系公约》[④] 中外双边领事条约(协定)以及国内法规相关条款规定,中国公民海外利益属于领事保护的客体内容,但尚缺领事保护国内专门立法。实际上,领事保护职务的落实涉及领事服务与领事协助职务的行使,既受国内法规范也受国际法调整。《领事保护与协助条例》的公布实施,建立健全了中国领事保护法律制度,丰富了中国涉外法治的基本内涵,具有里程碑意义。

鉴于此,本文结合中外领事实践,从《领事保护与协助条例》角度出发,对中国公民海外权益领事保护的实施主体、领事保护的对象演进、领事保护的具体类型、领事保护的阶段途径以及领事保护的涉外法治属性进行分析与探讨,以期为"一带一路"建设的涉外法治理论与实践研究,乃至为以实践为导向的外交领事法学科建设提供有益参考。

---

① 《国务院新闻办公室于2023年7月14日举行国务院政策例行吹风会》,中国政府网,https://www.gov.cn/lianbo/bumen/202401/content_6927225.htm。

② 《中华人民共和国领事保护与协助条例》,中国政府网,https://www.gov.cn/zhengce/zhengceku/202307/content_6891761.htm。

③ 《维也纳领外交关系公约》(*Vienna Convention on Diplomatic Relations*)于1961年4月18日在维也纳通过,1964年4月24日生效。中华人民共和国于1975年11月25日向联合国秘书长交存《公约》加入书,同时声明对《公约》第14条、第16条、第37条第二、三、四款作了保留(1980年9月15日,中国撤回对第37条三个条款的保留)。1975年12月25日《公约》对中国生效。《公约》共53条,193个成员国。资料来源:https://www.un.org/zh/documents/treaty/UNCITRAL-1961。

④ 《维也纳领事关系公约》(*Vienna Convention on Consular Relations*)于1963年4月24日在维也纳通过并开放给各国签字、批准和加入。按照《公约》第77条规定,《公约》于1967年3月19日生效。中华人民共和国于1979年7月3日向联合国秘书长交存《公约》加入书,同年8月1日《公约》对中国生效。《公约》共79条,182个成员国。资料来源:https://www.un.org/zh/documents/treaty/ILC-1963。See United Nations,Treaty Series,vol.596,p.261。

一、中国公民海外利益领事保护的实施主体

（一）中国驻外使领馆

1."使馆" 的定义

《维也纳外交关系公约》第 2 条规定：国与国间外交关系及常设使馆之建立，以协议为之。目前，中国与 183 个国家建立了外交关系。[①] 按照国际惯例，建交国之间一般会在对方首都相互设立大使馆，简称"使馆"。

2."领馆" 的定义

《维也纳领事关系公约》规定：称"领馆"者，谓任何总领事馆、领事馆、副领事馆或领事代理处；[②] 领事官员分为两类，即职业领事官员与名誉领事官员。[③] 目前，中国往外国仅派遣职业领事官员，不派遣名誉领事官员；但中国接受外国驻华职业领事官员的同时，也接受名誉领事官员。据可查资料记载，中国在外国设立领馆包括：90 个总领事馆，2 个领事馆，3 个领事办公室。外国在中国设立领馆包括：303 个总领事馆，5 个领事馆，6 个领事办公室，87 个名誉领事。依习惯，中国驻外国的使馆和领馆简称"中国驻外使领馆"。

（二）中国驻外使领馆系中国公民海外利益领事保护的实施主体

《领事保护与协助条例》第 3 条第二款、第三款规定：本条例所称领事保护与协助，是指在国外的中国公民、法人、非法人组织正当权益被侵犯或者需

---

① 《中华人民共和国与各国建立外交关系日期简表》，外交部网，https://www.fmprc.gov.cn。
② 《维也纳领事关系公约》第 1 条第一款规定。
③ 《维也纳领事关系公约》第 1 条第二款规定。

要帮助时，驻外外交机构依法维护其正当权益及提供协助的行为。前款所称驻外外交机构，是指承担领事保护与协助职责的中华人民共和国驻外国的使馆、领馆等代表机构。^① 据此，中国驻外使领馆系中国公民海外利益的领事保护的实施主体。

2021 年 8 月 5 日晚，2 名因遭遇海上恶劣天气而落水的中国渔民在漂流至菲律宾巴拉望海域时被菲律宾渔民成功救起，并及时送至当地医院进行治疗。接获菲律宾有关部门通报后，中国驻菲律宾大使馆第一时间与 2 名获救渔民取得联系，了解有关情况并提供必要协助。据了解，另有 2 名同行的中国渔民遇难、1 名失踪。中国驻菲大使馆委托当地领事协助志愿者前往医院看望慰问获救渔民，送去生活和防疫物资，同时联系当地医院，要求对方善加救治。使馆同时请求菲方有关部门提供人道主义协助，继续搜救失踪渔民，妥善保管遇难者遗体。使馆将待 2 名获救渔民身体康复后协助其尽快安全回国，继续全力搜救失踪渔民，并协助妥善处理遇难渔民善后工作。^②

这是中国驻外国的使馆对在国外的中国公民实施领事救助的例证。

（三）领事保护实施主体亦包括中国驻联合国等政府间国际组织的代表团

如前所述，根据《领事保护与协助条例》第 3 条第三款的规定，中国驻外外交机构是指承担领事保护与协助职责的中国驻外国的使馆、领馆等代表机构。这里的"等代表机构"，可与自 2010 年 1 月 1 日起施行的《中华人民共和国驻外外交人员法》^③ 相联系。该法第 2 条第一款、第二款规定，"本法所称驻外外交人员，是指在中华人民共和国驻外外交机构中从事外交、领事等工作，使用驻外行政编制，具有外交衔级的人员。本法所称驻外外交机构，是指中华

---

① 《中华人民共和国领事保护与协助条例》，中国政府网，https://www.gov.cn/zhengce/zhengceku/202307/content_6891761.htm。

② 《中国驻菲律宾使馆全力救助南海遇险中国渔民》，中国领事服务网，http://cs.mfa.gov.cn/zggmzhw/lsbh/lbxw/202108/t20210806_9147637.shtml。

③ 《中华人民共和国驻外外交人员法》，中国新闻网，https://www.chinanews.com/gn/news/2009/11-01/1941007.shtml。

人民共和国驻外国的使馆、领馆以及常驻联合国等政府间国际组织的代表团等代表机构。该法第 5 条第一款规定，中国驻外外交人员应当根据职务和工作分工，履行维护中国公民和法人在国外的正当权益。

由此推定，中国公民海外利益的领事保护的实施主体，亦应包括中国驻联合国等政府间国际组织的代表团等。那么，领事保护中国公民是如何演进的呢?

三、中国公民海外利益领事保护的对象演进

（一）仅为"华侨"（改革开放前）

华侨是指定居在国外的中国公民。[①]1949 年新中国成立之后，至 1978 年中国实行改革开放政策前夕，因临时出国人员非常之少，"华侨"成为中国公民海外利益领事保护工作的主要对象，故称作"保侨""护侨"。如周鲠生教授就强调："中国政府坚持行使保侨的权利，是完全符合公认的国际法准则的。"[②]指出："主权国家，根据它的属人优越权，具有对本国在外侨民行使外交保护的权利。国家机关根据国内法承担护侨的责任；各国驻外的使领机关的主要职务之一，就是护侨。"[③] 由此，"保侨""护侨"是改革开放前夕学术著作和领事实践中对中国公民海外利益领事保护的称谓。

1978 年改革开放至 1991 年间，由外交部门编写出版的相关书籍仍使用"护侨"称谓。如 1987 年《中国外交概览》一书，在第十二章"中国领事工作概述"中，第三节为"护侨工作"；[④] 又如 1991 年《新中国领事实践》一书，在第十章"保护中国公民在外国的正当权益"中，第二节为"护侨工作的内容"、第四节为"护

---

① 《中华人民共和国归侨侨眷权益保护法》第 2 条规定，中国政府网，https://www.gov.cn/banshi/2005-05/26/content_978.htm。

② 周鲠生：《国际法》上册，商务印书馆 1976 年版，第 278—279 页。

③ 周鲠生：《国际法》上册，商务印书馆 1976 年版，第 285 页。

④ 中华人民共和国外交部外交史编辑室主编：《中国外交概览》，世界知识出版社 1987 年版，第 447—448 页。

侨的方法"。①

（二）包括"华侨"的中国公民（改革开放后）

20 世纪 90 年代，随着改革开放的不断深入，中国公民出国人数逐年递增及出国目的多样化（如出国留学、劳务、经商、探亲访友等），"护侨"提法亦成为人们关注的焦点。在我国，由于过去领事保护的对象主要是华侨，所以领事保护的提法是"护侨"，但随着我国临时出国的公民越来越多，"护侨"的保护范围显然太窄，已不适应领事保护实践的发展，于是提出"领事保护"，即全面保护所有在国外的我国公民的合法权益。②

1998 年《中国外交》第十三章"中国外交工作中的领事工作"第八节"处理领事保护案件"中指出，1997 年，外交部领事司指导驻外使领馆妥善处理了大量涉及在国外的中国国家、法人、公民，包括香港特别行政区、澳门、台湾同胞的领事保护案件，最大限度地维护了国家和公民的权益。为充分体现中国政府对中国公民生命财产的关注和重视，有效地帮助在国外的中国公民获得中国驻外使领馆的领事保护和服务，外交部还指示驻外使领馆对外印发《中国境外领事保护和服务指南》。③ 从此，中国政府正式启用"领事保护"称谓，领事保护对象演进为包括"华侨"在内的所有中国公民。此外，基于"一国两制"及海峡两岸现状，中国公民当然包括港澳台同胞。

可以说，是中国改革开放之后领事保护对象的演进，导致"护侨"到"领事保护"称谓的过渡，最终"领事保护"成为法定称谓。如，《领事保护与协助条例》第 1 条规定："为了维护在国外的中国公民、法人、非法人组织正当权益，规范和加强领事保护与协助工作，制定本条例。"那么，《领事保护与协助条例》对中国公民海外利益保护有何具体类型规定呢？

---

① 《新中国领事实践》编写组：《新中国领事实践》，世界知识出版社 1991 年版，第 130—137 页。

② 李宗周：《领事法和领事实践》，中国国际法学会主编：《中国国际法年刊》(1993)，中国对外翻译出版公司 1993 年版，第 361—370 页。

③ 中华人民共和国外交部政策研究室编：《中国外交》，世界知识出版社 1998 年版，第 796—797 页。

四、中国公民海外利益领事保护的八种情形

（一）在国外的中国公民因正当权益被侵犯而求助的情形

《领事保护与协助条例》第 8 条规定：在国外的中国公民、法人、非法人组织因正当权益被侵犯向驻外外交机构求助的，驻外外交机构应当根据相关情形向其提供维护自身正当权益的渠道和建议，向驻在国有关部门核实情况，敦促依法公正妥善处理，并提供协助。

2018 年 8 月 20 日，中国驻登巴萨总领事馆收到一封中国游客的来信，投诉巴厘伍拉莱国际机场移民官员索要小费。为此，总领事馆立即向印度尼西亚巴厘省移民局进行了交涉。印尼方对此高度重视，即刻成立专门小组展开调查。新任局长阿卡多于 8 月 27 日亲自赴机场边检调查巡视，并致电总领事表示：一旦查清事实，将对涉事人员予以严厉处分。同时，他希望中国游客遇到索要小费的官员，一定要记清楚时间和柜台号、胸牌姓名等信息，以协助巴厘岛移民局在最短时间内查出涉事官员。由此，中国驻登巴萨总领事馆通过官网等方式提醒中国游客：遇到索要小费情形，应不卑不亢，坚决拒绝，并请务必提供真实情况和确凿证据。①

以上是在国外的中国公民因正当权益被侵犯向中国驻外外交机构求助，中国驻外国的领馆向驻在国有关部门核实情况，敦促依法公正妥善处理，同时根据相关情形向其提供维护自身正当权益的渠道和建议的例证。

（二）中国公民因涉嫌违法犯罪被驻在国采取措施的情形

《领事保护与协助条例》第 9 条规定：获知在国外的中国公民、法人、非

---

① 《巴厘岛移民局对机场官员索要小费展开调查》，中国驻登巴萨总领事馆网，http://denpasar. china-consular.org/chn/lsyw/tztg/tl588885.htm。转引自许育红：《领事保护法律制度与中国实践研究》，法律出版社 2020 年版，第 149 页。

法人组织因涉嫌违法犯罪被驻在国采取相关措施的，驻外外交机构应当根据相关情形向驻在国有关部门了解核实情况，要求依法公正妥善处理。

前款中的中国公民被拘留、逮捕、监禁或者以其他方式被驻在国限制人身自由的，驻外外交机构应当根据相关情形，按照驻在国法律和我国与驻在国缔结或者共同参加的国际条约对其进行探视或者与其联络，了解其相关需求，要求驻在国有关部门给予该中国公民人道主义待遇和公正待遇。

2014 年 3 月 8 日，十二届全国人大二次会议在两会新闻中心举行记者会，邀请外交部主要负责人就中国外交政策和对外关系回答中外记者提问。当中新社记者问及外交部下一步将如何维护中国公民和法人在海外的合法权益和安全？对此，外交部主要负责人回答指出，外交为民是中国外交的一贯宗旨。我和我的同事们经常收到民众的来信，一位河南女士的来信令我非常感动，她在信中说道，她的丈夫远赴海外打工，但却不幸蒙冤入狱。后来经过使馆据理力争，终于无罪释放，回家跟家人团聚。这位女士在信中写道："是你们拯救了这个破碎的家，你们是我们最亲的人"。老百姓把我们当作最亲的人，是外交人员的最高荣誉。[①]

上述所谈之事，正是获知在国外的中国公民因涉嫌违法犯罪被驻在国采取相关措施时，中国驻外使馆或领馆根据相关情形，向驻在国有关部门了解核实情况，要求其依法公正妥善处理的例证。

（三）驻在国审理涉及中国公民诉讼案件的情形

《领事保护与协助条例》第 10 条规定：获知驻在国审理涉及中国公民、法人、非法人组织的案件的，驻外外交机构可以按照驻在国法律和我国与驻在国缔结或者共同参加的国际条约进行旁听，并要求驻在国有关部门根据驻在国法律保障其诉讼权利。

前述"中国公民在国外不幸蒙冤入狱后经交涉而无罪释放"案例，通常涉及驻在国审理涉及该中国公民案件时，中国驻外使领馆要求驻在国有关部门根

[①] 《外交部部长王毅就中国外交政策和对外关系回答中外记者提问》，中国政府网站，https://www.gov.cn/2014lh/2014-03/09/content_2634267.htm。

据当地法律保障其诉讼权利的情形。

（四）在国外的中国公民需要监护的情形

根据 2021 年 1 月 1 日起实施的《中华人民共和国民法典》（以下简称《民法典》）第 34 条的规定，在国内的中国公民的监护人的职责是，代理被监护人实施民事法律行为，保护被监护人的人身权利、财产权利以及其他合法权益等。

在国内的中国公民如遇需要监护但对监护人有争议，或者没有依法具有监护资格的人等情形，《民法典》第 31 条亦有相应规定：对监护人的确定有争议的，由被监护人住所地的居民委员会、村民委员会或者民政部门指定监护人，有关当事人对指定不服的，可以向人民法院申请指定监护人；有关当事人也可以直接向人民法院申请指定监护人。

居民委员会、村民委员会、民政部门或者人民法院应当尊重被监护人的真实意愿，按照最有利于被监护人的原则在依法具有监护资格的人中指定监护人。

依据本条第一款规定指定监护人前，被监护人的人身权利、财产权利以及其他合法权益处于无人保护状态的，由被监护人住所地的居民委员会、村民委员会、法律规定的有关组织或者民政部门担任临时监护人。监护人被指定后，不得擅自变更；擅自变更的，不免除被指定的监护人的责任。

《民法典》第 32 条规定：没有依法具有监护资格的人的，监护人由民政部门担任，也可以由具备履行监护职责条件的被监护人住所地的居民委员会、村民委员会担任。

而依照《领事保护与协助条例》，在国外的中国公民如遇类似情况，得由中国驻外使领馆提供协助。如其第 11 条规定：获知在国外的中国公民需要监护但生活处于无人照料状态的，驻外外交机构应当向驻在国有关部门通报情况，敦促依法妥善处理。情况紧急的，驻外外交机构应当协调有关方面给予必要的临时生活照料。驻外外交机构应当将有关情况及时通知该中国公民的亲属或者国内住所地省级人民政府。接到通知的省级人民政府应当将有关情况及时逐级通知到该中国公民住所地的居民委员会、村民委员会或者民政部门。驻外外交机构和地方人民政府应当为有关人员或者组织履行监护职责提供协助。

"外交是内政的延伸",时常表现在领事保护职务即领事服务和领事协助职务上。

(五)在国外的中国公民基本生活保障出现困难的情形

《领事保护与协助条例》第 12 条规定:在国外的中国公民因基本生活保障出现困难向驻外外交机构求助的,驻外外交机构应当为其联系亲友、获取救济等提供协助。

2020 年 6 月 18 日,中国驻拉瓦格领事馆接到王女士的领事保护与协助的求助电话,称她怀有身孕且预产期将至,但受疫情影响,难以预订到回国机票,滞留在位于菲吕宋岛东北角的卡加延省偏远小岛圣安娜岛,无亲无故,基本生活保障出现困难,请求领事馆协助其回国待产。中国驻菲律宾大使黄先生接到领事馆报告后,立即指示馆长和使馆领事部参赞协商两馆联动,全力协助中国公民王女士尽快回国。在各方通力合作下,7 月 3 日下午 1 时 20 分,厦门航空 MF820 航班从马尼拉国际机场的跑道上呼啸而起,中国福建籍大龄孕妇王女士顺利飞向祖国的怀抱。①

以上系在国外的中国公民孕妇因疫情基本生活保障出现困难向中国驻外外交机构求助时,中国驻菲律宾使领馆为其联系中国民航、获取救济等提供切实协助的例证。

(六)在国外的中国公民下落不明的情形

《领事保护与协助条例》第 13 条规定:在国外的中国公民下落不明,其亲属向驻外外交机构求助的,驻外外交机构应当提供当地报警方式及其他获取救助的信息。驻在国警方立案的,驻外外交机构应当敦促驻在国警方及时妥善处理。

---

① 《疫情艰难,人间有爱——驻菲律宾使领馆联动 助力待产孕妇顺利回国》,中国领事服务网,http://cs.mfa.gov.cn/gyls/lsgz/lsxw/202007/t20200706_931258.shtml。

2021 年 2 月 20 日，在日本福冈县工作的中国公民给她在国内的父亲发了微信后，再也没有音讯。其父亲在女儿失联长达 7 个多月期间，用了各种方式也联系不上女儿，全家心急如焚，便打了中国驻福冈总领事馆的中国公民寻求领事保护与协助电话，希望总领馆帮助寻找。接到求助电话后，总领事馆工作人员即联系日方有关部门协助核实查找，并通过失联人员在日亲属第一时间与失联人员取得联系，确认失联人员安全无恙，随后求助父亲按照总领事馆提供的最新联系方式，与其女儿顺利取得了联系。9 月 18 日，该求助父亲特发来感谢信，对总领事馆提供的热情周到领事服务表达深深谢意。①

此案属于在国外的中国公民下落不明，其亲属向中国驻福冈总领事馆求助时，总领事馆切实有效地提供相关协助的例证。

（七）在国外的中国公民因治安刑事案件等受伤的情形

《领事保护与协助条例》第 14 条规定：获知在国外的中国公民因治安刑事案件、自然灾害、意外事故等受伤的，驻外外交机构应当根据相关情形向驻在国有关部门了解核实情况，敦促开展紧急救助和医疗救治，要求依法公正妥善处理。中国公民因前款所列情形死亡的，驻外外交机构应当为死者近亲属按照驻在国有关规定处理善后事宜提供协助，告知死者近亲属当地关于遗体、遗物处理时限等规定，要求驻在国有关部门依法公正处理并妥善保管遗体、遗物。

2012 年 1 月 13 日晚，意大利"协和号"游轮在意西海岸触礁倾覆，船上 4234 名乘客和工作人员被紧急疏散，其中有中国公民 59 人，包括 38 名乘客和 21 名工作人员。事发后，中国政府高度重视，中国外交部迅速作出行动部署。中国驻意大利使领馆多次赴安置酒店慰问受困中国乘客，并积极协助在事故中受损的中国工作人员与游轮公司协商赔偿事宜。经做工作，受损中方人员与游轮公司达成赔偿协议，获得最高额现金赔偿，并于 1 月 19

---

① 《领保无小事，"外交为民"永远在路上》，中国领事服务网，http://cs.mfa.gov.cn/gyls/lsgz/lsxw/202109/t20210929_9579596.shtml。

日顺利回国。①

此案属于在国外的中国公民遇意外事故，中国驻意大利使领馆及时提供相应协助的例证。

（八）驻在国发生战争、武装冲突等重大突发事件的情形

《领事保护与协助条例》第 15 条规定：驻在国发生战争、武装冲突、暴乱、严重自然灾害、重大事故灾难、重大传染病疫情、恐怖袭击等重大突发事件，在国外的中国公民、法人、非法人组织因人身财产安全受到威胁需要帮助的，驻外外交机构应当及时核实情况，敦促驻在国采取有效措施保护中国公民、法人、非法人组织的人身财产安全，并根据相关情形提供协助。

确有必要且条件具备的，外交部和驻外外交机构应当联系、协调驻在国及国内有关方面为在国外的中国公民、法人、非法人组织提供有关协助，有关部门和地方人民政府应当积极履行相应职责。

2011 年 2 月，利比亚发生严重骚乱并迅速蔓延升级，当地 3 万多名中国公民的生命财产安全受到严重威胁。中国国家领导人作出指示，要求立即成立应急指挥部，协调组织党、政、军各单位和相关企业，做好应对利比亚安全局势有关工作。国务院成立应急指挥部，迅速做出行动部署。中央有关部门、中国驻外使领馆、地方政府以及有关企业通力合作和连续奋战，中国政府共调派 182 架次中国民航包机、24 架次军机、5 艘货轮、1 艘护卫舰，并租用 70 架次外航包机、22 艘次外籍邮轮、1000 班次客车，从海陆空三路实施全方位、大规模撤离行动，在 12 天内安全撤回 35860 名中国公民。②

以上属于在国外的中国公民遇驻在国发生战争、武装冲突、暴乱、严重自然灾害等重大突发事件，因人身和财产安全受到威胁需要帮助时，中国政府及驻外外交机构及时核实情况，联系、协调驻在国及国内有关方面为在国外的中国公民提供相应协助的典型例证。

总的说来，《领事保护与协助条例》对中国公民海外利益保护的八种情形

---

① 《中国领事工作》编写组：《中国领事工作》上册，世界知识出版社 2014 年版，第 357—358 页。

② 《中国领事工作》编写组：《中国领事工作》上册，世界知识出版社 2014 年版，第 343—344 页。

规定及相关案例，基本都是应急性领事保护。实际上，中国公民海外利益保护可分为预防性领事保护与应急性领事保护[1] 两种阶段途径，《领事保护与协助条例》如是规定。

五、中国公民海外利益领事保护的阶段途径

（一）《领事保护与协助条例》中有关预防性领事保护的阶段方式

《领事保护与协助条例》就预防性领事保护阶段的方式途径作了若干规定，主要体现在以下两个方面。

1. 有关预防性领事保护的总体原则规定

《领事保护与协助条例》第 2 条第一款规定：本条例适用于领事保护与协助以及相关的指导协调、安全预防、支持保障等活动。

2. 有关预防性领事保护的职责分工规定

《领事保护与协助条例》第 4 条规定：外交部统筹开展领事保护与协助工作，进行国外安全的宣传及提醒，指导驻外外交机构开展领事保护与协助，协调有关部门和地方人民政府参与领事保护与协助相关工作，开展有关国际交流与合作。

驻外外交机构依法履行领事保护与协助职责，开展相关安全宣传、预防活动，与国内有关部门和地方人民政府加强沟通协调。

国务院有关部门和地方人民政府建立相关工作机制，根据各自职责参与领事保护与协助相关工作，为在国外的中国公民、法人、非法人组织提供必要协

---

[1]　许育红：《领事保护法律制度与中国实践研究》，法律出版社 2021 年版，第 197—238 页。

助。有外派人员的国内单位应当做好国外安全的宣传、教育培训和有关处置工作。在国外的中国公民、法人、非法人组织应当遵守中国及所在国法律，尊重所在国宗教信仰和风俗习惯，做好自我安全防范。

《领事保护与协助条例》第19条规定：外交部和驻外外交机构应当密切关注有关国家和地区社会治安、自然灾害、事故灾难、传染病疫情等安全形势，根据情况公开发布国外安全提醒。国外安全提醒的级别划分和发布程序，由外交部制定。国务院文化和旅游主管部门会同外交部建立国外旅游目的地安全风险提示机制，根据国外安全提醒，公开发布旅游目的地安全风险提示。国务院有关部门和地方人民政府结合国外安全提醒，根据各自职责提醒有关中国公民、法人、非法人组织在当地做好安全防范、避免前往及驻留高风险国家或者地区。

（二）《领事保护与协助条例》中预防性与应急性领事保护兼顾方式

《领事保护与协助条例》就预防性与应急性领事保护兼顾方式亦有若干规定，主要体现在两个方面。

1. 有关预防性与应急性领事保护兼顾的平台服务

《领事保护与协助条例》第5条规定：外交部建立公开的热线电话和网络平台，驻外外交机构对外公布办公地址和联系方式，受理涉及领事保护与协助的咨询和求助。

实践中，2011年11月22日，外交部正式开通中国领事服务网，为出境中国公民和机构提供"一站式"海外安全信息和领事服务，以加强预防性领事保护。

2014年9月2日，外交部全球领事保护与服务应急呼叫中心正式启动运行，24小时全年无休，为海外游子与祖国之间架起一条全天候、零时差、无障碍的绿色通道。不管中国同胞身处世界的哪个角落，只要拨通了这个电话，就会得到热情的协助与服务。重点在于"领事保护"，核心在于"应急"，同时兼顾常见领保和领事证件咨询服务。[①] 与此同时，中国公民到国外打开手机，收到的第一条短信就是外交部发的，提醒大家各种注意事项以及使领馆的联系电话。[②] 此外，中国各驻外使领馆在官网上对外公布办公地址和联系方式，受理涉及领事保护与协助的咨询和求助。

2. 有关预防性与应急性领事保护兼顾的机制建设

《领事保护与协助条例》第 16 条规定：驻外外交机构应当了解驻在国当地法律服务、翻译、医疗、殡葬等机构的信息，在中国公民、法人、非法人组织需要时提供咨询。

第 18 条第一款规定：驻外外交机构应当结合当地安全形势、法律环境、风俗习惯等情况，建立领事保护与协助工作安全预警和应急处置机制，开展安全风险评估，对履责区域内的中国公民、法人、非法人组织进行安全宣传，指导其开展突发事件应对、日常安全保护等工作。

六、中国公民海外利益保护的涉外法治属性

（一）领事保护属于中国涉外法治的组成部分

"加快涉外法治工作战略布局，协调推进国内治理和国际治理，更好维护国家主权、安全、发展利益"，作为习近平法治思想的时代逻辑和核心要义之一，是 2020 年 11 月召开的中央全面依法治国工作会议明确提出来的。[③]

2023 年 11 月 27 日，中共中央政治局就加强涉外法制建设进行第十次集

---

① 《12308，与你同行走天涯》，人民网，http://world.people.com.cn/n1/2016/1128/c1002-28902264.html。

② 《外交部部长王毅就中国外交政策和对外关系回答中外记者提问》，中国政府网，https://www.gov.cn/2014lh/2014-03/09/content_2634267.htm。

③ 黄惠康：《统筹推进国内法治和涉外法治》，中国共产党新闻网，http://theory.people.com.cn/n1/2021/0127/c40531-32013474.html?ivk_sa=1024320u。

体学习，习近平总书记在主持学习时强调，涉外法治作为中国特色社会主义法治体系的重要组成部分，事关全面依法治国，事关我国对外开放和外交工作大局。同时提出，要深化执法司法国际合作，加强领事保护与协助，建强保护我国海外利益的法治安全链。要强化合规意识，引导我国公民、企业在"走出去"过程中自觉遵守当地法律法规和风俗习惯，运用法治和规则维护自身合法权益。①

由此可见，领事保护属于中国涉外法治领域的一项重要内容。

（二）《领事保护与协助条例》中具涉外法治特征的条款规定

国内法治和涉外法治是国内法治的两个方面，国内法治和国际法治是全球法治的两个方面；涉外法治是国内法治的一种延伸，在国内法治和国际法治之间发挥着桥梁纽带、互动融通的作用。② 实际上，领事保护职务的落实涉及领事服务与领事协助职务的行使，既受国内法规范也受国际法调整。以《条例》第 7 条规定为例，其较具涉外法治特征可分析如下。

1. 国际条约中有关领事保护履职区域的条款规定

《维也纳领事关系公约》第 1 条"定义"第一款第二项规定：称"领馆辖区"者，谓为领馆执行职务而设定之区域。第 6 条"在领馆辖区外执行领事职务"规定：在特殊情形下，领事官员经接受国同意，得在其领馆辖区外执行职务。第 7 条"在第三国中执行领事职务"规定：派遣国得于通知关系国家后，责成设于特定国家之领馆在另一国内执行领事职务，但以关系国家均不明示反对为限。中外双边领事条约（协定）亦有类似规定。

---

① 《习近平在中共中央政治局第十次集体学习时强调 加强涉外法制建设 营造有利法治条件和外部环境》，中共中央党校（国家行政学院）网，https://www.ccps.gov.cn/xtt/202311/t20231128_160183.shtml。

② 黄进：《坚持统筹推进国内法治和涉外法治》，《光明日报》2020 年 12 月 9 日；黄进：《中国涉外法治蓝皮书》，法律出版社 2022 年版，第 245 页。

2.《领事保护与协助条例》中有关领事保护履职区域的条款规定

《领事保护与协助条例》第 7 条规定：驻外外交机构应当在履责区域内履行领事保护与协助职责；特殊情况下，经驻在国同意，可以临时在履责区域外执行领事保护与协助职责；经第三国同意，可以在该第三国执行领事保护与协助职责。该条款明显系前述国际条约相关条款在国内法的转化。

毋庸置疑，《领事保护与协助条例》作为中国涉外法治的重要内容，是国内法治的一种对外延伸，体现了国内法治和国际法治之间的桥梁纽带、互动融通的作用。

七、关于外交领事法学科建设

（一）国家高度重视中国涉外法治人才培养

涉外法治人才应是具备国家利益意识、法律专业素养、语言文化底蕴三方面素质的复合型人才。[①] 党和国家历来对中国涉外法治人才培养高度重视。

习近平总书记在主持中共中央政治局就加强涉外法制建设进行第十次集体学习时指出，要加强专业人才培养和队伍建设。坚持立德树人、德法兼修，加强学科建设，办好法学教育，完善以实践为导向的培养机制，早日培养出一批政治立场坚定、专业素质过硬、通晓国际规则、精通涉外法律实务的涉外法治人才。[②]

2024 年 7 月，中国共产党第二十届中央委员会第三次全体会议通过的《中共中央关于进一步全面深化改革、推进中国式现代化的决定》中，其第九部分"完善中国特色社会主义法治体系"提出：加强涉外法治建设。建立一体

---

① 郭雳：《探索完善高校涉外法治人才培养路径》，《光明日报》2023 年 11 月 28 日第 14 版。

② 《习近平在中共中央政治局第十次集体学习时强调 加强涉外法制建设 营造有利法治条件和外部环境》，中共中央党校（国家行政学院）网，https://www.ccps.gov.cn/xtt/202311/t20231128_160183.shtml。

推进涉外立法、执法、司法、守法和法律服务、法治人才培养的工作机制。完善涉外法律法规体系和法治实施体系，深化执法司法国际合作。完善涉外民事法律关系中当事人依法约定管辖、选择适用域外法等司法审判制度。健全国际商事仲裁和调解制度，培育国际一流仲裁机构、律师事务所。积极参与国际规则制定。①

（二）外交领事法学科建设符合当前国内外形势需要

据史料记载，公元 5 世纪领事制度产生于西欧，而外交制度则出现在1648 年《威斯特伐利亚和约》实行之后。②领事制度虽然先行于外交制度建立，但 1961 年《维也纳外交关系公约》却先行于 1963 年《维也纳领事关系公约》问世。基于该两公约、中外双边领事条约（协定）以及相关国际惯例，有一个学科——这里暂且称之为"外交领事法"，已然成为国际法的一个部门法。

近来，中国有些高校开设了"海外利益安全"专业课程。对中国公民海外利益领事保护而言，"外交领事法"学科建设显然属于该专业课程的重要组成部分。开启并完善外交领事法学科建设，完全符合当前国内外形势发展的需要。

八、结语

根据《维也纳外交关系公约》《维也纳领事关系公约》、中外双边领事条约（协定）以及《领事保护与协助条例》等国内法规相关规定，包括港澳台同胞、海外侨胞在内的中国公民，其海外利益的领事保护的实施主体是，中国驻外使领馆和中国驻联合国等政府间国际组织的代表团等驻外机构。

---

① 《中共中央关于进一步全面深化改革 推进中国式现代化的决定》，中国政府网，https://www.gov.cn/zhengce/202407/content_6963770.htm?sid_for_share=80113_2。

② 许育红：《领事保护法律制度与中国实践研究》，法律出版社 2021 年版，第 18—32 页。

按照《领事保护与协助条例》，中国公民海外利益的领事保护，可分为预防性领事保护与应急性领事保护两种阶段途径，主要涉及八大类型。一是在国外的中国公民因正当权益被侵犯而求助的情形；二是中国公民因涉嫌违法犯罪被驻在国采取措施的情形；三是驻在国审理涉及中国公民诉讼案件的情形；四是在国外的中国公民需要监护的情形；五是在国外的中国公民基本生活保障出现困难的情形；六是在国外的中国公民下落不明的情形；七是在国外的中国公民因治安刑事案件、自然灾害、意外事故等受伤的情形；八是驻在国发生战争、武装冲突、暴乱、严重自然灾害、重大事故灾难、重大传染病疫情、恐怖袭击等重大突发事件的情形。

可以说，《领事保护与协助条例》作为中国涉外法治的重要内容，是国内法治的一种对外延伸，体现了国内法治和国际法治之间的桥梁纽带、互动融通的作用。《领事保护与协助条例》的出台，进一步提高了领事保护工作的法治化、制度化、规范化水平，[①] 在建立健全中国领事保护法律制度的同时，丰富了中国涉外法治的基本内涵，具有划时代意义。

总之，基于中外领事实践，以《领事保护与协助条例》为视角，对中国公民海外权益的领事保护进行探讨与分析，意义重大。此等思考和研究，将为"一带一路"建设的涉外法治理论与实践，乃至以实践为导向的外交领事法学科建设提供有益参考。

---

① 《中共中央政治局委员、外交部长王毅就中国外交政策和对外关系回答中外记者提问》，中国政府网，https://www.gov.cn/yaowen/liebiao/202403/content_6937732.htm。

论中国海外利益保护的体系化构建

郭永良*

摘　要：共建"一带一路"十年来，我国海外利益发展迅速，体量巨大。受国际形势演化影响，当前海外安全态势复杂严峻，海外安全保障能力与海外利益发展速度规模面临挑战。党的二十大报告指出，要加强海外利益保护进行战略部署。根据海外利益保护实现方式的不同，可将海外安保实践类型划分为传统路径和体系化路径。体系化路径在对主体和威胁的界定以及资源及其分配上均异同于传统路径，它以海外利益重要程度及其风险挑战为资源分配根据，从宏观角度统筹政府和社会，较好适应我国海外利益发展和因应风险社会的现实需要。处于百年未有之大变局，中国应建立健全海外利益思想体系、制度体系和能力培育体系，加快海外利益保护路径的体系化转型。

关键词：共建"一带一路"；海外利益保护；系统思维

海外利益是中国国家安全和发展利益的重要组成部分。当前，国际安全环境深刻演化，海外安全态势复杂严峻。海外利益发展规模速度之大之快与海外安全保障能力不足之间产生了紧张关系，并极易演化为内生矛盾。构建中国海外利益保护体系，建设海外安全保障能力，是中国破解这一矛盾的战略决策和蓝图愿景。党的二十届三中全会审议通过的《中共中央关于进一步全面深化改

---

* 郭永良，中国人民警察大学涉外安保学院副院长、副教授，法学博士。

革、推进中国式现代化的决定》强调"强化海外利益和投资风险预警、防控、保护体制机制"。如何构建中国海外利益保护体系，需要学界讨论，本文试对该问题进行回应。

一、中国海外利益保护亟待体系化构建

中国深入推进高水平对外开放，共建"一带一路"高质量发展不断取得新成效，从有少量重大海外利益存在的国家，转变为拥有全球性海外利益的开放型大国，维护和塑造海外利益安全的战略重要性持续上升。目前中国海外利益面临风险复杂严峻，有其外来挑战，也有其内在症结，亟待对中国海外利益保护进行系统观察和体系构建。

（一）海外利益拓展迅速

一方面，从体量上看，中国的海外利益拓展迅速。一是中国驻外机构数量巨大。在新时代，中国外交实现了跨越式发展，已然成为外交机构总数最多的国家，构建起了全方位、多层次、立体化的外交布局，中国正经历从"发展中大国"向"发展中强国"、从地区性强国向有全球性影响的大国转变。[1] 二是中国对外投资不断增长。共建"一带一路"10 年来，中国与相关国家一道坚持共商、共建、共享原则，深化互利共赢合作，遵循市场原则和国际通行规则，高质量共建"一带一路"，同 150 多个国家、30 多个国际组织签署了 200 多份共建"一带一路"合作文件，"六廊六路多国多港"互联互通架构业已形成。三是中国海外公民规模庞大。2019 年之前，中国公民出境人数连续六年过亿。截至 2022 年 3 月，中国留在海外的留学生约有 142 万，中国已累计派出各类劳务人员 1062.6 万人次。

另一方面，从高质量发展层面上看，海外利益攸关区承载重大战略价值，

---

[1]　王帆：《中国特色大国外交：协调、变革与完善》，《探索与争鸣》2022 年第 1 期。

对于大国成长意义重大。我国能源资源相对较为缺乏，有超过八成的能源资源和其他货物贸易都需通过海上运输。全世界现有的 16 个海上要道，均与我国的海外利益密切相关。我国对贸易和战略资源通道依赖性较强。如果遭遇重大变故，进出口将受到重大影响，国内正常生产生活将无法得到保证。为了保护海外战略利益，我国从话语和实践上积极构建并重视海外利益安全。

此外，国际新领域、新形态的治理问题涌现，亟待我国在国家利益维护方面提出中国方案。我国在深海、外太空等"新""高"边域的利益也逐渐增多，需要采取有效方式积极维护新形态的海外利益。可见，随着我国综合实力的提升，中国的国际话语权、国际影响力日益提升，国家在海外的政治、经济、安全和文化利益在国家整体利益格局中的比重显著提高，发展成为新时代我国发展和安全利益的重要组成部分，事关国家事业发展的大局。

（二）海外利益面临挑战严峻

我国海外利益面临外部和内部两方面的挑战。就外部而言，随着我国持续发展壮大，中国与世界关系的更趋复杂，[①] 各种矛盾加速向亚太积聚，中国面临的外部安全环境变得更加严峻。尤为重要的是，当前经济全球化遭遇逆流，我国在技术上面临"卡脖子"问题，还面临话语上的"卡喉咙"挑战。在全球开放共识弱化的形势下，部分国家和地区不稳定指数上升，海外安全事件持续高发，严重威胁中国驻外机构、人员和财产的安全。据统计，2015 年以来，每月至少有 1 名中国公民在海外被绑架或劫持，每 6 分钟就有 1 起领事保护或协助事件发生，每年中资企业在海外遭受的各种安全事件达数百起。我国海外利益所处的战略环境发生显著变化，[②] 海外利益面临的风险挑战急速加剧。

就内部而论，海外利益保护在我国是新兴话题。[③] 对其开展的保护也是一种新的复合型安全实践，尚处于摸索阶段。习近平总书记对此进行了深刻论述："国际安全形势很复杂，而我们在国际上基本上是不设防的，也没有什么

---

① 陈向阳：《总体国家安全观是维护中国和全球安全的强大理论武器》，《当代中国与世界》2021 年第 3 期。

② 《习近平谈治国理政》第四卷，外文出版社 2022 年版，第 121—122 页。

③ 李志永：《"走出去"与中国海外利益保护机制研究》，世界知识出版社 2015 年版，第 8 页。

有效手段。遇到重大风险可以集中撤侨，但对活动在全球各地的我国公民和法人，我们的安保能力十分有限。要说短板，这也是我们的一个突出短板。"[1] 正是出于对内在困境的洞察，从自身角度审视并考量如何保护海外利益在国家安全战略中的重要性显著提升。

（三）内生矛盾及其症结

内生矛盾的症结在于我国海外利益安全保障能力与海外利益发展速度规模的不匹配、不均衡、不持续。

一是中国海外利益发展速度与海外安全保障体系的不匹配问题。从我国实施"引进来""走出去"开始，特别是共建"一带一路"以来，海外利益发展迅速，但是海外安全保障体系并未跟上利益发展的需要。推进项目进展与保障项目安全的矛盾日益突出，海外利益中发展和安全的统筹成为一个亟待解决的问题。

二是中国海外利益保护力量的不均衡问题。我国的海外利益保护资源散落于负有涉外职责的政府机构和致力于参与海外安全保护职责的社会组织、个人之中。其中，政府起主导作用。但是在政府相关职能部门内部，由于工作重心分配或职责划分的模糊性等原因，使得对军事力量、执法力量、情报信息力量、维和力量和私人安保力量的部署和运用不尽均衡，尚未形成梯次互嵌且共同推进的体系性力量。

三是中国海外利益保护资源的持续性不足问题。限于各相关部门人财物力等资源的限制，多数部门的主要职责是国内事项的日常治理，海外利益事项并非其主要职责，对海外项目、人员和机构方面的安全投入和日常管理还存在持续性不足的问题。往往是在海外发生重大涉华事件后，国家资源和相关政策进行大规模倾斜，一旦事件得到解决，相关部门的注意力随之发生转移，后续的日常性资源投入就面临持续供给不足的难题。经济学研究表明，某项问题的长期解决需要资源的持续性供给。海外利益安全的动态性、非日常性、突发性和难预料性，使得需要持续供给海外利益安全资源。

---

[1] 《习近平关于总体国家安全观论述摘编》，中央文献出版社 2018 年版，第 218—219 页。

二、中国海外利益保护的两种类型及其体系化逻辑

（一）中国海外利益保护的两种类型

根据对海外利益性质的认识之不同，可将海外利益保护路径类型化为传统路径和体系化路径两种主要的类型。传统路径有如下特点：以传统工业社会为理念来源，植根于经典物理学之上的秩序观念；强调对原有既定秩序的挑战是一种危害；认为溯源归因是其解决安全挑战的起点。从目标上，传统路径主要面向客观安全挑战，工作中秉承科层制，对安全挑战进行任务分解，以便后续的专业响应和分工应对。体系化路径以风险社会为主要观念来源，认为人类社会无先验秩序，现实秩序是主客体（观）互动改造的结果。体系化路径侧重风险的主观属性，以主体感知来明确风险挑战的重要程度，以统筹资源，分轻重、有针对性地防范化解风险。鉴于风险往往跨越组织边界，单凭某个部门无法应对，它常常以统筹为主要工作手段。[①]

两种不同的海外利益保护类型

特征/路径	海外利益保护的传统路径	海外利益保护的体系化路径
理念基础	传统工业社会	风险社会
核心观点	任务分解型 （分工为主、协调为辅）	总体统筹型 （统筹为主、分工为辅）
主要面向	海外安全案（事）件	海外安全风险
典型特征	碎片化、被动响应	系统化、主动防范

显而易见，在传统路径下，"功能分化"是其重要特征。海外利益保护各子系统的相对专业化、自主化使得海外利益保护在各系统中以相对封闭的状态发展。这些系统彼此分离，缺乏协调，使得海外利益保护呈现"碎片化"。我

---

① 郭永良：《中国海外利益安全的实践类型及其战略指引》，《公安学研究》2022 年第 3 期。

国当前实践中，多将海外利益以主体为标准，分为国家层面的整体利益、不特定多数群体的群体利益和个体人身财产的个体利益。同时，根据不同海外利益主体所面临的风险与威胁类型，将其分为政治威胁、经济威胁、金融威胁、治安威胁等。至于风险与威胁的应对责任机构，则对应分配到外交、商务、公安、军队等多个部门之中。但是上述实践，是各机构根据职能定位或者海外利益发展需求发展的结果，并非基于整体规划和顶层设计的产物。① 各职能部门在其中的职责和边界也只是国内传统职能的延伸。但是，海外利益并非与一国主权范围内、自成体系的国内事务一一对应，对其开展保护的职能也无法完全对照国内传统职能进行切割和分工。因此就产生了另辟蹊径，找准海外利益安全保障需求，并以需求为导向实现海外利益保护体系化的现实需要。

随着我国从"富起来"到"强起来"，海外利益安全的风险呈现出覆盖性、联动性、整体性特点。这使得那些传统意义上"高相关"的海外利益保护部门与"低相关"部门的衡量标准和界限变得逐渐模糊，各自的地位与作用正发生变化，传统的职能分工面临系统性挑战：一是随着全球化的发展，国际政治、经济、安全问题与国内发展的联系日益加深，过去以国内安全为导向的部门不得不介入海外利益保护事宜。二是随着时代主题的变化，诸如全球能源资源、产业链、粮食供应等非传统议题和新型安全挑战逐渐增多，传统的外交工作已无法有效应对。三是随着个别西方国家将中国定义为战略竞争对手，大国博弈重返国际舞台，安全议题的泛化导致许多原本与安全低相关的工作事项，也逐渐在被"安全化"。显然，着眼海外利益面临的"整体性挑战"，将"威胁"就波及范围进行单维度的横向业务切割和责任分工已不可取，以海外利益的重要性为次序进行纵向观察，直面其遭遇的安全风险，是重塑资源及分配体系的当务之急。

（二）中国海外利益保护体系化的逻辑

体系化地对中国海外利益进行观察，有助于其统一自治地运行，利于其

---

① 《陶凯元提案建议构建海外利益保护和风险预警防范体系》，中国青年网，2022 年 9 月 9 日，https://txs.youth.cn/xw/202209/t20220909_13988456.htm。

稳步推进和安全发展。体系化的结果是形成系统，即"在一定范围内或同类的事物按照一定的秩序和内在联系组成的整体，是由多个系统相互集成所形成的'系统之系统'"。[①] 海外利益保护的体系化逻辑可以围绕主体、威胁、资源及其分配来架构，目标是实现海外利益保护工作的均衡、有效和可持续发展。

海外利益的主体界定是基础。只有明确界定海外利益，并对海外利益的重要程度作出排序，才能对各种风险作出准确判断，有效分配并调用可用的资源，实现对海外利益最大限度的保护。其次，对于"威胁"的界定是关键。只有明确海外利益在新时代背景下面临何种风险挑战，才能确定海外利益保护的指导思想和努力方向。最后是关于"资源及分配"。在明确威胁基础上，我国可以有针对性地强化海外利益保护的能力、配置相关资源、丰富工具箱，形成相应的制度和工作体系。

海外利益保护体系作为一个集合体，具有系统性、从属性和开放性的特点。

一是系统性。作为一个体系，海外利益保护体系的构建是从洞察主体安全需求，感知海外安全态势开始，再到根据安全态势统筹资源的统一整体。

二是从属性。海外利益安全从属于国家安全，服务于海外利益发展。换言之，海外利益保护体系是国家安全体系的组成部分，与其他领域的安全保障体系相辅相成，共同有机组成国家安全保障体系。整体而言，中国的海外利益保护体系是防御性的、温和的和渐进的，而不是进攻、霸道的，它从属于国家安全体系的总体布局和海外利益发展的现实需要，正是由于它的从属性，使得呈现出许多工具价值，而非本体价值。

三是开放性。海外利益保护体系随着海外利益安全问题的特质、类型、规模和海外利益安全目标的变化而变化。中国海外利益面临的安全威胁从海外中国人的人身安全到中资企业和项目的物理安全再到大国博弈中面临的整体性挑战，其威胁从客观安全发展到主观安全、从人的安全到综合安全、从经济安全到其他领域的安全，这就要求海外利益保护体系是开放的。

---

① 廉振宇等：《一体化国家战略体系和能力研究——概念、框架与构建途径》，《科学学研究》2022 年 6 月 22 日。

三、构建中国海外利益保护的体系框架

本文认为，可围绕"主体""威胁"和"资源分配"的逻辑，勾勒出中国海外利益保护的体系框架。

（一）主体：依照重要程度开展类型化

中国的海外利益是中国政府、企业、社会组织以及公民等行为主体通过国际交往活动而产生的、于我国主权边界之外的正当利益。其本质是一种综合利益，是多重利益互嵌互生的利益束。一方面，它是安全、发展等政治性利益和公民、组织在海外合法权益的法权性利益的共生体；另一方面，它是东道国和国籍国利益的汇合点，与东道国的本国利益存在对立统一关系，会受到国际形势、双边关系、国家治理和地区安全形势的影响，具有动态性。在法律层面，海外利益在生成、发展及其保护过程中伴随着国籍国的属人管辖权和东道国的属地管辖权之间的内在冲突。概而言之，海外利益存在空间的域外性、利益性质的政治性以及利益内容的复杂性。因为利益存在他国或者国际公域，就存在属地管辖权和属人管辖权的冲突可能；由于利益往往存在于东道国和国籍国对利益的判断权衡中，因此就可能受到政治博弈的影响；因为利益内容往往与其他要素相互交织，使得利益本身呈现出复杂性。合法困境、权力边界和资源配置是理解海外利益的基本问题，正因为面临着与国内异质的问题，所以，保护海外利益充满着多元化的挑战。

海外利益的维度及面临的挑战

维度	特点	问题与挑战
空间	域外性	合法困境
性质	政治性	权力边界
内容	复杂性	资源配置

正是由于海外利益是存在多元内容的、对立统一的利益束，因此就要确定一定的利益位阶，明确利益的排序，使得存在利益冲突时，更为重要的利益优先得到保护或实现。可将海外利益需求分为不同的层级：

第一层级——也就是最高层级，着眼于主体在海外的基本生存，即海外利益载体的物理安全——"海外生存利益"，如关系到人民生命安全、国家政治制度和经济生活长期稳定的利益，是我国最根本的利益。

第二层级"海外重大利益"——包括国家的发展利益、共建"一带一路"、粮食能源资源供应、产业链供应链安全等在内，是确保国家发展的关键。例如，我国三分之二的石化能源需求不能自给，需要进口，中国对海洋运输线的依赖以及海洋通道对中国未来发展战略的重要性与日俱增。

第三层级"海外主要利益"——海外的重大项目合作、海外公民（境外机构工作人员、境外项目员工、旅客、学生等）的身体健康、基本的自由和身份、人格等权利、境外企业的公平的投资经营等经济权利以及境外机构按照国际法对等开展工作等形成的利益。

第四层级"海外一般利益"——如在不违反东道国法律制度和本土文化的前提下，按照自己传统生活、企业按照自己的企业文化进行运营，获得相互尊重并获得平等对待（非选择性执法）的权利以及在当地获得可持续发展、实现自我价值的权利等。

（二）威胁：对海外风险的具体感知

根据海外利益不同的类别，其面临的风险与挑战各不相同。[①] 对于战略性海外利益和非战略性海外利益，其面临挑战的属性和内容不尽相同，须区别对待、分类应对。关于海外生存利益，针对公民个体的绑架、抢劫以及有组织犯罪等暴力带来的人身安全风险。其中，绑架和恐怖袭击最为典型。对于海外战略通道而言，长距离的海外战略通道不仅容易遭受来自海盗的侵袭，还有来自

---

① 现有文献对中国海外利益面临政治风险、暴力风险、社会治安风险、负面舆论风险等进行了横向探讨，但是鲜见针对海外利益重要程度进行的位阶排序。

大国博弈的潜在挑战。[①] 对于海外利益攸关区而言，我国建设明显具有地缘辐射影响和重要战略价值的战略支点面临大国博弈带来的政治、军事以及混合斗争（hybrid warfare）等风险和挑战。

在海外重大利益方面，当前我国粮食和能源资源供应面临挑战。随着地缘政治冲突加剧、国际粮价大幅波动，再加上极端天气频发，粮食产量下降，粮食"保护主义"愈演愈烈。世界各主要大国围绕粮食安全和能源资源问题开展了激烈博弈，应对此类安全挑战，对我国监测预测全球主要粮食作物产量、参与当地产业链、促进共同粮食安全，以及提升能源安全和保障水平，提出了更高要求和更严峻的挑战。此外，产业链供应链面临的安全挑战。在当前国际政治经济环境下，产业链安全面临供应链节点危机外溢、地缘政治博弈以及人类气候变化的多重影响和挑战，供应链脆弱性加剧。

海外主要利益包括海外重大合作项目和海外重要的机构、设施。它们在当前国际环境下面临挑战。就全球分布来说，欧洲国家风险相对较低，北美洲国家的经济、政治和社会文化方面的风险较高，亚洲、南美洲和非洲地区国内治安和营商环境风险较高，而且受大国博弈的影响较多，海外重大合作项目的投资、建设和运营容易受到影响。此外，我国驻外领事馆以及其他政府驻外机构面临恐怖主义等暴力犯罪的挑战。

海外一般利益主要涉及海外的人文交流以及双多边合作等，海外一般利益并不意味着可有可无，它与其他利益叠加共生，在特定情况下会演化为柔性利益，以"软实力"的途径影响其他利益的发展。

（三）资源及分配：统分结合

显而易见，海外利益保护资源及其分配是一个动态系统，随着海外利益安全内涵和结构的变迁而变化。这就决定了不同历史时期、不同国家模式下的海外利益资源及其分配大相径庭。如前所述，我国现行的海外利益保护是建立在职能分工基础之上，海外利益保护带有浓厚的部门色彩。按

---

① 梁芳：《美国控制海上战略通道的理论实践与启示》，《中国海洋大学学报（社会科学版）》2019 年第 5 期。

照条块分割进行的传统路径，固然有其便于个案处理、日常管理的优势。但对宏观的战略把握和力量协调明显不足，不适应风险社会海外发生的覆盖性风险挑战。因此，思考在国家层面从宏观上权衡海外利益之间的位阶序列及其因果联系，从大局去观察海外利益的发展动向和资源配置，就变得尤为重要。

从海外现实来看，海外复杂环境下，要完成具有综合性特征的安全保障任务，就必然产生统筹协调的现实需求。海外突发事件的发生，更显科层制之不足。应对重大海外利益突发事件的资源需求峰值往往超过了已有的海外利益保护相关部门和机构的制度化资源储备能力，需要非制度化行动主体的积极参与，通过增强保障资源的方式提升海外应急管理的水平。

因此，可以说统筹是海外利益保护的根本属性之一，是我国面临风险社会的必然选择。统筹的目的是实现海外应急诸多子系统（外交、企业、个人等）或要素（人员、财力、物质等）之间交互作用而形成有序的"连接、合作、协调及同步"。①

质言之，体系化路径下的资源及其分配与传统模式的分工为主、协调为辅显著不同，要按照"统分结合"方式开展，也就是统筹为主、分工为辅。一是实现组织层面的统分结合。对于海外重大风险，可在中央国家安全委员会设置重大海外突发事件应急协调机构，对关系海外利益发展的重大突发事项进行讨论研究和统筹决策，并统一领导可能涉及的中央与国家有关部门。对于一般性的突发事件，按照职能分工负责的机制进行应对处置。二是行动层面的统分结合。要打通驻外使领馆、中资海外项目和机构等海外相关行为主体与国内相关职能部门和智库等社会组织的信息壁垒，完善海外应急协同的信息共享、风险沟通和联合行动机制建设，做到重大海外突发事件信息实时共享。三是资源层面的统分结合。统筹涉及海外利益保护职能部门的应急物资储备和海外资源优势，解构当前各部门在海外应急方面的组织文化的异质性，提高多主体资源协同的效率。

---

① 张立荣等：《协同治理与我国公共危机管理模式创新——基于协同理论的视角》，《华中师范大学学报（人文社会科学版）》2008年第2期。

四、推进中国海外利益保护体系化转型的可行路径

当前，在急迫的海外利益安全保护实践中，如何贯彻系统思维，体系化构建海外利益保护，为海外利益保护提供实践指引，显得尤为重要，为此我们要着力思想体系的形成、制度体系的健全和安保能力的培育。

（一）形成中国海外利益保护的思想体系

习近平总书记关于海外利益保护的重要论述，为海外利益保护工作的开展提供了根本遵循，亟待系统学习贯彻落实。中国海外利益保护的思想体系要回应两方面的问题：一是在国际上，展现我国对海外利益保护的基本态度和主要立场，特别是展现中国在互不干涉内政等和平共处五项原则基础上如何保护海外利益，创新发展中国家保护海外利益的方法路径和观点理论，向国际社会提出我国保护海外利益的"中国方案"，解答一些国际上对中国做法的疑惑，与抹黑中国海外利益保护措施的言论作斗争；二是在国内，系统指导涉及海外利益保护工作的部门、社会组织和个体如何履行海外利益保护职责、如何参与海外利益保护工作、如何动员社会各界力量献智献力，形成保护海外利益的"中国合力"。

（二）健全中国海外利益保护的制度体系

思想体系是制度体系的方向指导，制度体系是思想体系的主要载体。制度体系以其海外利益保护领导体制机制法制政策贯彻落实海外利益保护思想体系的内容，呈现海外利益保护的总体布局。

就体制而言，海外利益保护要坚持党中央对海外利益安全工作的集中统一领导，坚定不移贯彻中央国家安全委员会主席负责制，完善高效权威的国家安全领导体制，全面落实国家安全责任制，贯彻落实党中央对海外利益安全的决策部署。

就机制而论，包括构建海外利益安全工作协调机制，完善风险监测预警、重要专项协调指挥、海外应急管理，国家安全审查和监管、危机管控机制、重点领域安全保障等机制体系的内容。

就法律制度而言，主要包括《党委（党组）国家安全责任制规定》《中国共产党领导国家安全工作条例》等涉及国家海外利益安全保护的"党规"以及"宪法＋国家安全法＋海外利益保护专门性立法＋散布于各部门法或单行法中有关海外利益保护的规定"为核心的四级国家安全法律体系等"国法"。当前，重点要加强涉外法治工作战略布局，健全反制裁、反干涉、反"长臂管辖"机制。

就政策而论，是指依循涉外法治体系的规则原则，根据形势变化需要，涉及海外利益保护有关部门制定的相关政策。例如，2010 年 8 月 13 日，商务部会同外交部等印发《境外中资企业机构和人员安全管理规定》，该规定对保护境外中资企业机构和人员的安全，促进对外投资合作业务的可持续发展，保障"走出去"战略的顺利实施起到了重要指导作用。此类政策较多，但还较为零散，亟待体系观察和系统研究。制度体系是中国海外利益保护体系的重点，它回应的是海外利益保护的顶层设计、重点领域和资源分配的问题。

（三）建设中国海外利益保护能力培育体系

在全球性时代，保护海外利益安全的能力除了能够维护海外利益稳步推进和发展之外，还包括与特定任务相匹配的能力建设内容。当前，我国海外利益保护能力建设的内容主要包括安全环境塑造能力、建设性介入能力、关键技术研发能力、实力转化能力等内容。

中国海外利益发展面临的外部安全环境压力既有基于中国崛起大势的守成大国、地区强国、新兴崛起国的阻碍，同时也有中国海外利益发展本身面临的安全环境压力，如中小国家的博弈、部分东道国家的政治动荡、非传统安全因素等影响，因此培养安全环境塑造能力和建设性介入能力至关重要。同时，新时代科学技术深刻影响国家前途命运，通信技术、量子技术和人工智能等关键核心技术对保障国家安全具有十分重要的意义，关键技术研发能力对中国走向太空、深海、极地等领域并有效维护特定空间的海外利益，远程投放乃至预置海外保护力量，具有重要支撑意义。

此外，海外利益安全并不是纯粹意义上的外部问题。全球化以来，"海外"与"国内"的两分法已不具现实意义，国内安全与海外利益安全相互交织，联动性上升，国家利益的内部化趋势和外部化特征均有明显拓展。海外利益保护早已超越了传统的武力或者暴力路径，而发展为运用文化、经济、心理、政策等软实力的路径，通过交流、贸易、合作等柔性手段和巧实力实现海外利益的综合保护。为此，在国际上，我国除了打造基于硬实力的"结构性领导力"，还要打造基于软实力的"知识性领导力"，[①] 加强实力转化能力的建设。

---

① 唐世平：《国际秩序变迁与中国的选项》，《中国社会科学》2019 年第 3 期。

"一带一路"涉外（国际）法治
教育与文化

浅论涉外法治人才统筹协同培养

张　亮　　陈希聪*

摘　要：涉外法治人才培养在我国涉外法治工作中具有基础性地位。我
　　　　国涉外法治人才培养已取得阶段性成果，但仍存在诸多待完善
　　　　之处，包括涉外法治实务部门间缺乏统筹导致人才培养协作性
　　　　不足等诸多方面。应当直面因统筹不足、协同不畅制约涉外法
　　　　治人才培养的现实困境，遵循人才统筹协同培养机制的主要思
　　　　路，从明确责任主体统筹开展人才培养工作、完善多元主体协
　　　　同参与人才培养的机制，协同高校教育优势和加强涉外法治理
　　　　论研究。在此基础上充分运用"一带一路"、粤港澳大湾区等涉
　　　　外法治人才培养的平台资源，构建我国涉外法治人才统筹协同
　　　　培养机制，助力形成涉外法治工作大协同格局。

关键词：涉外法治；人才培养；统筹协同

　　党的二十届三中全会提出，法治是中国式现代化的重要保障。完善推进法治社会建设机制，加强涉外法治建设。[②] 加快涉外法治人才培养，是加强我国涉外法治建设、提高我国涉外法治水平的关键一环。早日培养出一批政治立场坚定、专业素质过硬、通晓国际规则、精通涉外法律实务的涉外法治人才，应

---

* 张亮，法学博士，中山大学法学院教授、中山大学涉外法治研究院院长；陈希聪，中山大学法学院博士研究生。

② 《中国共产党第二十届中央委员会第三次全体会议公报》，中国政府网，https://www.gov.cn/yaowen/liebiao/202407/content_6963409.htm。

从更好统筹国内国际两个大局、更好统筹发展和安全的高度，直面目前涉外法治人才培养工作的短板弱项，尽快形成涉外法治人才的统筹协同培养机制，为中国式现代化行稳致远营造有利的法治人才条件。

一、涉外法治人才培养工作中的"统筹协同"

党的十八大以来，以习近平同志为核心的党中央对全面依法治国作出系列重要论述，高度重视加强涉外法治建设。2020 年 11 月，中央全面依法治国工作会议正式确立习近平法治思想在全面依法治国中的指导地位。[1] 在习近平法治思想核心要义的"十一个坚持"中首次创新地提出"坚持统筹推进国内法治和涉外法治"。习近平总书记指出，要坚持统筹推进国内法治和涉外法治。要加快涉外法治工作战略布局，协调推进国内治理和国际治理，更好维护国家主权、安全、发展利益。要强化法治思维，运用法治方式，有效应对挑战、防范风险，综合利用立法、执法、司法等手段开展斗争，坚决维护国家主权、尊严和核心利益。要推动全球治理变革，推动构建人类命运共同体。[2]2022 年 10 月，党的二十大报告强调，加强重点领域、新兴领域、涉外领域立法，统筹推进国内法治和涉外法治，以良法促进发展、保障善治。[3]2023 年 11 月，习近平总书记在主持中共中央政治局就加强涉外法制建设进行第十次集体学习时强调，涉外法治工作是一项涉及面广、联动性强的系统工程，必须统筹国内和国际，统筹发展和安全，坚持前瞻性思考、全局性谋划、战略性布局、整体性推进，加强顶层设计，一体推进涉外立法、执法、司法、守法和法律服务，形成涉外法治工作大协同格局。[4]2024 年 7 月，党的二十届三中全会审议通过的《中共

---

① 《习近平法治思想学习纲要》，人民出版社、学习出版社 2021 年版，第 7 页。
② 习近平：《论坚持全面依法治国》，中央文献出版社 2020 年版，第 5 页。
③ 习近平：《高举中国特色社会主义伟大旗帜 为全面建设社会主义现代化国家而团结奋斗——在中国共产党第二十次全国代表大会上的报告》，人民出版社 2022 年版，第 47 页。
④ 《习近平在中共中央政治局第十次集体学习时强调：加强涉外法制建设 营造有利法治条件和外部环境》，中国政府网，https://www.gov.cn/yaowen/liebiao/202311/content_6917473.htm。

中央关于进一步全面深化改革、推进中国式现代化的决定》（以下简称《决定》）中明确指出，加强涉外法治建设。建立一体推进涉外立法、执法、司法、守法和法律服务、法治人才培养的工作机制。①

习近平总书记关于涉外法治工作的系列重要论述，内容丰富、体系完备、逻辑严密，为涉外法治人才统筹协同培养提供了根本遵循。党的十八大以来，以习近平同志为核心的党中央把统筹协调作为一种重要方法来强调和坚持。②习近平总书记强调指出，推动好一个庞大集合体的发展，一定要处理好自身发展和协同发展的关系。③从坚持统筹推进国内法治和涉外法治到形成涉外法治工作大协同格局，体现了涉外法治工作为涉及面广、联动性强的系统工程，"统筹协同"是涉外法治工作中应当坚持的科学方法论。涉外法治人才培养之于我国涉外法治建设具有重要意义，形成涉外法治人才的统筹协同培养，既有利于推动我国涉外法治工作大协同格局构建，也有利于统筹推进国内法治和涉外法治工作。涉外法治人才培养任务、难度和不确定性比培养国内法治人才要大，培养周期更长，培养过程相对更复杂。这要求我们把涉外法治人才培养作为一项系统工程，投入更多的资源，形成整体合力。④

二、统筹不足、协同不畅制约涉外法治人才培养

涉外法治人才培养是一项庞大的系统工程，是涉外法治工作大协同格局中的关键一环，既涉及制度政策的顶层设计，也涉及多部门间的协同合作。近年来我国涉外法治人才培养已取得显著的成绩，应从"摸着石头过河"阶段向"系

---

① 《中共中央关于进一步全面深化改革、推进中国式现代化的决定》，中国政府网，https://www.gov.cn/zhengce/202407/content_6963770.htm?sid_for_share=80113_2。

② 董振华：《运用好统筹兼顾科学方法论》，https://baijiahao.baidu.com/s?id=16607382651028037 44&wfr=spider&for=pc，人民网，2020 年 3 月 10 日。

③ 《习近平著作选读》第二卷，人民出版社 2023 年版，第 159 页。

④ 肖永平：《坚持上下联动、内外协同破解涉外法治人才培养难题》，《民主与法制》2024 年第 18 期。

统整体设计推动改革"转变，直面在涉外法治人才培养机制顶层设计与基层实践中统筹不足、协同不畅的问题。当前涉外法治人才培养工作中的制约因素如下：

（一）涉外法治实务部门缺乏统筹导致人才培养协作性不足

改革开放以来，我国涉外法治人才培养经历了自下而上的实践探索到自上而下的强力推进。[①] 特别是，中共中央发布《法治中国建设规划（2020—2025年）》以来，为落实其中明确提出的"加大涉外法治人才培养力度，创新涉外法治人才培养模式"要求，中央出台了不少有助于创新涉外法治人才培养的政策文件。包括《关于加快高校涉外法治人才培养的实施意见》《关于实施法律硕士专业学位（国际仲裁）研究生培养项目的通知》《关于加强新时代法学教育和法学理论研究的意见》等。涉外法治人才培养是涉外法治工作的重要内容，涉外法治人才培养的主体包括教育部门、外交部门、商务部门、司法机关、仲裁机构、企业、律师事务所等诸多实务部门。参与涉外法治人才培养工作的政府部门之间既有平行关系，也有隶属关系，但是缺乏统筹指导机构。此一现状导致涉外法治实务部门之间协同不畅，出现了涉外法治人才培养利好政策难以落实、人才政策可操作性不强、优质涉外法治人才资源无法有效对接社会需求等问题。

（二）涉外法治实务部门与高校共建共享机制不畅

对培养涉外法治人才要坚持立德树人、德法兼修，加强学科建设，办好法学教育，完善以实践为导向的培养机制，早日培养出一批政治立场坚定、专业素质过硬、通晓国际规则、精通涉外法律实务的涉外法治人才。[②] 中共中央办公厅、国务院办公厅印发的《关于加强新时代法学教育和法学理论研究

---

① 肖永平：《坚持上下联动、内外协同破解涉外法治人才培养难题》，《民主与法制》2024 年第18 期。

② 《习近平在中共中央政治局第十次集体学习时强调：加强涉外法制建设 营造有利法治条件和外部环境》，中国政府网，https://www.gov.cn/yaowen/liebiao/202311/content_6917473.htm。

的意见》指出，要"完善涉外法学相关学科专业设置""加快培养具有国际视野、精通国际法、国别法的涉外法治紧缺人才"。① 专业素质过硬、通晓国际规则、精通涉外法律实务的涉外法治人才属于高端人才，其培养是一个系统工程，理论基础和实践经验都不可或缺。因此需要高端实务平台的培养以及高端业务的反复锤炼。高校与涉外法律实务部门的协同共建有利于精通国际法、国别法等高层次涉外法治人才的培养和涉外法治人才后备力量的补充。但目前高校与涉外立法机构、政府部门、司法机关和涉外企业等涉外法律实务主体的协同育人机制仍存在堵点。实践中的障碍与不足表现在：一是立法、执法、司法部门和企业法务人员等在高校任兼职导师、合作开课和讲座等，受制于人事制度难以开展；二是从事涉外法治人才法学教育和法学研究的高校教师赴涉外法治实际工作部门调研、挂职或研修的渠道不畅；三是有志于从事涉外法治职业的学生到实务部门实习等机制尚不完善，导致法科毕业生从事涉外业务的转化率低。

（三）未充分利用"一带一路"、粤港澳大湾区涉外法治资源

涉外法治人才培养与"一带一路"、粤港澳大湾区高质量建设相辅相成，"一带一路"、粤港澳大湾区高质量建设需要涉外法治人才作为智力支撑，涉外法治人才培养需要"一带一路"、粤港澳大湾区等涉外法律实务资源作为实践平台。

"一带一路"国际合作已吸引150多个国家和30多个国际组织参与。② 在尊重彼此发展差异的基础上，促进法律、政策、标准的兼容与互认，能为涉外法治人才培养提供一线的法律实践平台。在推进"一带一路"高质量发展的国际合作中，我国的高等教育涉外法治专业课程设置长期以来拘泥于大陆法系、英美法系国家法律制度的知识传授，忽视伊斯兰语系、斯拉夫语系以及南亚语

---

① 《关于加强新时代法学教育和法学理论研究的意见》，https://www.gov.cn/gongbao/content/2023/content_5745286.htm。

② 人民网：《建设开放包容、互联互通、共同发展的世界》，http://jhsjk.people.cn/article/40098617。

系国家法律制度的知识传授,由此带来这些领域法治人才的巨大缺口。[①] 就现状而言,我国涉外法治人才队伍中具备英美法系知识的人才数量相对较多,相较之下紧缺具备"一带一路"沿线国家相关法律体系知识的人才。在与"一带一路"相关的涉外法律服务方面,法律服务"走出去"虽已成为趋势,但高质量的涉外法治人才供给仍然不足。

就粤港澳大湾区建设而言,港澳地区的高校资源、司法经验、法律服务行业的资源总量和整体水平已与国际接轨,粤港澳大湾区具有打造涉外法治人才高地的天然优势。然而,因政策的滞后性,内地高校与港澳高校法学院的教育资源共享机制、高校间的互换和课程互选等交流平台尚不健全。目前仅有少数高校尝试引进港澳实务师资及实践资源。在涉外法治工作队伍方面,公职人员受制于繁琐的出境交流审批程序,涉外司法执法人员与港澳相关部门之间的培训和交流有待深化,现阶段尚未充分发挥地缘区域优势,司法人员对港澳地区的法律尤其是香港地区的普通法知识的体系化掌握尚需加强。涉外法律服务方面,目前,港澳地区的律师事务所在内地设立办事处或成立联营机构的数量相对较少。同时,已取得粤港澳大湾区律师职业资格的律师在内地执业尚处于起步阶段。这些因素导致港澳地区的涉外法律服务资源与内地涉外法治人才的培养之间尚未形成有效的互动机制。

三、涉外法治人才统筹协同培养的主要思路

为应对统筹不足、协同不畅等制约我国涉外法治人才培养高质量开展的困境,在涉外法治人才培养工作中应当准确把握"统筹协同"的方法论,坚持党的领导,以国家利益及市场需求为导向,秉持分层分级、培养梯队化涉外法治人才队伍的主要思路。

[①] 徐汉明、谢欣源:《以习近平"一带一路"法治保障重要论述为引领加快创新涉外法治人才培养体制机制》,《法治现代化研究》2023 年第 7 期。

（一）加强涉外法治人才统筹协同培养要加强党的领导

涉外法治人才培养要坚持正确的政治方向，将习近平新时代中国特色社会主义思想贯穿于培养机制的各个环节。必须以习近平法治思想为指导，将其核心要义、精神实质、丰富内涵、实践要求贯穿于涉外法治人才培养的各个环节，将社会主义法治建设的伟大成就经验转化为优质培养素材。要及时更新培养内容、完善培养体系、改进培养方法、提高培养水平，帮助培养对象学深、悟透、做实，增强政治认同、思想认同、理论认同、情感认同，坚定中国特色社会主义道路自信、理论自信、制度自信、文化自信。

习近平总书记关于统筹国内国际两个大局、统筹国内法治和涉外法治、加强涉外法治人才培养等重要论述，应当贯穿涉外法治人才培养机制的始终。习近平总书记在中共中央政治局就加强涉外法治建设进行第十次集体学习时发表重要讲话指出，坚持立德树人、德法兼修，加强学科建设，办好法学教育，完善以实践为导向的培养机制，早日培养出一批政治立场坚定、专业素质过硬、通晓国际规则、精通涉外法律实务的涉外法治人才。[①] 鉴于党管人才是我国人才工作中的重要原则，故应当由党委相关部门来统筹涉外法治人才的培养工作，其他相关部门、机构或组织服从统筹安排。在涉外法治人才培养上，各部门应各尽所能、相互配合。涉外法治人才对我国国家安全、对外关系、经贸往来等具有关键作用，因此培养选拔过程中必须强调要求涉外法治人才坚持正确的政治方向，牢牢站稳政治立场。涉外法治人才唯有在坚定中国特色社会主义法治的道路自信、理论自信、制度自信、文化自信的基础上，才能保证涉外事务的处理符合国家的根本利益，才能保证我国涉外法治水平的提高。

（二）以国家利益及市场需求为导向加强政府引导

涉外法治人才培养，不是纯粹的市场行为或商业行为。其需要国家的全局性思考和统筹安排，从而更好地服务党和国家的工作大局。全方位对接国家战

[①] 《习近平在中共中央政治局第十次集体学习时强调：加强涉外法制建设 营造有利法治条件和外部环境》，中国政府网，https://www.gov.cn/yaowen/liebiao/202311/content_6917473.htm。

略需求的框架下，在中央层面加强涉外法治人才培养的顶层设计及谋篇布局十分重要。《决定》提出，强化海外利益和投资风险预警、防控、保护体制机制，深化安全领域国际执法合作，维护我国公民、法人在海外合法权益。健全反制裁、反干涉、反"长臂管辖"机制。健全维护海洋权益机制。完善参与全球安全治理机制。[①] 我国目前急需海外利益保护、反制裁、反干涉、反"长臂管辖"、国际组织、外交事务、"一带一路"沿线国家法律等多方面的涉外法治人才。应当结合国家利益及当前国际形势，整合涉外法治实务部门、高校教育资源、企业行业资源等，以国家利益为导向为国家培养"用得到、用得好"的涉外法治人才。

同时，涉外法治人才与市场的关联度极高，涉外法律服务人才受市场化配置影响较深。因此在涉外法治人才储备及培养环节应当加强政府引导，积极对接市场需求。跨境贸易、现代物流、人工智能技术、新能源技术等领域在"走出去"的过程中遭受许多法律风险挑战，对涉外法治人才的需求扩大。这些领域的工作对于涉外法治人才而言也是一种难得的实战演练机会。我国目前涉外法律人才及储备力量集中于大陆法和英美法，需加快对"一带一路"沿线国家法律、企业合规法律实务、国际经贸规则等能为企业"走出去"保驾护航的涉外法治人才的培养。

(三) 分层分级、培养梯队化建设高层次涉外法治人才队伍

《决定》明确提出，完善以实践为导向的法学院校教育培养机制。[②] 无论是通晓国际法律规则，还是善于处理涉外法律事务，都需要较长时间的理论学习与实践经验积累。高校和涉外法律实务部门都是涉外法治人才培养的重要阵地。通过高校的法学教育打好涉外法治基础后，再到涉外法律实务部门中实战演练及反复锤炼，通过后续系统培养，才能符合高层次涉外法治人才的要求。

跨学科、复合型、能够助力国家争取国际话语权和规则制定权的法律人

---

① 《中共中央关于进一步全面深化改革、推进中国式现代化的决定》，中国政府网，https://www.gov.cn/zhengce/202407/content_6963770.htm?sid_for_share=80113_2。

② 《中共中央关于进一步全面深化改革、推进中国式现代化的决定》，中国政府网，https://www.gov.cn/zhengce/202407/content_6963770.htm?sid_for_share=80113_2。

才、涉外法律服务人才、涉外执法司法人员是涉外法治人才队伍的组成部分。各类人才的培养方案应当分层分级，形成梯队化。例如，涉外法律服务人才既要熟练掌握外语，亦要通晓国别规则、国际规则；涉外执法司法人员不仅应当通晓国内法，并且要对执法司法实践中的国际政治及国际关系等有深入的了解。在培养涉外法治人才的过程中，应当根据岗位类别、年龄层次、学科背景、法律实践经验等因素，构建涉外法治人才的分类分层培养机制，进而形成一支结构合理的涉外法治人才梯队，以实现涉外法治人才稳定有序的循环。

四、加快形成涉外法治人才统筹协同培养的具体进路

加快培养涉外法治人才，是新时代贯彻落实党和国家关于涉外法治工作战略布局的一项重要举措，在涉外法治建设中具有基础性、战略性、先导性地位。[①] 加快推进涉外法治人才培养，应当着眼于具体工作，从人才引进、选拔、使用、管理等各环节闭环培养，形成涉外法治人才大循环格局，着力提升现有涉外法治人才的素质，充实涉外法治人才储备，加快形成高层次的涉外法治人才队伍。

（一）明确责任主体统筹开展涉外法治人才培养工作

建议由中央全面依法治国委员会办公室全面统筹我国涉外法治人才培养工作，履行统筹协调、督促检查、推动落实的职责，统筹国内法治与涉外法治人才培养的顶层设计、中长期规划以及组织领导，协调司法、教育、外交等涉外法治工作相关职能部门、机构或组织开展具体工作。

同时，中央全面依法治国委员会办公室对各省委全面依法治省办公室进行指导，与各部门协作，建立跨部门工作机制，以确保中央颁布的涉外法治人才

[①] 《习近平总书记重视法治人才培养》，新华网，https://baijiahao.baidu.com/s?id=177418542538 9231196&wfr=spider&for=pc。

培养相关政策文件在地方得到有效实施。

由省委全面依法治省办统筹推进涉外法治人才的培养工作,省司法厅、省教育厅等其他相关部门、机构或组织在涉外法治人才培养工作方面服从省委全面依法治省办的统筹安排,形成跨部门工作机制,由省委全面依法治省办发挥牵头作用,组织、整合、规划、协调相关有助于涉外法治人才培养的资源,加快形成涉外法治人才培养大协同局面。

在执行层面,建议由省司法厅、教育厅加强对涉外法治人才教育工作的指导,负责落实中央涉及涉外法治人才培养、涉外法律服务的政策文件,配置专项资金、将扶持涉外法律工作发展的经费列入财政预算,督导重点市、区出台配套落实中央及各省关于涉外法治人才培养的相关举措。亦有学者提出,中央全面依法治国委员会办公室可以重点组织和协调全国范围内的涉外法治人才库,积极主动地向联合国等重要国际组织、国际司法和国际仲裁等类型的机构推荐合格的涉外法律人才。要有计划地进行高端法治人才培养国家行动计划,改变目前在国际司法程序中中国籍的仲裁员或者是有能力符合条件的国际化律师稀缺的被动局面。[1]

(二) 完善涉外法治人才多元主体协同参与培养机制

涉外法治工作是涉及面广、联动性强,需要加强顶层设计,完善涉外法治人才协同培养机制,协同多元主体参与、深化共建共享型涉外法治人才培养,形成涉外法治工作大协同格局。协同培养机制的完善,具体可考虑从如下环节着手:

一是理顺涉外法治人才交流任职机制。要进一步消除政府部门、司法部门、法律服务机构、企业、高校间的涉外法治人才交流和任职体制障碍,多部门协同培养涉外法治人才。可通过公职人员进入高校担任兼职导师、教授实务相关的课程,或是到智库开展研究,支持高校教师、涉外法律服务人才等到相关政府部门挂职、研修、锻炼,选拔派遣专业律师到"一带一路"沿线国家的中资企业提供法律服务,探索建立通过聘用制、任期制等灵活方式遴选企业的

---

[1] 莫纪宏:《以涉外法律服务优化法治化营商环境:方向与路径》,《学术前沿》2024 年第 4 期。

优秀涉外法律事务人才进入法院交流、锻炼等。

二是深化高校与涉外实务部门协同培育机制。目前教育部门、司法和行政部门等与高校签署共建涉外法治人才培训基地协议，应当切实落实协议内容。通过定向选调涉外法治人才后备力量进入政府部门，或是通过合作开展司法理论和实践研究等方面进行合作，通过长期计划与短期计划相结合的方式，运用现有资源、有针对性地培育涉外实务部门紧缺人才的后备力量。

三是简化涉外法治人才出国、出境交流程序。畅通涉外执法司法人员参与国际会议交流及学习的流程，简化高校教师参与国际交流、参与国际组织工作等方面的出国与出境审批和管理流程，创造便利条件、鼓励涉外法治人才"走出去"。

（三）协同高校教育优势和加强涉外法治理论研究

高校是构建中国特色涉外法治理论体系和话语体系的中坚力量，应当加强涉外法治理论、国际法理论等前沿理论问题及实务问题的研究。习近平总书记强调，没有正确的法治理论引领，就不可能有正确的法治实践。高校作为法治人才培养的第一阵地，要充分利用学科齐全、人才密集的优势，加强法治及其相关领域基础性问题的研究，对复杂现实进行深入分析、作出科学总结，提炼规律性认识，为完善中国特色社会主义法治体系、建设社会主义法治国家提供理论支撑。[1] 高校作为涉外法治人才培养的重要基地，需要基于自身的特点和资源比较优势来选择适合的涉外法治人才培养模式。[2]

一方面，优化高校国际法法学学科体系设置。《关于加强新时代法学教育和法学理论研究的意见》中提出要优化法学学科体系，完善涉外法学相关学科专业设置，加快培养具有国际视野，精通国际法、国别法的涉外法治紧缺人才。支持符合条件的高校开设国际法本科专业，综合性大学结合经贸专业、外语专业开展"法学＋经贸""法学＋外语""法学＋经贸＋外语"的联合培养

---

① 《习近平在中国政法大学考察时强调 立德树人德法兼修抓好法治人才 培养励志勤学刻苦磨炼促进青年成长进步》，《人民日报》2017 年 5 月 4 日第 1 版。

② 韩永红、覃伟英：《面向"一带一路"需求的涉外法治人才培养——现状与展望》，《中国法学教育》2019 年第 1 期。

专项计划以满足复合型涉外法治人才的需求。支持高校法学硕士点及博士点的申报和建设，将提高国际法学科建设水平作为涉外法治人才培养的重要支撑。加快应用型法律博士培养授权院校的招生办学，以应用型法律博士招生指标吸纳现有涉外法治人才以加强个人涉外法治理论研究能力，尽早转化为高层次涉外法治人才。

另一方面，充分发挥高校教师队伍对涉外法治理论研究的积极作用。近年来，涉外国家安全机制、涉外海洋法治、涉外投资法治、涉外税法法治、网络空间国际法治、反制裁反干涉等热点议题亟待学界深入研究，应用涉外法治最新理论指导最新实践。应当深化高校破"五唯"行动的继续执行，鼓励高校教师队伍将科研方向与国家需求紧密结合，特别是鼓励有境外学习经历、外语能力的优秀青年教师积极参与涉外法治专项研究。以高校教师队伍为依托，落实《关于加强新时代法学教育和法学理论研究的意见》中提出"建设国家亟需、特色鲜明、制度创新、引领发展的法治高端智库"的要求，积极开展高端智库课题研究，为涉外法治理论研究及运用积极出谋划策。其次，加强对专职教师队伍的培训、选拔和管理，吸引国际法、国别法等领域知名外国专家加入，推进专职教师队伍参与协助实务部门工作、助力解决涉外法治重大疑难问题，加强高校教师和实务部门人员双向交流互动，提升教师的国际视野和能力水平。[1] 另外，高校应积极组织教师队伍研讨优化涉外法学课程方案，增加对国际法、国别法、比较法等课程，提升学生对涉外法治理论研究的重视度。

（四）统筹协同"一带一路"、粤港澳大湾区涉外法治人才培养资源

习近平总书记指出，加强涉外法治建设既是以中国式现代化全面推进强国建设、民族复兴伟业的长远所需，也是推进高水平对外开放、应对外部风险挑战的当务之急。[2] 作为我国高水平对外开放的窗口，"一带一路"倡议及粤港澳大湾区规划是涉外法治建设的重要实践平台，统筹协同此类平台建设过程中

---

[1] 马怀德：《加快培养涉外法治人才》，https://baijiahao.baidu.com/s?id=1804660331604795406&wfr=spider&for=pc。

[2] 《习近平在中共中央政治局第十次集体学习时强调：加强涉外法制建设 营造有利法治条件和外部环境》，中国政府网，https://www.gov.cn/yaowen/liebiao/202311/content_6917473.htm。

的涉外法治人才培养资源，能大力促进我国涉外法治人才队伍的建设。

一方面，协同"一带一路"沿线国家的法律服务需求锻炼涉外法治人才实践能力。涉外法律服务是涉外法治工作的重要环节，涉外法律服务人才依托"一带一路"平台交流学习。当前和今后一段时间，做好涉外法律服务工作，不论是为"请进来"的外商和外国公民提供中国法律服务，还是为"走出去"的海外中国企业和公民提供驻在国法律或国际法的法律服务，合格的法治人才队伍是第一位的。[①] 中华全国律师协会发起成立了"一带一路"律师联盟，截至 2023 年年底，"一带一路"律师联盟已覆盖 54 个国家和地区，联盟境内外会员总数已经达到 2600 多个，搭建了共建"一带一路"国家律师交流平台。应利用已初步搭建的涉外法律服务交流平台，在司法和行政部门的支持下形成常态化律师跨国交流机制前往"一带一路"沿线国家律师事务所访学，鼓励我国律师事务所在"一带一路"沿线国家设立分支机构，逐步为我国培育多所擅长处理"一带一路"沿线法律事务的国际一流法律服务机构。依托"一带一路"做好涉外仲裁人才、涉外商事调解人才等涉外法律服务人才的培育工作，协同沿线国建立实践为导向的涉外法律服务人才培训基地。

另一方面，粤港澳大湾区内"一国两制三法域"的特点有利于培养涉外法治人才。要充分发挥此优势。粤港澳大湾区内社会主义法系、英美法系、大陆法系三种法系交融，依托港澳地区高校办学资源、简化内港澳三地涉外法治人才交流机制、畅通法律服务行业交流机制，有助于涉外法治人才队伍建设，激活高层次涉外法治人才潜力。建议由教育部确定一定数量的内地高校与港澳地区高校合作开展涉外法治人才专项学位联合培养计划，先行先试互相引入师资、教材、电子数据库等，借助港澳地区高校在英美法系、大陆法系教学方面的资源培养涉外法治人才。在人才交流机制方面，为增进粤港澳三地涉外司法执法人员之间的沟通与合作，建议先行开展试点项目，可考虑以北京、上海、喀什、福州、厦门、广州、深圳、珠海等城市为样本，进行涉外法律公职人员赴港澳地区交流的简化审批流程试点工作。畅通行业互通机制方面，要加强大湾区法律服务行业的沟通联系，进一步完善粤港澳律师事务所合伙联营模式。借助司法部关于延长港澳律师在大湾区内地九市执业试点期限三年的政策

---

① 莫纪宏：《以涉外法律服务优化法治化营商环境：方向与路径》，《学术前沿》2024 年第 4 期。

机遇，内地与港澳地区共同致力于提升港澳律师对内地法律实务操作能力的培养，可充分发挥港澳律师在加强我国涉外法治人才队伍建设方面的资源优势。

五、结语

涉外法治人才统筹协同培养是深入贯彻习近平法治思想的重要举措。涉外法治人才培养是一项长期性、系统性的工程，在涉外法治人才培养工作中坚持"统筹协同"这一科学方法论，在中央强有力的统一筹划下，由多元主体参与形成"涉外法治人才培养共同体"，为涉外法治工作大协同格局提供强有力的人才支撑，为推进中国式现代化建设提供强有力的法治保障。

国有企业与涉外法治人才协同培养

张建军 等*

摘　要：涉外法治建设是一项涉及面广、联动性强的系统工程。涉外法
治人才在涉外法治工作中具有基础性地位和作用，涉外法
治人才培养是涉外法治体系工作的关键一环。国有企业既是涉外法
治人才的需求者，也是涉外法治人才协同培养的重要力量。与
高等院校、司法和行政机关以及相关行业协会相比，国有企业
在涉外法治人才培养方面具有独特优势。充分发挥国有企业在
涉外法治人才协同培养中的作用，对培养实用型的涉外法治人
才具有十分重要的意义。国有企业在涉外法治人才协同培养中
的独特路径和方式方法有待充分挖掘。

关键词：国有企业；涉外法治人才；协同培养；实践培养

涉外法治作为中国特色社会主义法治体系的重要组成部分，事关全面依法
治国，事关我国对外开放和外交工作大局。党的二十大报告明确指出，加强重点
领域、新兴领域、涉外领域立法，统筹推进国内法治和涉外法治，以良法促进发
展、保障善治。党的二十届三中全会通过的《中共中央关于进一步全面深化改革、
推进中国式现代化的决定》进一步指出，加强涉外法治建设。建立一体推进涉外
立法、执法、司法、守法和法律服务、法治人才培养的工作机制。我国正积极开

---

* 张建军，浙江省海港投资运营集团有限公司副总法律顾问、法务合规中心主任；杜谨汐，宁
波远洋运输股份有限公司律师；莫海君，浙江海港国际贸易有限公司律师、行政主管；王文
静，浙江省海港投资运营集团有限公司律师。

展"一带一路"建设、积极参与各类国际合作，参与全球治理和涉外法治建设，致力于构建人类命运共同体。法治人才既是法治建设的重要组成部分，也是法治建设的重要力量。加强涉外法治人才培养是加强涉外法治建设的关键。涉外法治人才培养是涉外法治建设的基础和重要保障，对服务"一带一路"建设、参与全球治理和涉外法治建设、推进国际法新文科建设等都具有十分重要的意义。[①]

涉外法治人才和队伍作为涉外法治建设的重要内容和重要组成部分，在涉外法治建设中具有基础性、先导性、源头性的地位和作用。为贯彻落实党中央、国务院关于加快推进涉外法治人才培养工作的决策部署，经商中央依法治国办，2023 年 3 月，教育部办公厅印发《关于开展涉外法治人才协同培养创新基地建设的通知》，在全国开展涉外法治人才协同培养创新基地建设工作，首批诞生了 51 个国家级创新基地，各省（自治区、直辖市）也同步培育一批省级创新基地。创新基地建设过程中，许多国有企业是涉外法治人才协同培养创新基地的共建单位。

一、国有企业在协同培养中的地位和优势

国有企业是中国特色社会主义的重要物质基础和政治基础，是党执政兴国的重要支柱和依靠力量，[②] 也是实施或参与实施国家战略的中坚力量。在涉外法治方面，国有企业既是涉外法治人才的迫切需求者，也是涉外法治人才协同培养的积极参与者，具有独特的地位和优势。

（一）国有企业对涉外法治人才的需求

国有企业在参与共建"一带一路"，特别是在"走出去"以及与国际商业

---

① 刘晓红：《以习近平法治思想为引领加强涉外法治人才培养》，《法治日报》2021 年 1 月 20 日第 9 版。

② 《习近平著作选读》第一卷，人民出版社 2023 年版，第 513—514 页。

伙伴的合作过程中，都可能会涉及多国法律、多个法系、各种纠纷解决方式，因此，在商业合作、投资布点、合规运营、纠纷解决等每个方面，每个环节都需要有涉外法治人才提供专业的、高水平的涉外法治支撑和保障。

第一，商业合作中的需求。在经济全球化进程中，国家间商业合作日益频繁和多样化。即使在国内，国有企业的商业活动也必然会与国外商家有着千丝万缕的联系。譬如与国外企业进行商业活动，又譬如生产产品可能会用到国外的专利技术等等，更遑论直接到国外开展商业活动了。在海外经营的日常活动中，需要涉外法治人才来协助办理各种法律手续，完成各种法律程序。在境外项目和境外业务中，合规管理尤为重要，国有企业需要全面梳理各项经营管理活动的合规风险，需要涉外法治人才来建立合规管理体系、标准、指引等，并全过程参与境外合规管理。

第二，投资布点中的需求。国有企业国际化进程在加快推进中，特别是国有企业参与共建"一带一路"，"走出去"投资布点在加速加量。因此，国有企业需要有涉外法治人才来做项目尽职调查，研究东道国（或地区）的投资环境、法律规定、市场准入或禁入，以及司法体制、税收监管、环保和劳工政策等方面的规定。另外，应对可能存在或新发的各种壁垒，涉外法治人才发挥着重要作用。在设计境外投资布点的最优方案和最佳架构方面，需要涉外法治人才来处理各种法律问题。涉外法治的加入，是国有企业"走出去"实现投资效益最大化和风险最小化的必然保障。

第三，纠纷解决中的需求。国际商事活动中，纠纷在所难免。不同国家（地区）的商事纠纷解决机制、所用的程序法、准据法的选择规则、裁决在他国的承认和执行等规则可能存在差异。涉外纠纷解决，既是国有企业依法维护自身利益的最有效手段，也是考验涉外法治人才经验、能力和技巧的试金石。因此，国有企业需要有涉外法治人才在商事活动开展时就预先选择好纠纷解决机制、机构、地点，预先选择程序规则、准据法，预先研判裁决得到相关国家（地区）承认和执行的结果。在纠纷解决过程中，又需要涉外法治人才与境外律师同台竞技，善于利用各种规则和争议解决技巧，以争取最有利最公平的裁决结果。

综上观之，国有企业所需要的涉外法治人才的基本素质和要求同样是：系统掌握国内法律专业知识，熟悉国际法律规则和世界主要国家法律制度，掌握国内、国际和主要国家基本诉讼程序和仲裁业务,具备熟练掌握涉外法律检索、法律文书制作、法律谈判、法庭辩论、国内国际非诉讼业务以及处理各种法律事务的专业能力,具有熟练运用外语的能力。[①] 这与国家培养涉外法治人才的总体目标是一致的。

(二) 国有企业在协同培养中的优势

在涉外法治人才协同培养中,国有企业与其他共建方存在共同优势,但相比之下也凸显出许多独特优势,其中最突出的就是实践、窗口和战略三个方面。

1. 实践优势

习近平总书记强调,要以实践为导向培养一批涉外法治人才。[②] 以实践丰富认知,以实践提升能力,这样才能够形成完善的知识储备和强大的行动能力,更好地提升把握和运用涉外法治客观规律的本领。[③] 在涉外法治人才协同培养方面,国有企业有如下几个方面的实践优势:

第一,全场域培养。高校的实践主要在于教学、科研、短时间的外出实践等,立法机关、行政机关和司法机关主要拥有在立法、执法、司法方面的场域实践。毋庸讳言,这些机构机关的实践场景都存在一定程度的局限性。如司法机关裁判案件,遵从的是"不告不理"原则,实践范围一定程度局限于"告"的范围。相比而言,国有企业强大的资源整合能力与产业覆盖面,可以为涉外法治人才的培养提供丰富多样且极具行业深度的实践场景,涵盖多主体和业务全场域是国有企业的突出优势。譬如,在劳动者个体层面,为涉外人员提供涉及劳动权益保护、薪酬福利、工作环境与安全等方面的涉外法律服务;在企业主体层面的投融资和日常经营管理活动中,涉及涉外法治保障;在参与国际主

---

① 《习近平法治思想概论》,高等教育出版社 2021 年版,第 235 页。

② 《习近平在中共中央政治局第十次集体学习时强调 加强涉外法制建设 营造有利法治条件和外部环境》,《人民日报》2023 年 11 月 29 日第 1 版。

③ 单文华:《以实践为导向 完善涉外法治人才培养机制》,《民主与法制》2024 年第 24 期。

体交流活动层面，国有企业在国际合作、国际组织交往、跨国并购与联盟等活动中，上述活动都可以为涉外法治人才提供多主体和业务全场域的实践场景。

第二，全面合规培养。协同培养中的其他各共建方也推行合规改革，但都有其局限性。如法院的合规改革，一般只体现在案件中；行业主管部门的合规管理主要是合规引导，而非合规实践。而国有企业推行的是"全面合规、全程合规、全员合规"的管理理念。面对日益严格的国际合规监管环境，国有企业更是高度重视合规管理工作，将合规要求贯穿于企业经营管理的各个环节、各个方面和各个业务流程。通过参与企业内部的合规管理体系建设、合规风险评估、合规审查等实践工作，涉外法治人才能够在实践中不断提升合规管理水平。

第三，复合应用培养。国有企业作为"用人单位"涉及各种工作场景，要求涉外工作人员在掌握扎实的法律专业知识的同时，还要掌握外语、国际贸易、金融、管理等多领域的知识和技能。国有企业的商务实践，往往是法务、财务、商务、工程、人力资源等"多兵种作战"，能够为涉外法治人才的成长提供多领域、多专业、多文化的实践机会。通过跨领域的学习和实践，培养既懂法律又懂业务、既通外语又通国际规则的复合型人才。应用型人才也是国有企业涉外人才培养方向之一，解决国有企业实际工作中的问题，保障国有企业权益，助力企业提升核心竞争力也是国有企业培养涉外法治人才的题中之义。通过培养应用型人才用创新思维和实践能力解决问题，国有企业能够迅速适应市场变化，有效解决实际问题，提升整体运营效率和市场竞争力，更好地应对国内外经济和技术创新的复杂挑战。

2. 窗口优势

国家间生产要素的自由流动是世界经济发展的源动力，全球产业链的循环畅通是生产要素流动的基本保障，企业在全球供应链中扮演着不可或缺的角色。作为国民经济的支柱，国有企业的业务经营覆盖支柱产业、新兴产业以及未来产业领域。"走出去"的国有企业是国家政策与国际体系连通的重要关口，相关领域更是涉外法律风险高发区。作为市场竞争主体，国有企业不仅是世界看向中国的关键"窗口"，更是涉外法治实践的重要"窗口"，结合自身丰富的涉外市场竞争和法律争端解决方面的经验来看，国有企业的涉外法治人才培养具有明显的窗口优势。

第一，实时实地评价。国有企业在全球范围内拥有广泛的业务布局和深厚的市场，能够及时掌握国际国内市场、行业动态，是最先感知市场、行业中存在涉外法律风险的主体，对所属市场、行业风险有敏锐的洞察力。基于此，在国有企业实践培养中锻炼的涉外法治人才也需要实时感知风险动向，参与或解决市场、行业的前沿涉外法律事务，及时地开展涉外法律支持和咨询服务，例如产业转型和新兴领域等的规则制定、标准输出，国际市场规则调整等。基于相关的实践活动，国有企业能够做到实时实地地评估评价人才，与国有企业相比高校等主体通过考试、答辩等方式评价人才的还具有滞后性。

第二，科学动态反馈。国有企业的"一线"实践培养，要求涉外人才培养计划需要科学动态调整，对于处在萌芽状态的风险，秉持"预防为主"的原则，制定有针对性的应对策略；对于已经发生的风险，需要根据实际情况通过各种手段多元化开展纠纷解决。而国有企业在涉外法治人才培养中，会提炼总结培养经验形成具有自身特色属性的"国企实践"，通过"国企实践"反观涉外法治人才培养，"检验"现有培养体制机制，科学动态反映现有涉外人才培养计划的优势和不足。

第三，多域融合培养。国有企业的涉外法治人才培养在涉外法治领域具有明显的多域融合性，在资源整合、区域覆盖方面表现尤为明显。首先是注重资源整合与渠道畅通方面，通过建立跨国法律服务网络，与境内外法律机构、律师事务所等建立合作关系，形成覆盖多个国家和地区的法律服务网络。更重要的一点是区域的全面覆盖，按照国有企业目前的"走出去"布局，已经基本覆盖全球各个区域，处理涉外法律事务也涉及各个法系和各个领域，包括大陆法系、英美法系，也涵盖公司法、合同法、仲裁、调解、争议解决等多个关键领域。

3.战略优势

党的十八大以来，以习近平同志为核心的党中央加快人才发展体制机制改革。千秋基业，人才为先，深入实施人才强国战略。[1] 国有企业积极响应国家号召，与国家人才培养政策同频共振，纷纷推出人才强企的战略安排。涉外人才培养是高投入的系统工程，国有企业可以利用自身的资源优势为涉外法治人才培养提供长期培养条件和基础。

第一，长期实践培养。国有企业自身的企业性质决定了国有企业的涉外法治人才培养具有长期实践应用性，按照"721"职业发展模型[2]，长期实践培养是人才成长成才中的重要一环。协同培养中的其他各共建方的培养往往具有阶段性和临时性。如对于律所来说，在业务全流程中主要参与合同文本的审核和争议解决；司法机关在协同培养中的主要作用体现在争议解决的司法流程环节，而国有企业可以为涉外法治人才提供全生命周期的实践机会。譬如境外投资项目中，涉外法治人才可以参与项目论证、尽职调查、方案设计、法律谈判、合同签订、合同履行、纠纷解决和退出等各个环节的工作。通过这种全生命周期的参与，涉外法治人才能够完整地了解和掌握涉外法律业务的全过程，积累从项目策划、执行到后期管理的全方位经验。国有企业人才培养的长期实践应用培养相较于高校等其他主体的阶段性培养具有明显优势，能够巩固阶段性人才培养成果，做好涉外法治人才培养的"后半篇文章"。

第二，连贯系统培养。国有企业通常会制定长期的人才发展规划，明确人才工作的战略目标和方向，以连贯性和系统性为基础，持续稳定地保持对人才培养的长期投入和支持。除了引进先进的培训课程、聘请专业的导师、建立实践基地等常规举措外，还能够与国内外知名的法律院校和研究机构建立深度合作关系，开展联合培养项目和科研合作，为涉外法治人才培养提供系统科学的方案、稳定连贯的制度支持以及丰富全面的物质保障。

第三，培养的深度与广度并重。涉外法治人才的深度培养是国有企业涉外法治人才培养的基石，培养过程中不仅注重法律专业素养提升，还重视跨学科知识融合和政治素养与职业道德的培养。要早日培养出一批政治立场坚定、专

---

[1] 《习近平新时代中国特色社会主义思想专题摘编》，中央文献出版社、党建读物出版社2023年版，第196页。

[2] "721"职业发展模型："721"学习法则是由 Morgan McCall、Robert W.Eichinger 和 Michael M.Loombardo 三人提出，之后在《构筑生涯发展规划》正式提出。721 职业发展模型认为，成人的学习 70%来自实践，20%来自和榜样一起工作并观摩学习，10%来自理论。

业素质过硬、通晓国际规则、精通涉外法律实务的涉外法治人才。目前国有企业的人才培养要持续按照高标准、严要求在广度培养上下功夫，不仅要提供广阔的国际化视野，更要注重构建多元化的人才结构。除此之外全方位培养体系也是重要一环，构建全方位的培养体系，涵盖选拔、培养、使用、评价等各个环节，确保涉外法治人才能够持续成长和发展。

二、国有企业协同培养作用的发挥

如何发挥社会各方优势协同培养涉外法治人才是国有企业涉外法治人才培养的一项重要课题。国有企业应贯彻落实党中央和国家关于涉外法治人才培养的指导思想，加大资源投入，积极发挥国有企业的作用，着力培养涉外法治人才实践能力，参与协同培养体系建设，深入服务我国涉外法治人才培养大局，为涉外法治人才协同培养贡献国有企业力量。

（一）以实践为导向培养涉外法治人才

法学学科是实践性很强的学科，法学教育要处理好知识教学和实践教学的关系。国有企业在涉外法治人才培养重点是提供实践支持，通过建好用好涉外法治研究基地和涉外法治人才协同培养创新基地，加快培养高素质复合型涉外法治人才。

第一，深入完善涉外实践平台。实践培养在涉外法治人才培养机制中具有基础性作用，国有企业自身有着明显的实践优势，在共建涉外法治人才协同培养创新基地中能够为涉外法治人才提供广阔的学习平台。创新涉外法治人才培养机制，以政府为中心，搭建涉外法治综合平台，从中央到地方，自上而下聚合各方力量，形成最大合力，进一步建立涉外法治建设统筹协调制度机制。国有企业以企业为平台为相关人员提供实践平台，使其在岗位实践中发现问题，在复杂的客观环境下分析问题，在具体法律体系内解决问题。同时提供不同国家、不同法系相关的驻外岗位以及涉外岗位，帮助学生真正地走出国门，真正地在工作岗位实践中解决涉外法律问题。

国有企业联合高校推行"双导师制",由国有企业高级管理人员担任"实践导师",与高校导师共同设计学生培养计划,将国有企业法务专家的丰富实践经验与高校教师的深厚理论功底有机结合,创新共享涉外法治导师机制。凭借在实际工作中积累的大量真实案例,指导学生解决实践中遇到的法律难题,结合实际管理工作,给学生布置实践作业,助力其成长为既精通法律理论又具备实践技能的复合型涉外法治人才。

第二,依托实践优势细化分类培养。国有企业依托自身行业经营优势,深入行业培养涉外法治人才。随着国有企业深化改革行动的贯彻落实,国有资本按照国家战略以及产业政策要求向关系国家安全、国民经济命脉的重要行业和关键领域集中,国有企业的主营主业涉及的多为高科技、新兴技术产业以及涉及国民经济命脉的产业。近年来,中国企业在"走出去"过程中受到诸多风险挑战,对于行业相关涉外法律风险的研究,国有企业是很好的"实践样本",可以根据自身主营主业比如基建行业、新能源行业、绿色行业、医药领域等,提供"行业实践"培养行业相关涉外法治人才。

依托"走出去"布局优势,按照国别培养涉外法治人才。随着国有企业积极对接"一带一路"等国家战略、各地政府政策,国有企业"走出去"的步伐明显加快,投资规模不断扩大,区域覆盖越来越广,目前多集中于东盟、中东等"一带一路"共建国家、东南亚国家、非洲国家等,不同的国家政治环境、法律环境、营商环境差异较大,很多都是新兴市场。国有企业可以依托各国当地企业,因势利导,在实践中培养一批具有国际视野、实务经验并且通晓国别规则的涉外法治人才。

依托企业选址地域优势,积极参与国际交流培养涉外法治人才。根据企业所处的城市经济发展状况和地理位置为涉外法治人才培养提供便利条件。一方面,对于一些经济比较发达的地区如北京、上海、深圳等,这些区域与其他国家的经济贸易往来较多,涉外事务内容较丰富,为涉外法治人才培养提供了先天的条件优势。另一方面,对于一些有特地域优势的地区,比东南沿海地区、边境地区、自贸试验区、自贸岛等地,这些区域对于国家政策、特殊领域有较多特殊经验,可以有针对性地提出符合自己特色的涉外法治人才培养方式。

第三,联合各主体协同育人。国有企业与高校、政府、司法机构、仲裁机构、律师事务所等协同共建涉外法治人才协同培养创新基地，开展合作办学、合作育人、合作就业、合作发展，共促优势互补、资源共享的良性互动格局，将协同培养模式机制化、常态化。国有企业与高校协同，紧扣市场的涉外业务实际需求，以实践经验为支撑，与高校联合培养人才，为涉外法治人才培养拓宽渠道。国有企业与政府合作，共建良好营商环境，为自身涉外法治人才培养拓宽渠道，利用政府项目以及政府资源，共同推进涉外法治人才的培养，为我国培养具有国际视野和实务能力的卓越涉外法治人才。国有企业与司法机构协同，为司法机构提供行业实际情况、市场信息以及法律问题需求，让法院从法律事实的"审判者"全面转换为案件事实的"亲历者"，为涉外法治人才培养提供事实场景、真实环境等事实基础依据。国有企业与律师事务所协同，帮助其了解客户需求，提升多元化解纠纷能力，进一步丰富涉外法治人才能力培养的内核，拓展涉外法治人才技能培养的边界。

当前服务改革发展大局、服务高质量发展和高水平对外开放是涉外法治工作的重要环节。基于国有企业服务国内国际双循环，积极拓展海外市场布局，参与推动全产业链出海的实际情况，国有企业可以为涉外法治人才在参与响应国家战略、贯彻落实国家政策的过程中积累处理涉外法律实务的经验提供实践锻炼机会。各个协同主体在共同培养的过程中把国有企业这个市场主体作为桥梁参与融入国家发展大局，参与国家战略的贯彻实施，譬如高质量"一带一路"建设、自贸试验区等服务国家战略，将大幅度拓展涉外法治人才培养的广度和深度，有助于更好地培养高素质复合型涉外法治人才。

（二）参与涉外法治人才培养体系改革创新

涉外法治人才培养在法治人才培养中属于"新兴领域"，完善现有涉外法治人才培养机制，创新涉外法治人才培养体系，对于提升人才培养水平具有重要意义。国有企业高度重视对涉外法治人才培养体系的变革和完善，完善评价反馈机制，探索开放培养模式，以制度创新推动涉外法治人才培养改革创新。

第一，完善以实践为导向的评价体系。国有企业实践培养可以进一步帮助实现涉外法治人才培养与市场用人需求的平稳对接，确保培养出来的涉外法治人才能够迅速适应各种涉外法律工作环境。同时国有企业也将深入分析行业发展趋势、企业业务拓展方向以及国际法律环境的变化，准确预测涉外法治人才的市场需求以及未来培养方向。国有企业以实践为导向的培养能够完善现有的涉外法治人才的评价体系。首先明确培养具备扎实法学理论基础、精通国际规则、熟练掌握涉外法律实务能力的高素质人才的评价目标，根据国有企业涉外法治人才培养情况构建多元化评价指标，最根本的指标设计依据是实践技能水平及综合素质，考核比如跨文化沟通能力、国际规则掌握度、法律实务能力（国际贸易、投资合作、法务合规、海事海商等方面能力）以及综合能力（语言、团队协作、职业道德）等。创新评价方法，引入实践导向的考核方式，比如项目制考核、人员长期绩效考核等。强化实习实训环节，引入第三方评价，加快提高涉外法治人才培养质效。

第二，完善评价反馈机制。国有企业需要打通涉外法治人才培养通道，畅通意见反馈渠道，完善反馈机制，及时将自身涉外人才培养情况反馈给相关涉外人才培养主管部门，相关部门通过国有企业的反馈结果，进一步持续改进、调整和优化涉外人才培养体系，双方共同努力，相互促进，最大限度地完善优化涉外人才培养体制机制。除此之外，国有企业涉外法治人才反馈培养经验也可以助力政府机构的涉外法治人才培养政策研究和制定工作，为政策的科学性和可行性提供具有价值的实践视角和专业建议，使相关政策更具针对性和前瞻性，进一步确保涉外法治人才培养的质量和效果。

第三，探索开放协同的培养模式。国有企业利用自身多域融合的优势，深化与国家政府合作，积极与各国政府建立良好关系，争取政策支持和资源保障，为涉外法治人才实践平台的发展创造良好的外部环境。加强与国际组织的合作，积极参与国际组织的活动和事务，加强与国际组织的合作与交流，提升国有企业在国际舞台上的话语权和影响力，为涉外法治人才培养提供更多机遇和机会。推动产业链上下游合作，加强与国企经营相关产业链上下游企业的合作与交流，形成互利共赢的合作模式，共同推动涉外法治人才培养实践平台的发展和壮大。

（三）探索涉外法治人才的长期培养

涉外法治人才的培养具有长期性、阶段性的特点，国有企业结合自身实际，利用自身优势，完善长期涉外法治人才培养模式，建设人才储备库，搭建涉外共享平台，不断为涉外法治人才协同培养提供资源支撑，更好地服务涉外法治人才的协同培养。

第一，完善长期涉外法治人才培养模式。国有企业为协同培养的其他主体提供长期的实践平台、稳定的实践机会和系统应用的实践经验，为涉外法治人才提供长期培养环境，树立"成长大于培养"的意识，为被培养人提供目标、资源和实践环境，配套实践导师，为人才接触实务、走向实务提供桥梁，让被培养人在经年累月的长期工作实践中不断锻炼提高。开设法治讲堂，传播国企声音，深入剖析经典案例，在更大范围内传播国有企业涉外法律事务处置经验。

第二，共同构建涉外法治人才储备库。与其他协同培养主体共同构建高素质涉外法治人才储备，健全完善涉外法治人才培养、选拔、使用、管理全周期制度机制，动态调整涉外法治人才库，健全储备和统筹使用机制，为国家提供涉外法治人才储备。同时遵循涉外法治人才成长呈阶段性的特征，重点加强人才梯队建设，保持各领域、各国别的涉外法治人才培养的"可持续"发展。

第三，培养高素质涉外法律服务队伍。建设一支高素质涉外公司律师队伍。国有企业公司律师凭借企业对口平台培养以及自身专业背景优势，在成长为涉外法治人才的路上具有明显的先发优势。通过涉外法治人才协同培养机制体系，争取尽快培养出一批"复合型、应用型、创新型、国际型"的高水平涉外法治公司律师。

第四，建设涉外法治师资队伍的教科研融合发展基地。针对涉外法治教师群体不受学制、课程安排限制，能够长期共建学习的特点，国有企业依托法律实务、创新研究、教育培训资源，建设涉外法治师资队伍的教科研融合发展基地。与高校、司法机关等单位长期开展共建交流，推进专职教师队伍参与协助实务部门工作，围绕热点难点问题携手开展联合科研项目，共同解决涉外法治重要复杂问题，加强高校教师和国有企业人员双向交流互动，提升教师的国际视野和能力水平。

第五，搭建行业相关涉外法治资源共享平台。搭建涉外法治交流平台，举办国际会议论坛、组织涉外法律服务、选派人员加入贸促会或争端解决机构，以交流平台为媒介，充分利用数字化手段，通过地区间交流活动、贸易活动等，加强同政府部门、司法机关及法律服务机构的紧密联系、协同配合，强化与相关国际组织、国际知名法律服务机构、高等院校、驻外企业等合作交流，向外界推介涉外法治人才，扩大涉外法治人才"朋友圈"。组织各方共同探讨行业涉外法治的前沿法律问题，了解国际法律规则的最新发展和国际法律实务的先进经验。在培养复合型、应用型、创新型、国际型涉外法治人才方面，发挥国有企业更大的价值和作用。

域外涉外法治人才培养模式考察

汪　珍*

摘　要：涉外法治人才培养是法学教育和法治建设的热点问题。涉外法
治人才培养工作需要采取理性谨慎的态度，尽快梳理域外国际
法律人才培养的经验和教训，借鉴先进，完善"以实践为导向"
的涉外法治人才培养机制，确保涉外法治人才的培养真正致力
于培养一批具有国际视野、通晓国际规则，能够参与国际法律
事务、善于维护国家利益、勇于推动全球治理规则变革的高层
次涉外法治人才。

关键词：涉外法治；人才培养；域外模式

习近平总书记在中央全面依法治国工作会议上强调指出，要坚持统筹推进
国内法治和涉外法治。[①] 这对提高我国涉外法治人才的数量和质量以及加快涉
外法治工作布局提供了重要的战略指引。当前国际社会竞争日趋激烈，国际环
境愈发复杂。我国在对外开放、谋求发展的过程中，急需强有力的涉外法治力
量，在国际组织中表达自己的立场和观点；在中国企业遭受他国企业和政府组
织不当竞争及限制时，依法维护我国企业的正当利益。加快培养高素质涉外法
治人才是在全球化背景下我国积极参与全球治理的必然要求，也是统筹推进国

＊　汪珍，浙江工业大学法学院讲师，法学博士。

①　《习近平在中央全面依法治国工作会议上发表重要讲话》，中国政府网，http://www.gov.cn/
xinwen /2020/11/17 /content_5562085.htm。

内法治和涉外法治、维护我国涉外利益的必然要求。

一、"以实践为导向"培养高素质涉外法治人才的紧迫性和基本要求

(一) 加强涉外法治人才队伍培养的紧迫性

建设高素质、复合型、国际化的涉外法治人才队伍是推动高质量发展和高水平开放、推动构建人类命运共同体的客观需要和重要法律支撑。[1] 习近平总书记对加强专业人才培养和队伍建设提出明确要求,强调要坚持立德树人,德法兼修,加强学科建设,办好法学教育,完善以实践为导向的培养机制,早日培养出一批政治立场坚定、专业素质过硬、通晓国际规则、精通涉外法律实务的涉外法治人才。[2] 这就需要我们进一步完善涉外法治人才培养模式,培养一批既具有扎实的理论功底,又善于利用国际规则解决涉外实务的痛点、堵点、难点,高水平、高质量的涉外法治人才。

(二)"以实践为导向"培养高素质涉外法治人才的基本要求

1. 精通英美法系和法律英语

对于我国所需的涉外法治人才而言,他们不仅应精通本国法律制度,还必须精通英美法系法律制度。[3] 在国际法学教育方面,我国一直以来都是以学习德国、日本和法国等大陆法系国家的法律制度为主。然而,在世界经济全球化的发展和推动下,法学教育的全球化问题随之呈现,大陆法系国家亦越来越注重学习

---

[1]　黄惠康:《破解法学教育困局 加强高素质涉外法治人才培养》,《中国高等教育》2024 年第 2 期。

[2]　《习近平在中共中央政治局第十次集体学习时强调 加强涉外法制建设 营造有利法治条件和外部环境》,《人民日报》2023 年 11 月 29 日第 1 版。

[3]　郭德香:《我国涉外法治人才培养模式探析》,《浙江树人学院学报》2021 年第 4 期。

英美法系国家法律制度及其法律人才培养的方式。长久以来，英、美等国始终是国际规则的主导者和制定者，这些规则背后渗透着英美等国的法律意识、法律精神和法律价值。伴随着全球治理体系和治理格局的革新，我国应积极参与国际规则的制定，推动全球治理向着更加公平合理的方向发展。这就要求我国涉外法治人才在掌握大陆法系国家法律规则的同时，要精通英美法系国家的法律制度，在国际规则制定中输出我国的法律意识和法律价值，发出中国声音，阐述中国意见，展现中国思维，从而为积极参与国际规则制定打下坚实的理论基础。

高素质涉外法治人才必须具备高水平的法律英语能力。只有熟练掌握英语特别是法律英语的高端法律人才积极参与国际事务，在国际社会中站在中国的立场发声，才能为提升我国的国际地位和掌握话语权创造条件。[①] 精通法律英语是我国涉外法治人才所应具备的最基本的能力，是正确理解国际事务、参与国际事务并最终在国际事务中发挥主要作用的基本条件。例如，涉外经贸活动从磋商到争议解决，从涉外经贸函电到合同文本，大多需要运用英语，双语教学就十分有必要。因此，培养高质量的涉外法治人才，就必须在培养模式的探索中重视法律英语的学习，不断创新法律英语的教学方式。

2.精通国际法律规则并具有家国情怀

在熟知国内法的基础上通晓掌握国际法律规则，才能称之为涉外法治人才。国内法与国际法律规则之间具有紧密的联系，熟练掌握国内法与国际法律规则不是简单地掌握表面的规则本身，而是要掌握国内法与国际法律规则制定的目的、背景，从深层次剖析国内法与国际法律规则产生的原因以及两者之间的联系，从而更加有效地运用国际规则。涉外法治人才掌握规则不是目的，适用规则、维护自身权益才是目的。

涉外法治人才应当以本国为基点，放眼全球，通晓国际规则，开拓国际视野，能够参与国际法律事务。国际视野是指在不同文化、不同制度、不同宗教信仰共存的背景下，人们能看到不同势力之间竞争、合作和相互渗透，

---

① 王文华：《论涉外法治人才培养机制创新》，《中国大学教学》2015 年第 11 期。

并能够分析本国在该现状下所面临的问题及提出解决方案。[①] 在参与国际事务的过程中，涉外法治人才同样会受到各种利益的诱惑，这就要求他们不仅要对涉外法律规则进行熟练掌握和运用，还要对国内法律规则熟练掌握和运用，更要具备"善于维护国家利益、勇于推动全球治理规则变革"的政治素质和家国使命感。[②]

二、域外涉外法治人才培养模式考察

伴随着全球化进程的日益加快，对涉外法律人才的需求量越来越大，各大国际组织及跨国集团都需要能够处理跨国法律业务的法治人才。由此，部分发达国家一直致力于推动法学教育的国际化发展，把培养高质量涉外法治人才作为法学教育乃至国家的重大发展战略。为适应涉外法治人才发展的需要，以美、英、德、日为代表的域外相关国家相继调整了法学人才培养目标，推动法学课程国际化发展，革新教学方式，在涉外法治人才培养方面积累了大量经验。因此，在结合我国现有培养机制的基础上，借鉴国外先进、有益经验，完善我国涉外法治人才培养模式，培养一批高水平、高标准、能够塑造国际规则、从容处理涉外法律事务、自如参与国际合作与竞争的涉外法治人才，以满足不同行业、不同领域对国际法人才的需求，具有重要的意义。[③]下文以部分国家和地区为例，对当前较为成熟的域外涉外法治人才培养模式进行分析。

（一）美国涉外法治人才培养模式

20 世纪 50 年代，美国开始了涉外法治人才培养的探索之路。例如，1966

---

① 张晓君、吴曼嘉：《论国际型法律人才培养》，《法学教育研究》2013 年第 1 辑。
② 刘坤轮：《〈法学国标〉与涉外法治人才培养关系辨析》，《法学教育研究》2023 年第 3 期。
③ 郭雳：《创新涉外卓越法治人才培养方式》，中国教育新闻网，2020 年 10 月 10 日，http://www.jyb.cn/rmtzcg/xwy/wzxw/202010/t20201010_364096.html。

年，美国出台了《国际教育法》，鼓励高校开展国际合作研究、师生交换等项目，加强校际跨国交流；1995 年，美国教育部及国际法与实践部提出了"美国法学院全球化"项目。在这些政策的推动下，美国各高校普遍开展了法学人才国际交流项目、跨国双学位项目。总体而言，近年来美国涉外法治人才的培养的基本路径是：在前期法律诊所教育发展的基础上加大反思和变革，持续提升学生的法律职业水平和实务技能技巧，同时不断拓展学院课程的实践性和全球性。根据这一发展路径，美国各高校国际法律人才的培养可以分为两种方式：整合式培养模式和聚合式培养模式。①

第一，整合式涉外法治人才培养模式是指在法学教育中整合国内法与国际法元素，一方面注重跨国交流与合作，另一方面在国内法教学中加入国际法元素。该模式主要由美国精英式法学院采用，例如，耶鲁大学法学院改变其原有的培养方案，开展跨国项目并建立跨国法律中心，在课程设置中，在讲授国内法的同时将国际法元素加入到国内法教学之中，以此完成对涉外法治人才的培养。同样，采取整合式教育模式的还有哈佛大学，哈佛大学在法律博士培养时，十分重视国际法元素与比较法元素的学习，将两种元素融入接近一半的课程与学术研究之中。②

第二，聚合式涉外法治人才培养模式是指在不改变原有培养方案的情况下，将国际法、跨国法与部分课程进行合并。③ 例如，宾夕法尼亚大学法学院学生可通过选修课学习《跨国法和法律问题》；乔治城大学建立了国际法和比较法中心，并制定了国际法律实践指引，在此基础上成立跨国项目办公室，以此为依托开展跨国法律实践法律硕士项目，该项目采用跨国法的实践学习，通过大量国际仲裁实务以及邀请国外国际法学者到中心授课的方式，培养学生的

---

① 杜承铭、柯静嘉：《论涉外法治人才国际化培养模式之创新》，《现代大学教育》2017 年第 1 期。

② Jennifer D'Arcy Maher, AALS Panel - Global Legal Education - Maximizing the Internationalization of U.S. Students' Legal Education: Ideas for Making the Most of Your Resources, 5 German Law Journal 329 (2004)；Robert Charles Clark, Harvard Law School, Cambridge, Massachusetts, Remarks at the Association of American Law Schools Annual Meeting (3 Jan. 2003).

③ Jennifer D'Arcy Maher, AALS Panel - Global Legal Education - Maximizing the Internationalization of U.S. Students' Legal Education: Ideas for Making the Most of Your Resources, 5 German Law Journal 329 (2004).

国际视野和全球化思维。①

不论是整合式涉外法治人才培养模式还是聚合式涉外法治人才培养模式，均格外重视国际交流与合作。美国各高校普遍开展了国际交流合作项目，学生能参与跨国学习项目或者在国内接受国外的国际法学者授课，通过参与跨国交流学习，深刻学习不同文化与法系的法律制度，认识它们之间的差异。②

（二）英国涉外法治人才培养模式

英国涉外法治人才培养的起源可以追溯到中世纪，当时英国的法学教育系统已经初具规模和体系。英国法学教育在 18 世纪末得到了更为系统和完备的发展，包括建立了一系列法学院、法律研究机构和法学出版社等，形成了一个比较完整的教育体系。随着对外贸易的增加，对外事务涉及的法律问题也逐渐增多，英国开始逐步加强对涉外法律领域的培训和研究。

伴随着经济全球化迅猛发展，国际关系日益复杂，英国对外事务的复杂性和多样性不断增加，为了满足国际合作需求，英国开始不断创新涉外法治人才培养模式和方法，推动涉外法律教育的多元化和实践性教学模式的发展。其中，通过建立一系列专业性强、实践性强的涉外法学专业和涉外法律教育项目，培养了大批高质量涉外法治人才，在国际事务中为英国发挥了重要作用。特别是进入 21 世纪以来，作为欧盟成员国之一，英国本土法系更倾向于鼓励更多地理解和使用比较方法，将国际法律体系嵌入国内法律体系，并将其运用在法学教育之中。③

从近年英国法学教育的国际化发展趋势来看，其改革举措主要集中于课程体系、教学方式、考核机制等若干领域，即：一是更多增加涉外课程，提升课

---

① Transnational Legal Practice, LL.M., ST. JOHN'SUNIVERSITY, http://www.stjohns.edu/law/programs-and-majors/transnational-legal-practice-llm.

② Gordon & Robert W., The Harvard models in their native habitat and abroad. Reflections (2021). In Bartie, S, Sandomierski D (eds.), American legal education abroad. Critical histories. NewYork: New York University Press, 370 (2021).

③ Jessica Guth & Tamara Hervey, Threats to Internationalised Legal Education in the Twenty-First Century UK, 52 The Law Teacher.350 (2018).

程体系的多元性和国际性；二是扩大法律诊所等实践教学比例，推动境外或跨国实习项目，拓展学生解决跨国问题的国际思维和技能；三是采用多元化考核方式，加强理论和实践相结合的综合能力和水平。[①]

1. 英国涉外法治人才培养课程体系

英国大学法学院在涉外法治人才培养课程方面主要呈现以下特点：第一，无论是本科还是研究生法学课程设置注重国内法理论与国际法理论相互交融，涵盖英国法律体系、英国宪法、英国法院体系、英国法制史等多个方面，同时涉外法律课程以国际公法、国际私法、欧盟法、跨境交易法、国际商法等为基础，促使学生在熟知本国法基础上了解涉外法律规则，拓宽学生的国际视野。[②] 如伦敦大学"亚非学院"便开设多门选修课，课程内容涉及亚非国家的法律问题，如比较阿拉伯法、经济犯罪以及少数民族法律问题等。第二，注重英语语言能力课程。如在不少大学法学院本科课程中，学院会设置不少外语课程，将该语言与法律专业素质培养相结合，同时设置奖励机制，即学生每通过一门外语课程将会被授予相关法律语言荣誉学位。第三，注重域外实践教学。实践教学环节是英国法学教育的一大特色，包括模拟法庭、法律实习、法律调研、法律文书写作等实践性课程。针对法学教育的全球化需求，英国大学法学院在培养国际法律人才的过程中不断加强课程中境外实践课程模块的融入，如国际暑期课程、跨境法律诊所等，推动学生积极与国际法律事务接轨，增强其处理跨国事务的法律实践技能。

2. 英国涉外法治人才培养教学模式

英国大学法学院在培养国际化法律人才的过程中，多采用包括研讨会、法律诊所、司法实践等形式在内的多元化授课方式，注重实践教学与理论教学并

[①] 刘亚军、张羽佳：《英国涉外法治人才培养模式及其启示》，《法学教育研究》2024 年第 1 期。

[②] Giorgio Resta, "So Lonely"：Comparative Law and the Quest for Interdisciplinary Legal Education,37 International Journal of Semlot Law 1569 (2024).

342

行，致力于加强学生在法律理论和法律实践两方面的综合素质培养。① 法学是一门实践性很强的学科，尤其是涉外法治人才培养，应对当前复杂多变的国际事务，对涉外法治人才的实践能力提出了相当高的要求。英国法学教育对此做出了及时的应对改革。

法学院的课程大都以小班教学为主，讲授课虽然是最基本的授课方式，但是并不占总体课时的主体。在教师主导的讲授课方式之外，英国法学教育更多地采用了以案例研习为中心的小组会和研讨会教学方式，以及包含模拟法庭、法律援助研习和法庭旁听的实践教学方式。其中案例教学主要通过具体案例引导学生思考进行讨论，课堂通常会邀请经验丰富的法官、检察官或教授协助教学，以训练学生开放自由的学术思维能力培养。为了顺应法律人才培养全球化的趋势，在案例教学中会较多引入对国际热点问题的探讨，在此过程中，要求学生不仅应了解英国法律规则，而且要对欧盟法律规则以及其他相关外国国家和地区的法律规则有所掌握，进而训练学生对国际法规则的应用能力和国际事务的应对思维。② 而在实践教学中，法律诊所是比较常见的教学方式。诊所式法律教育在着眼于职业技能培训的同时强调体验式学习的价值，呼吁学生参与法律实践以及在实践中促进法律职业道德发展，培养学生在课堂内外独立学习和讨论的能力，形成批判性思维模式，对法律实践和法律教育具有独特的作用。

3. 英国法学院的考核评价方式

课程考核机制是检验涉外法治人才培养成果的重要一环。③ 不论是本科生阶段还是研究生阶段，英国大学法学院的毕业考核都是十分严格的，但是在考核方式和考核标准的设置上提供了多元化的方案。在考核方式上，大多数学校会采用两至三小时的集中闭卷考试。题目以论述为主，通常是提出一个学术观

① 王健：《西方国家怎样培养法律人才——法律人才培养模式值比较》，王瀚主编：《法学教育研究》，法律出版社 2010 年版，第 36 页。
② Ryan Scoville & Mark Berlin, Who Studies International Law? Explaining Cross-national Variation in Compulsory International Legal Education，30 European Journal of International Law 481 (2018).
③ 刘亚军、张羽佳：《英国涉外法治人才培养模式及其启示》，《法学教育研究》2024 年第 1 期。

点，让学生进行个人理解阐述；或是引用知名判决中的法官论断，让学生做出理解性评论，从而考察学生对一个问题的全面分析和思维逻辑。而在考核标准上，英国法学院对学生的成绩评定分为两个部分，一是对论文成绩的评定，二是对考试成绩的评定。总体而言，英国法学院为学生的结课提供了多种方案，选择以论文成绩与期末考试成绩结合达到考核标准，和单独选择以论文成绩或是考试成绩作为结课成绩的方案都是被认可的。学生可选择自己擅长的方式完成课程考核，最终成绩不再单一地体现对基础理论的记忆成果，而是更多地展现学生对法学的运用和理解，以更全面地展现学生的综合素质。

为了应对法学教育全球化以及国际法律人才培养的需求，英国大学在法学教育上做出了相应的课程体系、教学方法等领域的改革，培养了一大批在全球范围获得广泛认可的国际法学人才，对我国各高校培养高素质涉外法治人才提供了极有价值的参考。

（三）德国涉外法治人才培养模式

面对百年未有之大变局，为适应全球化带来的新变化，各国法学教育都竞相变革，使本国的法学教育适应新的国际形势，增强本国法律人才的市场竞争力。在全球化形势下的法学教育改革，理应对社会适应性的增强、技能与素养的一体化培养、复合型人才的培养、国际化合作的扩大等趋势做出回应。[①] 在这一时代背景下，德国也对自己的法学教育进行了一系列顺时顺势的变革：德国于 1998 年 5 月颁布了新的《高等教育总法》，决定设立国际承认的学士课程和硕士课程毕业文凭，通过国际学历、文凭的互认，打通了国际人才流动的渠道，加快了国际型法律人才培养的速度。[②]2002 年 3 月颁布了《法学教育改革法》，改革涉及的主要内容就是在大学基础教育中贯穿实践性的指导思想。改革以前基础阶段的法学教育主要着眼于基础理论知识的传授，而对实践性要求较低、法律的实务性主要在见习阶段体现，改革后这一要求被提前到基础教

---

① 袁利平、刘晓艳：《全球化背景下法学教育发展的国际趋势与中国选择》，《法学教育研究》2017 年第 2 期。

② 聂资鲁：《高校国际化法律人才培养模式比较研究》，《大学教育科学》2015 年第 2 期。

育阶段。[1] 同时，改革后也增加了对其他技能的要求，即要在法学领域进行卓有成效的工作必须要具备其他专业的知识，进而对法律专业的学生提出了附加的技能要求。例如，谈判管理、辩论、调解纠纷、听证理论和交往能力等。近年，德国法学教育针对国际化的趋势，在教育（培养）目标的调整、课程设置的变革、教学方式的创新等几个方面加大了改革的力度。[2]

1. 教育目标的适度调整

德国的法学教育历来以培养法官为重点，所以德国的法学教育是以培养法官的标准来设计的。[3] 但是，伴随全球化而来的信息化、国际化使德国的就业形势变得严峻，2003 年法学教育改革后，培养目标从单一的"法官"培养转向律师培养。德国开始重视国际型法律人才的培养，作为欧盟成员国，鼓励本国法学专业学生到欧盟其他成员国学习，拓展知识面，不断推动法律人才培养的国际化。

2. 课程设置的应时变动

德国基于其原先培养法官的目标，在法学课程的设置上偏向于法学理论课程，一般包括必修课程，如诉讼法、刑法、公法、欧洲法、民法、历史、哲学及社会基础知识等，以及选修课程，如国际经济法、法学外语、国际税法、国际信息和媒体法、国际劳动及社会法、欧洲法和人权保护等。受到法学人才国际化发展趋势的影响，德国在 2003 年改革后，因其众多法学毕业生在国际机构、国际组织及国际法庭工作，在原有课程内容基础上新增了法律外语课，设立在外国交流学习的学期，强调国际法及外语课程的研修，同时还增加了很多实用性较强的科目，如调解、引导磋商及提出解决方案、起草合同等，从而在塑造学生知识结构的整体性和多样化基础上，以实践课程为依托训练学生跨国

---

[1]　孔庆江：《法学实践教学：国际的经验和中国的反应》，《教学改革与创新研究——浙江工商大学教学改革论文集》，浙江工商大学出版社 2008 年版，第 259 页。

[2]　Jan M. Smits, European Legal Education, or: How to Prepare Students for Global Citizenship, 45 The Law Teacher. 163 (2011).

[3]　罗伯特·霍恩：《德国民商法导论》，楚建译，中国大百科全书出版社 1996 年版，第 36 页。

法律实践思维和与时俱进的全球视野。[①] 德国现今的法学课程内容主要着眼于行政管理、司法裁判及法律咨询等职业需求。[②]

3. 教学方式的创新变革

德国法学教育对教学方式的转变是全球化趋势中国际法律人才需求激增背景下变革的新亮点较大之处。相比于英美等判例法国家在教学方式上更多倾向于解决实际问题能力的培养，德国的传统教学方式则体现出对理论的重视：[③] 其主要教学形式有三种：[④] 课堂讲授、研究报告和小组练习，同时辅以其他课程，如模拟考试、课外讲座等。讲授法是德国法学教育的最基本的教学方式。然而，在法律服务全球化迅猛发展的背景下，德国传统的法学教学方式不可避免地呈现出过于偏重理论研究而导致的实践性、实用性不强的弊端，难以适应国际化发展的要求。因此，随着诊所式法学教育（法律诊所）的诞生、发展和国际化，德国法学教育也开始引入并大量采用以诊所式教学、案例教学法为代表的实践教学形式，以给予学生更多的实践机会，培养法学人才技能与素养的一体化。[⑤]

法学教育在全球联系不断加强、全球意识快速崛起的时代背景下被赋予了新的担当和使命。全球化发展所需的法学人才既要有国别意识，又要有全球意识，这既是全球化对各国国际型法学人才培养提出的新挑战也是给予法学教育发展的新机遇。德国为了顺应这一时代变化，从培养目标、课程设置

[①] Jan M. Smits, European Legal Education, or: How to Prepare Students for Global Citizenship, 45 The Law Teacher. 163 (2011).

[②] 彼得·吉勒斯、尼克拉亚·费舍尔：《2003 年德国法学教育改革法——兼论德国新一轮法学教育改革论战》，张陈果译，《司法改革论评》2007 年第 1 期。

[③] Maciej Perkowski , Izabela Krasnicka , Anna Drabarz , Wojciech Zon , MaciejOksztulski, Malgorzata Skorzewska-Amberg & Ewa M. Kwiatkowska, Relations of Research and Teaching in Legal Education: International Legal Framework and Selected National Solutions, 2023 Krytyka Prawa 211 (2023).

[④] 韩赤风：《当代德国法学教育及其启示》，《比较法研究》2004 年第 1 期。

[⑤] Catherine F. Klein , Richard Roe , Mizanur Rahman , Dipika Jain , Abhayraj Naik , Natalia Martinuzzi Castilho, Taysa Schiocchet , Sunday Kenechukwu Agwu , Olinda Moyd, Bianca Sukrow & Christoph Konig, Teaching about Justice by Teaching with Justice: Global Perspectives on Clinical Legal Education and Rebellious Lawyering, 68 Washington University Journal of Law & Policy 141 (2022).

及教学方式等方面积极做出应对与调整，培养具备新时代的素养、适应社会的新需求，技能与素养不断趋于一体化、国际化的法学复合型人才，这一变革经验可以为我国涉外法治人才的培养和法学教育改革提供一定的借鉴和启示。

（四）日本涉外法治人才培养模式

在创新涉外法治人才培养模式方面，日本紧跟美国法学教育国际化的脚步，较早地进行了学分制的改革，改革后的学分制与国际上多数国家高等教育的学制一致，这大大促进了日本法学教育国际交流与合作的发展。此外，日本于20世纪70年代就开始效仿美国实行学分互换制度，有利于学生出国留学，为本国涉外法治人才的培养提供便利。具体而言，日本为了应对全球化对国际化法学人才培养的需求和挑战，主要在法学教育目标的变化、课程设置的多元化和交叉性、教学方式的国际化和实用化等方面做出了变革。[1]

1.法学人才培养目标的变动

当前日本的法学教育是由法学院与法科大学院来承担。其中法学院是通过以法学、政治学为核心的教育研究，形成具备宽阔视野、以掌握法律思维、政治学基础理论为目的的人才培养。以东京大学为例，其法学院就包括法律专业与政治专业。而法科大学院则参照了美国的法学教育，将新型法学教育与法律职业培训相结合，主要目的是进行法律素养与法律知识相结合的法学教育，培养具有贡献于社会的强烈意识与责任感、伦理观，在前沿法学领域以及国际法学领域中发挥重要作用的优秀的法律实务人士，是一种法律职业性教育。[2] 在快速国际化、数字化时代，社会对提供多元化法律服务的要求与日俱增，对具有广泛知识的法曹的需求也不断增加。因而，为了确保法学人才培养的多元

---

① Foote & Daniel H., The Trials and Tribulations of Japan's Legal Education Reforms, 36 Hastings International & Comparative Law Review 369 (2013).

② 姜雪莲：《日本法学教育的课程设置——以东京大学法教育为样本》，《中国法学教育研究》2022年第4期。

化，法科大学院面向社会各界人群开放，无论本科阶段的专业领域如何均有机会进入法曹，这也符合当初学习美国法学教育模式的培养对象多元化。应该说，法科大学院制度的设立初衷，正是为了顺应 21 世纪法学研究和实践的全球化的发展而构建独立于传统法学部教育的法律职业教育，以期依托这一制度和司法考试制度，培养适应国际化和现代化需求的具有实务能力的多元化法曹人才。[①]

2.法学课程设置的应时调整

外语教育是法律人才国际化的必要路径，要在国际上发挥法律专业才能，没有外语助力是行不通的。同时，全球化对法学人才的需求也是呈现两大态势：一是人才的专业化，二是人才的综合化，全球经济、文化等的交互融合要求法学人才具有综合的思维方式、知识结构与能力体系。因而，将外语教育融入法学基础教育中，同时在法学专业课程中增加各种交叉学科的课程，如法与经济学、比较法学等，涉外性较强的法律尖端课程和法律实务课程，在拓宽法科学生的人文与国际视野素养的基础上提升实践技能，是日本应对全球化趋势对法学教育课程进行调整的主要方向。

以东京大学为例，法学院极为重视一般教育课程中的外语教育，课程设置上语种丰富，而在法学专业教育中又开设了较多国外法、涉外性明显的课程。相应的，日本法科大学院的课程设置既包括法律主干课程、基础性法律课程和法律尖端课程，也包括法律实务基础课程，注重法律职业技能的培养，注重理论与实践的有机衔接，并聘请律师与法官加入到法科大学的教学当中，通过实践经验的传授提升学生的实践能力。随着法律诊所教育在美国兴起后逐步获得全球各国的认可，再加上法律界对实践技能与思维的要求，美国式的法律诊所教育也被法科大学院纳入实务课程之列，让学生接触实际的法律问题和真实的案件，在真实的案件中进行法律咨询和交涉、制作法律文书、受理案件等司法实务。据日本律师联合会司法从业人员培养对策室的调查，2005 年度占总数约 3/4 的 52 所法科大学院开设了法律诊所教育课程。据此可知，法律诊所教

---

① 王懋：《21 世纪日本法学教育的创新和变革》，《上海法学研究》2023 年第 1 期。

育在数量上已经普及。①

3.法学教学方式的与时俱进

法律服务全球化以及国际化法律人才需求激增背景下，法学教育的教学方式应如何做出与时俱进的改变，是各法学教育发达国家尤为关心的问题。以日本的法科大学院为例，其教育形式不再以大教室讲义为中心，广泛采取研讨课的方法，以人数少、密度大的授课为主。在以美国、英国为主的英美法系国家法学教学方式的影响下，日本法科大学院主要强调小班授课，将本国传统的研讨、提交报告等教学形式与英美法系的案例教学、临床教学相结合。特别是法律诊所教学法的引入，由于该教学方式较好地结合了实践与理论，正好适应全球化赋予法学教育的新特点，即实践性、国际化、实用性等，受到了世界各国法学教育改革的热捧。而日本结合本国教学目标、教学传统和社会需求等，对该教学方式予以了一定的本土化转变，形成了模拟课程、法律诊所和校外实习相结合的日本临床教学法。此外，日本的法科大学院第二轮改革还提到，要对法科大学院进行继续教育，使那些已获得"法曹"资格且有意接受继续教育的学生进行继续教育。这种教学方式的改革也正是为了适应社会对法学人才需求的变化，有利于提升法学教育对复杂多变的国际社会的适应性。

三、域外涉外法治人才培养的新趋势及特点

（一）域外涉外法治人才培养的新趋势

如前文所述，美国高校法学院的国际化趋势更加明显，不仅扩大了国际学生的招收比例，而且要求学生加强国际法及比较法的学习。以上域外国家和地

---

① 肖萍：《日本设立法科大学院的背景、效果及问题浅析》，《日本学刊》2010年第1期。

区所作的调整，均是为了应对国际社会对国际型法律人才的需求。其中美国国际化的法学教育模式培养了大批优秀的涉外法治人才，其重视实务、多元化的教育尤需关注。[①]

当前，世界各地法学院都在积极探索、创新涉外法治人才培养模式，以应对全球化的挑战。各法学院校在注重人才质量的同时，严格把关人才培养的过程，在教学过程中以国内法为导向，加入国际化因素。课程设置的"国际化"是其中最为突出的一个趋势。[②] 具体而言，涉外法治人才培养模式新趋势主要呈现以下五个特点：第一，在课程设置中建立起国际法与国内法的联系；[③] 第二，在注重专业素质的同时，加入了文化因素；第三，教学范围不再局限于本国法律体系，而扩展为不同法律体系；第四，法学知识与其他知识并重；第五，以教学大纲目标导向项目推动社会变革与培养模式革新。[④]

（二）域外涉外法治人才培养的特点

通过分析可知，域外国家和地区在培养涉外法治人才的方式上尽管存在诸多不同，但也有共通之处。

一是教学目标的复合性、交叉性。域外涉外法治教育在教学目标上，注重法学基础教育的同时，兼顾涉外法治人才的素养教育。境外法学院校非常重视涉外法治人才在科学知识、专业素质和基本素养等方面的有机结合，即把科学和人文教育融入涉外法治人才培养的全过程。各法学院在课程设置上将经济学、社会学等知识融于法学的课堂之上，使学生的知识结构摆脱单一性，将各种知识融于法学这一整体框架之内，培养具有全球视野、与时俱进的复合型法律人才是法学教育的最终归宿。国际型法律人才应兼具人文修养与国际视野，

[①] SiLiang Zeng, Adjusting the Legal Curriculum System under the Background of Innovation and Entrepreneurship Education, 4 Journal of Higher Education Teaching 189 (2024).

[②] Zhangsheng Sun, Exploration of Legal Professional Education and the Cultivation Model of Legal Talents, 1 Journal of Education and Educational Policy Studies 13 (2024).

[③] Rosa Kim, Globalizing the Law Curriculum for Twenty-First-Century Lawyering, 67 Journal of Legal Education 905 (2018).

[④] 杜承铭、柯静嘉：《论涉外法治人才国际化培养模式之创新》，《现代大学教育》2017 年第 1 期。

在把握世界整体局势的基础上对国际关系与法律有新的认识与思考，真正成为一个胸怀世界的国际精英法律人才。

二是课程设置的多元化、国际化。域外法学院在教学内容上包含了两大法系的主要课程，不同法律体系之间相互影响、相互渗透。[①] 例如，哈佛大学在 2006 年实施的法学院课程改革计划，借鉴了大陆成文法的由法学原理来解决法律问题的路径。在教学方式上从案例教学法到运用理论分析解决问题，使学生从零散的法律知识学习走向系统法律制度规范把握。此外，哈佛大学法学院在课程设置改革中还新增了诸如"立法与规则""国际法 / 比较法课程""问题和理论课程"等多门课程，在比较学习他国法律的同时，将法律理论与实际的国际法律问题相结合，不仅增强了学生的实践能力还开拓了学生的法学视野。改革关注全球化给法学教育带来的新要求，注重法学教育的国际交流与融合，是英美法系的判例法教学法向大陆法系的成文法教学法学习的重要表现。又如，德国作为大陆法系国家的代表，一直以来的法学教育的目标在于对法官的培养，因而在课程方面以培养法官为标准进行设计。随着全球化带来的法学教育信息化、国际化需求，2003 年教育改革之后，德国的法学人才培养目标开始转向律师培养。在法律课程设置方面，则开始摆脱单一化的理论重视特点，提倡在学术自由中将大陆法系的理论研究与英美法系的实践教育相结合，对传统课程进行了适当的调节和充实，新增了"调解、引导磋商及提出解决方案""起草合同""国际信息发育媒体法"等实用化课程，在借鉴融合的基础上适应全球化带来的对以实践为导向的国际法律人才的需求。

三是教学方式的实践性、实用性。域外各高校法学院在教学方式上，既采用传统的由教师直接讲授的模式，重视法学体系构建、理论讲解，课程的实际逻辑性、体系性较强；也采用讨论式、启发式的教学模式，激发学生学习、思考的主动性。此外，还重视案例教学，诊所式教学等实践教学方式的本土化，以应对全球化对综合型、复合型、实用型、国际型涉外法治人才的新挑战。例如，美国法学教育的职业性特征决定了其法学教育的实践性倾向，在教学方式上以案例教学为主要教学方法，采用分析实际法律案例让学生在探索中形成独

---

①   Jan M. Smits, European Legal Education, or: How to Prepare Students for Global Citizenship, 45 The Law Teacher 163 (2011).

立的思维方式、进行准确的法律表达和判断。在此基础上，通过丰富和补充提出了"诊所式教学法"（又称"临床法学教育"），即借用医科教育的实习模式，让学生在承办真实案件的过程中掌握办理法律案件的技巧。该教学法的具体方式主要有：提问式、指导式、合作式及模拟训练等。①又如英国，将案例教学法与其传统的苏格拉底式提问法相结合，用案例作为其提问的内容。随着诊所式教育的国际化，英国在借鉴融合的基础上将之本土化并提出三种类型：校外真实当事人诊所、模拟法庭诊所、校内真实当事人诊所，形成了独特的英式法学教学方法。与之相对应的是，日本在实施法科大学院制度的过程中，将本国传统的研讨、提交报告等教学形式与英美法系的案例教学、诊所式教学相结合，形成本土化的日本临床教学法：模拟课程、法律诊所和校外实习。可见，面对全球化的挑战，两大法系国家和地区都结合自身法学教育的特色和需求积极探索以涉外法律实践为导向的"跨国化"乃至"全球化"的教学改革，以适应国际化法学教育对实用型涉外法治人才的需求。

---

① 袁利平、刘晓艳：《全球化背景下法学教育发展的国际趋势与中国选择》，《法学教育研究》2017 年第 2 期。

助推高质量共建"一带一路"机制

——编辑出版继续服务"一带一路"第二个十年

茅友生*

2024 年是共建"一带一路"进入第二个十年的元年。过去的十年，共建"一带一路"，为积极构建人类命运共同体提供实践平台。走进第二个十年，共建"一带一路"机制不断丰富发展完善。2024 年 7 月，党的二十届三中全会通过的《中共中央关于进一步全面深化改革、推进中国式现代化的决定》擘画了以进一步全面深化改革开辟中国式现代化广阔前景的宏伟蓝图，对"完善高水平对外开放体制机制"做出战略部署，提出完善推进高质量共建"一带一路"机制。2024 年 11 月，习近平主席出席二十国集团领导人第十九次峰会发表重要讲话，宣布包括携手高质量共建"一带一路"在内的中国支持全球发展八项行动，希望同广大发展中国家携手实现现代化，彰显了负责任大国的担当。通过高质量共建"一带一路"、推动落实三大全球倡议等，搭建起"全球南方"国家合作的桥梁；通过积极分享经验、提供技术，致力于让创新成果惠及"全球南方"，让更多发展中国家人民过上好日子。展望未来，共建"一带一路"，作为中国对全球和平发展的一项重大倡议，继续搭建国际合作的框架，激发全球

---

* 茅友生，人民出版社法律编辑部编辑、法学研究员。

更多国家实现梦想的热情，汇集人类共同发展的最大公约数，开拓出一条通向共同繁荣的机遇之路。

共建"一带一路"倡议，不仅给相关国家带来实实在在的利益，也为推进经济全球化健康发展、破解全球发展难题和完善全球治理体系作出积极贡献，开辟了人类共同实现现代化的新路径，推动构建人类命运共同体落地生根、发芽成长。涉外法治作为推动共建"一带一路"行稳致远的重要保障，是国家核心竞争力的重要内容，也是最好的营商环境。作为中国特色社会主义法治体系的重要组成部分，涉外法治事关全面依法治国，事关我国对外开放和外交工作大局。加强涉外法治建设既是以中国式现代化全面推进强国建设、民族复兴伟业的长远所需，也是推进高水平对外开放、应对外部风险挑战的当务之急。2023 年 11 月，习近平总书记在主持中共中央政治局加强涉外法制建设第十次集体学习时强调，要从更好统筹国内国际两个大局、更好统筹发展和安全的高度，深刻认识做好涉外法治工作的重要性和紧迫性，建设同高质量发展、高水平开放要求相适应的涉外法治体系和能力，为中国式现代化行稳致远营造有利法治条件和外部环境。中国原驻外大使、外交部国际法咨询委员会主任委员、《"一带一路"涉外法治研究》编委会主任黄惠康教授就加强涉外法制建设问题进行讲解，并提出工作建议。第二个十年，"一带一路"高质量发展再起航。中国法学界特别是国际法学界专家学者和实务部门人员深耕细作"一带一路"涉外法治，"一带一路"涉外法治研究将得以长足发展。

为更好服务党和国家工作大局，及时分享学界专家学者前沿成果，彰显国家出版社的出版使命，人民出版社自 2021 年 11 月隆重推出《"一带一路"涉外法治研究 2021》创刊卷以来，陆续推出了 2022 年卷、2023 年卷，今年是 2024 年卷。《"一带一路"涉外法治研究》书刊是团队集体智慧的结晶，展示了当代法学界特别是国际法学界专家学者的学术担当以及陈利强教授带领中国"一带一路"涉外法治研究创新团队的不懈追求。《"一带一路"涉外法治研究》2024 卷开设八个栏目，即"一带一路"涉外（国际)法治理论、"一带一路"下自贸区(港)法治、"一带一路"数字涉外法治、"一带一路"贸易摩擦应对法治、"一带一路"区域与国别法治、"一带一路"涉外法治实施体系建设、"一带一路"安全保障法治、"一带一路"涉外(国际)法治教育与文化。收录 32 位作者的 22 篇作品。重点突出三个方面特点:一是政治站位较高。为法治中国建设摇旗呐喊。二是原创独立性强。入选作品兼具原创性和前瞻性,展示了较好的逻辑性和体系性。三是应用针对性宽。书刊论文的应用性、实践性较强,既有学界的理论思考也有实务部门具体操作。书刊为新时代中国实行高水平对外开放提供全方位法治保障思路和建议,为探索中国特色涉外(国际)法学的学术道路做了诸多有益尝试。

涉外法律制度作为国家法制的重要组成部分,是涉外法治的基础,发挥着固根本、稳预期、利长远的重要作用。新时代、新十年、新征程、新作为,需要我们更好统筹国内国际两个大局,以更加主动的历史担当和创造精神,积极投身我国涉外法治体系和能力建设,为高质量共建"一带一路"机制添砖加瓦,为中国式法治现代化特别是涉外法治现代化加油助力。